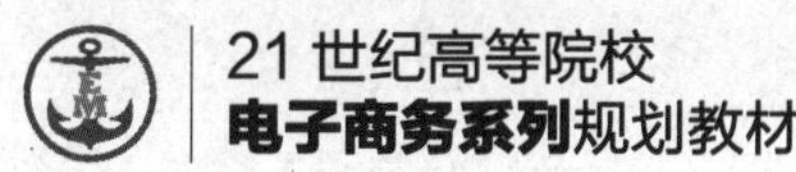

ELECTRONIC COMMERCE

电子商务概论
（第2版）

蹇洁 卢华玲 卓蹞 编著

ECONOMICS AND MANAGEMENT

人民邮电出版社
北京

图书在版编目（C I P）数据

电子商务概论 / 蹇洁，卢华玲，卓颋编著. -- 2版
. -- 北京 : 人民邮电出版社，2014.10（2016.8 重印）
21世纪高等院校电子商务系列规划教材
ISBN 978-7-115-35985-8

Ⅰ. ①电… Ⅱ. ①蹇… ②卢… ③卓… Ⅲ. ①电子商务－高等学校－教材 Ⅳ. ①F713.36

中国版本图书馆CIP数据核字(2014)第163757号

内 容 提 要

“电子商务概论”是电子商务专业的首门核心课程，是学生进一步学习电子商务专业知识的基础。本书结合了国内外最新的电子商务应用技术和发展现状，从本学科的交叉性、边缘性、综合性、系统性和先进性等几方面对电子商务基本知识进行了比较全面和深入的介绍和讨论。

本书从基础、技术、管理、应用四个方面系统、全面地介绍了电子商务的整体框架和涵盖的主要内容，主要包括电子商务的基本概念、运行原理和相关计算机基础技术等电子商务基本理论，以及电子商务支付、安全技术、电子商务物流、网络营销、移动电子商务、电子商务法律法规和电子商务的典型应用案例等内容。本书注重实践，案例丰富，适合作为高等院校电子商务、信息管理、经济贸易和工商管理等专业教材，也可作为广大公务员、企业员工学习电子商务知识的参考书。

◆ 编　　著　蹇　洁　卢华玲　卓　颋
责任编辑　刘　博
责任印制　彭志环　焦志炜

◆ 人民邮电出版社出版发行　　北京市丰台区成寿寺路 11 号
邮编　100164　　电子邮件　315@ptpress.com.cn
网址　http://www.ptpress.com.cn
北京中新伟业印刷有限公司印刷

◆ 开本：787×1092　1/16
印张：19.5　　2014 年 10 月第 2 版
字数：444 千字　　2016 年 8 月北京第 2 次印刷

定价：39.80 元

读者服务热线：(010)81055256　印装质量热线：(010)81055316
反盗版热线：(010)81055315
广告经营许可证：京东工商广字第 8052 号

前言 FOREWORD

电子商务是一种新型的商务运作模式，是一门研究如何应用电子信息技术促使商务过程发生深刻变革的学科，因信息传递快、市场规模大、商品品种多、可靠性能强、流通环节少、交易成本低而风靡全球。由于学科尚处于发展时期且变化迅速，因此建立起理论体系对认识电子商务有着至关重要的作用。

电子商务之所以受到重视，是因为它具有区别于其他方式的特点，具有诱人的发展前景。它可以使企业从事在物理环境中所不能从事的业务，有助于降低企业的成本、提高竞争力，尤其能使中小型企业以更低的成本进入国际市场、参与竞争。根据《教育部商务部关于推动有关高等学校进一步加强电子商务理论与实践研究的通知》，本书从电子商务的基本知识入手，对电子商务所涉及的基础、技术、管理等各方面进行了介绍，并在本书最后一章通过实例对电子商务的典型应用进行了分析。

本书是重庆邮电大学经济管理学院“电子商务课题组”共同研究的结果，每一章均由其研究领域的资深教师编写。本书一共分为 10 章。

第 1 章主要介绍了电子商务的定义、发展阶段、对社会的影响以及发展现状和趋势等。

第 2 章对电子商务的基本框架和系统组成、运作框架和交易模式进行了分析。

第 3 章则对电子商务的基础技术进行了说明，主要包括网络和通信技术、Internet 技术、Web 技术、EDI 技术、电子商务网站的制作过程等。

第 4 章介绍了电子商务支付的定义、架构和流程，对网上银行以及第三方支付平台进行了探讨。

第 5 章从电子商务安全的要求入手，讨论了安全技术中的数据加密和数字签名技术、身份认证技术、认证机构、网络系统安全技术、病毒及黑客的防范技术、各种安全协议等。

第 6 章对电子商务中的物流问题进行分析，介绍了电子商务与供应链管理，并对现在较新的物流模式进行了比较细致的论述。

第 7 章介绍了网络营销，主要包括网络营销的概念、网络营销的模式、营销策略、网络营销广告。

第 8 章主要对移动电子商务进行了探讨，包括移动电子商务的概念、所应用的技术、主要的移动电子商务应用领域以及现今的发展状况等。

第 9 章主要介绍了电子商务的法律规范，在介绍国内外立法现状的基础上，重点介绍最新的电子交易法律法规。

第 10 章重点介绍电子商务的典型应用，选取了电子商务的一些典型应用实例，包括网络娱乐、旅游电子商务、网上证券交易、电子政务等。

本书由蹇洁、卢华玲确定目录的组织和内容的选取以及最后的统稿和定稿。第 1 章由蹇洁、卢华玲、崔卫花负责编写；第 2 章由卢华玲、崔卫花负责编写；第 3 章由卓颋、卢华玲负责编写；第 4 章由卢华玲负责编写；第 5 章由卓颋负责编写；第 6 章由卢华玲负责编写；第 7 章由蹇洁、崔卫花、卢华玲负责编写；第 8 章由蹇洁负责编写；第 9 章由蹇洁负责编写；第 10 章由蹇洁、崔卫花负责编写。

本书力求体现如下特点：

（1）本教材主要针对电子信息类高等院校的管理类本科专业编写，适合作为电子商务、信息管理、经济贸易和工商管理等本科师生、工程硕士和政府公务员、企业员工学习电子商务知识的教材或参考书。

（2）依托重庆邮电大学的通信技术背景，对移动支付、移动电子商务的相关应用等介绍得更为全面和深入。

（3）引入启发式教学，每章均有开篇案例与章末案例，更便于学生理解理论知识。

（4）内容全面，注重实践。紧扣理论知识，将部分实践内容作为课后习题或附录，使学生学用结合，真正掌握电子商务相关知识。

由于计算机网络技术和电子商务发展迅猛，而编者的知识水平有限，本书的内容仍需不断更新，恳请广大读者指导赐教。

编　者

E-mail: jianjie@cqupt.edu.cn

2014 年 5 月

目录 CONTENTS

第1章 电子商务概述

本章概要

- 电子商务的概念
- 电子商务的产生和发展
- 电子商务的影响
- 电子商务的现状
- 电子商务的趋势

案例

图 1.1 是一个我们日常生活中经常可以遇到的画面，从这个场景中，我们不难看到传统商务中存在的一些问题。

图 1.1 传统商务中的苦恼

（1）传统商务中的信息流问题。我们在出行的时候，搜集相应的信息，需要花费大量的时间和精力。有时候搜集到的信息可能并不准确，而这些错误信息的搜集，不仅给我们带来了麻烦，而且让我们对商务活动产生了厌倦。

（2）传统商务中的资金流问题。当我们交易完成，准备进行支付的时候，传统支付会产生很多问题，比如：金额是否正确，货币的真实性，服务的优劣性等。

为了避免传统商务中出现的问题，电子商务应运而生，而且深入人们生活的方方面面，其业务模式、商业模式丰富多样，切实提高了人们的生活质量。如由杭州快智科技有限公司研发的快的打车软件，作为中国目前最好用、人气最高的打车软件之一，给广大打车乘客和出租车司机带来了方便。

本章从电子商务的定义入手，介绍了狭义和广义的电子商务概念，电子商务的特点、分类、研究内容、意义，电子商务的产生和发展，以及电子商务国内外现状及发展趋势。通过对本章的学习，读者可以对电子商务的基本框架有一个基本了解，为进一步学习电子商务的相关理论奠定基础。

1.1 电子商务的概念

20 世纪 90 年代以来，随着信息技术的迅速发展，互联网的商业化运营，以及商务活动国际化、信息化和无纸化的发展趋势，电子商务这一全新的商业模式应运而生并对社会经济生活产生了深远的影响。从最初单纯的网上信息发布到能够完成整个交易过程的电子商务网站；从在传统的贸易方式下使用不成熟的电子化交易手段到通过 Internet 建立虚拟市场完成产供销全部业务流程的电子化；从实体化或数字化产品的在线购物到各类远程服务（远程教育、远程医疗、网上银行、网络游戏等）和信息服务（Internet 接入、整机托管、软件出租等）的提供，电子商务发展之快，应用面之广令人赞叹不已。那么，到底什么是电子商务呢？

1.1.1 电子商务的定义

通常，初学者会很直观地认为，电子商务就是在 Internet 网络平台上开展的商务活动。事实上，目前“电子商务”还没有一个较为全面、权威和统一的，并能够为大多数人接受的准确定义。一些专家学者、政府部门、行业协会和 IT 公司根据不同的出发点与立场，从不同角度提出了各自的见解。下面我们列举出部分有代表性的组织机构对“电子商务”的定义。读者可以参阅这些定义，以便更全面地理解电子商务。

1．国际组织的定义

定义 1：国际商会在国际电子商务会议上对电子商务概念的阐述——电子商务是指对整个贸易活动实现电子化。从涵盖范围方面可以定义为，交易各方以电子交易方式而不是通过当面交换或直接面谈方式进行的任何形式的商业交易；从技术方面可以定义为，电子商务是一种多技术的集合体，包括交换数据（如电子数据交换、电子邮件）、获得数据（共享数据库、电子公告牌）以及自动捕获数据（条形码）等。

定义 2：欧洲经济委员会在全球信息社会标准大会上提出电子商务的定义——电子商务是各参与方之间以电子方式而不是以物理交换或直接物理接触方式完成任何形式的业务交易。这里的电子方式包括电子数据交换（EDI）、电子支付手段、电子订货系统、电子邮件、传真、网络、电子公告系统条码、图像处理、智能卡等。

定义 3：联合国国际贸易法律委员会（UNITRAL）认为，电子商务是采用电子数据交换（EDI）和其他通信方式增进国际贸易的职能。

定义 4：世界贸易组织（WTO）认为，电子商务是通过电子方式进行货物和服务的生产、销售、买卖和传递。这一定义奠定了审查与贸易有关的电子商务的基础，也就是继承关贸总协定（GATT）的多边贸易体系框架。

定义 5：联合国经济合作和发展组织（OECD）认为，电子商务是发生在开放网络上的，包含企业之间（Business to Business）、企业和消费者之间（Business to Consumer）的商业交易。

定义 6：全球信息基础设施委员会（GIIC）的电子商务工作委员会认为，电子商务是运用电子通信作为手段的经济活动，通过这种方式人们可以对带有经济价值的产品进行宣传、购买和结算。这种交易的方式不受地理位置、资金多少或零售渠道所有权的影响。公有、私有企业、公司，政府组织，各种社会团体，一股公民和企业家都能自由地参加广泛的经济活动，其中包括各行各业及政府的服务业。

2．政府部门的定义

定义 1：美国政府在《全球电子商务纲要》中比较笼统地指出，电子商务是指通过 Internet 进行的各项商务活动，包括广告、交易、支付、服务等活动。

定义 2：加拿大电子商务协会认为，电子商务是通过数字通信进行商品和服务的买卖以及资金的转账，包括公司间和公司内利用 E-mail、EDI、文件传输、传真、电视会议、远程计算机联网所能实现的全部功能（如原材料查询、采购、产品展示、市场营销、订购、储运、金融结算、销售以及商务谈判、培训以及售后服务）。

定义 3：欧洲议会认为，电子商务是通过电子方式进行的商务活动。它通过电子方式处理和传递数据（包括文本、声音和图像）。它涉及许多方面的活动，包括货物电子贸易和服务、在线数据传递、电子资金划拨、电子证券交易、电子货运单证、商业拍卖、合作设计和工程、在线资料、公共产品获得。电子商务既包括了产品（如消费品、专门设备）和服务（如信息服务、金融和法律服务），又包括了传统活动（如健身、体育）和新型活动（如虚拟购物、虚拟训练）。

3．企业的定义

定义 1：IBM 提出了一个电子商务的定义公式，E-Business =IT+Web +Business，即电子商务=信息技术+网络+商务。它所强调的是在网络计算环境下的商业化应用，是把买方、卖方、厂商及其合作伙伴在因特网（Internet）、内联网（Intranet）和外联网（Extranet）结合起来的应用。

定义 2：HP 提出，电子商务以现代扩展企业为信息技术基础结构，是跨时域、跨地域的电子化世界，E-World = E-Commerce+ E-Business + E-Consumer。其中 E-Commerce 指通过电子化手段来完成商业贸易活动的一种方式；E-Business 指通过基于 Internet 的信息结构，使得公司、供应商、合作伙伴和客户之间，开展电子业务；E-Consumer 指人们使用信息技术进行娱乐、学习、工作、购物等一系列活动。

4．我国对电子商务的定义

定义 1：《中国电子商务蓝皮书：2001 年度》认为，电子商务指通过 Internet 完成的商务交易。交易的内容可分为商品交易和服务交易。交易是指货币和商品的易位，交易要有信息流、资金流和物流的支持。

定义 2：2003 年，中国电子商务协会发布的《中国电子商务发展分析报告》认为，电子商务是以电子形式进行的商务活动。它在供应商、消费者、政府机构和其他业务伙伴之间通过电子方式实现非结构化或结构化的商务信息的共享，以管理和执行商业、行政和消费活动中的交易。

定义 3：2007 年，我国《电子商务发展“十一五”规划》首次明确提出电子商务是网络化的新型经济活动，即基于互联网、广播电视网和电信网络等电子信息网络的生产、流通和消费活动。电子商务涵盖了社会不同经济主体内部和主体之间的经济活动，体现了信息技术网络化应用的根本特性，即信息资源高度共享、社会行为高度协同所带来的经济活动高效率和高效能。加快发展电子商务的战略意义在于，有效促进经济增长方式由粗放型向集约型转变，切实提高国民经济增长的效率和质量，实现经济社会全面、协调、可持续发展。

定义 4：商务部 2009 年第 21 号《电子商务模式规范》提出电子商务（E-business）是基于互联网技术和网络通信手段进行货物或服务交易，并提供相关服务的商业形态。按照交易主体的不同具体细分为三种形式：企业（或其他组织机构）之间（Business to Business，B2B）、企业（或其他组织机构）和消费者之间（Business to Consumer，B2C）、消费者之间（Consumer to Consumer，C2C）。

5. 专家学者的定义

定义 1：美国的 Emmelhainz 博士在她的专著《EDI 全面管理指南》中，从功能角度把电子商务定义为通过电子方式，并在网络基础上实现物资、人员过程的协调，以便实现商业交换的活动。

定义 2：美国 NIIT 负责人 John Longenecker 从营销角度把电子商务定义为“电子化的购销市场”，即电子化的商品购买和服务市场。

定义 3：中国的王可研究员则从过程角度将电子商务定义为在计算机与通信网络基础上，利用电子工具实现商业交换和行政作业的全过程。

综览上述定义，可以看出，它们只是从不同角度，不同范围来提出各自的观点。差异主要在于技术手段和所覆盖的业务活动范围（如表 1.1 所示）。

表 1.1　不同电子商务概念技术手段、业务范围比较

定义者	技术手段	业务范围
国际电子商务会议	计算机网络相关技术	商业活动
WTO	电子方式	商业交易活动
GIIC	电子方式	经济活动
美国政府	互联网	商业活动
加拿大	电子方式	经济活动
欧洲议会	电子方式	商业活动
IBM	计算机网络相关技术	商业活动
HP	电子方式	经济活动
《中国电子商务蓝皮书》	互联网	商业活动
《电子商务发展“十一五”规划》	互联网、广播电视网和电信网络等电子信息网络	经济活动

有的定义涵盖较为广泛，如 GIIC、加拿大和 HP 给出的概念，在技术手段上它们强调包括一切电子手段，而在业务活动范围上提出“所能实现的全部功能”、“广泛的经济活动”和“EB（Electric Business）”。从这个意义上来讲，电报、电话、电视、超级市场中使用的 POS 机都可以作为电子商务的技术手段，而利用这些手段进行的企业各项管理活动也都属于电子商务。但大多数还是将电子商务定义为使用计算机网络特别是互联网进行的商业交易活动。因为只有在计算机网络，特别是 Internet 普及的今天，电子商务才得到如此广泛的应用，商业模式才发生了根本性的转变。总体来说，目前人们对电子商务的定义大体分为两类：狭义电子商务和广义电子商务，如图 1.2 所示。

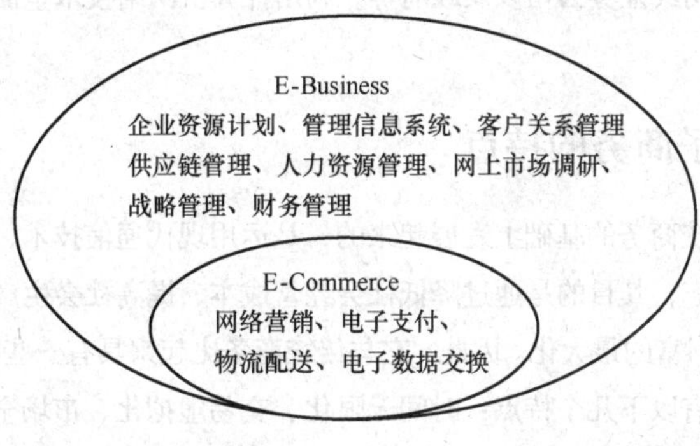

图 1.2　电子商务的定义

狭义的电子商务（E–Commerce）主要是指运用 Internet 开展的商务交易或与商务交易直接相关的活动。从涵盖的业务范围方面，E–Commerce 使得交易各方以电子交易方式而不是通过当面交换或直接面谈方式进行的任何形式的商业交易，其业务包括信息交换（电子目录、电子广告）、售前售后服务（在线提供产品和服务的细节、产品使用技术指南、答复顾客意见）、销售（利用因特网的交易系统和专用交易系统在内的电子交易系统进行网上谈判、电子报关、电子保险索赔）、电子支付（电子资金转账、信用卡、电子支票、电子现金）等；从技术方面 E–Commerce 是一种多技术的集合体，包括 EDI、E–mail、共享数据库、电子公告牌、条形码等，它以基于计算机技术、网络互联技术和现代通信技术的电子交易方式代替了当面交换或直接面谈方式进行的交易。诸如网上购物、网上炒股、电子银行、网上纳税、网上报关等都属于狭义电子商务的范畴。

广义的电子商务（E–Business）指运用 IT 技术使整个商务活动实现电子化。E–Business 是指利用 Internet、Intranet 和 Extranet 等各种不同形式的网络以及其他信息技术进行的所有的企业活动。E–Business 包括三种业务流程，首先是面向外部的所有业务流程，如网络营销、电子支付、物流配送、电子数据交换等企业间的商业活动，即狭义的电子商务的范畴；其次，还包括企业内部的业务流程，如企业资源计划（ERP）、管理信息系统（MIS）、客户关系管理（CRM）、供应链管理（SCM）、物流管理（LM）、客户关系管理（CRM）、人力资源管理、网上市场调研、战略管理及财务管理等企业内部的各种管理活动，涵盖了贸易、经营、管理、服务和消费等各个业务领域；再次，随着广义电子商务观念的发展，人们提出了在网络化的基础上重塑各类业务流程，通过内联网、外联网以及互联网将企业的业务合作伙伴充分整合，包括从原材料的查询、采购、产品的展示、订购到产品制造、储运以及电子支付等一系列贸易活动在内的完整电子商务供应链的概念。广义的电子商务涉及所有的企业（或组织）活动，如ERP、MIS、SCM、CRM等多个方面。在此不做详细介绍。

通常意义上的电子商务是指E-Commerce，主要讨论运用Internet技术及信息技术的交易或与交易直接相关的活动。因此我们也可以理解为电子商务实质上是在网上形成的一个虚拟的交换场所，其核心内容是商务、计算机处理和网络。计算机处理是手段，网络是载体，商务是内容和目的。简单来说，电子商务就是指把所有的商业活动和贸易往来电子化，利用发达的网络环境进行快速有效的商业活动。电子商务系统是指商务活动的各方，包括商店、消费者、银行或金融机构、信息公司或证券公司以及政府等，利用计算机网络技术全面实现在线交易电子化的过程。

1.1.2 电子商务的特点

电子商务是在传统商务的基础上发展起来的，是运用现代通信技术、计算机和网络技术开展的一种社会经济形态，其目的是通过降低社会经营成本、提高社会生产效率、优化社会资源配置，从而实现社会财富的最大化。因此，它与传统商务比起来具有一些明显的特征，如表1.2所示。电子商务主要有以下几个特点：时间无限化、交易虚拟化、市场全球化、交易透明化、交易简易化、贸易智能化和服务个性化。

表1.2 电子商务与传统商务的比较

方向 / 内容	电子商务	传统商务
时间性	时间无限性，可以7×24小时不间断服务和运营	时间有限性，只在特定的工作时间内提供服务和运营
交易	虚拟性、高效性、透明化、低成本	真实性、效率较低、成本较高
市场占有	全球化的市场	受地域限制
服务	个性化服务	统一服务

1. 时间无限化

传统商务由于受人们作息时间的限制，通常只能提供固定工作时间的运营和服务，而电子商务借助网络虚拟平台，可使厂商真正提供7×24小时不间断服务和全天候营业，方便服务客户和优化服务。例如，凌晨2点我们也可以登录当当网（www.dangdang.com）选购计划购买的书籍。

2. 交易虚拟化

电子商务以电子虚拟市场作为其运作空间，通过网络就可以完成选取商品、交易洽谈、订单签订和电子支付，虚拟的交易方式打破了传统企业间明确的组织，使整个交易电子化、数字化、虚拟化，实现在线经营。例如，我们在中国鲜花专递网（www.cnfse.com）上订购了一束花，单击“确认”按钮，通过网上银行付款，然后我们就可以在家等着专递员将鲜花送到家门了。

3．市场全球化

电子商务跨越了空间，拥有无地域界限的全球市场，这是由其所凭借的主要媒体——互联网的全球性本质所决定的。跨国经营不再只有大企业、大公司才能做到，无论在哪个国家或地区，只要能接入国际互联网络，任何企业都可以方便地使用国际互联网所提供的各种服务，享用国际互联网上庞大的全球信息资源，并进入全球市场。例如，007 商务网（www.007swz.com）通过整合全球制造业门户和交易平台，进行全球贸易。

4．交易透明化

电子商务的出现使买卖双方的整个交易过程都在网络上进行。通畅、快捷的信息传输方便了各种信息之间互相核对，有助于防止伪造信息的流通。例如，在典型的许可证 EDI 系统中，由于加强了发证单位和验证单位的通信、核对，所以假的许可证就不易漏网。

5．交易简易化

传统商务里产品要经历制造商、批发商、零售商等多环节的流通，然后顾客到商店里购买，通常历时长、流通环节费用高。而电子商务通过网络平台可被直接搭建成顾客和制造商沟通的桥梁，快速满足用户需求，减少中间流通环节，可实现零库存，大大降低生产成本，从而使用户和厂商实现双赢。例如，海尔公司实施 ERP 后完成一个订单所需时间由 10 天缩减为 1 天，而且准确率极高。

6．贸易智能化

电子商务的迅猛发展使人类贸易活动的基础不再是对产品的拥有量，而是对技术和知识的拥有量。贸易过程中的财富分配将以各交易方所拥有的技术和知识为转移。贸易产品的技术含量不断增加，并最终朝着智能化产品的方向发展。例如，贝塔思曼的倒闭风波。因财务状况不佳，全球传媒大鳄贝塔思曼集团旗下的中国 18 个城市的 36 家门店于 2008 年 7 月全部关闭。贝塔思曼失败的主要原因是对网络经济时代的漠视：当亚马逊（www.Amazon.com）采取网络低价策略的时候，贝塔思曼居然在发展门店，一门心思把钱砸给房产商。

7．服务个性化

电子商务服务个性化是指电子商务企业向客户提供个性化的服务。主要包括三方面的内容：一是需求的个性化定制。由于自身条件的不同，客户对商品和服务的需求也不尽相同，因此如何及时了解客户的个性化需求是首要任务；二是信息的个性化定制。互联网为个性化定制信息提供了可能，也潜藏着巨大的商机；三是对个性化商品的需要。特别是技术含量高的大型商品，消费者不再只是被动地接受，商家也不仅仅是提供多样化的选择范围，消费者将把个人的偏好参与到商品的设计和制造过程中去。如个性化礼品网（www.YouMade.com），其产品充分融合消费者个人的观念及思想，真正实现了个性化。

1.1.3 电子商务的分类

电子商务可以按照参与主体、支付方式、交易活动网上完成程度、交易的地域范围等分成不同的类型，如表 1.3 所示。

1．按照参与主体分类

按照参与主体进行分类，可将电子商务分为五种类型，本书将在第 2 章进行详细介绍。

表 1.3　电子商务的分类

分类标准	分类
参与主体	B2C、B2B、C2C、G2B、G2C
支付方式	支付性电子商务、非支付性电子商务
交易活动网上完成程度	完全电子商务、不完全电子商务
交易的地域范围	区域电子商务、国家电子商务、国际电子商务

（1）企业对消费者的电子商务（Business to Customer，B2C）

企业对消费者的电子商务基本等同于电子零售商业。目前，Internet 上已遍布各种类型的商业中心，为消费者提供各种商品和服务。

（2）企业对企业的电子商务（Business to Business，B2B）

企业对企业的电子商务是指商业机构（或企业、公司）使用 Internet 或各种商务网络向供应商（企业或公司）订货和付款。商业机构对商业机构的电子商务发展最快，已经有了多年的历史，特别是通过在网络上运行 EDI，使企业对企业的电子商务得到了迅速扩大和推广。公司之间可以使用网络进行订货和接受订货、签订合同、单证付款。

（3）消费者与消费者的电子商务（Consumer to Consumer，C2C）

C2C 是用户对用户的模式，C2C 商务平台就是通过为买卖双方提供一个在线交易平台，使卖方可以主动提供商品上网拍卖，而买方可以自行选择商品进行竞价。C2C 的典型是百度 C2C、淘宝网、拍拍网等。

（4）政府机构对企业的电子商务（Government to Business，G2B）

企业与政府机构的电子商务可以覆盖公司与政府组织间的许多事务。目前我国有些地方政府已经推行网上采购。

（5）政府机构对消费者的电子商务（Government to Customer，G2C）

政府将会把电子商务扩展到福利费发放和自我估税即个人税收的征收方面。

2．按支付方式分类

按支付方式可将电子商务分成支付性电子商务和非支付性电子商务两类。

（1）支付性电子商务

即实际进行网上支付和货物运送的电子商务。也就是可以完全通过电子商务方式实现和完成整个交易过程的交易。显然，这种电子商务中既包含了物质和信息的流动，也包含了资金的流动。

（2）非支付性电子商务

即不进行网上支付和货物运送的电子商务。也就是指无法完全依靠电子商务方式实现和完成完整交易过程的交易，它需要依靠一些外部要素来完成交易。这种电子商务中只存在物质和信息的流动，没有资金的真实流动。

3．按交易活动网上完成的程度分类

（1）完全电子商务

完全电子商务是指完全通过电子商务方式实现和完成整个交易过程的交易。一些数字化的无形产品和服务，如计算机软件、网络版书刊、娱乐内容、电子订票、远程教育、旅馆订房等，供求双方直接在网络上完成联机订购或申请服务、付款、交付，完全在电子信息网络上完成交易活动而无需借助其他手段。

完全电子商务交易对象限于无形产品和网上信息服务。目前，有网上订阅（在线服务、在线出版、在线娱乐）、付费浏览等商务模式。

（2）不完全电子商务

不完全的电子商务是指无法完全依靠电子商务方式实现和完成整个交易过程，它需要依靠一些外部要素，如有形商品的交付过程仍然要采用传统的运输方式来完成。当产品、销售过程和代理人三个维度中的某一项未能为数字化时称为不完全电子商务。

4．按交易的地域范围分类

（1）区域电子商务

区域电子商务，指利用一定地理区域（多指本地区）内的信息网络实现的电子商务活动，电子交易地域范围相对较小。随着电子商务的高速发展，远距离的商品配送缓慢、企业诚信难以保障、电子支付等问题给企业和客户造成了困惑，而基于网格技术的区域性电子商务网站是我国，特别是电子商务落后地区推进电子商务应用的趋势之一。

（2）国家电子商务

国家电子商务是指在本国范围内进行的网上电子交易活动，其交易的地域范围较大，对软硬件和技术要求较高，要求在全国范围内实现商业电子化、自动化，实现金融电子化，交易各方具备一定的电子商务知识、经济能力和技术能力，并具有一定的管理水平和能力等。

（3）国际电子商务

国际电子商务是指在全世界范围内进行的电子交易活动，参加电子交易各方通过网络进行贸易，涉及有关交易各方的相关系统，如买方国家进出口公司系统、海关系统、银行金融系统、税务系统、运输系统和保险系统等。全球电子商务业务内容繁杂，数据来往频繁，要求电子商务系统严格、准确、安全和可靠，应制定出世界统一的电子商务标准和电子商务协议，使全球电子商务得到顺利发展。

1.1.4 电子商务的研究内容

电子商务是一门交叉性和边缘性的学科，其学科体系囊括了计算机、管理、经济、法律等多门课程（如图 1.3 所示）。

电子商务是主要研究电子商务活动的各种基本原理、方式方法与规律的科学。一般来说，电子商务研究的主要内容可以归纳为以下几个方面。

（1）电子商务基础理论的研究。如电子商务的概念、类型、特征、模型、结构的研究；电子商务系统的概念、结构、开发技术与方法及其相关标准体系的研究；电子商务的总体框架、电子商务交易流程等。

（2）电子商务实现技术的研究。包括计算机技术、网络技术、通信技术、数据库技术、多媒体技术、物流技术、安全技术、支付技术等。

（3）电子商务网站建设与管理的研究。如电子商务解决方案、电子商务网站的设计、电子商务与企业信息系统建设、电子商务网站的运营与维护等。

电子商务学科体系

电子商务技术基础
网络技术基础　通信技术基础　数据库技术基础
电子商务应用技术
电子商务安全技术　电子商务Web技术　电子商务支付技术
电子商务营销
网络营销　网上交易　在线零售
电子商务管理
供应链管理　客户关系管理　物流管理　电子商务企业内部管理
电子商务法律与制度
规范交易形式的电子商务法律制度　规范交易内容的电子商务法律制度
电子商务系统建设
电子商务解决方案　电子商务与企业信息系统建设　电子商务案例分析

图 1.3　电子商务学科体系

（4）电子商务环境下企业运营的研究。如网络营销、企业电子商务战略与实施、客户关系管理、电子商务物流、供应链管理、虚拟企业等。

（5）电子商务经济理论与政策的研究。如网络经济理论、电子商务的成本与效益分析、电子商务企业的经济效益与社会效益评估、与电子商务相关的税收政策、货币政策、劳动力政策等、电子政务（包括政府间的电子政务、政府对企业的电子政务、政府对公民的电子政务）的研究。

（6）电子商务与法律法规的研究。如对网络中隐私权的保护、知识产权和版权的保护、电子数据和电子签名的法律地位、认证机构的法律地位等。

（7）具体行业电子商务的研究。如移动电子商务的研究、外贸与电子商务的研究等。

1.1.5　电子商务的意义

2006 年“十一五”规划中提出电子商务是网络化的新型经济活动。在我国“十二五”规划中，电子商务已被列入国家战略性新兴产业的重要组成部分，作为新一代信息技术的分支，将是下一阶段信息化建设的重心。“十二五”规划提出推动电子商务应用的普及和深化，包括推动大型工业、商贸物流、旅游服务等传统企业深化电子商务应用，提高网络采购和网络销售发展水平，促进移动电子商务等创新型电子商务发展等。当前，电子商务正以前所未有的速度迅猛发展，已经成为主要发达国家增强经济竞争实力，赢得全球资源配置优势的有效手段。我国正处于电子商务发展的战略机遇期。抓住机遇，加快发展电子商务，是贯彻落实科学发展观，以信息化带动工业化，以工业化促进信息化，走新型工业化道路的客观要求和必然选择。

从宏观上讲，电子商务是计算机网络技术的又一次革命，是通过电子手段建立的一种新的经济秩序；从微观角度看，电子商务是各种具有商业活动能力的实体利用网络和先进的数字化传媒技术进行的各种商业活动，如图1.4所示。

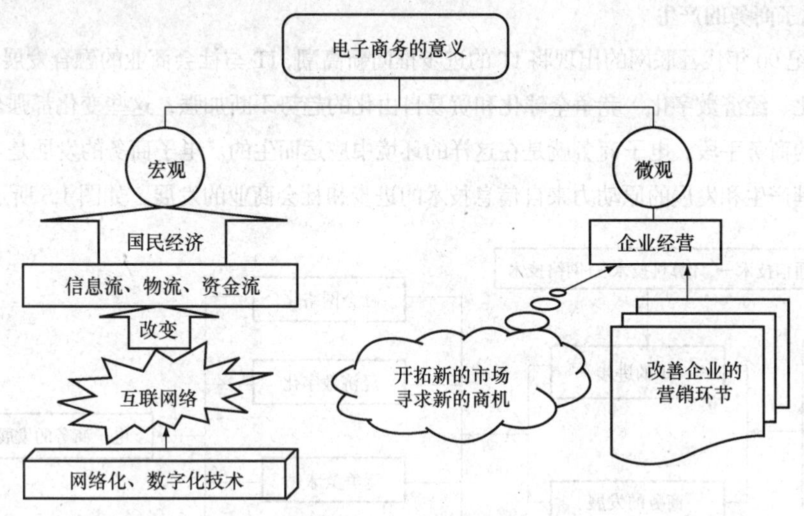

图1.4 电子商务的意义

从宏观上讲，电子商务是国民经济和社会信息化的重要组成部分，借助网络化、数字化技术而开展的一种全新的经济活动，它通过全球互联的网络，打破时空界限，改变贸易形态，改善信息流、物流、资金流的环境和实现方式，加快信息的传递和交流，加速商品流通，降低交易成本和生产成本，提高企业管理水平，提高整个社会经济运转的效率。同时它还可以带动网络相关技术的发展，促进新兴产业的成长，促进传统产业的调整和改造。电子商务最基本的内容是企业、消费者、政府之间的营销活动。从更广义上讲，电子商务作为一种商务活动，它不是孤立存在的，它对社会的生产经营、人们的生活方式、政府的职能，以及社会法律体系、文化教育发展等各方面都会产生深远的影响，并将深刻改变未来整个人类社会的面貌。

从微观上讲，电子商务在企业经营中有两个方面的作用：一是开拓新的市场，寻找新的商机。与传统商务相比，电子商务可以使企业自由地在同一网络平台上发布供给和需求信息，非常方便地找到自己所需要的买卖对象，大大地拓宽了企业的购买和销售空间；二是改善企业的营销环节。电子商务的本质是将交易活动网络化，通过把信息沟通、资料传递甚至把双方谈判放到网上来，这样就可以大幅降低企业的营销成本。虽然我国现阶段大部分企业所开展的还只能说是非常初级的电子商务，还只是作为传统营销方式的补充，但是已经显现出其在简化营销环节、提高营销效率及节约营销成本上的巨大效用。

1.2 电子商务的产生和发展

随着计算机通信技术、互联网技术的成熟，经济全球化进程加快，国际贸易日益频繁，市场竞争趋于白热化，适应新形势的社会经济活动——电子商务应运而生。下面，我们来回顾一下电子商务的产生和发展历程。

1.2.1 我国电子商务的产生和发展历程

1. 电子商务的产生

20 世纪 90 年代互联网的出现将 IT 的进步推向新高潮，IT 与社会商业的融合发展，导致了社会网络化、经济数字化、竞争全球化和贸易自由化的趋势不断加强，这些变化都强烈地呼唤更为高效的商务手段，电子商务就是在这样的环境中应运而生的。电子商务的发展是一个渐进的过程，其产生和发展的原动力来自信息技术的进步和社会商业的发展，如图 1.5 所示。

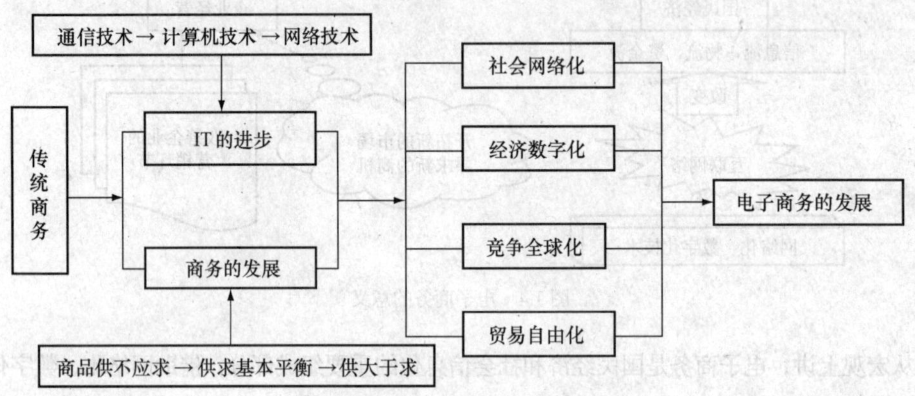

图 1.5 电子商务的产生

2. 电子商务的发展

20 世纪 70 年代初期，电子商务伴随着信息技术的进步而快速发展，至今已成为主要发达国家增强经济竞争实力，赢得全球资源配置优势的有效手段。20 世纪 70 年代，美国航空开发出计算机联网订票系统 SABRE，银行间采用安全的专用网络进行电子资金转账（EFT）。20 世纪 80 年代初电子数据交换（EDI）开发成功，成为代表性的电子商务活动。1991 年因特网向公众开放，许可网上开放商业应用系统。1993 年，万维网（WWW）出现。1995 年，网上商务信息首次超过科学教育的信息量，成为电子商务大规模发展的标志。许多信息技术公司相继提出 E-Business（IBM）、E-Services（HP）、E-network（3com）、E-Generation（BEA）和 E-commerce（HP）的概念。据联合国贸易与发展会议（UNCTAD）公布的“电子商务与发展报告”，到 2012 年年底，全球互联网用户人数达到 24 亿，比上年同期增长了 8%。2013 年，全球电子商务交易额达 1.2 万亿美元，比上年同期增长了 17%，其中美国占 20%，在网上进行国际贸易的国家和地区达 185 个以上。2013 年，我国电子商务交易额达 10 万亿元人民币。截至 2013 年 12 月，我国网民规模已达 6.18 亿人，互联网普及率达 45.8%。全社会电子商务应用意识不断增强，网络购物用户规模达到 3.02 亿，较 2012 年年底增长 6%，使用率达到 48.9%，我国使用网上支付的用户规模达到 2.60 亿，用户年增长 3955 万，增长率为 17.9%，使用率提升至 42.1%。团购用户规模达 1.41 亿，团购的使用率为 22.8%，相比 2012 年增长 8 个百分点，用户规模年增长 68.9%，是增长最快的商务类应用。

综观我国电子商务十多年的发展史，从国外引入或本土原创开始起步、遭遇互联网泡沫寒冬、“非典”后的回暖，以及随之而来的快速发展，到金融危机的调整与转型，我国的电子商务大致呈现出三次浪潮，具体可以分为五个发展阶段。如图 1.6 所示。

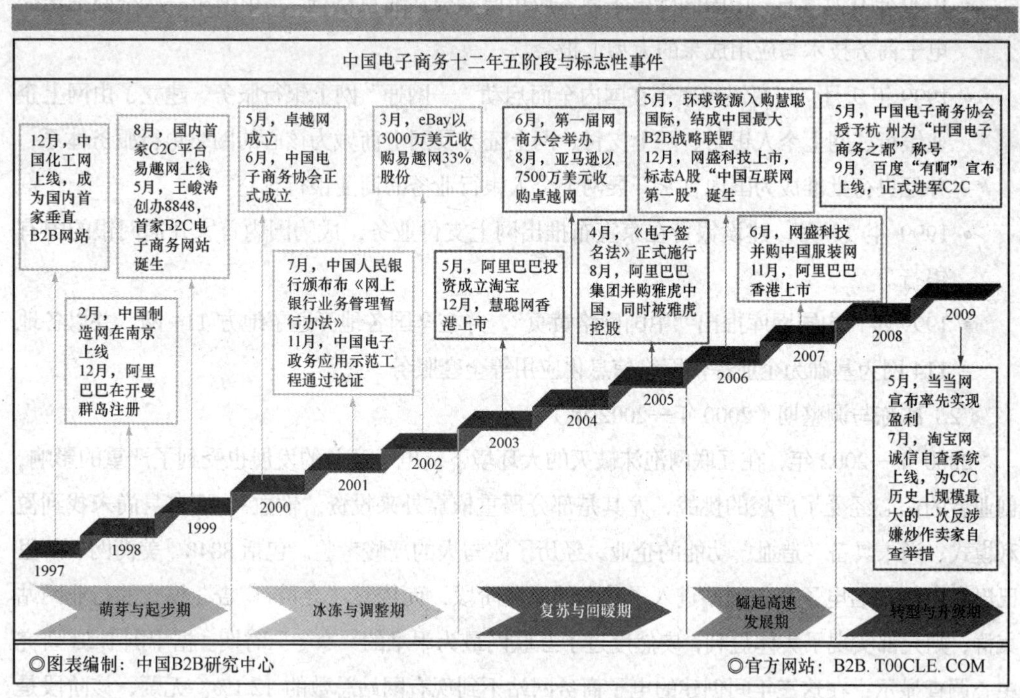

图 1.6　中国电子商务发展十二年标志性事件

（1）萌芽与起步期（1997 年—1999 年）

国内第一批电子商务网站的创始时期始于 1997 年。当时全新的互联网引入概念鼓舞了第一批新经济的创始者，他们认为传统的贸易信息会借助互联网进行交流和传播，商机无限。于是，从 1997 年到 1999 年，美商网、中国化工网、8848、阿里巴巴、易趣网、当当网等知名电子商务网站先后涌出。据中国 B2B 研究中心调查显示，在目前已经成立的电子商务网站当中，有 5.2%创办于 20 世纪 90 年代。该阶段无疑是我国电子商务的萌芽与起步时期。

1997 年，中国化工信息网正式在互联网上提供服务，开拓了网络化工的先河，是全国第一个介入行业网站服务的国有机构。

- 1997 年，“易贸通”推出 Tradeeasy.com，即 B2B 贸易入门网站。
- 1997 年 12 月，中国化工网（英文版）上线，成为国内第一家垂直 B2B 电子商务商业网站。
- 1998 年 10 月，美商网（又名“相逢中国”）获多家美国知名 VC 千万美金投资，是最早进入中国 B2B 电子商务市场的海外网站，首开全球 B2B 电子商务先河。
- 1998 年 2 月，由焦点科技运营的中国制造网（英文版）在南京上线。
- 1998 年 12 月，阿里巴巴正式在开曼群岛注册成立，1999 年 3 月其子公司阿里巴巴中国在我国杭州创建，同年 6 月在开曼群岛注册阿里巴巴集团。
- 1999 年 8 月，邵亦波创办国内首家 C2C 电子商务平台“易趣网”。
- 1999 年 5 月，“中国电子商务第一人”王峻涛创办“8848”涉水电子商务，并在当年融资 260 万美元，标志着国内第一家 B2C 电子商务网站诞生。

- 1999年6月，《数字化经济》一书在8848网站首发，成为中国网上首发图书第一例。
- 1999年9月6日，中国国际电子商务应用博览会在北京举行，是中国第一次全面推出的电子商务技术与应用成果的大型汇报会。
- 1999年9月，招商银行率先在国内全面启动"一网通"网上银行服务，建立了由网上企业银行、网上个人银行、网上支付、网上证券及网上商城为核心的网络银行服务体系，并经央行批准成为国内首家开展网上个人银行业务的商业银行。
- 1999年12月，建设银行在京宣布推出网上支付业务，成为国内首家开通网银的国有银行。
- 1999年，中国网库推出"中国网络黄页"，并在全国各地开通了地方114网，并以各地114网为基础为企业提供网络信息化应用等全套服务。

（2）冰冻与调整期（2000年—2002年）

2000年—2002年，在互联网泡沫破灭的大环境下，电子商务的发展也受到了严重的影响，创业者的信心经受了严峻的挑战，尤其是部分严重依靠外来投资"输血"，而自身尚未找到盈利模式、尚未具备"造血"功能的企业，经历了冰与火的严峻考验。包括8848、美商网、阿里巴巴在内的知名电子商务网站进入了残酷的寒冬阶段，而依靠"会员+广告"模式的行业网站集群，则大都实现了集体盈利，安然度过了互联网最为艰难的"寒冬"时期。据中国B2B研究中心调查显示：在这三年间创建的电子商务网站不到现有网站总数的12.1%。无疑，该阶段是我国电子商务的冰冻与调整期。

- 2000年4月，于1992年成立的慧聪国际推出了慧聪商务网，即现在的慧聪网。
- 2000年5月，卓越网成立，为我国早期B2C网站之一。
- 2000年6月21日，中国电子商务协会正式成立。
- 2000年12月，阿里巴巴在1999年10月获高盛等500万投资的基础上，获日本软银等境外财团联合投资2500万美元，由此奠定了阿里巴巴电子商务王国的基础。
- 2001年7月9日，中国人民银行颁布《网上银行业务管理暂行办法》。
- 2001年10月，中国化工网成功打赢"中国入世跨国知识产权第一案"，捍卫了对全球化工顶级域名chemnet.com的所有权，成为我国互联网领域知识产权官司标本。
- 2001年11月，中国电子政务应用示范工程通过论证，这标志着中国向"电子政府"迈出了重要一步。
- 2002年3月，全球最大网络交易平台eBay以3000万美元的价格购入易趣网33%的股份。
- 2002年7月3日，召开的国家信息化领导小组第二次会议，审议通过了《国民经济和社会发展第十个五年计划信息化重点专项规划》、《关于我国电子政务建设的指导意见》和《振兴软件产业行动纲要》。
- 2002年9月，王峻涛创办6688电子商务网站，二度进军B2C网上商城。

（3）复苏与回暖期（2003年—2005年）

电子商务经历低谷后，在2003年，出现了快速复苏回暖，部分电子商务网站也在经历泡沫后，更加谨慎务实地对待盈利模式和低成本经营。目前现有的电子商务网站总数占网站总数的 30.1%，应用电子商务的企业会员数量开始明显增长，2003 年成为电子商务，尤其是 B2B 网站的“营收平衡年”，该阶段无疑是电子商务的复苏与调整期。

- 2003 年 5 月，“非典”给电子商务带来了意外的发展机遇，各 B2B、B2C 电子商务网站会员数量迅速增加，并且部分实现盈利，C2C 也由此酝酿变局。
- 2003 年 5 月，阿里巴巴集团投资 1 亿元人民币成立淘宝网，进军 C2C；随后几年内，逐渐改变国内 C2C 市场格局，而网购理念与网民网购消费习惯也进一步得到普及。
- 2003 年 6 月，eBay 以 1.5 亿美元收购易趣剩余 67%股份，国内最大的 C2C 企业由此被外资全盘并购。
- 2003 年 10 月，阿里巴巴推出“支付宝”，致力于为网络交易用户提供基于第三方担保的在线支付服务，正式进军电子支付领域。
- 2003 年 12 月，慧聪网（08292-HK）香港创业板上市，为国内 B2B 电子商务首家上市公司。
- 2004 年，阿里巴巴集团与英特尔合作建设中国首个手机电子商务平台。
- 2004 年 1 月，阿里巴巴集团董事局主席马云正式提出“网商”概念。
- 2004 年 1 月 8 日，中国电子商务“先驱”8848 在京“复出”，回到电子商务领域，转型专注做“中国电子商务引擎”。
- 2004 年 6 月，“第一届网商大会”在杭州举办。
- 2004 年 8 月，亚马逊以 7500 万美元协议收购卓越网，并更名为卓越亚马逊。
- 2004 年 8 月 28 日，第十届全国人大常委会第十一次会议表决通过了《中华人民共和国电子签名法》，于 2005 年 4 月 1 日起施行。
- 2004 年年底，通过了《关于加快电子商务发展的若干意见》。
- 2005 年 2 月，支付宝推出保障用户利益的“全额赔付”制度，开国内电子支付的先河；当年 7 月又推出“你敢用，我敢赔”的支付联盟计划。
- 2005 年 4 月 1 日，《电子签名法》正式施行，为电子商务市场良好发展奠定了基础，这是中国信息化领域的第一部法律。
- 2005 年 4 月 18 日，中国电子商务协会政策法律委员会组织有关企业起草的《网上交易平台服务自律规范》正式对外发布。
- 2005 年 8 月，阿里巴巴并购雅虎（中国）全部资产，同时得到雅虎 10 亿美元投资，雅虎则拥有 40%股份，由此成为阿里巴巴最大控股股东。
- 2005 年 9 月 12 日，腾讯依托 QQ 逾 5.9 亿的庞大用户推出“拍拍网”，C2C 三足鼎立格局日渐形成。
- 2005 年 10 月 26 日，中国人民银行出台《电子支付指引（第一号）》，全面针对电子支付中的规范、安全、技术措施、责任承担等进行了规定。

（4）崛起与高速发展期（2006 年—2007 年）

互联网环境的改善、理念的普及以及电子商务带来的巨大发展机遇，使得各类电子商务会员数量迅速增加，大部分 B2B 行业电子商务网站开始盈利。而专注于 B2B 的网盛生意宝与阿里巴巴的先后上市所成功引发的“财富效应”，更是大大激发了创业者与投资者对电子商务的热情。IPO 的梦想、行业良性竞争和创业投资热情高涨“三架马车”，大大推动了我国行业电子商务进入新一轮高速发展与商业模式创新阶段，衍生出更为丰富的服务形式与盈利模式。电子商务网站数量也快速增加，仅 2007 年，国内各类电子商务网站的创办数量就超过了现有网站总数的 30.3%，因此该阶段是我国电子商务的崛起与高速发展阶段。

- 2006 年 3 月，“第一届中小企业电子商务应用发展大会”在北京举行。
- 2006 年 5 月，环球资源购入慧聪国际 10%已发行股本，结成“中国最大 B2B 战略联盟”，2007 年 12 月撤资。
- 2006 年 6 月，商务部公布了《中华人民共和国商务部关于网上交易的指导意见》（征求意见稿）。
- 2006 年 10 月，慧聪网与分众无线联手推出国内首个无线 B2B 平台。
- 2006 年 11 月，创立于 1999 年的 B2B 电子商务商亚商在线，被世界 500 强公司 Office Depot 收购，亚商在线是当时中国最大的办公用品与办公服务 B2B 电子商务公司，Office Depot 是世界最大的电子商务零售商之一，网上年销售额达 38 亿美元。
- 2006 年 12 月 15 日，电子商务领军企业网盛科技（002095，SZ）登录深圳中小企业板，标志着A股“中国互联网第一股”诞生。
- 2006 年 12 月，eBay 和 TOM 在线组建合资公司 TOM 易趣，分别持股 49%和 51%。
- 2007 年 3 月 6 日，商务部发布了《关于网上交易的指导意见（暂行）》。
- 2007 年 4 月，PPG 共获得 5000 万美元的国际风险投资，这种无店铺、无渠道的 B2C 新型电子商务直销模式，表明传统产业与电子商务的进一步融合。
- 2007 年 4 月，网盛科技宣布正式推出“基于行业网站联盟的 B2B 门户与搜索平台”——“生意宝”（Toocle.cn），首开由垂直 B2B 向综合 B2B 转型之先河，国内综合 B2B 市场由此跨入多元化良性竞争阶段。
- 2007 年 6 月 1 日，国家发改委、国务院信息化工作办公室联合发布我国首部电子商务发展规划——《电子商务发展“十一五”规划》，首次在国家政策层面确立了发展电子商务的战略和任务，这是我国第一个国家级的电子商务发展规划。
- 2007 年 6 月，我国行业网站首例并购案宣告完成，网盛科技斥资 1000 万元，控股 51%并购中国服装网（efu.com.cn），由此揭开了我国行业网站整合大幕。
- 2007 年 6 月，“中国行业网站投资与发展高峰论坛”在杭州举行，这是我国行业网站与资本的首次大规模对接。
- 2007 年 7 月，金算盘推出国内第一个面向中小企业用户的全程电子商务平台。
- 2007 年 8 月，今日资本向京东商城投资 1000 万美元，开启国内家电 3C 网购新时代。
- 2007 年 10 月，“MadeInChina 慧聪网”上线，标志着慧聪网开始涉足外贸领域。
- 2007 年 11 月 6 日，开曼群岛注册成立的阿里巴巴网络有限公司（1688-HK）成功在香港主板上市，融资 16.9 亿美元，创全球互联网企业融资额第二大纪录。
- 2007 年 12 月 17 日，商务部公布了《商务部关于促进电子商务规范发展的意见》。

（5）转型与升级期（2008 年至今）

全球金融海啸的不期而至，致使全球经济环境迅速恶化，我国相当多的中小企业举步维艰，尤其是外贸出口企业受到极大冲击。作为互联网产业中与传统产业关联度最高的电子商务，也难免独善其身。受产业链波及，以沱沱网、万国商业网、慧聪宁波网、阿里巴巴为代表的出口导向型电子商务服务商，纷纷倒闭或裁员重组、或增长放缓。而与此同时，在外贸转内销与扩大内需、降低销售成本政策的指引下，内贸在线 B2B 与垂直细分 B2C 却获得了新一轮高速发展，不少 B2C 服务商获得了数目可观的 VC 资本的青睐，传统厂商也纷纷涉水，B2C 由此出现了前所未有的发展与繁荣。而 C2C 领域，随着搜索引擎巨头百度的进入，网购用户获得了更多的选择空间，行业竞争更加激烈。在这段时间内创建的电子商务网站占现有网站总数的 22.3%，且有 75.4%的电子商务网站专注于细分行业的 B2C。该时期电子商务行业优胜劣汰步伐加快，模式、产品、服务等创新层出不穷。无疑，该阶段是我国电子商务的转型与升级时期。

- 2008 年 4 月 24 日，商务部起草《电子商务模式规范》和《网络购物服务规范》。
- 2008 年 5 月，易趣网宣布用户网上开店将获终身免费，免费项目涵盖店铺费、商品登录费、店铺使用费等传统项目费用，C2C 市场竞争加剧。
- 2008 年 5 月，中东最大的 B2B 在线电子商务交易平台“特佳易”进入中国市场，同年，进入中国市场的还有“欧罗帕—欧洲买家中心”等海外知名 B2B 服务商，国外 B2B 服务商对中国市场的重视和期望达到空前的高度。
- 2008 年 5 月，生意宝以 1800 万元人民币全资收购我国最大的纺织电子商务综合服务商“阅海科技”。
- 2008 年 5 月 29 日，中国电子商务协会正式批复了杭州市政府有关申请，决定授予杭州市“中国电子商务之都”称号。
- 从 2008 年起，为应对国际金融危机对经济的影响，我国各地方政府纷纷出台政策，通过切实的财政扶持等手段，普及中小企业电子商务的应用。
- 2008 年 7 月，北京市工商局公布了“关于贯彻落实《北京市信息化促进条例》加强电子商务监督管理的意见”，规定自 8 月 1 日起北京地区的网店经营者从事买卖前必须先注册营业执照，否则将被工商部门查处。这是全国首部针对网店的地方性法规。
- 2008 年 7 月 23 日，首次以“电子商务生态”为主题的学术研讨会在古城西安举办。
- 2008 年 8 月，凡客诚品已累计向启明投资、软银等财团融资 4000 万美元。
- 2008 年 9 月，百度“有啊”宣布上线，淘宝随即屏蔽百度搜索，引发“屏蔽门”事件。
- 2008 年，服装 B2C 直销热兴起投资热，以 VANCL、BONO、衣服网、李宁为行业代表的各类服装网购平台兴起，其在线直销模式引发了传统服装销售渠道的变革。
- 2008 年 12 月 3 日，商务部国际电子商务中心成立移动商务应用实验室。
- 2008 年 12 月 25 日，国内首款电子商务公共搜索平台“生意搜”（so.toocle.com）的问世，预示着“电子商务+搜索引擎”大融合时代的到来。
- 2008 年年末至 2009 年年初，中国服装 B2C 模式的创新者和领导者 PPG，遭遇资金困境与诚信危机。
- 2008 年，中国电子商务 B2B 市场交易额达到 3 万亿元；网购交易额也首次突破千亿元，达到 1500 亿元。
- 2008 年年底，受国际金融危机产业链的深度蔓延，部分严重依赖外贸中小企业生存的电子商务企业倒闭，其中就包括老牌电子商务企业万国商业网、上市公司九城关贸下属的沱沱网、慧聪网下属宁波慧聪网等知名外贸 B2B 电子商务服务企业。

- 2009 年 1 月，网易“有道”搜索推出国内首个面向普通大众的购物搜索，随后谷歌（中国）也采取市场跟进策略，推出类似搜索产品，这标志着“购物搜索时代”的启幕。
- 2009 年 1 月，今日资本、雄牛资本等向京东商城联合注资 2100 万美元，引发国内家电 B2C 领域投资热。
- 2009 年 2 月，慧聪网行业公司获 ISO9001 质量管理体系的证书，成为国内首家获得 ISO 质量管理体系认证的互联网企业。
- 2009 年 4 月 8 日，B2B 上市公司生意宝宣布“同时在线人数”与“日商机发布量”这两大 B2B 平台重要指标，双双突破百万大关，已位居全球领先水平，仅用两年便走完了同行走了近 10 年的历程，创造了我国 B2B 乃至电子商务历史上的又一“中国式速度”。
- 2009 年 5 月 1 日起，由中国国际经济贸易仲裁委员会颁布的《中国国际经济贸易仲裁委员会网上仲裁规则》正式施行，该规则特别适用于解决电子商务争议。
- 2009 年 5 月 3 日，当当网宣布率先实现盈利，平均毛利率达 20%，成为目前国内首家实现全面盈利的网上购物企业。
- 2009 年 5 月，继生意宝推出“生意人脉圈”涉水 SNS 后，淘宝、阿里巴巴也随之先后推出相应 SNS 产品，由此，标志着当前最热门的 SNS 已在我国跨入“电子商务时代”。
- 2009 年 6 月，宁波市在提出打造“行业网站总部基地”之后，又宣布打造“电子服务之都”的目标。
- 2009 年 6 月，视频网站土豆网、优酷网先后启动，并将视频技术与淘宝的网购平台相结合，为提升用户网络购物的真实体验，推出“视频电子商务”应用技术。
- 2009 年 6 月，“国家队”银联支付与 B2C 企业当当网签订合作协议，这是银联支付成立七年来，首度进入电子商务支付领域，与在线第三方支付市场领导者支付宝形成正面竞争。
- 2009 年 7 月 24 日，淘宝网“诚信自查系统”上线，为 C2C 历史上规模最大的一次反涉嫌炒作卖家的自查举措。
- 2009 年 8 月，百度宣布开展以 X2C 为核心的电子商务战略，并公布“凤鸣计划”。
- 2009 年 8 月，中国电子商务协会授予金华为“中国电子商务应用示范城市”。
- 2009 年 9 月，卓越亚马逊再次推出全场免运费与当当网相持，这是两大行业竞争者十年来首次同时免运费，标志着免运费将开始成为 B2C 的行业标准规则。
- 2009 年 9 月，“首届电子商务与快递物流大会”在杭州休博园召开，其宏观背景是，物流快递行业作为电子商务的支撑产业之一，近几年在第三方电子商务平台的带动下得到了快速发展。
- 2010 年 1 月，京东商城实现第三轮 1.5 亿美元的融资，打破了国内 B2C 的融资纪录，各种垂直行业 B2C 的崛起带动了新一轮互联网行业的投资热潮。
- 2010 年 7 月 1 日，国家工商行政管理总局最新出台的《网络商品交易及有关服务行为管理暂行办法》以下简称《办法》正式实施，这对改善网络交易环境，规范交易行为，推动网络购物发展，满足消费者需求具有积极意义。《办法》共涉及四类对象：工商行政管理部门、网络商品经营者、网络服务经营者、消费者。

- 2010 年 8 月底，国内初具规模的网络团购企业数量已达 1215 家。来自美国的团购网站“Groupon”神话般地迅速兴起，使全球刮起了网络团购风暴。
- 2010 年 9 月 1 日，中国人民银行出台的《非金融机构支付服务管理办法》(以下简称《办法》) 正式执行；12 月初，又正式公布了《非金融机构支付服务管理办法实施细则》。实施细则的出台，标志着央行开始加大对第三方支付的规范化管理，第三方支付行业结束了原始成长期，被正式纳入国家监管体系，并将拥有合法的身份。
- 2010 年 10 月 26 日，麦考林登录纳斯达克，成为“中国 B2C 上市第一股”。
- 2010 年 11 月 2 日，商务部发布了《关于开展电子商务示范工作的通知》，明确表示将加大电子商务等现代流通方式和新型流通模式推广的应用力度，并通过筛选电子商务骨干企业引导行业发展。此次示范工作的进行，加快了电子商务发展，以信息化促进流通现代化，有利于改善消费环境、拓宽消费渠道、扩大消费规模、促进社会就业、调整经济结构。
- 2010 年 11 月 15 日，阿里巴巴宣布控股 B2B 外贸出口服务商“一达通”，并将其小企业出口配套服务整合进“2011 版出口通”，构成阿里巴巴“Work at Alibaba”外贸平台。
- 2010 年 12 月 8 日，拥有 11 年历史的当当网在纽交所正式挂牌上市，首日涨幅 86.4%，市盈率超过 100 倍，融资额位居 2010 年亚太科技类公司首位。募集到的资金将用于加强基础设施、提升配送能力、拓展百货产品线和完善服务。
- 2011 年 3 月 11 日，百度旗下电子商务网站“有啊”创始人、总经理李明远于 3 月 10 日黯淡离职，百度未来的电子商务战略重点将转向其与日本乐天合资成立的 B2C 公司，“有啊”的发展前景令人堪忧。
- 2011 年 5 月 18 日，中国人民银行已向支付宝等 27 家机构下发“非金融机构支付业务许可”。这 27 家机构包括支付宝、快钱、财付通、盛付通、银联、汇付天下等。
- 2011 年 6 月，武汉市国税局开出国内首张个人网店税单，对淘宝女装网店“我的百分之一”征税 430 余万元。从长远看，征税是网店规范发展的必由之路。将不缴税费形成的低价优势作为网店的核心竞争力，并不利于电子商务持续、健康发展。只有通过提升产品和服务质量，才会形成消费者和经营者双赢的局面。
- 2011 年 10 月团购行业整体进入裁员高峰期。
- 2011 年 10 月 11 日，腾讯新建立的电子商务平台“QQ 网购”正式上线试运营，仅针对广东省用户。
- 2012 年 1 月 1 日，淘宝商城正式更名为“天猫，提升用户体验、商家服务体系、营销体系，帮助从淘宝网上成长起来的自主品牌真正成长为淘品牌。
- 2012 年 2 月 2 日，亚马逊“中国”宣布调整商品的配送标准，将原先“所有自售商品免运费”更改为“满 29 元免运费”，这代表国内电商已经悉数告别“无条件包邮”时代。
- 2012 年 2 月 21 日，国税总局等八部委下发通知，在 22 个城市开展网络（电子）发票应用试点。

- 美国当地时间 2012 年 3 月 23 日，唯品会在纽交所挂牌交易。2011 年电子商务进入低潮，唯品会的成功上市，将带动电子商务的继续发展。
- 2012 年 3 月 27 日，工信部发布了《电子商务“十二五”发展规划》，根据规划，2015 年，我国电子商务交易额目标将翻两番，突破 18 万亿元，社会化物流体系建设被提上重点议程。
- 2012 年 4 月 27 日，百度与日本乐天在中国合资开设的 B2C 网站“乐酷天”宣布关闭，并停止对外所有服务。
- 2012 年 5 月 1 日，《快递服务》国家标准开始施行，对普通快递，收件人可先验货再签收。
- 2012 年 5 月 21 日，阿里巴巴集团与雅虎达成股权回购协议，阿里巴巴集团回购雅虎手中持有阿里集团股份的 50%。
- 2012 年 5 月 24 日，腾讯公司宣布组织架构重组，成立六大事业群及腾讯电商控股公司，并为此投入 10 亿美元，构筑新一代电子商务开放平台。
- 2012 年 6 月 13 日，国家工商行政管理总局牵头发起的《网络商品交易及服务监管条例》立法工作启动，将焦点集中在网络经营者的主体准入与界定、网络经营者是否征税等方面。
- 2012 年 11 月 11 日，淘宝“天猫”平台交易额突破 191 亿元，超越美国“网络星期一”的销售额。
- 2013 年 1 月 29 日，广州出台《广州市加快电子商务发展的实施方案（试行）》，将连续 5 年年投入 5 亿元用于扶持电子商务发展。
- 2013 年 4 月 23 日，第十二届全国人大常委会第二次会议上，《消费者权益保护法修正案（草案）》被首次提交审议。这是该法出台 20 年之后的首次修改，网购商品七日内退货、大件商品瑕疵举证、责任倒置制度等内容位列其中。
- 2013 年 5 月，马云投身物流行业，成立“菜鸟网”；京东抢先推出“极速达”服务，实现 3 小时配送。
- 2013 年 6 月 13 日，支付宝推出余额宝，仅上线 4 个月，余额宝用户规模突破 3000 万，管理资产规模突破 1000 亿元。
- 2013 年 7 月 24 日，国务院出台“国六条”，确定促进贸易便利化，推动进出口稳定发展的措施。8 月，国务院办公厅转发商务部等部门关于实施支持跨境电子商务零售出口有关政策意见的通知，跨境电商由此成为热潮。
- 2013 年 1 月 11 日，团购网站“24 券”正式关站，原因是创投矛盾激化资金链断裂。6 月 21 日，重新上线不到半年的“团宝网”或许因经营问题再次倒闭。9 月，团购网站“聚齐网”被曝资金紧张，濒临倒闭。“大众点评网”陷团购兑换风波等。
- 2013 年 9 月 5 日，阿里巴巴旗下内贸 B2B 平台 1688.com 实现了单日 41.9 亿元的交易额。
- 2013 年 10 月 31 日，淘宝获得基金代销资格，基金淘宝店上线。
- 2013 年 10 月 21 日，第十二届全国人大常委会第五次会议举行第一次全体会议通过《消费者权益保护法》修正案，增设最低 7 日退货的冷静期，赋予消费者“后悔权”等。

- 2013年11月21日，商务部下发《关于促进电子商务应用的实施意见》，提出到2015年，中国电子商务交易额将超过18万亿元，而规模以上企业应用电子商务比例将达80%以上，要加大对电子商务发展的支持力度。

1.2.2 电子商务的技术发展阶段

电子商务的发展经历了早期20世纪70年代的EDI国家贸易，到基于Internet的电子商务，直至E概念电子商务应用系统，已经成为世界各国国民经济和社会信息化的重要组成部分，如图1.7所示。

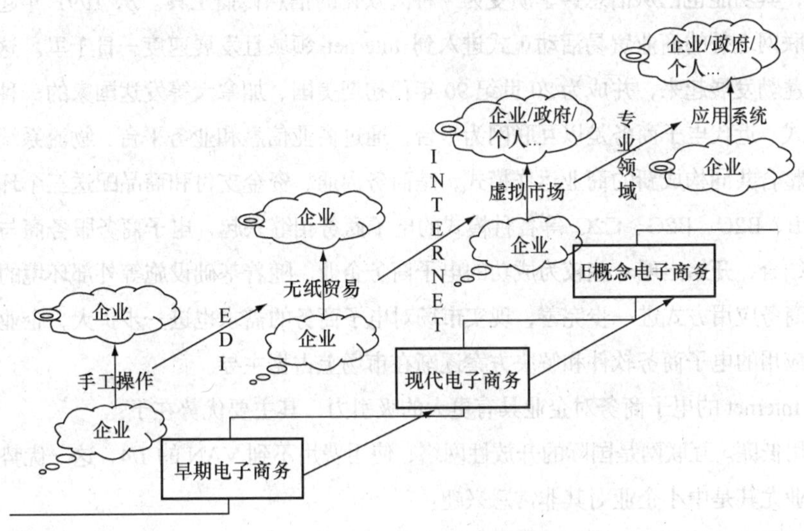

图1.7 电子商务的发展图示

1. 基于EDI的电子商务

1946年计算机的诞生引发了一场旷日持久的信息技术革命，并在20世纪70年代末80年代初产生了基于电子数据交换（EDI）的国际贸易，也被许多人称为无纸贸易的开始。

EDI（电子数据交换，Electronic Data Interchange）可以说是电子商务的前身，它是指有业务往来的公司或机构通过计算机网络系统，以电子方式进行标准化与固定格式的商业交易资料的传递。

EDI诞生于20世纪70年代末，国际贸易的激增对贸易资料传输“无纸化”的需求及当时网络技术的初步发展成为EDI发展的主要动力。EDI发展很快，很多大公司都选择EDI作为一种安全、快速的方式来传送订单、发票、运货通知和其他各种常用的商业文件。例如，美国第一大商业连锁企业沃尔玛（Wal-Mart）从20世纪80年代初就开始采用电子订货系统实现商品配送中心与供应商和商场之间的电子化订货。

EDI取代了传统贸易票证、单据的手工处理，使得处理贸易资料的效率大大提高，极大地推动了发达国家国内贸易和相关国际贸易的发展。但在1991年，因特网正式对商业活动开放以前，EDI一直是通过租用专门线路并在专用网络上得以实现的，这种专用增值网（VAN）的使用费用很高，一般只有跨国公司和大型企业才会使用，因此限制了其应用范围的扩大。

Internet 的出现恰恰克服了 EDI 的不足，它费用低廉、覆盖面更广、服务功能更好，能够满足中小企业对电子数据交换的需求，因此基于 Internet 的 EDI 发展迅速，传统的 EDI 业务逐渐萎缩。不仅如此，基于 Internet 的 EDI 还把电子交换的范围从票证、单据扩大到了全方位的商务信息，由此产生了现代意义上的电子商务。

2．基于 Internet 的电子商务

由于使用 VAN 的费用很高，仅大型企业才会使用，因此限制了基于 EDI 的电子商务应用范围的扩大。20 世纪 90 年代中期后，Internet 迅速普及化，逐渐从大学、科研机构走向企业和百姓家庭，其功能也已从信息共享演变为一种大众化的信息传播工具。从 1991 年起，一直被排斥在互联网之外的商业贸易活动正式进入到 Internet 领域且发展速度一日千里。这时电子商务才日益蓬勃发展起来，并成为 20 世纪 90 年代初期美国、加拿大等发达国家的一种崭新的企业经营方式。近代电子商务是以互联网为平台，通过商业信息和业务平台、物流系统、支付结算体系的整合共同构成新的商业运作模式，是商务沟通、资金支付和商品配送三个环节的有机统一。B2B、B2C、B2G、C2C 等各种模式的电子商务相继兴起，电子商务服务商与传统的商务企业相结合，开始出现一些较为成功的电子商务企业。随着基础设施等外部环境的进一步完善，电子商务应用方式进一步完善，现实市场对电子商务的需求也进一步扩大，企业开发或着眼于企业应用的电子商务软件和解决方案逐渐在市场上占据主导。

基于 Internet 的电子商务对企业具有更大的吸引力，其主要优势在于：

- 费用低廉。互联网是国际的开放性网络，使用费用不到 VAN 的 1/4，这一优势使得许多企业尤其是中小企业对其非常感兴趣。
- 覆盖面广。互联网几乎遍及全球的各个角落。
- 功能更全面。互联网可以全面支持不同类型的用户实现不同层次的商务目标，如发布电子商情、在线洽谈、建立虚拟商场或网上银行等。
- 使用更灵活。基于互联网的电子商务可以不受特殊数据交换协议的限制，任何商业文件或单证可以通过直接填写与现行的纸面单证格式一致的屏幕单证来完成，不需要再进行翻译，任何人都能看懂或直接使用。

3．E 概念电子商务

从 2000 年以后，随着电子技术的广泛应用及 Internet 的深入普及，电子商务与产业发展实现深度融合，人们对电子商务的认识，逐渐由电子商务扩展到 E 概念的高度。人们纷纷研究如何将现代信息技术同自己专业的领域进行全方位的结合，电子政府、虚拟企业、网络银行、远程教育、远程医疗等电子商务应用系统开始进入实际试用阶段，从而产生了新的电子商务模式，即 E 概念的电子商务，如图 1.8 所示。E 概念的电子商务是最完整的电子商务，它并不只限于解决商务数据的传递问题，而被广泛用于商务活动的全过程，包括广告浏览、市场调查、谈判、网上订货、电子支付、货物配送、售后服务等阶段的全程电子化的电子商务业务。E 概念电子商务，实际上就是电子信息技术同商务应用的完全结合，是电子商务与产业发展的深度融合，是一种新的经济形态，是打破时空限制、改变贸易方式的一场技术革命。

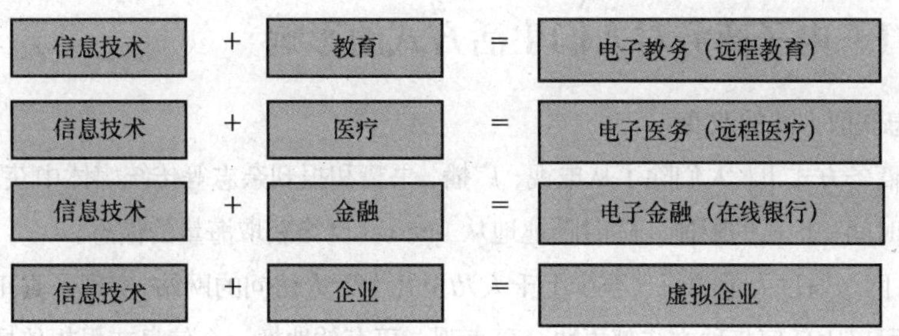

图 1.8 E 概念电子商务

1.3 电子商务的影响

电子商务作为一种商务活动，它不是孤立存在的，它对人们的生活方式、政府的经济政策、企业的经营管理以及社会的经济效率等方面都会产生深远的影响，并将深刻改变未来整个人类社会的面貌，如图 1.9 所示。

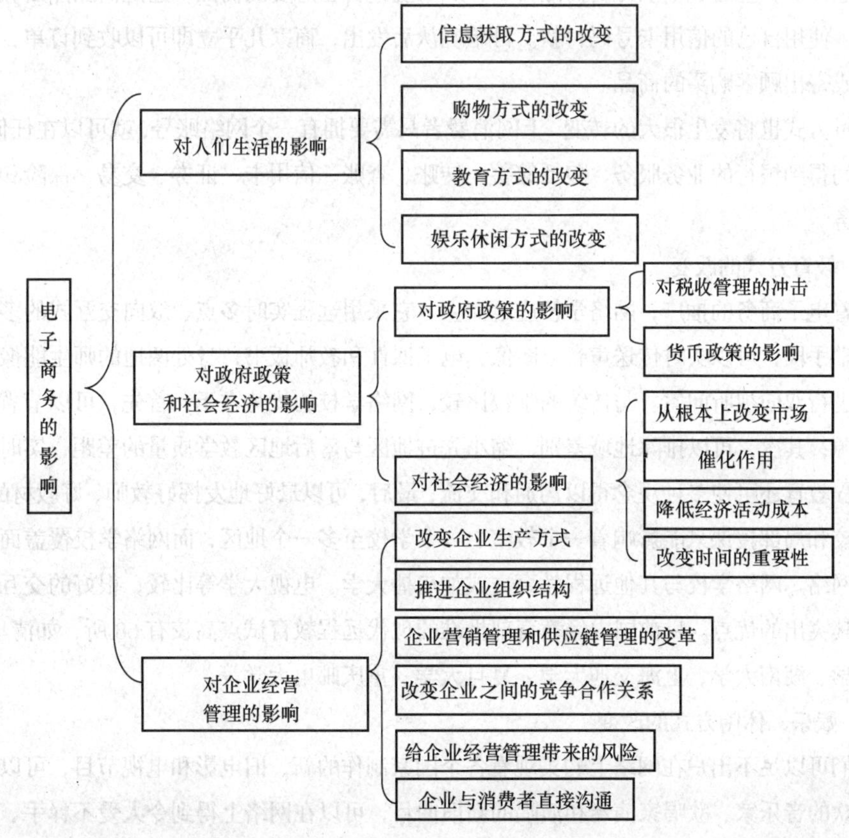

图 1.9 电子商务的影响

1.3.1 电子商务对人们生活方式的影响

1. 信息获取方式的改变

在电子商务方式下，人们除了从电视、广播、书籍和报刊杂志等传统媒体中获取信息以外，还可以不受时间和地域的限制，随时随地地从Internet网络获取海量的信息。

Internet网络通过大量的每天至少上千人乃至几十万人访问的网站，实现了真正的大众传媒的作用，它可以比任何一种方式都更快、更直观、更有效地把一个信息或思想传播开来，而且网络传播信息有着双向性的特点，任何人都可以“在任何时间、任何地点”获取自己感兴趣的信息。股票信息站点之所以火爆，是因为它可以进行股票交易和股票查询；体育站点吸引众多体育爱好者，是因为它不仅有实时的体育报道，而且允许体育爱好者发表自己的评论。通过网络还可以得到其他双向的信息服务，如通过黄页可以找到商业机会，通过招聘站点可以寻找工作，在校大学生访问学校购买的知网数据库（www.cnki.net）可以下载科技文章和硕博优秀论文等。

2. 购物方式的改变

电子商务使家庭购物成为现实，消费者可以足不出户，只要打开电脑，敲一敲键盘，就能进入网上商店，查看成千上万的商品目录，从中挑选自己想要的商品，选定商品然后调出并填写订单，使用自己的信用卡号码付款。订单确认后发出，商家几乎立即可以收到订单，随即就会送出或寄出顾客购买的商品。

支付方式也将发生很大的转变。上网消费者只需要拥有一个网络账号，就可以在任何地点、任何时间得到银行的业务服务，包括储蓄、转账、查账、信用卡、证券、交易、保险和财务管理等业务。

3. 教育方式的改变

随着电子商务的推广，网络学校应运而生。它采用远程实时多点、双向交互式的多媒体现代化教学手段，可以实时传送声音、图像、电子课件和教师板书，身处两地的师生能像现场教学一样进行双向视听问答。与传统的学校比较，网络学校的优势在于：首先，可以节省人力和物力资源；其次，可以排除地域差别，缩小先进地区与落后地区教学质量的差距，实时性、交互性远程教育还可使多种观念得以沟通和交流；最后，可以最好地发挥好教师、好教材的优势，传统学校和局部授课只能影响着一个教室、一个学校至多一个地区，而网络学校覆盖面可以达到整个网络。网络学校与其他远程教育方式如广播大学、电视大学等比较，很好的交互性、实时性是其突出的优点。目前国内经教育部批准的现代远程教育试点高校有68所，如清华大学、浙江大学、湖南大学、上海交通大学、复旦大学、重庆邮电大学等。

4. 娱乐、休闲方式的改变

人们可以足不出户在网络上购买观看各个国家制作的新、旧电影和电视节目，可以购买欣赏你喜欢的音乐家、歌唱家演奏和演唱的新旧曲目，可以在网络上得到令人爱不释手、种类繁多的游戏，而且可以通过网络与地球任何一个地方的人同时在一个游戏中“打”得昏天黑地，决一胜负。如果你愿意，你可以在网络这个广阔的天地中找到志趣相投的朋友，对感兴趣的问题推心置腹聊个痛快，甚至网络可以成为红娘，使你找到终生伴侣。在网络上你还可以做现实生活中无法做的事情，如可以喂养你喜欢的宠物，可以种花植树，可以成为一介农夫辛勤地播种、耕耘以获得丰收的喜悦。当然这一切是虚拟的，是网络给人们提供的新的休闲方式。当前，网络娱乐节目，如网络游戏、网络聊天、视频点播、影视欣赏、音乐下载等已经成为互联网应用的热点，这种新的娱乐、休闲方式是电子商务新兴的行业，已经成为经济增长的一大支撑点，成为促进经济腾飞的“第四产业”。

1.3.2 电子商务对政府政策和社会经济的影响

随着电子商务的推广，电子商务对政府政策和社会经济的影响将越来越广泛和深入。对政府政策的影响主要体现在对税收管理和货币政策两个方面，对社会经济的影响主要体现在电子商务对经济的推动作用。

1. 对政府政策的影响

（1）对税收管理的冲击

对纳税人的身份确认变得困难，税收审计稽查也失去了最直接的纸质凭证，企业通过网络提供的信息服务、信息咨询等活动收取的费用或者网上知识产权的销售活动，都让税务机关很难稽核。同时，纳税人可以使用超级密码和用户双重保护来隐藏有关信息，这极大地增加了税务机关获取信息的难度。在国际互联网上，由于厂商和消费者可以在世界范围内直接交易，这也使得商业中介作用被削弱和取消。正是由于互联网是没有国界的，企业可能利用在低税国或免税国的站点轻松避税。

（2）货币政策方面的影响

电子商务支付的过程与手段使得货币必须电子化。使用电子货币，原则上可以减少社会对现金的需求，这将导致商业银行对库存现金的减少，从而扩大其信贷的能力。至于银行将在多大程度上利用增加了的信贷能力，则是一个未解决的问题。这就要求国家在制定货币政策时必须考虑到这种扩大信贷的可能性。另外，电子货币作为新的支付手段，在可以提高货币流通速度的同时，也将严重影响控制货币量的运作形式。

2. 对社会经济的影响

（1）电子商务从根本上改变了市场

电子商务将改变商务活动的方式。如B2B模式的出现，让供货企业和采购企业之间将建立起远比过去密切的新型关系；同时，电子商务也将改变工作的组织方式。知识扩散及人们在工作场所中互相合作的新渠道将产生，工作中将需要更强的灵活性和适应性，工作人员的职责和技能将被重新定义。

（2）电子商务具有催化作用

电子商务将加快经济中已经出现变化的速度，由于电子商务的作用，许多局部性的趋势都将加速发展。

（3）电子商务大幅度降低经济活动成本

首先，可以降低企业间的交易成本，其次，可以减少企业的信息成本。互联网上的信息具有互动性、公开、免费的特点，这样，企业可以大幅度减少用于信息发布、收集和处理等方面的费用，减少企业在信息处理方面的重复投资，最终可以减少企业内部的经营成本。

（4）电子商务改变了时间的相对重要性

电子商务通过公司之间的紧密合作，提高了工作效率，缩短了交易的时间，改变了时间的相对重要性。由于时间的作用变化了，商业活动和社会活动的结构也变化了，这将对社会经济产生巨大的影响。

1.3.3 电子商务对企业经营管理的影响

1．电子商务将改变企业的生产方式

电子商务讲究消费者的个性化需求，这种个性消费的发展将促使企业以消费者的个性需求作为提供产品及服务的出发点，也将使企业具备以较低成本进行多品种、小批量生产的能力，这为个性营销奠定了基础。

2．电子商务推进企业组织结构变革

以互联网为基础的电子商务正在改变企业内部的组织结构。如成立信息中心，业务人员、直销人员将会减少，管理层次将趋向扁平化。

3．电子商务带来了企业营销管理以及供应链管理的变革

电子商务在商务活动的全过程中，通过人与电子通信方式的结合，极大地提高了商务活动的效率，减少了不必要的中间环节，这使得“零库存”成为可能。同时电子商务为企业提供了新的流通渠道，网络直销成为流通业发展的新领域，传统的营销管理面临变革。企业与企业之间的电子商务能够真正面向整个供应链管理，并带来供应链的变革，增加商业机会和开拓新的市场，改变过程质量、信息管理和决策水平，最终提高企业的竞争力。

4．电子商务改变了企业之间合作与竞争的关系

电子商务条件下，企业不再受到原来的地域和时间的限制，而是直接面对全球的用户，直接面对全球的竞争对手，每个企业都处在全方位的竞争环境之中。企业在这个环境中需要与其他企业共同发展，既有竞争，又有合作，变对手关系为合作关系，变“单赢”为“双赢”，大家都来做赢家。

5．电子商务也给企业带来经营管理上的风险

当今企业已经意识到信息在各组织机构和职能之中，发挥着越来越重要的作用。信息技术的作用不仅带来企业经营管理质量、效率的变化，同时也将带来工作流程、业务运作方式、组织机构、权力布局、人际关系以及思想观念等多方面的变化，其风险是极大的。

6．电子商务使企业与消费者直接沟通

网络为企业提供了一种低成本的交流方式可以与消费者直接沟通，无需通过中间人，企业可以直接、实时了解消费者需求，消费者也能不通过中间人与企业直接交流，这给传统的中间商带来巨大的压力，同时又为企业开展一对一营销提供了可能。

企业是实施电子商务的最重要的主体，表1.4通过对电子商务与传统贸易方式的贸易步骤进行比较，有助于进一步加深电子商务对企业经营影响的理解。总之，作为一种革命性的信息搜集、传播、处理手段，电子商务将使企业的经营与管理发生根本性变革，市场、经营都将趋于“透明化”，传统上因信息延迟、不准确，传播费用高而导致的不协调以及预防成本将趋于消失，经济将日益演变为一种“无摩擦”经济。

表 1.4 能够明显地体现出电子商务的特点。

表 1.4　传统贸易方式与电子商务的比较

步骤	传统贸易方式	电子商务
1	买方准备订购单	买方准备订购单
2	输入订购单数据	输入订购单数据
3	打印订购单	×
4	邮寄订购单给卖方	×　自动处理和传送
5	卖方接受订购单	×　电子单据
6	卖方进行订货登记	×
7	卖方打印装箱单或订单	卖方打印装箱单或订单
8	货物装运给买方	货物装运给买方
9	卖方缮制发票，记应收帐	×　自动处理和传送
10	寄发票给买方	×　电子单据
11	买方收到货物	买方收到货物
12	买方收到发票	×　自动处理和传送电子单据
13	买方登记所收货物存货科目	买方登记所收货物存货科目
14	买方将发票输入应付款系统	×
15	买方缮制支票	×　自动处理和传送
16	寄支票给卖方	×　电子单据
17	卖方收到支票	×
18	卖方登记应收款账户冲账	×

1.4　电子商务的发展状况

电子商务席卷全球，正从发达国家向发展中国家逐步推广开来。本节主要介绍国内外电子商务的发展现状和电子商务的未来趋势。可以预见，未来电子商务在我国乃至全世界将会得到更深远的发展，并推动人类社会经济的不断进步。

1.4.1　外国电子商务的发展状况

1．基础设施建设情况

当前国际互联网基础设施发展的主要热点是宽带网络和移动电话。国际信息技术与创新基金会（ITIF）的一份最新调查报告对 2008 年全球宽带网络建设状况进行了排名，如表 1.5 所示。该排名从宽带的普及率、平均速率以及价格等多方面对各个国家的宽带网络建设情况进行统计，统计结果显示目前韩国宽带网络建设最为发达，家庭宽带普及率为 93%，平均速率 49.5Mbit/s，其次是日本和芬兰。美国仅排名 15，家庭宽带普及率为 57%，平均速率 4.9Mbit/s。价格方面，最便宜的国家是日本（Mbps/月仅 0.13 美元），收费最高的是墨西哥（Mbps/月达到

18.41 美元）。

表 1.5　2008 年全球宽带网络建设状况排名

排名	国家名称	家庭宽带普及率	平均速率（Mbit/s）	价格（US$Mbps/月）	综合评分
1	韩国	93%	49.5	0.37	15.92
2	日本	55%	63.6	0.13	15.05
3	芬兰	61%	21.7	0.42	12.2
4	荷兰	77 %	8.8	1.9	11.77
5	法国	54 %	17.6	0.33	11.59
6	瑞典	54 %	16.8	0.35	11.53
7	丹麦	76 %	4.6	1.65	11.44
8	冰岛	83%	6.1	4.93	11.2
9	挪威	68%	7.7	2.74	11.05
10	瑞士	74 %	2.3	3.4	10.78
11	加拿大	65 %	7.6	3.81	10.61
12	澳大利亚	59 %	1.7	0.94	10.53
13	英国	55 %	2.6	1.24	10.3
14	卢森堡	56%	3.1	1.85	10.25
15	美国	57 %	4.9	2.83	10.25

因为 IPTV 网络电视即将商用，韩国宽带运营商 2008 年投入 1.3 万亿韩元（约合 86 亿元人民币）升级网络，将最高网速提高到 100 兆级，比如下载 700MB 的电影只需 1 分钟。用户无需承担相关费用，可以直接享受速度更快的宽带服务。日本运营商已经不再接受小于 16Mbit/s 的宽带服务申请，日本居民的基本宽带包月资费不到 3000 日元（约合 189.25 元人民币），仅相当于该国三盒盒饭的价格。由于带宽充裕且廉价，日本用户充分享受了 IPTV、视频会议、网络游戏、文件备份等服务，该国也赢得了宽带第一大国的美誉。不过，一些用户的上传量甚至超过了普通的文件共享服务器，因此运营商 NTT 限制用户的上传流量为 30GB/天。与 2007 年相比，美国宽带网络建设的进步非常小，上传和下载速度分别只提高了 64Kbit/s 和 0.4Mbit/s。照这样的发展速度，美国需要再过 150 年才能达到日本现在的下载水平。形象地说，日本用户用 2 分钟就可下载的文件，美国用户要用 2 小时才能下载完毕，然而两国上网资费水平却相当。

德国一家统计公司公布了 2013 第一季度全球互联网网速排名前十名的数据，韩国以平均 17.2Mbit/s 的网速继续排名世界第一，此外第二至第七名的国家和地区分别是日本、中国香港、瑞士、荷兰、拉脱维亚、捷克。中国的平均网速只有 1.7Mbit/s，而且比去年同期下降了 5.6%，中国网速的全球排名是第 98 位，远远落后于全球 3.1Mbit/s 的平均网速。

企业实现移动电子商务已经具备了技术和市场的基础，随着移动技术的发展，电子商务的应用从千万级的互联网用户过渡到上亿级的手机用户，可以预见如此大的手机用户群将对未来的电子商务产生重要影响。2013 年全球手机互联网用户超过 15 亿户，2025 年全球网民数量将达到 50 亿。

2．国际电子商务市场状况

2013 年年初，全球经常使用互联网的用户达到 20 亿户，约占全球总人口的四分之一；到 2013 年年底，全球网民总数量达到 27 亿户，将近全球总人口的三分之一。IDC 报告指出，全球所有网民中，有将近 50%进行网上购物活动。2013 年，进行网上购物的全球网民数量已超过 10 亿户，B2C 交易总额达到 1.2 万亿美元，B2B 交易总额则达 12.4 万亿美元。

国际电子商务业务模式结构依然以 B2B、C2C、B2C 为主。在电子商务的几种交易方式中，B2B 和 B2C 所占分量最重，而其中又以 B2B 所占比例最大，电子商务的增长也主要受 B2B 的影响。目前，在全球电子商务销售额中，B2B 业务所占比例高达 70%～80%。

电子商务在国民生产总值中所占比例的世界平均水平是 9%，而在美国这一比例更高，占到了 12%。2012 年美国电子商务销售额达到 2200 亿美元。据美国著名的高科技市场研究机构 Forrester Research 公布的数据显示，2012 年美国电子商务销售额达到 2255.4 亿美元，较 2011 年增长了 15.9%。与此同时，该研究机构还预测在今后 5 年内，这一销售额年度增长率将保持在 10%左右，并由此预计 2015 年时的美国电子商务销售额将达到 2790 亿美元。其他国家的电子商务交易额也显著增长。2013 年加拿大互联网用户在网上产品和服务方面（包括旅游、机票订购和音乐下载）消费了 190 亿美元，年增长 10 个百分点；2012 年，英国 B2C 电子商务销售额达到 1696 亿美元。其 2007 至 2012 年的年平均增长率为 12.9%；爱尔兰作为重要的软件出口国，互联网销售占其总销售的 15%；在丹麦，互联网销售比例为 6.4%，如果加上基于 EDI 等其他在线网络的销售，该比例为 10.5%。互联网贸易潜力巨大，至 2015 年，每年至少将有 1500 亿丹麦克朗的交易可以在互联网上实现。大部分发展中国家没有相关的交易数据。无论发展中国家还是发达国家，电子商务的基本规律是企业在互联网上成交订单的数量在逐年增加。

发达国家，电子商务技术已经成熟，通过 Internet 进行交易也已经逐渐成为潮流，基于电子商务应用而推出的金融电子化解决方案、信息安全方案，成为目前国际信息技术市场竞争的主流。下面将就美国和欧盟的电子商务发展情况做简要介绍。

（1）美国。在美国，从应用角度看，Internet 的发展可分为 3 个阶段：第一阶段是从 20 世纪 70 年代开始的电子邮件阶段；第二阶段，即信息发布阶段，开始于 1995 年，它是目前 Internet 的主要应用阶段；第三阶段，即电子商务阶段（EC），在美国目前发展形势一片大好。就目前来看，EC 应用将是 Internet 的最终商业用途。以上 3 个阶段所产生的应用正在以惊人的速度发展着。电子邮件的平均通信量以每年几倍的速度增长，已经在很大程度上取代了传统的信件、电话和传真。以 Web 技术为代表的信息发布系统已经取代了部分报纸、电台、电视台的新闻发布功能，几乎所有重要的报纸都有了免费的电子版本。

由于 Internet 能充分利用和节约社会资源，所以美国政府在促进 Internet 的普及和发展上不遗余力。比如，当 Internet 商业活动还不充分时，政府出钱支持 Internet 免费运行，直至近年 Internet 走上轨道，能自行良性发展为止。为了创建在 Internet 上购物的环境，又规定政府各部门在 1997 年度必须在 Internet 上完成不少于 450 万件商品的购买活动。1997 年 5 月，美国政府公布了一个政策，即 Internet-tax-zone（Internet 免税区），政策规定在全球范围内，通过 Internet 购销的商品不加税，包括关税和商业税。这个政策得到了加拿大、日本、欧洲各国不同程度的支持。所以 Internet 免税区，很可能成为世界上最大的自由贸易区，意义极其深远。

（2）欧盟。面对 Internet 的迅速发展，欧洲委员会于 1997 年发表了“欧洲电子商务设想”的文件，以便对欧洲各国在制定有关电子商务的统一政策方面产生积极影响。从整体来看，整个欧洲对电子商务所持的态度可分为两个阶段：

1997 年之前，对电子商务发展持谨慎态度。

1997 年下半年之后，欧盟认识到了电子商务蕴藏的巨大经济潜力。近年来，该地区有更多的企业进一步把 Internet 用于广告宣传、客户服务等电子商务活动。

但在税收方面，该地区规定，所有通过 Internet 购买商品及接受服务的欧洲消费者必须交纳增值税，即使是向国外供货商定货的情况也不例外。欧盟最高执行官强调，欧盟不准备针对电子商务活动增加新的税种，但也不希望为电子商务免除现有的税赋。电子商务活动必须履行纳税的义务，否则会导致不公平竞争。

当今欧盟电子商务呈现出以下 3 个特点。

- 信息通信技术基础加强。约 1/3 的企业采用宽带上网，17%的企业在市场支持和销售过程中使用信息通信技术。
- 企业上网销售的比例随公司规模的增长而增长。2004 年，下订单的大企业占 29%，相比之下，中型企业占 19%，小企业占 12%。
- 在世界企业电子商务应用排名中，欧盟国家，如芬兰、瑞典、丹麦、德国、爱尔兰、挪威、比利时、奥地利等国，基本上都排在最前列。

1.4.2 我国电子商务的发展状况

我国的电子商务发展始于 20 世纪 90 年代初期，以国家公共通信基础网络为基础，以国家“金关”、“金桥”、“金税”和“金卡”四个信息化工程为代表。目前，我国电子商务在经历了探索和理性调整后，步入务实发展的轨道，已在外经贸、海关、银行、税务等许多领域和层次上得到应用，并取得了很大成绩，既为中国电子商务的发展打下了良好基础，也积累了宝贵的经验。我国网购用户数量、中国网络购物市场交易规模如图 1.10 和图 1.11 所示。

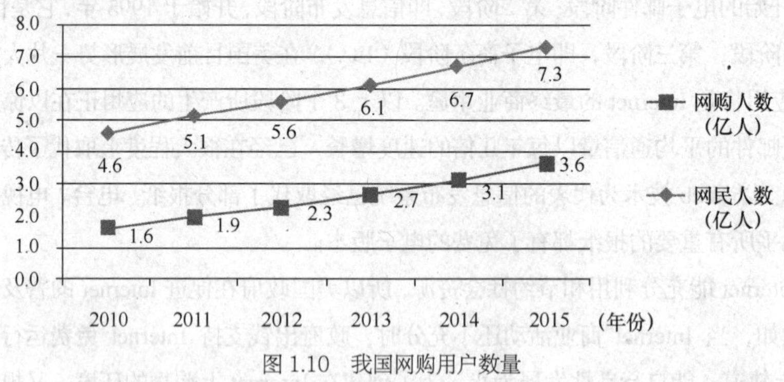

图 1.10　我国网购用户数量

1. 电子商务的基础设施环境

按照 CNNIC 发布的报告，截至 2013 年 12 月底，我国网民规模已达 6.18 亿人，其中手机网民 5 亿人，互联网普及率达 4.8%，手机上网成为网络接入的一个重要发展方向。截至 2013 年 12 月底，CN 域名注册量 1083 万个，占域名总数的 58.7%，截至 2013 年 12 月，中国国际出口带宽为 3 406 824Mbit/s，年增长率为 79.3%。

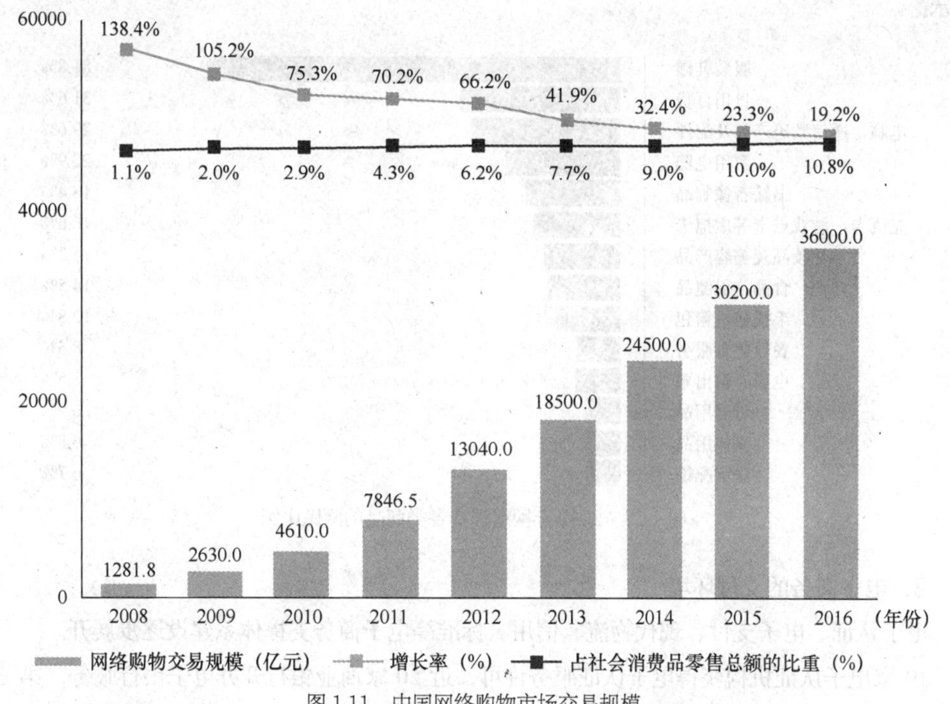

图 1.11　中国网络购物市场交易规模

我国网站数量持续增长，CNNIC 正式发布的第 33 次中国互联网络发展状况统计报告显示，截至 2013 年 12 月底，中国网站数量为 320 万，较 2012 年相比增加了 52 万，增长率为 19.4%。

我国在网络规模上的突破，成为我国综合国力不断增强的一个重要注解。我国分类网站数如表 1.6 所示。

表 1.6　中国分类网站数

	数量（个）	占网站总数比例
.CN	10 829 480	58.7%
.COM	6 311 480	34.2%
.NET	743 996	4.0%
中国	274 553	1.5%
.ORG	164 476	0.9%
INFO	64 515	0.3%
BIZ	51 742	0.3%
其他	369	0.0%
合计	18 440 611	100.0%

电子商务逐步渗透到经济和社会的各个层面，国民经济重点行业和骨干企业电子商务应用不断深化，网络化生产经营与消费方式逐渐形成。在电子商务企业的服务行业中排在前十位的是纺织服装、数码家电、钢铁机械、化工医药、建筑建材、农林、五金、包装印刷、食品糖酒、

礼品饰品这些行业领域。其中服装鞋帽、日用百货和3C产品是用户的主要消费领域，如图1.12所示。

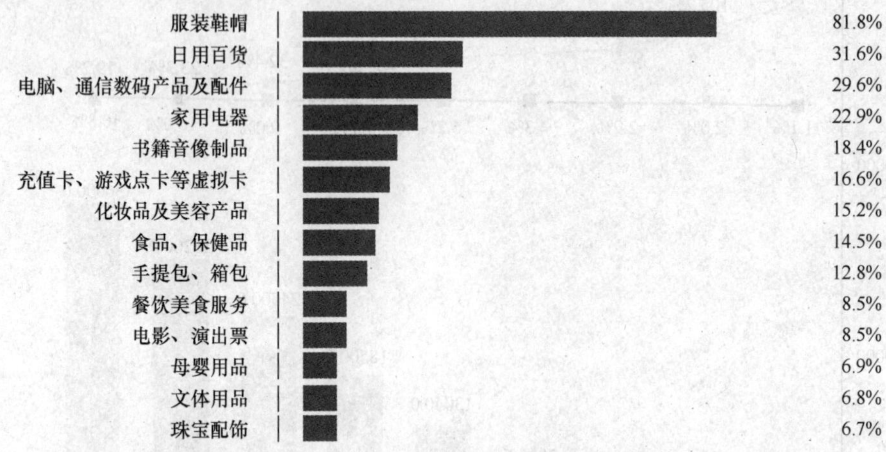

图1.12　2012年网络消费各类商品的网民比例

2．电子商务的支付环境

电子认证、电子支付、现代物流、信用、标准等电子商务支撑体系建设逐步展开。

19家电子认证机构获得电子认证服务许可，近20家商业银行开办电子银行服务，第三方电子支付业务稳步上升。我国初步建立起一个安全、实用、高效的安全认证体系，其中领域性安全认证中心有：金融认证中心（CFCA）、中国电信的CTCA和中国国际电子商务中心开发的“商业电子信息安全认证系统”等；区域性认证机构主要有：上海、北京、天津、湖北、海南、广东和山东的CA认证中心等。物流专业化、社会化和信息化程度逐步提高。信用信息服务体系建设步伐加快。

安全支付一直以来都是制约电子商务发展的最大瓶颈之一。在前不久的一次近40万网民参与的网上调查显示：75%的网民进行网上交易最看重商家的资质和诚信，在价格相差不多的情况下，网民更愿意与诚信度高的商家做交易。以支付宝的模式为例，通过切入交易担保，买家需先将货款汇到支付平台，收货并确认满意后，再由支付平台划款给卖家，完成交易。这一特点也为多数独立第三方支付平台所效仿和吸收，成为行业的基本模式。如此一来，极大地促进了在线交易需求。由于交易互信问题通过技术设定得到了有效解决，网络信任环境也发生了较大改观。而且，支付宝积累的信用评价体系与信用数据库，也引起了银行等金融机构的关注和兴趣。一些中小企业，可以凭借良好的信用记录，获得银行与支付宝共同推出的“在线融资”服务。由于网上支付与网上银行的便捷，网络购物，尤其是C2C网络购物中，网上支付手段的使用已经较为普遍，B2C网络购物在网上支付手段方面也逐渐丰富，这两项网络应用的发展可以促进网络购物的发展。按照CNNIC发布的报告，与2012年相比，2013年12月底，网购用户已达到3.02亿，增长了6个百分点，网上支付和网上银行的发展都较为迅速，网民对两者的使用率分别达到42.1%和40.5%。表1.7列出了2013年内网上支付及网上银行使用的变化情况。

电子支付是电子商务活动的关键环节和重要组成部分，是电子商务能够顺利发展的基本条件，没有良好的网上支付环境，客户只能采用网上订货、网下结算付款的方式，只能实现较低层次的电子商务应用，这就使得电子商务高效率、低成本的优越性难以发挥。

表 1.7　网上支付使用率变化情况

	2013 年		2012 年		
应用	规模（万人）	使用率	规模（万人）	使用率	年增长率
网上支付	26020	42.1%	22065	39.1%	17.9%
网上银行	25006	40.5%	22148	39.3%	12.9%

网上金融服务是电子商务的重要一环。随着电子商务的普及和发展，网上金融服务的内容也发生了很大变化。网上金融服务包括网络银行、家庭银行、企业银行、个人理财、网上证券交易、网上保险、网上纳税等业务。所有这些网络金融服务都是通过电子支付的手段来实现的，所以，从广义上讲，电子支付就是资金或与资金有关的信息通过网络进行交换的行为，在一般电子商务中就表现为消费者、企业、中介机构和银行等通过互联网所进行的资金流转，它们主要通过信用卡、电子支票、数字现金等方式来实现。

由于电子支付是在开放的互联网上实现的，支付双方当事人并不见面，信息也很可能受到黑客的攻击和破坏，而这些信息的泄露和受损直接威胁交易各方的切身利益，所以身份认证与信息安全是电子支付要考虑的重要问题。关于电子支付的详细内容本书会在第 4 章中进一步讨论。

3. 电子商务的信用环境

在电子商务条件下，商务活动都是通过计算机网络开展的，交易各参与方互不见面，不签纸面合同，不签字盖章，不用纸质票据，取而代之的是网上沟通、电子合同、数字签名和网上支付。与传统商务活动相比较，电子商务对商业信用的要求更加迫切。在商业信用尚未完善的情况下，交易的一方对交易的另一方是否能够按照约定履行交易更没把握，这必然极大地影响、限制了电子商务的应用与推广，电子商务信用体系的建立对电子商务至关重要。电子商务信用体系的建立是一个综合性的任务，不是仅仅依靠某一方面的努力就能够解决的。这个过程中有意识问题，也有技术问题和法律问题，更需要时间让电子商务系统各个角色逐渐地适应。首先，社会各方面要大力引导，创建一个具有良好的信用意识的社会环境。其次，建立和完善电子商务认证中心。认证中心是改善电子商务信用环境的最基本的技术手段，是电子商务活动正常进行的必要保障。再者，制定相关法律和制度，以利于营造良好的信用氛围。保障正常电子商务活动的进行，要通过法律规范电子商务交易各方的交易行为，规范和确认电子合同、数字签名等在法律上的有效性。从而保障讲信用的合法交易者的合法利益，打击不讲信用的不法行为。最后，建立社会信用评价制度和体系，如企业融资信用和个人消费信用等，为电子商务交易提供资讯服务，将社会信用评价制度和体系应用到社会生活的各方面，促进企业和个人努力提高信用，自觉避免有损信用的事件的发生。

4. 电子商务的物流环境

物流是指物质实体从供应者向需求者的物理移动。近几年来随着电子商务的飞速发展，物流问题十分突出。支持有形商品网上交易的物流，已经成为有形商品网上交易活动能否顺利进行和发展的一个关键因素。没有一个高效的、合理的、畅通的物流体系，电子商务所拥有的优势就难以得到有效发挥，电子商务也就难以得到较好的发展。与电子商务有关的物流问题，本书会在第 6 章中进一步讨论。

5．电子商务发展环境进一步改善

《2006—2020 年国家信息化发展战略》确立了电子商务的战略地位,《国务院办公厅关于加快电子商务发展的若干意见》和《电子商务发展“十一五”规划》明确了电子商务发展的方向和重点,《中华人民共和国电子签名法》为电子商务发展提供了法律保障。2008 年商务部起草了《电子商务模式规范》和《网络购物服务规范》。各地区各部门相继制定配套措施，加大对电子商务发展的扶持力度。全社会电子商务应用意识不断增强，形成了良好的社会氛围。目前，国家工商总局正在积极调研，准备出台《网络市场监督管理办法》。随着电子商务的外部环境不断得到改善，通过政府、社会和各厂商的共同努力，一直困扰电子商务的诚信、安全、支付、物流等问题，正在逐步得以解决并已初见成效，这也促使越来越多的企业开始认识到电子商务的作用。从国家经贸委对 630 多家企业的调查来看，目前企业在因特网应用和开展电子商务方面，东部地区的企业好于中部地区的企业，中部地区的企业好于西部地区的企业；所在地在大城市的企业好于地处偏远的企业；新企业好于老企业；经济实力强、利润空间大的企业，信息化建设和电子商务开展得比较好。同时，大多数企业对信息化建设比较重视，普遍看好电子商务的未来，企业内部信息化建设取得了积极进展，正在由信息孤岛向信息集成跨越。建立在网络应用基础上的电子商务建设也取得了一定进展，一些企业已经通过网络开展采购业务和网上销售。如中石化集团通过网上采购，对采购的全过程进行实时监控，使采购过程公开化、规范化，从而实现了“阳光作业”，在很大程度上避免了暗箱操作，大大降低了采购成本。许多企业在进行信息化和电子商务建设中，企业领导的观念发生了很大变化，在深化企业内部管理制度改革的同时，也培养和锻炼了一大批既懂业务又懂信息技术的综合性人才。

目前我国“两网一站四库十二金”工程已基本完成（“一站”，指政府门户网站。“两网”，是指政务内网和政务外网。“四库”，即建立人口、法人单位、空间地理和自然资源、宏观经济等四个基础数据库。“十二金”，则是要重点推进办公业务资源系统等十二个业务系统。这 12 个重点业务系统又可以分为三类，第一类是对加强监管、提高效率和推进公共服务起到核心作用的办公业务资源系统、宏观经济管理系统建设；第二类是增强政府收入能力，保证公共支出合理性的金税、金关、金财、金融监管（含金卡）、金审 5 个业务系统建设；第三类是保障社会秩序、为国民经济和社会发展打下坚实基础的金盾、社会保障、金农、金水、金质 5 个业务系统建设。)，为加快电子商务与产业的深化融合打下了坚实的基础。

40 余项电子商务和物流标准陆续颁布，标准的推广应用工作也得以进一步深化。2007 年 1 月国家电子商务标准化总体组在北京成立，提出了国家电子商务标准由“基础技术标准”、“业务标准”、“支撑体系标准”和“监督管理标准”分体系构成，如图 1.8 所示。随着手机购物、手机支付等移动电子商务日益兴起，信产部已经开始着手制定移动电子商务的标准。信产部企业信息化标准工作组联合用友移动于 2008 年 9 月在北京正式启动移动电子商务的标准化制定。基于网络产品、技术与服务的创新能力的稳步提升，自主发展态势日渐显现。在线交易、电子支付、电子认证、现代物流等领域关键技术及装备的研究开发取得了突破性进展，行业、区域及中小企业的第三方电子商务交易与服务平台加快发展，基础电信运营商、软件供应商等涉足电子商务服务，新型业务模式不断涌现。300 多所院校开设了电子商务专业，继续教育和在职培训也陆续开设了电子商务课程，培养了一批电子商务专业人才。

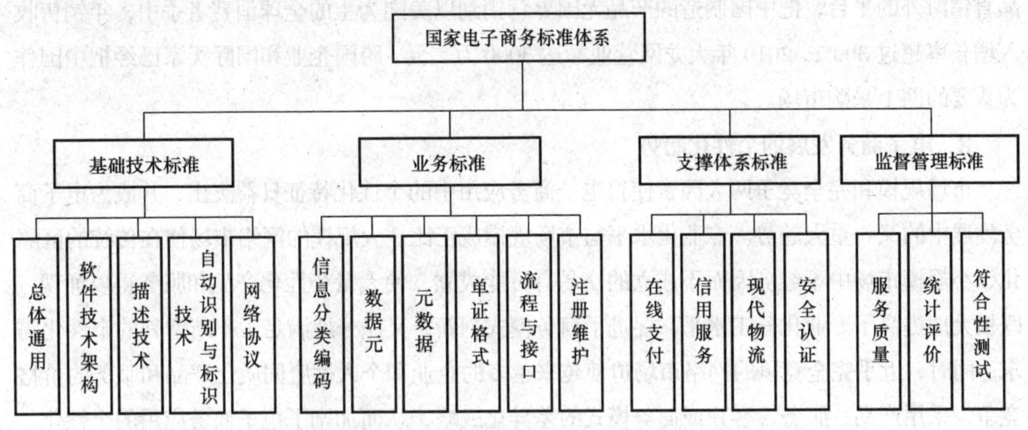

图 1.13　国家电子商务标准体系

6．我国电子商务发展面临的突出问题

在取得成绩的同时，我国电子商务发展仍然面临一些突出的问题。电子认证、在线支付、现代物流、信用、安全防护和市场监管体系建设尚不能适应电子商务快速发展的需要，发展环境有待进一步完善；电子商务标准规范的完整性、配套性和协调性不足，市场适用性需要进一步加强；企业信息化发展不平衡，电子商务公共服务滞后，普及应用水平亟待提高；区域发展不平衡；电子商务在加速经济增长方式转变、提高经济运行效率等方面的促进作用尚未得到充分发挥。其他因素，如电子商务企业内部各部门的科学整合和管理，购物活动取决于顾客对电子商务购物流程的认可，电子商务活动应具有社会性的商业信誉，消费者应有素质和进行网上购物的习惯和热情，货币资金流网上整合的不安全性，物流配送的低效和配送服务信誉，经济因素是电子商务模式运作成功与否的重要因素。

1.5　电子商务的发展趋势

纵观世界和我国电子商务的发展现状，尽管仍然存在着不少问题，但其良好的发展趋势是不可阻挡的。可以预见，未来电子商务会得到更深远的发展，并推动人类社会的不断进步。

1．电子商务发展的国际化趋势

目前，中国已经具备了开展国际电子商务的环境特征，已经形成了规模化、有序化、品牌化的网上市场体系，具备了和跨国商家对接的国际支付工具，继“中国互联网第一股”网盛科技于 2006 年 12 月 15 日在深圳上市后，阿里巴巴于 2007 年 11 月 6 日在港交所上市，震撼了全国乃至世界，二者的相继上市让国际互联网产业巨头和股市投资者感受到了中国互联网公司的分量。阿里巴巴先后建设了英文、日文等众多双语网站，支付宝与工行、建行、招行、浦发银行、VISA 国际组织等均建立了战略合作关系，通过支付宝交易平台连接境外卖家和境内买家，不仅可跨境网上交易，同时还开辟了一条境外网商进入中国市场的渠道。新起之秀大龙网通过“跨国 B2C 电子商务在线零售”这种创新的商业模式与领先的精准网络营销技术、世界一流的供应链体系，依托包括 Google、eBay、UPS 在内的全球合作伙伴，提供了一个将国内产品直销海外的平台，把中国制造的产品无国界营销到以美国为主的全球消费者手中，年销售收入增长率超过 300%，2010 年大龙网营业额达 3000 万美元。跨国企业和国际买家已经把中国作为重要的网上采购市场。

2．电子商务发展的个性化趋势

市场规模和完全竞争两大因素使得电子商务应用中的个性化特征日益突出，并成为电子商务发展中的又一重大趋势。专业化水平与市场规模成正比。大规模的网络市场使在传统的区隔化、小规模市场中不经济因而不成立的交易有可能成立，使大量个性化产品和服务得以涌现，既极大地提高了专业化分工水平，促进了商务模式创新，又充分地满足了不断增长的个性化需求。同时，近乎完全竞争的网络市场迫使越来越多的企业和个人摆脱同质化产品和服务的价格竞争，采用产品、服务、客户或商务模式的差异化战略，从而加剧了电子商务应用的个性化。电子商务发展中的个性化趋势正在加速“后工业时代”的到来。与工业时代的大规模、标准化和产品导向不同，后工业时代的经济特征是小批量、个性化和客户导向，是柔性化制造、个性化营销和社会化物流的商务模式。而个性化趋势及其“个性化营销”最为关键——向前倒逼“柔性化生产”，向后带动“社会化物流”。

3．企业电子商务应用呈现产业链和供应链全流程化趋势

在企业商机与贸易撮合方面，即从发布商机、寻找客户开始，到洽谈、订货、在线付收款、开据电子发票，一直到电子报关、电子纳税等都能通过电子平台完成，而且电子商务平台服务还能覆盖某行业或某领域的产业链，甚至能全面应用于企业的采购、研发、生产、招商、市场、零售、企划、行政、财力、人力、设计等几乎所有的常规部门。电子商务企业尤其是专业化电子商务企业，其所扮演的角色将不仅仅满足于一般的信息发布与交易平台，更将扮演“第三方行业综合服务商”的重要角色，这其中包括信息平台、交易平台、信息评级、行业媒体、咨询机构、会展服务商、信息化服务商，甚至融资促进平台等。

4．移动电子商务成为电子商务发展的新驱动力

在经历了网络广告、SP 网游、垂直搜索、WEB2.0、B2C 电子商务等热门市场争夺之后，随着“3G 时代”的到来，中国电子商务已经步入了对移动电子商务进行抢滩布局的新阶段。具备前瞻意识的电子商务公司开始在移动支付、移动 IM、移动搜索、移动旺铺、移动定位等领域抢先战略布局。以阿里巴巴集团为例，由于 B2B、B2C、C2C、支付宝等模式具可移植性，能迅速应用于手机电子商务，早在 2004 年，其与英特尔合作建设中国首个手机电子商务平台；2007 年 8 月，推出阿里旺旺移动版，实现线上、线下互联互通；2008 年 2 月，淘宝网、支付宝进入移动电子商务领域（手机版淘宝网、手机支付宝）。网盛生意宝也宣布拟将一款名为“生意搜”的电子商务搜索产品搬上 3G 手机，进行移动电子商务的战略布局。

5．B2C 代替 C2C 是未来网络购物发展的必然趋势

近年来，不仅涌现了众多纯线上业务的 B2C 网站，而且各大传统企业亦纷纷涉水 B2C 领域。此外，C2C 企业开始涉足代表网购未来趋势的 B2C 业务，如淘宝推出淘宝商城、百度提出

X2C 进军 B2C 领域，这意味着 B2C 与 C2C 的“大融合时代”即将到来。由于 B2C 平台提供的产品质量、品牌、售后服务等远较 C2C 平台有竞争优势，B2C 电子商务呈现逆势“井喷”，且渐呈现出替代 C2C 成为电子商务中网购第一大主流的趋势。

6．区域化成为电子商务未来发展的一大趋势

区域电子商务平台符合国家信息化战略，为拓展国际化市场提供了新通道，是我国未来电子商务发展的重要方向。电子商务立足于我国国情，采取有重点的区域化战略，是有效地扩大网上营销规模和效益的必然途径。由于我国地区经济发展的不平衡和城乡二元结构所反映出来的经济的阶梯性、收入结构的层次性都十分明显。在可以预见的相当长的时间内，上网人口将以大城市、中等城市和沿海城市及发达地区为主。电子商务模式区域化特征也非常明显，因此以这种模式为主的电子商务在资源规划、配送体系建设、市场推广等方面都必须充分考虑这一现实，只有采取有重点的区域战略，才能最有效地扩大网上营销的规模和效益。

案例

《电子商务发展“十二五”规划》亮点透析

《电子商务发展“十二五”规划》是落实《2006—2020 年国家信息化发展战略》、《国民经济和社会发展第十二个五年规划纲要》和《国务院办公厅关于加快电子商务发展的若干意见》的重要举措，是“十二五”时期进一步推动电子商务发展的指导性文件。

（一）加强组织保障

发挥电子商务部际联席会议协调工作机制作用，加强电子商务推进工作的部门协同，落实和强化政府对电子商务发展的宏观指导。坚持统筹兼顾、动态协调的原则，创新电子商务管理机制，加强相关部门在政策制定、重大项目审理、标准规范制定等方面的协调配合，形成管理和服务合力。各地方政府要相应建立协调推进工作机制，将电子商务纳入区域发展规划。要充分发挥相关行业协会、龙头企业、中介组织、高等院校和专家队伍等在推进电子商务中的积极作用。

（二）建立健全电子商务诚信发展环境

积极营造诚信为本、守信激励和失信惩戒的社会信用环境。推动开展部门指导、行业组织、企业和消费者参与的电子商务自律规范制定工作，大力推进企业和行业自律。鼓励符合条件的第三方信用服务机构、电子商务平台企业，按照独立、公正、客观的原则，开发利用合同履约等信用信息资源，对电子商务经营主体开展商务信用评估，为交易当事人提供信用服务。充分发挥人口、法人和地理空间等国家基础数据库以及银行征信等数据库的基础与协同作用，促进电子商务信用信息与社会其他领域相关信息的有序交换和共享，支撑社会信用体系建设。积极推进电子商务企业信用分类监管，引导企业诚信守法经营。

（三）提高电子商务的公共服务和市场监管水平

推动电子政务与电子商务的衔接，为企业提供更加有效的服务。依法有序推动政府信息资源的开放服务，提高社会化、市场化开发利用水平，改善电子商务发展环境。提高电子口岸发展水平，促进相关机构间的信息交换、业务协同，优化税费电子支付系统，提高电子商务的通关效率。建立部门间电子商务监管协调配合机制。督促网络经营主体特别是网络交易平台切实履行责任，守法经营，加强自律，维护电子商务市场秩序。依法对网上涉及行政许可的商品和服务加强监管，加强对网络信息服务、网络交易行为、产品及服务质量等的监管。加强监管方式方法的创新，加快电子商务监管信息系统与平台建设，实现监管技术手段的现代化，实施对网络商务主体、客体和过程的经常性监管，实现网上巡查的常态化。

（四）加大对电子商务违法行为的打击力度

依法组织开展网络违法交易专项整治，探索建立长效治理机制，杜绝违禁品网上销售。创新社会管理，建立投诉举报与主动发现相结合的机制，加大对利用网络进行的商业欺诈、传销、侵犯知识产权、侵犯个人隐私、侵犯商业机密、销售假冒伪劣商品、发布虚假违法广告和不正当竞争等活动的打击力度。充分利用管理和技术手段，增强电子商务网站的真实可信度。

（五）完善权益保护机制

积极研究和探索网络环境下有效维护消费者权益的制度和措施，推进12315等相关消费维权体系向电子商务领域的延伸。畅通网络消费权益保护渠道，及时受理消费投诉举报并查处侵害消费者合法权益的行为。及时发布网络交易风险警示信息，提高网络消费者和经营者的风险防范意识。指导和监督网站经营者建立健全消费者权益保护制度、在网站设置消费投诉举报及电子标识链接等。加强电子商务纠纷调处机制建设。坚持预防与调解相结合，建立分类处理的调处办法。鼓励当事人结合实际情况自行协商解决网上交易纠纷。督促交易平台建立数据保全机制，履行在电子商务纠纷处理中应尽的责任，协助交易双方解决纠纷。积极探索通过仲裁制度，解决电子商务交易纠纷，维护当事人的合法权益。充分发挥司法保护的作用，通过法律诉讼等途径，妥善处置各种复杂疑难电子商务纠纷。依据《侵权责任法》的相关规定，处理网络侵权行为。

（六）加强电子商务法律法规和标准规范建设

在贯彻执行现行法律法规的基础上，继续推动电子商务相关法律法规建设，研究确定电子商务立法的整体思路、调整范围和规范方式。根据需求开展相关法律法规的制、修订工作。加强法律解释工作，增强现行法律法规在电子商务领域的适用性和操作性。针对网络促销、电子合同和代收货款等问题，加快研究相应的行政规章和法律法规。面向电子商务不同业务形态发展的实际需求，加快电子商务服务规范和技术标准的制、修订和推广应用。着力提高电子商务服务的规范性，促进电子商务服务企业切实履行法定义务和责任，完善交易主体身份认定机制，提高电子商务信息发布、信用服务、网上交易、电子支付、物流配送、售后服务、纠纷处理等服务的规范水平。

（七）完善多元化的电子商务投融资机制

进一步拓宽电子商务投融资渠道，加强对电子商务创新、创业的资本支持。培育和发展创业风险投资，促进风险资本对电子商务自主创新和创业的支持。鼓励实体企业在信息化建设中加大对电子商务的投资力度。鼓励金融机构加强对电子商务的信贷扶持。加强政府财政支持对社会投入的引导和带动作用，形成政府引导性投入与社会资本投入互补的投融资机制。加强对投融资效果的评估。

（八）加强电子商务统计监测工作

加强相关部委、地方及有关机构的联合，研究和改进电子商务发展统计指标体系与统计分析方法，逐步建立全国性电子商务调查统计制度，加强对电子商务热点问题及其与实体经济相互关系的研究。充分利用有关部门现有的电子商务企业联系机制，鼓励行业协会和社会性服务机构积极参与电子商务动态发展监测等工作，鼓励各地加强对区域电子商务发展的动态监测，拓展信息获取渠道。做好电子商务统计信息发布工作，加强政策引导。

（九）加快电子商务人才培养

积极引导有条件的高等院校，加强电子商务学科专业建设和人才培养，为电子商务发展提供更多的高素质专门人才。鼓励职业教育和社会培训机构发展多层次教育和培训体系，加快培养既懂商务、又具备信息化技能的电子商务应用人才。积极开展面向企业高级管理人员的电子商务培训。鼓励有条件的地区营造良好的创业环境，吸引并帮助具有国际视野的创新、创业型人才成长。

（十）加强国际合作

积极参与国际组织中电子商务相关活动，认真开展国际电子商务法规、标准制定与实施的调查研究，主动参与相关标准规范的制修订，积极参与国际双边、多边涉及电子商务的条约和协议起草工作，推动国内电子商务发展与国际对接。

工业和信息化部牵头，联合相关部门做好规划宣贯工作，增强社会各方面实施规划的主动性和积极性。建立动态评估机制，对规划实施的阶段成果实行动态监测，及时发现规划实施过程中存在的问题，适时对规划内容进行调整。加强跨部门、跨行业、跨区域的规划实施工作经验交流，不断提高工作水平。

本章小结

电子商务的定义包含狭义和广义两个方面。E-Commerce 主要是指运用 Internet 开展的商务交易或与商务交易直接相关的活动。E-Business 是指利用 Internet、Intranet 和 Extranet 等各种不同形式的网络以及其他信息技术进行的所有的企业活动。电子商务的特点是时间无限化、交易虚拟化、市场全球化、交易透明化、交易简易化、贸易智能化、服务个性化。电子商务的主要分类为 B2C、B2B、C2C、B2G、B2E，根据不同标准还有不同的分类。电子商务的研究内容包括：电子商务基础理论的研究、电子商务实现技术的研究、电子商务网站建设与管理的研究、电子商务环境下企业管理的研究、电子商务经济理论与政策的研究、电子商务相关法律法规的研究、具体行业电子商务的研究。电子商务的意义从宏观上讲，电子商务相对于传统经济运行方式是一场革命。从微观方面来看，电子商务在企业经营中的作用：一是开拓新的市场，寻找新的商机；二是改善企业的运行模式。电子商务是信息技术进步和社会商业发展的产物，它共经历了 3 个发展阶段，电子数据交换（EDI）阶段、Internet 电子商务阶段、E 概念电子商务阶段。从国内外电子商务发展状况可以看出美国、欧洲等发达国家走在了世界的前列，我国虽然起步晚，但是发展迅速，目前网络用户数、宽带网用户数、CN 域名数均位于世界第一位。当前电子商务的发展趋势是：产业链和供应链全流程化电子商务、区域化电子商务、移动电子商务以及电子商务的国际化和个性化。

习题

一、填空题

1. 电子商务发展经历了__________、__________、__________三个阶段。

2. 电子商务按参与电子商务的主体分类可分为______、______、______、______、______。

3. 截至 2010 年 6 月底，中国网民中接入宽带比例为______，宽带网民数已达到______人。中国网民数量达到______，网民规模跃居世界第______位。

4. 电子商务的特点有__________、__________、__________、__________、__________、__________、__________。

二、简答题

1. 简述电子商务的发展历程。
2. 概述电子商务的概念。
3. 简述狭义电子商务与广义电子商务的区别。
4. 试述电子商务对当今社会的影响。
5. 搜集国内发达地区的电子商务发展状况。
6. 试述目前电子商务的发展趋势。

三、案例分析题

1. 马云的阿里巴巴为什么会成功?
2. 阿里巴巴的成功给中国电子商务带来了什么好处?
3. 中国电子商务的发展前景如何?

第 2 章　电子商务的运行机理

本章概要

- 电子商务的基本框架
- 电子商务的系统组成
- 电子商务的运作框架：基础设施和两个支柱
- 电子商务主要的交易模式：B2B、B2C、C2C

案例

亚洲最大的网络零售商——淘宝网

淘宝网由阿里巴巴（中国）网络技术有限公司投资 4.5 亿元创办，于 2003 年 9 月 4 日通过注册审核。自成立以来，淘宝网即制定免费策略，降低了买卖双方进行网上个人交易的门槛，并因此积聚了人气，迅速占领了国内个人交易市场的领先位置。

有别于 eBay，淘宝网执行的从来不是严格意义上的 C2C 模式，其业务跨越 C2C、B2C 两大部分。2010 年，淘宝全年交易额近 4000 亿元人民币，其中以淘宝商城为代表的 B2C 业务交易额较之上一年翻了 4 倍。截至 2010 年年底，淘宝网拥有注册会员 3.7 亿，在线商品数 8 亿，是亚洲第一大网络零售商。基于诚信为本的准则，淘宝网建立了诚信认证系统，为建立诚信体系做了大量的探索。同时，淘宝网还创造了大量就业机会。截至 2010 年 12 月 31 日，淘宝网创造了超过 182.3 万个直接就业机会，带动产业链上间接就业机会达到 500 多万个。2011 年 6 月 16 日，淘宝公司拆分为三个独立的公司，即沿袭原 C2C 业务的淘宝网（taobao），平台型 B2C 电子商务服务商淘宝商城（tmall）和一站式购物搜索引擎一淘网（etao）。目前，淘宝的主要收入来自广告。为了实现可持续发展，其商业模式将逐渐从以广告为基础转变到以佣金为基础。作为中国最大的电子商务平台，淘宝提出了“大淘宝”战略，旨在全力推动电子商务生态圈的发展。

本章首先向读者系统地介绍了电子商务的概念模型、系统组成、一般框架及其运行机制，然后又详细介绍了 B2B、B2C、C2C 等电子商务具体运作模式的流程和特点。通过对本章的学习，读者可以了解开展电子商务所需要的各项基础设施，以及政策法律和技术标准等，并可以结合实际对 B2B、B2C、C2C 等典型的电子商务模式的特点有一定的认识。

2.1 电子商务的基本框架和系统组成

电子商务系统是由多种类型和不同层次的实体通过信息及通信技术整合在一起的非常庞大、复杂的体系，与传统的商务活动相比，在管理的对象、参与的实体及运作环境上都有很大的差异，本节分别从电子商务的基本框架、系统组成、运作框架的角度来描述电子商务的运行机理。

2.1.1 电子商务的基本框架

在电子商务中，电子商务实体（简称 EC 实体，也可称为交易实体）是指能够从事电子商务活动的客观对象，它可以是企业、银行、商店、政府机构、科研教育机构和个人等。交易事务是指 EC 实体之间所从事的具体的商务活动的内容，包括交易前的询价、报价、广告宣传等准备活动、交易磋商、签订合同与办理手续、合同的履行、转账支付、交易后的商品运输等。电子市场是指 EC 实体从事商品和服务交换的场所，它是由各种各样的商务活动参与者，利用各种通信装置，通过网络连接成的一个虚拟的、统一的经济整体。电子商务中每个交易主体所面对的是不同的电子交易市场，他们必须通过电子交易市场来选择交易的对象和内容。根据交易主体和市场规模的不同，可将其分为基于业务链的跨行业电子市场、网上电子商场、网上专卖专营店等不同层次的市场交易组织。

电子商务的任何一笔交易，都包含四种基本的“流”，即商流、物流、资金流和信息流。如表 2.1 所示。其中商流是商品在购、销之间进行交易和所有权转移的运动过程。物流主要是指商品和服务的配送和传输渠道，包括运输、装卸、存储、加工、保管等功能。资金流主要是指资金的转移过程，包括付款、转账、兑换等过程。信息流既包括商品信息的提供、促销营销、技术支持、售后服务等内容，也包括诸如询价单、报价单、付款通知单、转账通知单等商业贸易单证，还包括交易方的支付能力、支付信誉、中介信誉等。其中商流、信息流和资金流都可以通过计算机网络来实现，对于大多数商品和服务来说，物流可能仍然经由传统的方式来实现的。然而对有些商品和服务来说，可以直接以网络传输的方式进行配送，如各种电子出版物、信息咨询服务、有价信息等。

表 2.1 “四流”的基本概念

<table>
<tr><td>信息流</td><td>信息的转移过程</td><td rowspan="3">可以通过计算机和网络通信设备实现</td></tr>
<tr><td>商流</td><td>商品在购、销之间进行交易和所有权转转移的运动过程</td></tr>
<tr><td>资金流</td><td>资金的转移过程</td></tr>
<tr><td>物流</td><td>物质实体（商品或服务）的流动过程</td><td>数字产品可以通过网络配送</td></tr>
</table>

图 2.1 很好地体现了信息流、资金流、物流、商流与电子商务活动各环节以及基础环境的关系。

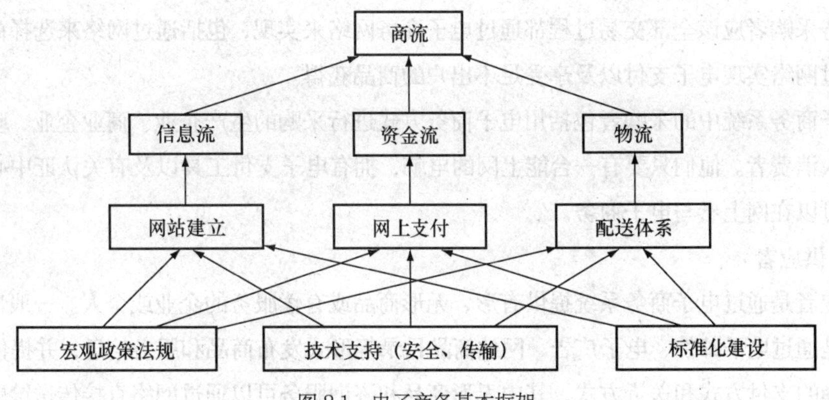

图 2.1　电子商务基本框架

电子商务的应用是信息流、资金流、物流和商流的高度整合。商流是交易的核心，是电子商务的最终目的，处于最高端。实施电子商务就是为了顺利实现三流畅通，最终实现商流。电子商务使得交易的时间和空间大大扩展，信息流自然成为最重要的要素，它对整个电子商务活动起着监控作用。通过网上转账等电子支付手段，帮助权利出让方获得商品价值，实现资金流通。通过配送体系，完成商品实体的空间转移，实现商品的使用价值。在整个电子商务的实施过程中，只有四流的有机结合才能使标志着交易达成的商流得以实现。政策、技术以及标准化等都是实现四流的先决条件。

2.1.2　电子商务的系统组成

电子商务系统是一个多方参与，互相支持、互为条件的大系统，各方参与者在其中扮演着不同的角色，完成各自不同的功能。其主要角色有：采购者、供应者、支付中心、认证中心、物流中心、电子商务网站和电子商务服务商。由于电子商务条件下的各方是通过网络进行信息沟通和业务合作的，因此需要一些传统商务活动中没有参与或者参与程度不深的一些角色，如用于网上身份验证的认证中心、提供电子商务相关服务的电子商务服务商等。即使是传统商务中原有的角色，在功能和定位上也发生了变化，如完成网上支付的银行等。电子商务系统基本结构如图 2.2 所示。

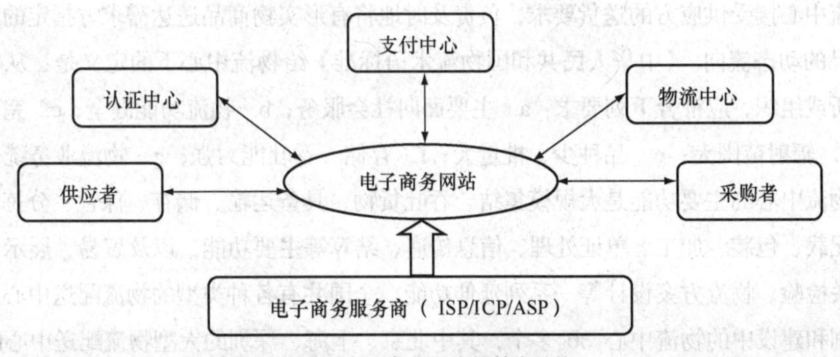

图 2.2　电子商务系统的基本结构

1．采购者

采购者是那些通过电子商务系统购买有形、无形商品或服务的企业或个人。完全意义上的电子商务采购者应该全部交易过程都通过电子商务网络来实现，包括通过网络来选择商家和商品、通过网络实现电子支付以及享受足不出户的商品获得。

电子商务系统中的采购者包括用电子商务方式进行采购的生产企业、商业企业、政府部门以及个人消费者。他们只要有一台能上网的电脑，拥有电子支付工具以及有关认证中心提供的证书就可以在网上参与电子商务。

2．供应者

供应者是通过电子商务系统提供有形、无形商品或有偿服务的企业或个人。一般情况下，供应者是通过电子邮件、电子广告、网站商品目录等形式发布商品和服务信息，并提供可供消费者选择的支付方式和送货方式，其中无形商品和咨询服务可以通过网络直接传送给购买者。供应者可以采用自建服务器、租用服务器、主机托管等方式来建立电子商务网站或在其他的电子商务网站上建立网页。另外，供应者为了取得购买者的信任应到认证中心申请有关证书，如Set协议的“商家证书”。

3．支付中心

支付中心的作用是为电子商务系统中的采购者和供应者等其他角色提供资金支付方面的服务，并保证支付的安全性。

支付中心是一个复杂的体系，通常是以商业银行为主体建立的，通过以Internet为主的网络为交易的客户间提供货币支付或资金流转的网络支付与结算平台，以实现支付的无纸化、电子化和数字化，一般包括计算机网络系统、网络支付工具、安全控制机制等。

4．认证中心——CA（Certificate Authority）

认证中心是负责发放和管理数字证书、使网上交易各方能够相互确认身份、而不直接从电子商务交易中获利的第三方机构。

认证中心必须具有权威性、可信赖性及公正性，并被所有合法注册用户所信赖。因此，一般情况下认证中心是由具备一定从业条件的法人单位经政府有关部门审批建立的，比如各地市政府批准建立的认证中心；也可以由行业协会或行业主管部门来组织建立，比如我国的金融认证中心就是由中国人民银行牵头，联合国内各商业银行建立的国家级权威金融认证机构。

5．物流中心

物流中心接受供应方的送货要求，负责及时地将有形实物商品送达需求方指定的地点，并跟踪商品的动态流向。《中华人民共和国物流术语标准》给物流中心下的定义是：从事物流活动的场所或组织，应符合下列要求：a. 主要面向社会服务；b. 物流功能健全；c. 完善的信息网络；d. 辐射范围大；e. 品种少、批量大；f. 存储、吞吐能力强；g. 物流业务统一经营、管理。物流中心的主要功能是大规模集结、吞吐货物，具备运输、储存、保管、分拣、装卸、搬运、配载、包装、加工、单证处理、信息传递、结算等主要功能，以及贸易、展示、货运代理、报关检验、物流方案设计等一系列延伸功能。全国共有各种类型的物流配送中心1000多家，规划和建设中的物流中心30多个，其中北京、上海、深圳的大型物流配送中心的投资都在1000亿元以上。

6．电子商务网站

电子商务网站是负责连接电子商务系统各组成部分的一个信息服务中介平台，供采购者和供应者发布需求信息和供应信息，并负责连接支付中心、认证中心和物流中心，提供电子商务交易所必需的支付、认证及物流服务。部分电子商务网站除提供信息发布平台外，同时还兼提供支付、认证等支持功能及市场监管服务。电子商务网站在电子商务交易中扮演了十分重要的角色，不可或缺。

7．电子商务服务商（ISP/ICP/ASP）

此处的电子商务服务商专指提供网络接入服务、信息服务及应用服务的 IT 商家，其中 ISP（Internet Service Provider）是指为用户提供 Internet 接入和（或）Internet 信息服务的公司和机构，如我国的电信通信公司、移动通信公司和联通通信公司等；ICP（Internet Content Provider）是指 Internet 的内容提供商，提供 Internet 信息搜索、整理加工等服务，如新浪、搜狐等；ASP（Application Service Provider），主要为企、事业单位进行信息化建设、开展电子商务提供各种基于 Internet 的应用服务。

电子商务是一个有多方参与、牵涉面很广的复杂系统，其运作需要有关各方的相互支持和配合以构成一定的宏观环境和微观环境才能实现。微观环境是电子商务的应用基础，包括多个层次，分别从网络通信、信息发布、信息传送和商业服务等方面为电子商务的运作提供技术手段上的支持；宏观环境则一般是由政府部门、行业组织等制定的相关法律、法规和各种技术规范及标准。这些法规及标准是保障电子商务运作的重要支撑。图 2.3 为这一运作框架。

国家政策及法律法规	电子商务应用 供应链管理　在线营销及广告 家庭购物　集团采购　远程金融服务	技术标准及网络协议
	商业服务基础设施 安全认证　电子付款　目录服务	
	信息传送基础设施 EDI　E-mail　HTTP	
	内部信息发布基础设施 HTML　XML　JAVA　WWW	
	网络基础设施 电信　有线电视　无线电话　因特网	

图 2.3　电子商务运作框架示意图

2.2 电子商务运作框架

2.2.1 电子商务的基础设施

1．网络基础设施

网络基础设施为电子商务提供硬件基础，主要是指信息传输系统和终端硬件的提供。

信息高速公路是网络基础设施的一个较为形象的说法，它是实现电子商务的最底层的基础设施，是通过对骨干网、城域网、局域网层层搭建互联，才使得任何一台联网的计算机能够随时同整个世界连为一体。现有的网络基础设施主要包括远程通信网（Telecom）、有线电视网

（Cable TV）、无线通信网（Wireless）和因特网（Internet）。远程通信网包括公用交换电话网、公用数据网、综合业务数据网等；无线通信网包括移动通信系统、微波通信系统和卫星通信系统。网络基础在应用层面上的融合是我国网络基础设施的发展方向。2001 年 3 月 15 日通过的十五计划纲要，第一次明确提出“三网融合”。三网融合是指电信网、广播电视网、互联网在向宽带通信网、数字电视网、下一代互联网演进过程中，三大网络通过技术改造，其技术功能趋于一致，业务范围趋于相同，网络互联互通、资源共享，能为用户提供语音、数据和广播电视等多种服务。三网融合并不意味着三大网络的物理合一，而主要是指高层业务应用的融合，在概念上从不同角度和层次上分析，可以涉及技术融合、业务融合、行业融合、终端融合及网络融合。三网融合应用广泛，遍及智能交通、环境保护、政府工作、公共安全、平安家居等多个领域。以后的手机可以看电视、上网，电视可以打电话、上网，电脑也可以打电话、看电视。三者之间相互交叉，形成你中有我、我中有你的格局。随着手机用户所占的比例越来越大，无线通信网也在电子商务中发挥越来越大的作用。

2．内部信息发布基础设施

内部信息发布基础设施为电子商务提供发布内部信息内容和格式的方法。信息高速公路只是使得通过网络传递信息成为可能，究竟跑怎样的车要看用户的具体做法。通常网站利用 XML（扩展标记语言）描述在 WWW（World Wide Web）页面的具体内容，定义在 WWW 上显示的数据的含义，提供数据跟踪功能。而网站通过 HTML（超文本链接语言）提供大量描述 WWW 页面格式的标记，确定页面如何显示 XML 定义的数据内容，提供 WWW 文本的超链接功能。网络上传播的内容包括文本、图片、声音、图像等。HTML 将这些多媒体内容组织得易于检索和富于表现力。但网络本身并不知道传递的是声音还是文字，只把它们一视同仁地看做 0、1 串。对于这些串的解释、格式编码及还原是由一些用于消息传播的硬件和软件共同实现的，它们位于网络基础设施的上一层。有了这种信息发布方式，就不需要按传统方式花很大的力气做各种广告和促销活动来宣传自己的产品。企业可以直接在 WWW 上发布自己的产品和服务信息，从而吸引 WWW 上数目极为可观的顾客；同时，WWW 也使得企业能够和其合作伙伴、供应商更好、更快地进行信息交流；另外，通过 WWW 增强与用户之间的信息互动，能够掌握和分析用户行为，进行市场预测，并为决策提供支持。

3．信息传送基础设施

信息传送基础设施为电子商务提供系统外部信息的传送方法和工具。消息传播工具提供了两种交流方式，一种是非格式化的数据交流，比如用 FAX 和 E-mail 传递的消息，它主要是面向人的，需要人为干预的数据交流；另一种是格式化的数据交流，EDI 是典型的代表，它的传递和处理过程无需人的干涉，完全是自动化的数据交流，也就是面向机器的。订单、发票、装运单都比较适合这种格式化的数据交流。目前，大量的 Internet 使用者在各种终端和操作系统下通过 HTTP（超文本传输协议）使用统一资源定位器（URL）查找到所需要的信息，以统一界面在不同环境显示多媒体信息，每个按 HTTP 协议建立的文档都能够进行超级链接。

4．商业服务基础设施

商业服务基础设施对所有参加交易的企业或个人提供标准的网上商务活动服务，方便网上交易，这些服务包括建立商品目录、价目表，进行电子支付、商业信息的安全传送、买卖双方的合法性认证等。这些网上商务活动服务的健全与否直接影响到电子商务开展的可能性和便利性。对于电子商务来说，目前的消息传播工具要想适应电子商务的业务，需要确保安全和提供认证，使得传递的消息是可靠的、不可篡改的、不可抵赖的，并在有争议的时候能够提供适当的证据。为了保证网上支付是安全的，就必须保证交易是保密的、真实的、完整的和不可抵赖的。目前的做法是用交易各方的电子证书（即电子身份证明）来提供端到端的安全保障。目录服务将信息妥善组织，使之方便地增、删、改。目录服务作为贸易服务的基础，支持市场调研、咨询服务、商品购买指南等，是客户关系解决方案的一部分。

5. 电子商务应用

在上述基础上，可以逐步推进电子商务与产业的深入融合，扩展电子商务的应用领域，如供货链管理、视频点播、网上银行、电子市场及电子广告、网上娱乐、有偿信息服务、家庭购物等。

2.2.2 电子商务运作的两个支柱

如图 2.3 所示，支撑整个电子商务运作的框架有两个支柱：国家政策及法律法规、技术标准及网络协议。

第一个支柱（政策法规），为电子商务的社会支撑。公共政策指关于电子商务的税收制度、信息定价、信息访问收费、信息传输成本等的政府政策；法律是从法律角度保证进行电子商务活动的双方资料与产品的真实性和安全性；隐私问题特指电子商务中的企业隐私，商品价格、货物进出渠道、促销手段等，个人隐私是不愿公开的个人资料。

国际上对于信息领域的立法工作十分重视。美国政府在“全球电子商务的政策框架”中，从法律方面对电子商务做了专门的论述。俄罗斯、德国、英国等国家也先后颁布了多项有关法规。目前，我国信息立法开始进入实质阶段，针对电子商务的法律法规正在逐步健全。2004 年《中华人民共和国电子签名法》为电子商务发展提供了法律保障。2009 年商务部正式出台《电子商务模式规范》和《网络交易服务规范》。2010 年国家工商行政管理总局出台《网络商品交易及有关服务行为管理暂行办法》。2011 年商务部发布《第三方电子商务交易平台服务规范》。但与此相关的，如个人隐私权、信息定价等问题需要进一步界定，比如是否允许商家跟踪用户信息，对儿童能够发布哪些信息，随着越来越多的人介入电子商务中这些问题必将变得更加重要。

另外，提到政策法规，就得考虑各国的不同体制和国情，这就要求加强国际间的合作研究。例如，在美国，社会体制决定了私有企业在美国经济运行中的主导地位，在制定政策法规时美国政府必将向私有企业倾斜，尽量减少政府限制。而像中国这样同美国社会体制存在很大差异的国家，必然会采用以政府为主导的经营政策。此外、由于各国的道德规范不同，也必然会存在需要协调的方面，在通常情况下，由于很少接触跨国贸易，我们不会感觉到贸易过程中存在的冲突，而在全球贸易一体化的趋势下，用户可能很容易通过网络购买外国产品，这时就会出现矛盾。比如酒类在有些国家是管制商品，但商人对此未必知晓，即使知道，也可能在利益驱使下去违反。对于这些数量庞大的小宗跨国交易，海关该如何应对？当然，以我国目前的情况，近期内还不会遇到这样的问题，不过，通常法律应具有一定的前瞻性，在制定法规时应该充分考虑到这些因素。法律的不完善势必会影响我们参与国际竞争。

第二个支柱是技术标准。技术标准保证网上信息的一致性，保证整个网络环境的兼容性和通用性，是信息在网上发布和传递的基础。技术标准定义了用户接口、传输协议、信息发布标准、安全协议等技术细节。就整个网络环境来说，标准对于保证兼容性和通用性是十分重要的。正如有的国家是左行制，有的国家是右行制；不同国家 110 伏和 220 伏的电器标准会给电器使用带来麻烦，今天在电子商务中也遇到了类似的问题。目前许多厂商、机构都意识到标准的重要性，正致力于联合起来开发统一标准。比如一些像 VISA，Mastercard 这样的国际组织已经同业界合作制定出用于电子商务安全支付的 SET 协议。还有用来设计各种可扩展的、标注语言的标准 XML。这些协议和标准非常重要，我们会第 5 章中详细介绍。

在传统商务的商品、服务和货币的交换过程，即市场交易链中，电子商务强化了信息这个重要因素，随之产生了电子单证、电子支付、信息服务等新的贸易形式。因此，与信息及其载体相关的设施和服务在电子商务的框架中占据了重要地位。通过上面的介绍，我们对电子商务已经有了一个较为全面、宏观、高层次的认识。

2.3 电子商务交易模式

按照交易对象和实质内容的不同，电子商务交易模式有企业对企业（Business to Business，B2B），企业对消费者（Business to Consumer，B2C），政府对企业（Government to Business，G2B），及消费者对消费者（Consumer to Consumer，C2C）等多种模式，如图 2.4 所示。

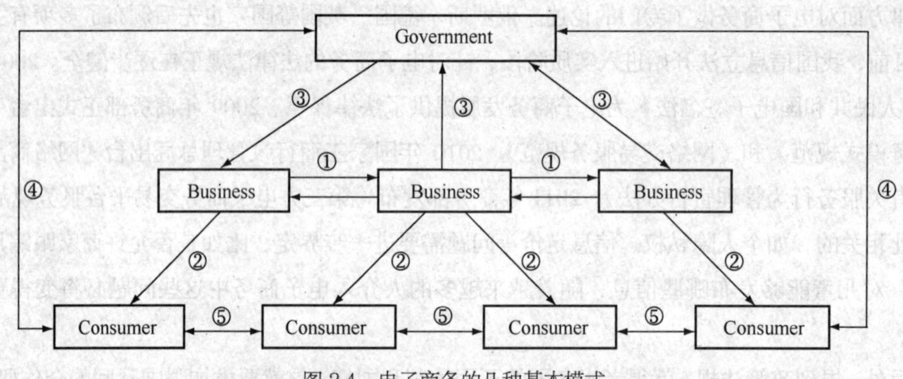

图 2.4 电子商务的几种基本模式

① B2B 模式 ② B2C 模式 ③ G2B 模式 ④ G2C 模式 ⑤ C2C 模式

2.3.1 B2B 的电子商务交易模式

1. B2B 的概念

B2B，即企业对企业的电子商务模式，是企业之间通过专用网络或 Internet 进行数据传递，开展商务活动的运行模式。同时，B2B 模式可整合企业在采购和销售过程中的上下游产业以及银行等相关组织，构成一个完整的电子商务供应链。

B2B 具有以下几个特点。

（1）交易次数少，交易金额大

B2B 是企业与其供应商、客户之间大宗货物的交易与买卖活动，其规模远大于 B2C，两者相差一个数量级，但其交易次数相对较少。据 EMarketer 研究报告，目前世界上 90%的电子商务交易额是在企业之间完成的，B2B 业务占电子商务的比例也在持续增长。艾瑞咨询的研究报告指出，2011 年中国通过 B2B 电子商务完成的交易额突破 6 万亿元，占整个电子商务交易额的 87%以上。

（2）交易对象广泛

B2B 电子商务活动的交易对象可以是任何一种产品，可以是中间产品，也可以是最终产品，涉及石油化工、水电、运输、仓储、航空、国防、建筑等许多领域。例如，能源一号网站的油料交易量占其交易总量的 60%以上。而 B2C 交易的对象一般是最终产品，企业在网上销售给消费者的产品主要集中在图书、CD、鲜花等标准化产品上，眼前的交易额不是很大。因此，B2B 是目前电子商务发展的推动力和主流。

（3）交易操作规范

B2B 电子商务活动是各类电子商务交易中最复杂的，主要涉及企业间原材料、产品的交易以及相应的信息查询、交易谈判、合同签订、货款结算、单证交换、库存管理和物品运输，如果是跨国交易还要涉及海关、商检、国际运输、外汇结算等业务，企业间信息交互和沟通比较多。因此在交易过程中，对合同及各种单证的格式要求比较严格，操作比较规范，同时比较注重法律的有效性。例如，EDI 就是用户根据国际通用的标准格式编制报文，以机器可读的方式将结构化的信息（订单、发票、进出口许可证、海关申报单、提单等）按照协议以标准化文件通过计算机网络传送，而接受方也要按国际统一规定的语法规则，对报文进行处理，通过信息管理系统和作业管理决策支持系统，完成自动交换和处理。与之相比，B2C 电子交易操作简单，涉及部门和人员相对较少，操作的随意性较大，相关的法律条文相对较少。

2. B2B 电子商务平台分类

本书将 B2B 电子商务平台分成两类：企业自建 B2B 电子商务交易平台和第三方 B2B 电子商务交易平台。

（1）企业自建 B2B 电子商务交易平台

企业自建电子商务交易平台是指经营者必须是经过工商行政管理部门或政府其他主管部门和税务机关登记注册的独立法人或法人委派的具备行为主体资格的单位，在互联网上开设交易网站并负责经营和管理。此类交易平台可细分为：卖方电子交易平台，例如 IBM、微软等公司建立了自己的网上销售平台；买方电子交易平台，例如海尔原材料采购系统。

卖方解决方案：卖方解决方案在大企业的电子商务销售活动中被普遍采用。由生产供应商提供基于销售的门户网站，各买方访问卖方站点进行网上采购，是一个卖家与多个买家之间的交易模式。卖方在自己的门户网站上发布产品种类目录和价格等相关信息，个人或企业消费者通过浏览卖方的网站，向网站传送订单。这是一种买方竞价的动态模式，即卖方发布销售信息，买方竞价的集中销售模式，其竞价方式主要有拍卖和集体竞拍两种。

买方解决方案：生产采购商建立基于采购的站点（买方电子交易平台），为各供应商提供网上供货的机会，是一个买家与多个卖家之间的交易模式。生产采购商在网站上发布产品需求信息，供应商登录网站，找到和自己产品相符的需求信息，提供自己产品的报价。这种模式类似于项目招标，买方（独家或多家联合）发布需求信息，召集供应商前来报价、洽谈、交易。该模式汇总了卖方企业及其产品信息，买家能综合比价，减少采购环节，降低采购成本，为买方提供更好的服务。该模式适用于大型企业自建的电子采购网站，有利于采购过程的公开、透明和规范化。企业能掌握整个采购过程的数据流，强化对交易过程的监督、管理、控制和考评。比如海尔运行原材料采购系统后，采购成本降低，库存资金周转由原来的 30 天降为 12 天，库存面积减少 50%，节约资金 7 亿元，同比减少 67%，将 2336 家供货商优化为 840 家，国际化大集团组成的供货商的比例，达到 71.3%。

（2）第三方 B2B 电子商务交易平台

第三方 B2B 电子商务交易平台是由买方和卖方之外的第三方中介机构投资建立的中立的网上交易中枢，即电子市场，比较知名的如阿里巴巴、环球资源网、全球五金网、中国水泥网等。第三方 B2B 电子商务交易平台以会员制收取企业费用，提供服务。买卖双方通过网络在商品交易中心发布供求信息，根据供求信息确定自己的贸易伙伴。交易中心撮合买卖双方，促使双方签订合同，帮助双方顺利达成交易。第三方 B2B 电子商务交易平台必须要具有很好的信誉，保证电子商务交易第三方的公正性和公平性，可提供资信认证、质量认证、物流、保险、在线支付等服务，还可提供多语言、多币种支持。按照行业类型的不同，第三方 B2B 电子商务平台可分为综合型电子商务平台和垂直型电子商务平台。

① 综合型 B2B 电子商务平台

又称横向电子商务市场，指服务于各种不同的行业，或定位于跨行业的横向应用，为买卖双方提供跨行业的普通商品和服务。它将各个行业中相近的交易过程集中到一个场所，为企业的采购方和供应方提供了一个交易的机会，如阿里巴巴、环球资源网（见图 2.5）等。

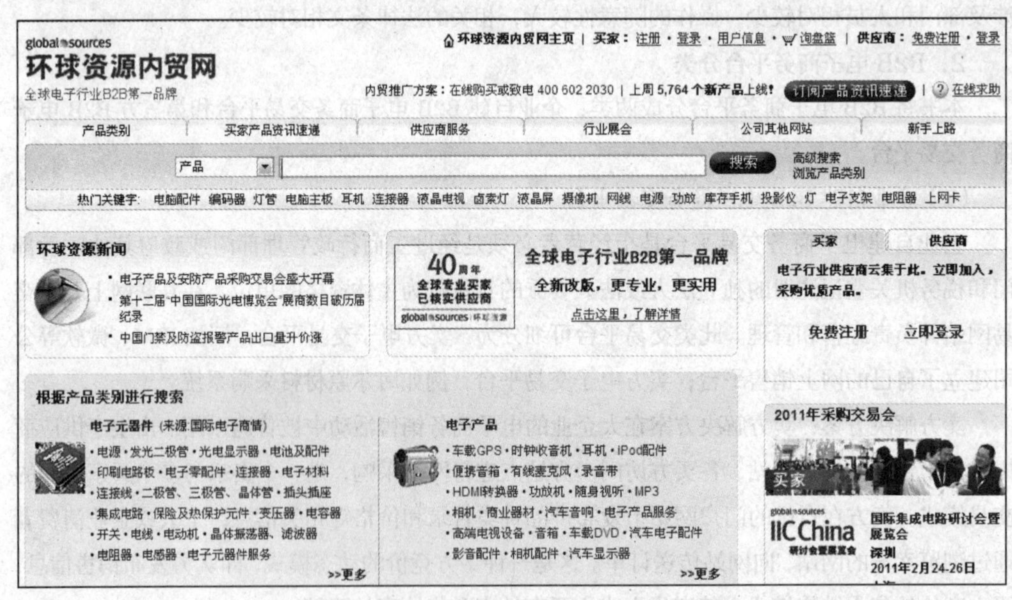

图 2.5　环球资源网内贸网首页

② 垂直型B2B电子商务平台

又称纵向电子商务市场，指提供某一类产品及其相关产品（互补产品）的一系列服务（从网上交流到广告、网上拍卖、网上交易等）的电子商务。易观国际的研究表明，国内目前已经有垂直行业B2B网站1200多个，如中国化工网（见图2.6）、全球五金网等。

图2.6 中国化工网首页

综合型B2B在内容广度、品牌知名度、用户数、跨行业、技术研发等方面具有优势，但用户精准度、行业服务深度略有不足；而垂直型B2B的优势在于内容更专业、更权威，不足之处在于受众过窄，服务内容有限。垂直和综合是B2B网站并行存在的两种形式，两者并不完全对立，而是竞争与合作的关系。

3．B2B主要服务提供商

国内B2B电子商务经过十几年的发展，出现了B2B电子商务市场被几大“巨头”所瓜分的局面。这五大电子商务“巨头”分别是阿里巴巴、慧聪网、网盛生意宝、环球资源、中国制造网，这五大“巨头”均为上市公司。图2.7为各大B2B电子商务平台所提供的主要服务比较图。

4．B2B的作用

B2B模式有着巨大的需求和旺盛的生命力，是电子商务的主流，是企业改善竞争条件、建立竞争优势的重要途径。据EMarketer最新研究报告显示，目前世界上90%的电子商务交易额是在企业之间完成的，B2B业务占电子商务的比例也在持续增长。艾瑞咨询的研究报告指出，2011年中国通过B2B电子商务完成的交易额突破6万亿元，占整个电子商务交易额的87%以上。

在经济全球化、社会信息化的新时代，作为一家企业，不仅要协调企业内部的计划、采购、制造、销售和客服等各个环节，还要与供应商、承包商、合作伙伴等其他企业密切配合。B2B模式利用供应链技术，整合企业在采购和销售过程中的上下游产业以及银行等相关组织，构成一个最终面向顾客的、完整的电子商务供应链（见图 2.8），为企业提供了新的竞争手段和经营模式，使企业能够在充分享受信息时代所带来便捷的同时，改善管理流程，提高经营效率，增强企业竞争能力。这种作用具体体现在六个方面。

中国B2B电子商务上市公司综合服务比较图						
上市服务商	内贸平台	外贸平台	行业咨询调研服务	线下出版物	线下展览或买家见面会	认证服务
阿里巴巴	中国交易市场	国际交易市场	无	无	网货交易会网站大会	供应商身份认证
生意宝	中文站	全球站、韩国站、日本站	部分优势行业有	部分优势行业有	自办或合作办展、组团海外参展	中国供应商资料认证
慧聪网	国内站	国际站	合资公司多行业有	《慧聪商情广告》	供需见面会	身份认证
环球资源	内贸网	外贸平台	无	《世界经理人》	视频买家单独见面会	认证供应商
中国制造网	中文站	英文站	无	无	无	认证供应商
◎图表编制：中国B2B研究中心				◎官方网站：B2B.TOOCLE.COM		

图 2.7 中国 B2B 电子商务上市公司综合服务比较图

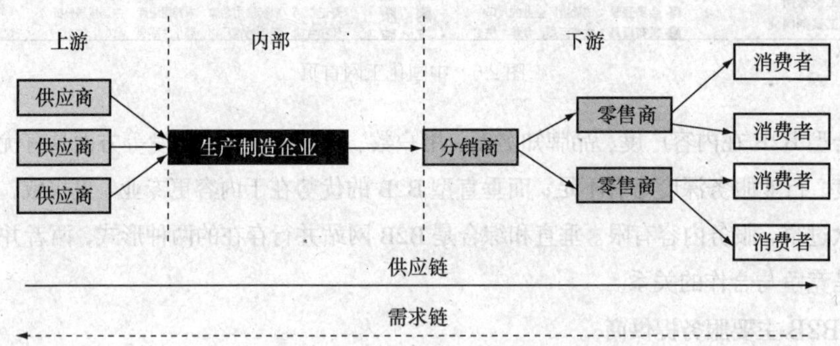

图 2.8　企业电子商务供应链示意图

（1）通过改善供应链管理，降低占企业营运成本 20%的供应链耗费，大大地提高了企业利润率。

（2）通过 Internet 为企业提供一周 7 天，一天 24 小时的无国界、无时限、低成本的信息渠道，增加了商业机会。

（3）有效地进行记录跟踪，改善了过程质量，减少了错误、处理时间、人力资源占用、非生产时间等。

（4）快速准确地处理订单，实现了安全库存和库存补充自动化，缩短了订货周期，提升了客户满意度。

（5）减少了通信、纸质邮件及文档、业务代表成本、传统广告投入等，降低了交易成本。

（6）信息准确、及时地获得、交易审计有效地跟踪有利于发现潜在市场、不断发现和改进降低成本的规律、改善信息管理、提高决策水平。

1996 年通用电器公司（GE）运行了公司第一个在线采购系统，交易从头到尾都是电子化处理，发货单自动与订购单匹配，采购流程所需的劳动力减少了30%，原材料成本下降了5%～20%，采购时间从原来的18～23天，减少到9～11天。可以看出，B2B电子商务在提高企业获益能力上具有巨大的潜力。

5. B2B电子商务一般交易流程

参加交易的买卖双方在做好交易前的准备之后，通常根据电子商务标准规定开展电子商务交易活动，电子商务标准规定的电子商务交易应遵循的基本程序如下。

（1）客户方向供货方提出商品报价请求，说明想购买的商品信息。

（2）供货方向客户方回答该商品的报价，说明该商品的报价信息。

（3）客户方向供货方提出商品定购单，说明初步确定购买的商品信息。

（4）供货方向客户方提供所提出的商品定购单的应答，说明有无此商品及规格、型号、品种、质量等信息。

（5）客户方根据应答提出是否对定购单有变更请求，说明最后确定购买商品信息。

（6）客户方向供货方提出商品运输说明，说明运输工具、交货地点等信息。

（7）供货方向客户方发出发货通知，说明运输公司、发货地点、运输设备、包装等信息。

（8）客户方向供货方发回收货通知，报告收货信息。

（9）交易双方收发汇款通知，买方发出汇款通知，卖方报告收款信息。

（10）供货方向客户方发送电子发票，买方收到商品，卖方收到贷款并出具电子发票，完成全部交易。

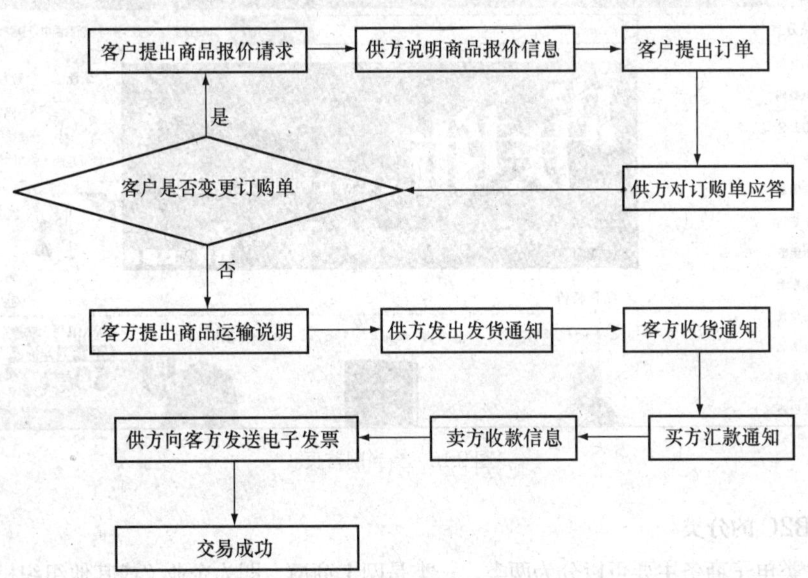

图2.9　B2B电子商务交易一般流程

2.3.2　B2C的电子商务交易模式

1. B2C的概念

B2C是人们最熟悉的一种电子商务类型，是企业通过Internet为消费者提供在网上购买商品并完成支付的运行模式。由于Internet提供了强大、直观、安全的交互式功能，这种交易模式大大节省了客户和企业双方的时间和空间，提高了交易效率，因而逐渐得到了人们的广泛认同。这种形式的电子商务一般以网络零售业为主，主要借助 Internet 开展在线销售活动，例如经营各种书籍、鲜花、计算机、通信用品等。按照为消费者提供的服务内容不同，B2C 模式的电子商务也可以分为电子经纪、网上直销、电子零售、远程教育、网上娱乐、网上预订、网上发行、网上金融等类型。由于 B2C 能够"直连"最终的消费者，势必成为整个电子商务中利润较为丰厚的一块。B2C 的一种变形是 C2B，这种模式采用消费者主动的方式，把各地有同样需求的消费者集中起来统一进行集体议价。C2B 模式的核心，是通过聚合为数庞大的用户形成一个强大的采购集团，以此来改变 B2C 模式中用户一对一出价的弱势地位，使之享受到以大批发商的价格买单件商品的利益。如 Mercata，Priceline 等均是其代表。Priceline 更是由传统的商家出价看哪个消费者肯买，改为消费者出价看哪个商家肯卖，提出"客户自己定价格"的独特商业模式，帮助消费者进行购买决策并满足需求，使客户可以对旅游项目、酒店、租车甚至是家庭金融服务报出价格，同时向卖主（航空公司、酒店等）询问是否有商家接受客户提出的报价，帮助生产者掌握产品销售状况，降低生产者为达成与消费者交易的成本费用。

目前典型的 B2C 模式如当当网上商城（www.dangdang.com），其首页如图 2.10 所示。

图 2.10　当当网首页

2．B2C 的分类

B2C 类电子商务主要可以分为两类。一类是网上商厦，即为企业（或其他组织机构）法人或法人委派的行为主体在互联网上独立注册开设网上商店，出售实物或提供服务给消费者的由第三方经营的电子商务平台，如淘宝的网上商城。另一类是网上商店，企业（或其他组织机构）法人或法人委派的行为主体在互联网上独立注册网站、开设网上商店，出售实物或提供服务给消费者的电子商务平台。典型的如当当网、戴尔电脑网站等。

3．B2C 的基本流程

B2C 电子商务模式实现的基本流程，如图 2.11 所示，消费者首先访问企业（或电子商务中介）的网站，浏览商品信息，发出订单，按网站提示向银行付款，网站前端处理后将订货信息送到企业监控室，同时付款窗口向银行发送付款信息，银行向消费者和企业确认后，企业通过网站通知消费者即将发货，企业通知配送站发货，配送站送货到消费者。

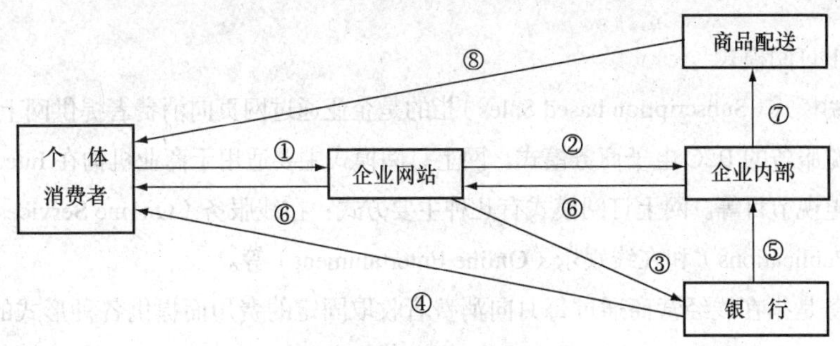

图 2.11　B2C 交易模式基本流程

4. B2C 的几种交易模式

（1）网上商店模式

消费者通过网上商店购买商品是 B2C 电子商务的典型应用之一。通过网上商店，消费者可以浏览、选购自己喜欢的商品，通过网上购物可以获得更多的商业信息，买到价格较低的商品，节省购物的时间，足不出户就可以通过“货比千家”来购买商品，安全地完成网上支付，享受网络的便捷性。对于企业，则可以通过网上商店将其所销售的商品销售出去，同时减少租用店面的开销，减少雇用大量销售人员的支出，同时可以实现零库存销售，极大地减少资金占用并降低风险。

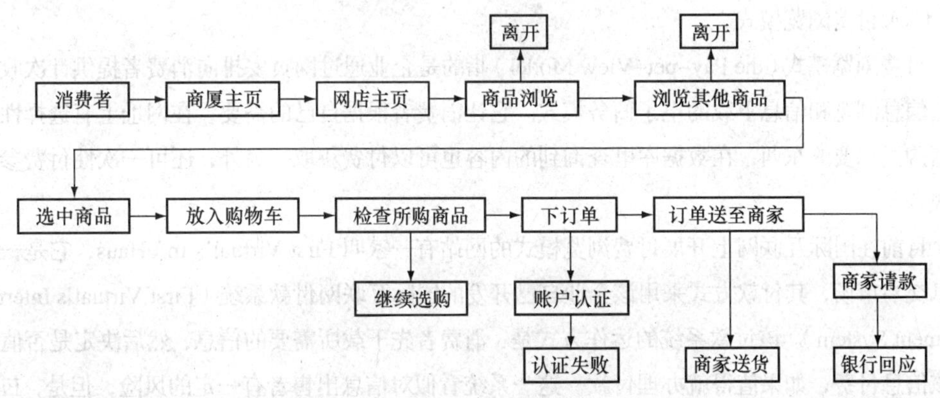

图 2.12　网上商店购物过程

一般而言，网上商店主要包含四个主要内容：商品目录（含商品搜索引擎）、购物车、付款台和后台管理系统等。商品目录（含商品搜索引擎）的作用在于使顾客通过最简单的方式找到所需要的商品，为消费者提供文字说明、图像、客户评价甚至包含音频、视频的多媒体材料，便于消费者将相近商品进行对比分析，做出购买决策。购物车则是用来衔接商店和消费者的工具，顾客可将其所需购买的商品放入购物车，也可将放入购物车中的商品取出（改变购买决定），直到最后付款确认。付款台是顾客网上购物的最后环节，消费者在付款台选择付款方式、输入其账号（信用卡号）和密码，即可完成付款。网上商店购物过程如图 2.12 所示，全过程均可在 Internet 上实现。不过支持网上商店正常运转还需要一套后台管理系统，后台管理系统用来处理顾客订单、组织货源、安排发货、监控库存、处理客户投诉、开展销售预测与分析等。后台管理系统是顾客看不见的部分、它一般由网上商店的管理人员来操作，为网上商店的正常运转提供支持。

（2）网上订阅模式

网上订阅模式（Subscription based Sales）指的是企业通过网页向消费者提供网上直接订阅、直接信息浏览服务的 B2C 电子商务模式。网上订阅模式主要适用于商业机构在 Internet 上销售报刊杂志和电视节目等。网上订阅模式有几种主要方式：在线服务（Online Services）、在线出版（Online Publications）和在线娱乐（Online Entertainment）等。

在线服务是指在线经营商通过每月向消费者收取固定的费用而提供各种形式的在线信息服务，例如，美国在线（AOL）和微软网络（Microsoft Network）等在线服务商都使用这种形式，让订阅者每月支付固定的订阅费以享受其所提供的各种信息服务。

在线出版指的是出版商通过 Internet 向消费者提供除传统出版物之外的电子出版物。在线出版商在网上发布电子刊物，实行免费与订阅结合，消费者可以通过订阅来下载该刊物所包含的信息以及订阅网上的专业数据库。比如我国的高校几乎都订阅了知网数据库，使学生和老师可以方便地查询各种科技文章和硕博论文集。目前我国各大传媒报业和杂志也正以优惠的价格逐步推广在线出版业务。

在线娱乐是无形产品和服务在线销售中令人瞩目的另一个领域。一些网站向消费者提供在线游戏，并收取一定的订阅费。目前这一领域成功的实例有不少，如现在比较流行的传奇游戏、联众、中国游戏在线等。

（3）付费浏览模式

付费浏览模式（the Pay-pet-View Model）指的是企业通过网页安排向消费者提供计次收费网上信息浏览和信息下载的电子商务模式。它让消费者根据自己的需要，在网址上有选择性地点击购买想要的东西，在数据库里查询到的内容也可以付费获取。另外，还可一次性付费参与游戏。

目前在国际互联网上开展付费浏览模式的网站有一家叫 First Virtual’s InfoHaus，它是一家信息交易市场，其付款方式采用该企业自己开发的国际互联网付款系统（First Virtual’s Internet Payment System）。该付款系统的运作方式是：消费者先下载所需要的信息，然后决定是否值得对该信息付费，如果值得就办理付款。这一系统看似对信息出售者有一定的风险，但是，First Virtual 公司在交易说明中指出，信息出售者几乎没有多大的损失，因为重新制作该信息的成本几乎接近于零。另外，公司的内部控制系统还可以对那经常下载信息而不付账的消费者自动关闭账户。

（4）广告支持模式

广告支持模式（Advertising-supported Mode）是指在线服务商免费向消费者或用户提供在线信息服务，而全部营业活动由广告收入来支持。例如，Yahoo 和 Lycos 等在线搜索服务网站就是依靠广告收入来维持经营活动的，新浪（Sina）和搜狐（Sohu）在某种程度上也是依靠广告收入来支持运作的。很多企业愿意在门户网站上设置广告，特别是设置旗帜广告（Banners），有兴趣的上网者点击旗帜广告就可直接到达广告企业的网站，了解更多、更详细的内容。对于采用广告支持模式在线服务商来说，提高点击率是吸引企业投放广告的关键。

（5）网上赠与模式

网上赠与模式是一种非传统的商业运作模式、它是指企业借助于 Internet 的全球广泛性优势，向 Internet 上的用户赠送软件产品，扩大知名度和市场份额。企业通过让消费者使用其产品，从而让消费者下载一个新版本的软件或购买另外一个相关的软件，从而实现收益。

由于赠送的是无形的计算机软件产品，用户可以通过网络传输自行下载，无需配送等服务，因而企业投入较低。只要软件确有其实用特点，很快就会得到消费者的接受。这种电子商务模式一般用于软件公司和出版商。

5．B2C 主要服务提供商

我国 B2C 市场与 C2C 市场同时起步，但发展速度却远落后于 C2C 市场，C2C 市场整体呈现不断攀升态势。从 B2C 市场份额来看，相比市场高度集中的 C2C 市场格局，B2C 市场的市场份额呈现区域分散、所占比率不高的局面，而且并没有出现一家独大的格局，如图 2.13 所示。

中国代表性B2C电子商务公司综合服务比较图

涉及主要领域	B2C厂商	成立时间	有无自建物流	售后服务	有无开展线下业务	用户规模对比	市场份额对比
百货类	当当网	1999.11	无	邮件/短信服务、“假一赔一”、“差价返还”	无	↑	↑
	卓越亚马逊	2000.5	有	邮件/短信服务、退换货服务	无	→	→
家电3C类	新蛋（中国）	2001	有	“保修条款”、“蛋保包”延保服务、价格保护政策	无	↑	↑
	京东商城	2004.1	有	退换货政策、价格保护政策	无	→	→
旅游类	携程网	1999.10	无	一条龙跟踪服务	电话销售	→	→
	芒果网	2006.3	无	一条龙跟踪服务	电话销售	↑	↑
服装类	凡客诚品	2007.10	有	退换货政策	无	→	→
	麦网	2001年初	无	“10天无条件退换货”	目录销售、店铺销售	↑	↑
母婴类	红孩子	2004.3	有	退换货原则	目录销售	→	→
	乐友网	2000.1	无	退换货原则	目录销售、店铺销售	↑	↑
钻石类	钻石小鸟	2002.7	无	“VIP会员专享售后服务”、“15天退换货”	店铺销售	→	→
	珂兰钻石	2007.8	无	“以旧换新服务”、“自行上门服务”、“7日无条件退换货”	无	↑	↑

（注：“↑”表明呈现快速增长势态；“→”表明稳健增长势态。）

◎图表编制：中国B2B研究中心　　◎官方网站：B2B.TOOCLE.COM

图 2.13　中国 B2C 电子商务公司综合服务比较图

2.3.3 C2C 的电子商务交易模式

1. C2C 的概念

C2C 是消费者个人对消费者个人的电子商务模式。这种模式的思想来源于传统的跳蚤市场，以 1995 年 eBay 成立为标志。C2C 交易平台上交易产品丰富、范围广并且以个人消费品为主。目前 C2C 电子商务企业采用的运作模式是通过为买卖双方搭建拍卖平台，按比例收取交易费用，或者提供平台方便个人在上面开店铺，以会员制的方式收费。

以卖方为主的消费者对消费者的电子商务模式是一种由出售商品的个人在网上发布消息，由多个买者竞价，或与买者讨价还价，最终成交的模式。这种模式的代表有淘宝、拍拍等拍卖网站，拍卖的物品种类包括计算机软硬件、家电、图书影视等多达数十种。以买方为主的消费者对消费者的电子商务模式是一种由想购买商品的个人在网上发布求购信息，由多个卖者竞卖，或与买者讨价还价，最终达成交易的电子商务模式。这种模式的代表有商贸港（trade.21cn.com）等拍卖网站，在这类网站中，二手商品的求购者与欲出售相同二手商品者进行洽谈、交易。

图 2.14 淘宝网首页

2. C2C 在线交易流程

这里以淘宝为例来说明 C2C 交易流程大致如下：卖方首先发布拍卖商品的信息到 C2C 交易网站，确定起拍价格和竞价幅度、截止日期等信息；交易者登录网站注册，查询商品信息，参与网上竞价过程；双方成交，买方付款到交易平台，交易平台通知卖方发货，买方收货后交易平台将货款转给卖方，交易完成。

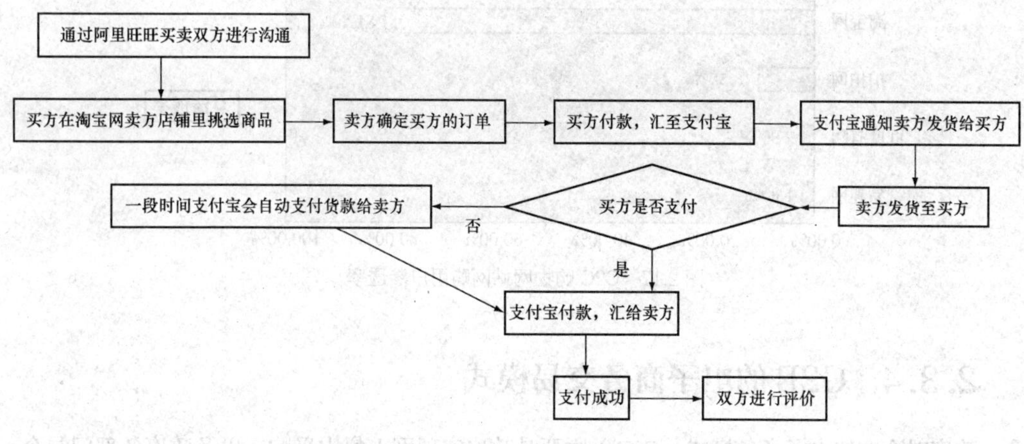

图 2.15　C2C 在线交易流程

3. C2C 主要服务提供商

C2C 是个人与个人之间的交易，其特点就是大众化交易。国内电子商务 C2C 领域在十二年的风起云变中已初步形成了“一强独大、四足鼎立”的市场格局，这与 B2B 领域的格局十分相似。

C2C 市场主要提供商比较。

中国C2C市场主要服务商比较图

服务商	是否盈利	开店认证	支付工具	信用体系	沟通工具	物流	售后服务	社区	投资方
淘宝	否	需要	支付宝	卖家信用 买家信用 卖家好评 买家好评	旺旺	第三方物流	先行赔付 7天无理由退换货	有	阿里巴巴集团
Ebay易趣	否	需要	安付通	总信用度 总好评度	易趣通	第三方物流	先行赔付 7天包退 15天包换	有	美国Ebay
拍拍	否	需要	财付通	卖家信用 买家信用	QQ	第三方物流	7天包退 14天包赔	有	腾讯
有啊	否	需要	百付宝	卖家满意度	百度hi	第三方物流	7天无条件退换货	有	百度

◎图表编制：中国B2B研究中心　　◎官方网站：B2B.TOOCLE.COM

图 2.16　C2C 主要服务提供商

目前，我国主要 C2C 购物网站市场格局处于淘宝网一家独大的局面。各网站的用户差异较为明显。除淘宝网外，大多数网站的品牌认知度和转化率还不高。淘宝网的渗透率高达 81.5%，远高于其他 C2C 网站。百度有啊凭借百度在市场上的优势地位，用户群在慢慢扩大，目前在网民中的使用率已经达到 2%。

图 2.17 为 C2C 购物网站网购用户渗透率。

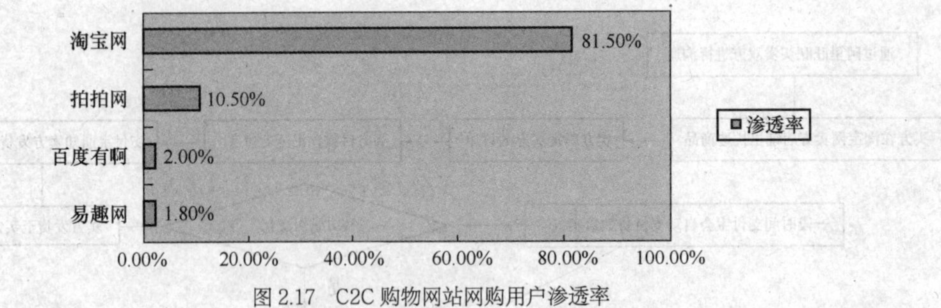

图 2.17 C2C 购物网站网购用户渗透率

2.3.4 G2B 的电子商务交易模式

政府对企业的电子商务模式（G2B）主要是政府实现网上集中采购，以及政府各部门与企业之间通过 Internet 进行的商务管理活动。例如，政府将采购的信息在 Internet 上公布，通过网上竞价方式进行招标，企业以电子商务的方式通过 Internet 进行投标。由于活动在网上完成，因此企业能随时随地了解政府的动态，减少中间环节的时间延误和费用，提高政府办公的公开性和透明性。目前这种方式在我国还处于初期的实验阶段，但今后会发展得很快，通过这种方式，有助于引导生产和流通企业积极采用电子商务模式开展贸易。政府采购应遵循公开、竞争和公平三大原则。WTO 的《政府采购协议》要求成员方要公开政府采购市场，促进政府采购市场的全球化和贸易的自由化。发达国家政府采购已达到 GDP 的 5%～15%。政府还可以通过这种模式实施对企业的行政事务管理，如通过电子商务方式外贸部发放进出口配额许可证，国税局进行增值税发票稽核，国家技术监督局进行网上防伪打假；企业可以通过网络办理电子报税、电子报关、查询其他企业数据等。我国的 G2B 类电子商务网站如中国政府采购网（见图 2.18）、中国电子口岸网站、国家税务总局等。

图 2.18 中国政府采购网首页

G2B 在网上进行采购招标，通过网上招标、网上评标等公开透明的环节来实现政府集中采购计划。具体过程如图 2.19 所示。

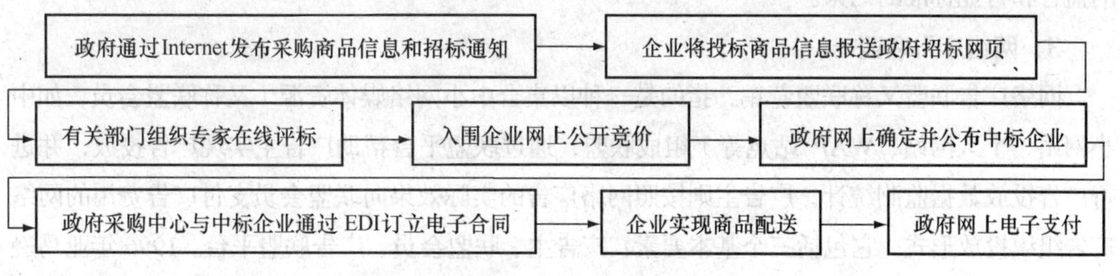

图 2.19　政府网上集中采购流程图

2.3.5　新兴电子商务模式

1. ASP/SaaS 模式

随着互联网的发展，ASP/SaaS 模式应用逐渐广泛，企业把 IT 应用托管到应用托管商，“软件部署为托管服务，通过网络存取”，运营模式包括“软件所有权属于托管商，托管商来负责基础设施和软件维护升级工作”，服务方式是“客户按一定的付费周期来租赁供应商的服务”。

ASP（Application Service Provider，应用服务供应商）作为一种 B2B 模式，是指在共同签署的外包协议或合同的基础上，企业客户将其部分或全部与业务流程相关的应用委托给服务提供商，由服务商通过网络管理和交付服务保证质量的商业运作模式。如应用服务供应商通过 Internet 提供给企业所需要的各种管理应用系统，以及 E-mail、Intranet、Extranet 等。企业只需要通过电脑终端，通过 Internet 登录 ASP 的服务网站，即可使用各种软件和资源，存取各种资料数据。

SaaS（Software as a service，软件即服务），是目前一种新型软件服务形式，它从 ASP 模式演变而来，ASP 和 SaaS 的重点都是“软件部署为托管服务，通过因特网存取”，但 SaaS 更强调应用的可定制性，能适合更广泛的企业用户。另外，SaaS 应用更拓展了 ASP 的应用范围，并不仅仅局限于应用系统的托管，而更着眼于提供更多的互联网服务，Google Apps、Google Map 等都可以认为是 SaaS 应用的一种表现形式，为企业提供了更多可供选择的互联网服务。同时，SaaS 关注于应用的敏捷性和多服务的整合提供，向最终用户提供了一个“可编程”的应用托管平台，企业能更“柔性”地搭建自己的应用，还承载和整合了多种互联网服务，集约地提供给企业用户，与敏捷的应用互相辉映。

2. 团购模式

团购网站就是将新形态、互联网、电子商务融为一体的新模式，团购网站的商业模式为 B2C 团购模式，即为一个团队向商家采购，这一概念最早源起于 GroupOn 网站，目前团购形式大概有三种：自发团购、职业团购和销售商自己组织的团购。通常情况下，团购会设置时间和数量限制，产品价格多低于市场价，而且产品质量可以得到保证，商家通过团购，可以迅速大幅度提高销量，易形成高忠诚购买群，减少流通渠道，可以有效降低营销成本。国内目前较大规模的团购网站有拉手网、58 团购、美团网、窝窝团等。中国的团购网作为一种新兴事物，尚处于探索阶段，负面问题不断涌现，目前团购网站大多都采用直接到账的付款方式，第三方平台陷入信任危机，但随着团购规模越来越大，团购网站得到进一步发展时，必然得到相关监管部门的监管和行业标准的约束。

3．网络广告联盟

网络广告联盟又称联盟营销，指的是一种以集合中小网络媒体资源（又称联盟会员，如中小网站、个人网站、WAP 站点等）组成联盟，通过联盟平台帮助广告主实现广告投放，并进行广告投放数据监测统计，广告主则按照网络广告的实际效果向联盟会员支付广告费用的网络广告组织投放形式。它包括三个基本要素：广告主、联盟会员、广告联盟平台。1996 年亚马逊通过这种新方式，为数以万计的网站提供了额外的收入来源，且成为网络 SOHO 族的主要生存方式。目前在中国信誉和实力比较好的广告联盟有百度广告联盟、Google 广告联盟、阿里妈妈联盟等。

根据广告联盟广告主与联盟平台的关系，网络广告联盟可分为：自建型广告联盟、综合型广告联盟；根据网络广告联盟的广告媒体形式，网络广告联盟可分为：互联网平台广告联盟、WAP 广告联盟；根据网络广告联盟的平台性质，网络广告联盟可分为：搜索竞价联盟、电子商务网络广告联盟、综合网络广告联盟。

4．移动电子商务

移动电子商务是指通过无线通信网络进行数据传输，利用手机、个人数字助理（PDA）和掌上电脑等手持移动终端进行的商务活动。其商务活动主要以借助移动通信技术，使用移动终端为特征，是电子商务的衍生物。

移动电子商务作为新兴的商务活动模式，将先进的移动通信工具和无线上网技术应用到传统的商务交易活动中。它真正实现了以客户为中心，以现代无线通信网络为手段，以更高效、更方便及更低廉的成本完成了传统商务模式下的一系列交易活动。

与传统的电子商务相比，移动电子商务的最大特点是“随时随地”和“个性化”。传统电子商务已经使人们感受到了网络所带来的便利和乐趣，但它的局限在于台式电脑携带不便，而移动电子商务则可以弥补传统电子商务的这种缺憾，可以让人们随时随地购买彩票、炒股或者购物，感受独特的商务体验。这种商业模型涉及移动网络运营商、网络设备提供商、移动终端提供商、内容提供商等。这些参与者以移动用户为中心，以移动网络运营商为主导，在一定的政府管制政策限定下，开展各种活动，以实现自己的商业价值。

2.3.6　电子商务的实现方式

电子商务的实现方式有基于电信增值网的 EDI 方式、基于 Internet 的方式和基于 Internet 的 EDI 方式等三种方式。

1．基于电信增值网的 EDI 方式

EDI 是指按照协议，对具有一定结构的信息，通过数据通信网络，在贸易伙伴的计算机系统之间进行交换和处理。

传统的 EDI 是在专用网络上实现的，这类专用网络称为增值网（VAN），这样做的目的主要是考虑到安全问题。由于不同企业的信息格式不同，需要以统一的 EDI 标准格式文件作为信息交换的中间媒介。目前国际间统一的 EDI 标准是联合国主持制订的 UN/EDIFACT（UN/EDI For Administration，Commerce And Transportation）。EDI 有一套专门的软件，主要用于将用户应用系统中的信息翻译成 EDI 标准格式，并通过专用通信协议进行传输与交换。基于电信增值网的 EDI 方式由于使用的是专网，因此安全性较高，但需要高额费用，因而成为大企业、大银行及其大的合作伙伴之间的专利。

2．基于 Internet 的方式

基于互联网的电子商务是指利用连通全球的 Internet 网络开展的电子商务活动。在 Internet 上，人们可以进行各种形式的电子商务业务，所涉及的领域广泛，诸如在线产品发布、在线订货、物流管理等，全世界的企业和个人都可以参与。基于互联网的电子商务具有交易主体庞大，交易范围广泛，交易过程完整等特点，不受地域限制，在理论上既是一个全球市场，也是一个地域市场，还可以是一个行业市场。

3．基于 Internet 的 EDI 方式

由于增值网的安装和运行费用较高，许多中小型公司难以承受，他们大都使用传真和电话进行贸易往来。即便使用 EDI 的大公司也不能完全做到节省费用，因为他们的许多贸易伙伴并没有运用 EDI。成本因素限制了 EDI 方式电子商务应用范围的扩大，而因特网的发展则提供了一个费用更低、覆盖面更广且服务更好的系统，即使最小的家庭、公司和个人都能使用电子商务。

随着安全性的逐步提高，因特网已表现出逐渐取代增值网而成为 EDI 网络平台的趋势。WebEDI 方式就是其中最为流行的一种。它将万维网和电子数据交换技术相结合，提供了一种全新的电子商务方式——WebEDI。

WebEDI 是基于 Web 的 EDI 实现方式，它使用 Web 作为 EDI 单证的接口，参与者可以作为 EDI 用户，确定相应的 EDI 标准，在 Web 上发布表单，供中小客户登录到 Web 站点后选择并填写。提交填写结果后，由服务器端网关程序转换为 EDI 报文，并进行通常的 EDI 单证处理。为了保证单证从 Web 站点返回参与者，单证还能转换成 E-mail 或 Web 表单的形式。由于综合了 Web 和 EDI 二者的优点，使得 WebEDI 系统具有巨大的经济效益和社会效益。

目前各种网络支付手段的建立和完善使得基于 Internet 的 EDI 方式得到普及，大、中、小企业纷纷进入这一领域。Internet 覆盖范围广泛，入网方式灵活多样，收费较低，带宽高，而 EDI 所特有的安全控制机制，使 Internet 上的电子商务用户解决了安全保密和交付确认等问题，EDI 成熟的标准化工作，弥补了 Internet 难以统一管理、缺乏标准的不足。基于 Internet 的 EDI 方式成为 B2B 实现方式的主流。

案例

阿里巴巴——全球最大的 B2B 网站

阿里巴巴网络有限公司创建于 1999 年，总部位于杭州，在中国 30 多个城市设有销售中心，另外，在欧洲及美国均设有办事处。阿里巴巴是全球领先的B2B电子商务公司，为广大中小企业提供网上交易市场，其下属国际贸易网站为www.alibaba.com，主要经营全球进出口贸易，中文网站为www.alibaba.com.cn，如图2.20所示。

截至2007年12月31日，阿里巴巴拥有超过5200名全职员工，中英文网上交易市场拥有近3000万名注册用户，遍及240多个国家及地区，其中付费会员超过25.5万名，是目前全球最大的商务交流社区和网上交易市场。阿里巴巴的用户主要分为“诚信通”会员和“中国供应商”会员两种，前者主要针对国内贸易会员，后者主要针对出口型企业，阿里巴巴主要通过收取会员会费向中小企业提供行业信息、供求状况以及支付、安全、流程处理等与贸易相关的支持服务，企业通过阿里巴巴网站进行自由供需对接，达成企业间的合作与贸易，阿里巴巴作为第三方平台不介入会员与企业间的交易行为。

图2.20 阿里巴巴中文网站首页

阿里巴巴两次被哈佛大学商学院选为MBA案例，在美国学术界掀起研究热潮，四次被美国权威财经杂志《福布斯》选为全球最佳B2B站点之一，多次被相关机构评为全球最受欢迎的B2B网站、中国商务类优秀网站、中国百家优秀网站、中国最佳贸易网，被国内外媒体、硅谷和国外风险投资家誉为与Yahoo、Amazon、eBay、AOL比肩的五大互联网商务流派代表之一。在全球著名的检测权威网站Alexa针对全球商务及贸易类网站进行的排名调查中，阿里巴巴网站排名首位。

“倾听客户的声音，满足客户的需求”是阿里巴巴生存与发展的根基，调查显示，阿里巴巴的网上会员近五成是通过口碑相传得知阿里巴巴并使用阿里巴巴，各行业会员通过阿里巴巴商务平台达成合作的比率占总会员比率的近五成。

本章小结

电子商务的任何一笔交易，都包含四种基本的“流”，即商流、物流、资金流和信息流。商流是商品在购、销之间进行交易和所有权转移的运动过程；物流主要是指商品和服务的配送和传输渠道；资金流主要是指资金的转移过程，包括付款、转账、兑换等过程；信息流是商品信息、促销营销、技术支持、售后服务等内容。电子商务系统由采购者、供应者、支付中心、认证中心、物流中心、电子商务服务商等组成。电子商务运作的微观环境是电子商务的应用基础，包括多个层次，分别从网络通信、信息发布、信息传送和商业服务等方面为电子商务的运作提供技术手段上的支持；其宏观环境则一般是由政府部门、行业组织等制定的相关法律、法规和各种技术规范及标准。

按照交易对象和实质内容的不同，电子商务交易模式有企业对企业（B2B），企业对消费者（B2C），政府对企业（G2B），及消费者对消费者（C2C）等多种模式。B2B 即企业对企业的电子商务模式，是企业之间通过专用网络或 Internet 进行数据传递，开展商务活动的运行模式。B2B 根据其领域的不同可分为水平型 B2B 模式和垂直型 B2B 模式。B2B 电子商务有基于电信增值网的 EDI 方式、基于 Internet 的方式和基于 Internet 的 EDI 方式等三种方式。B2C 是人们最熟悉的一种电子商务类型，是企业通过 Internet 为消费者提供在网上购买商品并完成支付的运行模式。B2C 的交易模式主要为网上商店模式、网上订阅模式、付费浏览模式、广告支持模式、网上赠与模式。政府对企业的电子商务模式（G2B）主要是政府实现网上集中采购，以及政府各部门与企业之间通过 Internet 进行的商务管理的活动。G2B 有助于政府采购遵循公开、竞争和公平的三大原则。ASP 模式基于 Internet 服务外包的应用服务商，通过 Internet 为企业提供所需要的应用软件服务。

习题

一、填空题

1. 电子商务系统的主要参与者包括_____、______、_____、_____、______、_____。
2. 电子商务运作框架的两大支撑框架是______和 ______。
3. 常见的 B2C 交易模式有_______、_______、_______、_______、_______。

二、简答题

1. 简述电子商务活动中“四流”的基本含义。
2. 电子商务运作框架中商业服务的基础设施包括哪些内容?
3. 简述 B2B 电子商务交易模式的特点。
4. 试比较水平型 B2B 和垂直型 B2B。

三、案例分析题

1. B2B 运营模式体验

请从阿里巴巴、中国制造网、慧聪网三个网站中选择任意一个进行体验，并完成以下任务。

（1）确定体验对象

（2）分析体验对象网站所注册的企业在供应链中的关系

A. 垂直关系　　B. 水平关系　　C. 两者兼有

（3）分析体验对象网站的类型

A. 垂直型 B2B　　B. 一般 B2B

（4）分析体验对象网站在供求双方之间扮演的角色

A. 供求商机信息服务　　B. 行业资讯服务　　C. 招商加盟服务

D. 项目外包服务　　E. 在线交易服务　　F. 技术社区服务

2. 体验 B2C 信息流模式

以京东商城（www.360buy.com）为例。

（1）摘录体验对象的信息渠道，如即时通讯工具、呼叫中心、投诉中心、邮件等。

（2）摘录体验对象的一级商品分类以及在线订单操作流程。

建议注册为网站会员，通过网站地图、客服中心等了解网站结构和各个部分内容，可尝试通过在线客服解答疑问。

第3章　电子商务的技术基础

本章概要

- 计算机网络技术
- Internet 技术
- Web 技术
- 电子数据交换（EDI）技术
- 电子商务网站建设

案例

浙江一家制袜厂的李老板刚刚接触电子商务。他听其他同行说，网上有不少生意机会，于是准备也学着在网络上做生意。不过，问题接踵而至。配备了计算机、网络，李老板希望在员工中找一个有电子商务经验的人才，却发现，没有一个员工有类似经验。好不容易招聘来了新的员工，企业又因为缺乏网络交易信用，被很多买方拒之门外。做成了生意，李老板又开始担心能不能及时把货款收回来。

从上述案例中我们认识到电子商务与相关技术是密不可分的，很多企业看好电子商务前景，但是又由于对相关技术不够了解而担心给企业带来不利。而电子商务正是在现代信息技术不断发展和应用的过程中产生和发展起来的。电子商务运作的各个环节都需要有足够强劲的信息技术的支撑，同时随着电子商务需求的发展和新的业务模式（Business Model）的产生，又需要电子商务实现技术的不断突破和发展。电子商务的技术范围涉及比较广，包括通信技术和网络技术、数据库技术、Web 技术等。

本章主要介绍电子商务的基础技术和电子商务网站的建设及发布，其中基础技术主要包括网络技术和通信技术、基于 Web 的电子商务开发技术、数据库技术、电子数据交换（EDI）技术等。

3.1　计算机网络技术

本节首先介绍了计算机网络的概念，其次介绍了计算机网络的分类，包括局域网、广域网以及城域网的相关技术，最后介绍了计算机网络的通信协议，包括网络分层体系结构、OSI 参考模型和 TCP/IP。

3.1.1 计算机网络的概念

计算机网络，是指将地理位置不同的具有独立功能的多台计算机及其外部设备，通过通信线路连接起来，在网络操作系统、网络管理软件及网络通信协议的管理和协调下，实现资源共享和信息传递的计算机系统。图 3.1 为计算机网络示意图。

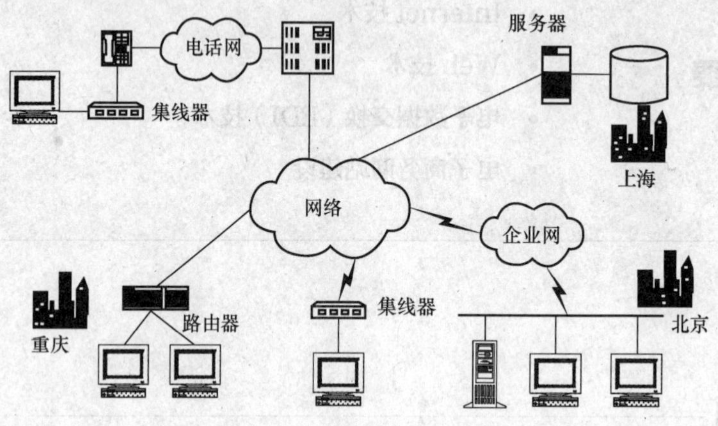

图 3.1 计算机网络示意图

对计算机网络的定义，可以理解为以下三个方面。

- 连网的计算机是可以独立运行的，与早期的多终端计算机系统有根本的区别。
- 计算机之间通过通信线路实现信息交换，这里的通信线路可以是近距离的，也可以是远程的，既可以是电缆、光纤等“有线”介质，也可以是红外线、无线电、激光或通信卫星等“无线”介质。
- 连网的目的是实现资源共享，包括硬件资源、软件资源和信息的共享。

3.1.2 计算机网络的分类

通常我们按照分布区域的大小，将计算机网络分为局域网，广域网和城域网，见表 3.1，局域网的规模相对较小，通信线路短，覆盖地域的直径一般为几百米至几千米。城域网是指覆盖一个城市范围的计算机网络，广域网则是指更大范围的网络，通常覆盖一个国家或地区，甚至整个地球。

1．局域网

局域网（LAN，Local Area Network）是指在某一区域内由多台计算机互联成的计算机组。“某一区域”指的是同一办公室、同一建筑物、同一公司和同一学校等，一般是方圆几千米以内。局域网可以实现文件管理、应用软件共享、打印机共享、扫描仪共享、工作组内的日程安排、电子邮件和传真通信服务等功能。局域网是封闭型的，可以由办公室内的两台计算机组成，也可以由一个公司内的上千台计算机组成。

2．城域网

城域网（MAN，Metropolitan Area Network），现在多指是宽带城域网，就是在城市范围内，以IP和ATM电信技术为基础，以光纤作为传输媒介，集数据、语音、视频服务于一体的高带宽、多功能、多业务接入的多媒体通信网络。它能够满足政府机构、金融保险、大中小学校、公司企业等单位对高速率、高质量数据通信业务日益旺盛的需求，特别是快速发展起来的互联网用户群对宽带高速上网的需求。

3．广域网

广域网（WAN，Wide Area Network）也称远程网，通常跨接很大的物理范围，所覆盖的范围从几十公里到几千公里，它能连接多个城市或国家，或横跨几个洲并能提供远距离通信，形成国际性的远程网络。广域网的通信子网主要使用分组交换技术。广域网的通信子网可以利用公用分组交换网、卫星通信网和无线分组交换网，它将分布在不同地区的局域网或计算机系统互连起来，达到资源共享的目的。其子网可以是局域网，也可以是小型的广域网。

表3.1 计算机网络分类

	范围	传输技术	拓扑结构
局域网（LAN）	小，<20km	基带，10～1000Mbit/s，延迟低，出错率低	总线、环
城域网（MAN）	中等，<100km	宽带/基带	总线
广域网（WAN）	大，>100km	宽带，延迟大，出错率高	不规则，点到点

3.1.3 计算机网络通信协议

OSI参考模型和TCP/IP是目前广泛使用的国际标准的通信协议模型，下面我们分别介绍。

1．开放系统互连（Open System Interconnection，OSI）参考模型简介

由于世界各大型计算机厂商推出各自的网络体系结构，因而国际标准化组织（ISO）于1978年提出“开放系统互连参考模型”，即著名的OSI模型，它将计算机网络体系结构的通信协议从下到上规定为物理层、数据链路层、网络层、传输层、会话层、表示层、应用层共七层（见图3.2）。在OSI模型中，下一层为上一层提供服务，而各层内部的工作与相邻层是无关的。OSI模型通过多年的发展和推进，目前已成为各种计算机网络结构的统一标准。

（1）物理层

物理层是OSI参考模型的最低层，它通过传输介质发送和接收二进制比特流，为数据链路层提供物理连接。该层定义了物理链路的建立、维护和拆除有关的机械、电气、功能和规程特性，包括信号线的功能、“0”和“1”信号的电平表示、数据传输速率、物理连接器规格及其相关的属性等。

（2）数据链路层

数据链路层通过校验、确认、反馈重发和流量控制等手段，将两个相邻结点之间不可靠的物理链路转换成对网络层来说无差错的数据链路。该层传送的数据帧中包含物理地址（MAC地址）、控制码、数据及校验码等信息。

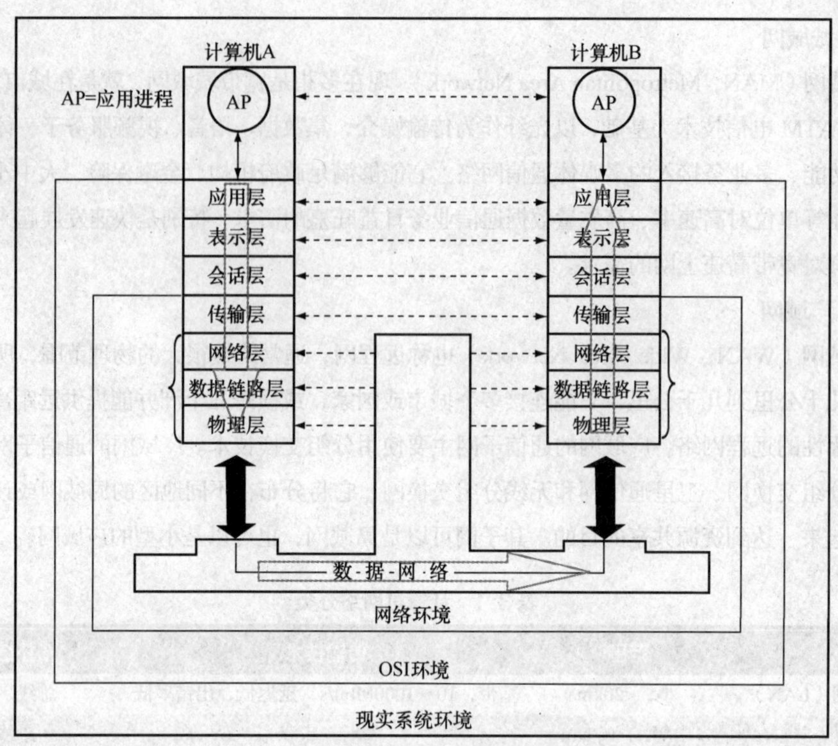

图 3.2 OSI 参考模型总体结构

（3）网络层

网络层通过路径选择算法（路由）将数据包送到目的地，同时进行拥塞控制和解决网际互连的问题，为传输层提供服务。该层传送的分组中包含节点 IP 地址和数据链路层的数据帧。

（4）传输层

传输层提供端到端的可靠和透明的数据传输服务，包括处理差错控制和流量控制等。该层向高层屏蔽了下层数据通信的细节，使高层用户看到的只是在两个传输实体间的一条主机到主机的、可由用户控制和设定的、可靠的数据通路。传输层传送的协议数据单元称为报文。

（5）会话层

会话层主要功能是管理和协调不同主机上各种进程之间的通信（对话），即负责建立、管理和终止应用程序之间的会话。会话层得名的原因是它很类似于两个实体间的会话概念。例如，一个交互的用户会话以登录到计算机开始，以注销结束。

（6）表示层

表示层可提供标准的表示形式，将计算机内部的多种数据表示格式转换成网络通信中统一的标准表示形式。数据压缩和加密也是表示层可提供的转换功能之一。

（7）应用层

应用层是 OSI 参考模型的最高层，是用户与网络的接口。该层通过应用程序来完成网络用户的应用需求，如文件传输、收发电子邮件等。

2．TCP/IP

传输控制协议/网络协议（Transportation Control Protocol/Internet Protocol，TCP/IP）是网

际互联的通信协议，目的是使不同厂家生产的计算机能在各种网络环境下通信。TCP/IP 是当今最完整、最被普遍接受的通信协议簇，其中包含了 100 多个通信标准，用来规范各计算机之间如何通信、网络如何连接等操作。TCP 是传输控制协议，规定一种可靠的数据信息传递服务。IP 又称互联网协议，是支持网间互联的数据报协议。它提供网间连接的完善功能，包括 IP 数据报规定互连网络范围内的地址格式。TCP/IP 与低层的数据链路层和物理层无关，这也是 TCP/IP 的重要特点。正因为如此，它能广泛地支持由低两层协议构成的物理网络结构。目前已使用 TCP/IP 连接成洲际网、全国网与跨地区网。TCP/IP 参考模型为 4 层结构，如图 3.3 所示。

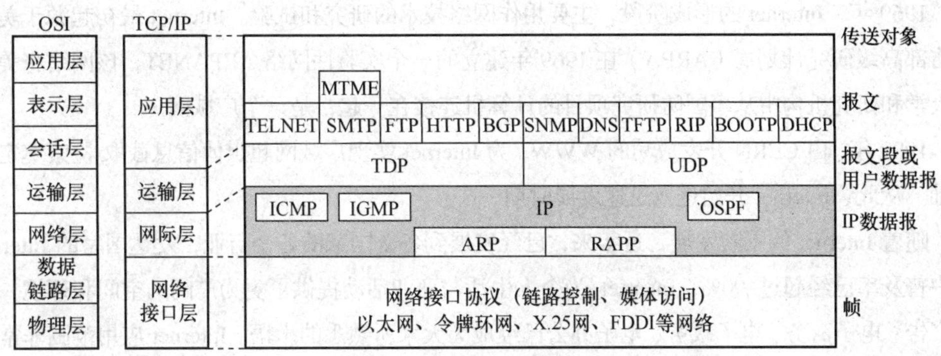

图 3.3　TCP/IP 的结构与协议

网络接口层：负责通过网络发送和接收 IP 数据报。允许主机连入网络时使用多种协议，如局域网的 Ethernet、令牌网、分组交换网的 X.25、帧中继、ATM 协议等。

网际层：负责处理互连的路由选择、流控与拥塞问题。常用协议如网际协议（IP）、地址解析协议（ARP）、逆向地址解析协议（RARP）。IP 协议是无连接的、提供“尽力而为”服务的网络层协议。

传输层：主要功能是在互联网中源主机与目的主机的对等实体间建立用于会话的端—端连接。常用协议有传输控制协议（TCP）、用户数据报协议（UDP），TCP 是一种可靠的面向连接协议，UDP 是一种不可靠的无连接协议。

应用层：应用程序间沟通的层，常用协议如简单电子邮件传输（SMTP）、文件传输协议（FTP）、网络远程访问协议（Telnet）、超文本传输协议（HTTP）、网域名称系统（DNS）等。

3.2 Internet 技术基础

随着计算机技术的迅猛发展，计算机应用逐渐渗透到各个领域。社会经济信息化、数据的分布处理、各种计算机资源的共享等各种应用需求推动着计算机技术朝着群体化方向发展，促使当代的计算机技术与通信技术紧密结合。计算机网络萌芽于 20 世纪 60 年代，到 80 年代逐步发展和完善，90 年代中期以后，随着国际互联网的兴起，计算机网络应用得到了长足发展，取得了瞩目的成就。

3.2.1 Internet 的概述

1. Intenet 的产生与发展

因特网（Internet）是目前世界上最大的计算机网络，几乎覆盖了整个世界。该网络组建的最初目的是为研究部门和大学服务，便于研究人员及学者探讨学术方面的问题，进入 20 世纪 90 年代，因特网向社会开放，利用该网络开展商贸活动成为热门话题，大量人力和财力的投入，使得因特网得到迅速发展，成为企业生产、制造、销售、服务、人们日常工作、学习、娱乐等生活中不可缺少的一部分。

1969 年，Internet 的形成阶段，主要用作网络技术的研究和试验。Internet 最初起源于美国国防部高级研究计划局（ARPA）在 1969 年建立的一个实验性网络 ARPANET，该网络将美国的大学和研究机构中从事国防研究项目的计算机连接在一起，是一个广域网。

1989 年，由 CERN 开发成功的 WWW，为 Internet 实现广域网超媒体信息截取/检索奠定了基础。从此，Internet 开始进入迅速发展时期。

随着 Internet 的不断发展，近年来，已经发展到各个国家的各个行业，发达国家的 Internet 用户普及率已经超过 90%，Internet 为个人生活与商业活动提供了更为广阔的空间和环境。网络广告、电子商务、电子政务、电子办公已经成为大家所熟悉的术语。Internet 应用范围非常广泛，从国防军事、教育科研到金融贸易，从远程教育到远程医疗，从政府办公到日常事务，到处都与 Internet 紧密相连。

2. Internet 的特点

互联网是一个知识、信息的海洋，存储着人们所需要的各种信息资源，同时互联网有使用方便、通信快捷、价格低廉、功能齐备、服务灵活等优点，这使得互联网在短时间内有较大的发展。

（1）全球信息传播

环球通信是互联网的一个最基本的特点，互联网是全球信息传播覆盖范围最大的传播方式。

（2）检索方便、快捷

与一般媒体相比，互联网上的信息检索更为方便、快捷，信息更新更快，传输也更为迅速。通过一般门户网站的搜索引擎，可以很快查询到与某个或几个关键字相关的所有信息。

（3）多媒体信息通信

互联网已经把网络通信和多媒体技术融为一体，实现了文本、声音、图像、动画、电影等信息的传输和应用。这些技术的应用为互联网的发展提供了强大的动力，如网上视频点播、远程教育等。

（4）使用费用低廉

随着人们生活水平的不断提高，互联网的使用费用已经使众多普通人能够承担，而且在某些方面互联网的费用比其他方式更为廉价。例如，电子邮件明显比通过邮局邮信便宜得多。

（5）丰富的信息资源

互联网网络中有极为丰富的信息资源，且多数信息是可免费查阅的，如国内外的许多图书资料、电子公告板信息、商业信息等。正是这种丰富的资源，方便了人们的生活、学习和工作。

3.2.2 IP地址和域名系统

互联网中的地址方案分为两套：IP 地址系统和域名地址系统。这两套地址系统是相互对应的关系。

1. IP 地址

互联网地址可以用多种方式表示，但网络通信时都必须被翻译成一个 32 位的二进制位的 IP 地址。IP 地址是一种层次结构地址，适用于众多网络的互联，特别是互联网。每个网络的主机和路由器都有一个 IP 地址，所有的 IP 地址用 32 位的二进制位表示，每 8 位分成一段，共 4 段，每段转换成一个介于 0 到 255 之间十进制的数值，比如 10.74.192.30。一般来说，4 组数中的前面部分代表计算机所在的网络，剩下的数字代表网络上的一台特定的计算机。

根据网络的大小，IP 地址又分成了 A、B、C、D、E 几个不同的等级。因此由 IP 地址的第一组数值即可知道该 IP 地址属于哪个等级。通常最常用的是 A、B、C 类网络，见表 3.2。

表 3.2　IP 地址子网划分

类别	起始位	开始	结束	点分十进制掩码
A	0	1.0.0	127.0.0.0	255.0.0.0
B	10	128.0.0.0	191.255.0.0	255.255.0.0
C	110	192.0.0.0	223.255.255.0	255.255.255.0

A 类地址，用 7 位来标识网络号，24 位标识主机号，最前面的一位为“0”（二进制数值）。该地址主要用于世界上少数具有大量主机的网络，其网络数量有限，故仅有很少的国家和网络才能获得此类地址。全世界总共只有 126 个可能的 A 类网络。

B 类地址，用 14 位来标识网络号，16 位标识主机号，最前面的两位为“10”（二进制数值）。每个 B 类网络号最多可以连接 65534 台主机。此类地址用于适量的、规模适中的网络，现在随着 Internet 的迅速发展，也很难分配到此类地址。

C 类地址，用 21 位来标识网络号，8 位标识主机号，最前面的 3 位为“110”（二进制数值）。C 类地址一般适用于校园网等小型网络，每个 C 类网络最多可以有 254 台主机。主要用于网络数多、主机数相对较少的网络。

D 类地址，特殊的 IP 地址，前 4 位二进制数取值为 1110，用于多点传输的地址，如支持组播技术等。

E 类地址，特殊的 IP 地址，其前 5 位二进制数取值为 11110，暂保留，已备将来使用。

需要说明的是，目前的 32 位 IP 地址以后会被淘汰，它不能满足对互联网地址日益增长的需要，替代的将是 128 位的 IP 地址，即 IPv6。在互联网向目的地发送信息前，IP 协议需要对信息打包，包中既包括源 IP 地址，也包括目的地 IP 地址。这样的地址唯一确定了一台连入互联网的计算机。

2. 域名系统（Domain Name）

由于 IP 地址是数字型的，表达方式比较抽象，不容易记忆，因此人们又发明了另一套字符型的地址方案，即所谓的域名地址，来代替数字型的 IP 地址。每一个域名地址都与特定的 IP 地址对应，这样就允许各站点用户为自己的网络地址选择一个字符型名字来命名，这个字符型名字就是域名。域名也是由若干部分组成，每部分由至少两个字母或数字组成，各部分之间用圆点分隔开，最右边的是一级域名，再往左是二级域名、三级域名，如图 3.4 所示。

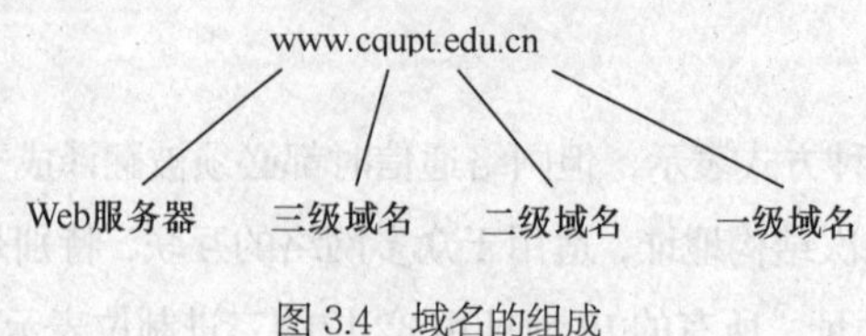

图 3.4　域名的组成

一级域名可以分为两类：一类表示国家或行政区（见表 3.3），另一类表示机构类别（见表 3.4）。

表 3.3　一级域名按国家或行政区分类（部分）

域名	国家或行政区	域名	国家或行政区	域名	国家或行政区
.uk	英国	.mx	墨西哥	.in	印度
.ca	加拿大	.au	澳大利亚	.fr	法国
.cn	中国	.ch	瑞士	.jp	日本
.de	德国	.sg	新加坡	.ru	俄罗斯
.it	意大利	.us	美国		

表 3.4　一级域名按机构类别分类

域名	类别	域名	类别
.com	工、商、金融等企业	.biz	工商企业
.edu	教育机构	.int	国际组织
.gov	政府组织	.org	非营利性的组织
.mil	军事部门	.info	信息相关机构
.net	网络相关机构	.name	个人网站
.coop	合作组织	.aero	航空运输
.pro	医生、律师、会计专用	.museum	博物馆

中国的域名管理机构 CNNIC 成立于 1997 年 6 月 3 日，行使国家互联网络信息中心的职责。中国科学院计算机网络信息中心承担 CNNIC 的运行和管理工作。中国互联网络的二级域名分为“类别域名”和“行政区域名”两类。“类别域名”有 6 个（见表 3.5），“行政区域名”有 30 多个（见表 3.6）。在 CNNIC 新的中文域名系统中，为用户提供“.中国”、“.公司”和“.网络”结尾的纯中文域名注册服务。其中注册“.中国”的用户将自动获得“.cn”的中文域名，如注册“清华大学.中国”，将自动获得“清华大学.cn”。2008 年的统计数字表明我国 CN 域名网站数已居世界第一。

表 3.5　我国按类别分类的二级域名

域名	类别	域名	类别
.ac	科研机构	.gov	政府部门
.edu	教育机构	.org	各种非营利性的组织
.com	工、商、金融等企业	.net	互联网络、接入网络的信息中心（NIC）和运行中心（NOC）

表 3.6　我国按行政区分类的二级域名（不含港澳台信息）

域名	行政区	域名	行政区	域名	行政区
.bj	北京市	.nx	宁夏回族自治区	.xj	新疆维吾尔自治区
.sh	上海市	.ah	安徽省	.sc	四川省
.tj	天津市	.fj	福建省	.gz	贵州省
.cq	重庆市	.jx	江西省	.yn	云南省
.he	河北省	.sd	山东省	.xz	西藏自治区
.sx	山西省	.ha	河南省	.sn	陕西省
.nm	内蒙古自治区	.hb	湖北省	.gs	甘肃省
.ln	辽宁省	.hn	湖南省	.qh	青海省
.jl	吉林省	.gd	广东省	.zj	浙江省
.hl	黑龙江省	.gx	广西壮族自治区		
.js	江苏省	.hi	海南省		

3.2.3 Internet 的接入

随着 IT 技术蓬勃的发展与互联网的普及，网络接入成为人们非常关心的内容，目前可供选择的接入方式主要有 PSTN、ISDN、DDN、LAN、ADSL、VDSL、Cable-Modem、PON 和 LMDS 9 种，它们各有各的优缺点。

1．PSTN 拨号：过去使用最广泛

PSTN（Public Switched Telephone Network，公用电话交换网）技术是利用 PSTN 通过调制解调器拨号实现用户接入的方式，最高的速率为 56kbit/s，已经达到仙农定理确定的信道容量极限，这种速率远远不能够满足宽带多媒体信息的传输需求，但由于电话网非常普及，用户终端设备 Modem 便宜，因此，过去 PSTN 拨号接入方式是网络接入的主要手段，现在已被宽带接入所取代。

2．ISDN 拨号：通话上网两不误

ISDN（Integrated Service Digital Network，综合业务数字网）接入技术俗称“一线通”，它采用数字传输和数字交换技术，将电话、传真、数据、图像等多种业务综合在一个统一的数字网络中进行传输和处理。用户利用一条 ISDN 用户线路，可以在上网的同时拨打电话、收发传真，就像两条电话线一样。ISDN 基本速率接口有两条 64kbit/s 的信息通路和一条 16kbit/s 的信令通路，简称 2B+D，当有电话拨入时，它会自动释放一个 B 信道来进行电话接听。

3．DDN 专线：面向集团企业

DDN 是英文 Digital Data Network 的缩写，这是随着数据通信业务发展而迅速发展起来的一种新型网络。DDN 的主干网传输媒介有光纤、数字微波、卫星信道等，用户端多使用普通电缆和双绞线。DDN 将数字通信技术、计算机技术、光纤通信技术以及数字交叉连接技术有机地结合在一起，提供了高速度、高质量的通信环境，可以向用户提供点对点、点对多点透明传输的数据专线出租电路，为用户传输数据、图像、声音等信息。DDN 的通信速率可根据用户需要在 N×64kbit/s（N=1～32）之间进行选择，当然速度越快租用费用也越高。

4．ADSL：个人宽带流行风

ADSL（Asymmetrical Digital Subscriber Line，非对称数字用户环路）是一种能够通过普通电话线提供宽带数据业务的技术，也是目前极具发展前景的一种接入技术。ADSL 素有“网络快车”之美誉，因其下行速率高、频带宽、性能优、安装方便、不需交纳电话费等特点而深受广大用户喜爱，成为继 Modem、ISDN 之后的又一种全新的高效接入方式。

5．VDSL：更高速的宽带接入

VDSL 比 ADSL 还要快。使用 VDSL，短距离内的最大下传速率可达 55Mbit/s，上传速率可达 2.3Mbit/s（将来可达 19.2Mbit/s，甚至更高）。VDSL 使用的介质是一对铜线，有效传输距离可超过 1000m。但 VDSL 技术仍处于发展初期，长距离应用仍需测试，端点设备的普及也需要时间。目前有一种基于以太网方式的 VDSL，接入技术使用 QAM 调制方式，它的传输介质也是一对铜线，在 1.5km 范围之内能够达到双向对称的 10Mbit/s 传输，即达到以太网的速率。如果这种技术用于宽带运营商社区的接入，可以大大降低成本。

6．局域网共享上网

基本原理是通过局域网上的服务器共享上网，也就是说局域网上的任何一台计算机经过授权后都可以经由服务器共享上网，当然服务器必须安装相应的代理服务器软件。共享上网的速度取决于服务器的带宽和局域网内同时上网电脑的数据流量大小等诸多因素。对于服务器的上网方式并没有严格的限制，比如 ADSL、DDN 专线、光纤上网等都可以。共享上网的一个最大的优越性是充分利用了服务器的网络带宽，并且容易管理，特别适合于广大企事业单位、政府部门、高校等使用。

7．Cable-Modem：用于有线电视电缆网络

Cable-Modem（线缆调制解调器）是近两年开始试用的一种超高速 Modem，它利用现成的有线电视（CATV）网进行数据传输。有线电视电缆上网在我国具有广阔的前景，因为我国有线电视网十分普及，而且上网可以不占用电话线路，并且可以和数字式家电紧密集成。

8．无源光网络接入：光纤入户

PON（无源光网络）技术是一种点对多点的光纤传输和接入技术，下行采用广播方式，上行采用时分多址方式，可以灵活地组成各种拓扑结构，在光分支点只需要安装一个简单的光分支器即可，具有节省光缆资源、带宽资源共享、节省机房投资、设备安全性高、建网速度快、综合建网成本低等优点。光纤通信网才是真正意义上的宽带网，传输速度最快，单根光纤的传输速度可以达到 100Mbit//s～10Gbit//s，而且相当稳定，唯一缺点就是价格稍高。

表 3.7 Internet 接入技术比较表

接入方式＼比较	优点	缺点
PSTN 拨号	接入方便、比较经济、过去是网络接入的主要手段	速率远远不能够满足宽带多媒体信息的传输需求
ISDN 拨号	利用一条 ISDN 用户线路，可以同时上网和打电话，通话上网两不误	移动性能不佳，必须要有 NT1plus 才能接入，不如其他方式方便
DDN 专线	提供点对点、点对多点透明传输的数据专线出租电路，为用户传输数据、图像、声音等信息	速度越快租用费用也越高
ADSL	下行速率高、频带宽、性能优、安装方便、不需交纳电话费	出线率低，不能传输模拟电视信号
VDSL	比 ADSL 还要快，是一种更高速的宽带接入	处于发展初期，长距离应用仍需测试，端点设备的普及也需要时间
Cable-Modem	通过有线电视 CATV 的某个传输频带进行调制解调的	采用共享结构，随着用户的增多，个人的接入速率会有所下降，安全保密性也欠佳
无源光网络接入	节省光缆资源、带宽资源共享、节省机房投资、设备安全性高、建网速度快、综合建网成本低	一次性投入成本较高

3.2.4 Internet 的应用

1. 电子邮件（E-mail）

电子邮件是 Internet 中最为普及的一种应用。无论你在世界的什么地方，只要你与 Internet 连接着，就可以将电子邮件发送到另一个 Internet 用户的信箱中去，对方不需要立即查阅自己的信箱，而是在他认为需要的时候查看自己的邮件信箱，犹如生活中通过邮局发送的信件一样。

2. 文件传输协议（FTP）

Internet 资源浩如烟海，各个学科的各种专业资料、流行音乐、娱乐影片、游戏软件、计算机工具、书籍、画报、图片、天气预报、航班、车次、企业广告等，无所不包。如果需要，可下载下来仔细品味。下载文件时，就需要使用文件传输协议 FTP，它可将你需要的内容以文件的形式复制到你的计算机中。

3. WWW（万维网）

万维网的英文全称是 World Wide Web，所以也称作 WWW 网。原来 Internet 上的一些应用都是简单的菜单系统，多以命令方式进行查询。而万维网是一种特殊的框架结构，它的目的是为了访问当时遍布 Internet 上数以千计的主机上的链接文档。万维网之所以流行，在于它能够将各种各样的信息以丰富多彩的界面形式呈现在人们的面前。

4．远程登录 Telnet

Telnet 后跟 IP 地址，可以从网络上的一台计算机登录到该 IP 地址的机器上，如同在该 IP 地址的机器上操作一样，当然前提条件是网络必须是连通的。例如，图书馆局域网的服务器上有该图书馆的图书目录，不可能让所有的读者同时使用这台服务器查阅资料，通过使用 Telnet，读者可以通过该图书馆的任何一台或者多台计算机终端登录到服务器上，查阅自己需要的图书资料，此时读者互相之间的查阅就不会发生冲突了。

5．新闻组 News

新闻组通常使用电子公告板系统 BBS（Bulletin Board System）进行讨论，非常方便。随着技术的发展和 Internet 日益广泛的应用，一些领域也使用了 Internet 技术。例如，通过电子银行人们可以实现网上异地存款、转账等业务。人们还可以通过电子商务在网上订购自己需要的商品。廉价的网上 IP 电话被许多人所接受。总之，Internet 已经成为我们生活中不可缺少的一种工具，它的发展将为人们提供更多、更好的服务。

3.2.5 Internet 的商务战略价值

1997 年，法国的 Albert Angehrn 教授针对互联网技术的商务应用提出了一个分析框架，将互联网空间从商务视角分为四个方面（见图 3.5），分别为虚拟信息空间（Virtual Information Space，VIS）、虚拟沟通空间（Virtual Communication Space，VCS）、虚拟交易空间（Virtual Transaction Space，VTS）、虚拟配送空间（Virtual Distribution Space，VDS），ICDT 模型。

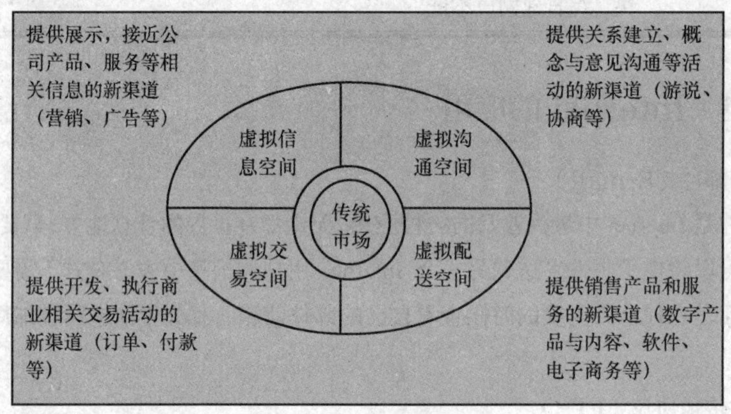

图 3.5　互联网空间的四个方面及职能

1．虚拟信息空间

虚拟信息空间（VIS）是由新的基于互联网的各种渠道组成的，通过这些渠道，企业可以展示他们所提供的信息、产品和服务。像一个可以灵活获取的大广告牌一样，万维网（WWW）已经以低成本为所有的经济行为人开创一个新的市场渠道，从大企业展示他们的商品和服务到个人寻找商业上的合伙人。因此，从消费者角度来看，互联网所创造的虚拟信息空间（VIS）已经为搜索信息和比较市场上的卖方提供了一个新的、高效率的方法。

2．虚拟沟通空间

虚拟沟通空间（VCS）是对传统空间的扩展。在虚拟沟通空间里，企业进行会面来交流意见和经历，进行潜在的合作谈判、游说、参与社区的活动并且创造不同类型的沟通社区。互联网已经通过提供新的渠道并创造有趣的虚拟社区扩展了这一类型的传统空间。在虚拟沟通空间里，其成员可以高速、低成本并且绕过物理和地域限制进行沟通。这些渠道包括从简单的基于互联网的新闻或用户组到复杂的三维空间（3D）。

3．虚拟交易空间

虚拟交易空间（VTS）是由新的基于互联网的渠道所组成的，通过这些渠道企业可以进行正式的商业交易，例如下订单、开发票和付款。在互联网发展的第一个阶段，由于存在法律不健全，以及安全性和可靠性方面的问题，互联网并没有被广泛地用作交易空间。成熟的技术解决方案和行业标准的确定，再加上交易处理服务所需的基础设施的发展，特别是在电子支付领域的发展，为公司能够利用新的、更大规模的虚拟交易空间提供了必要的先决条件。

4．虚拟配送空间

虚拟配送空间（VDS）是指一个适合多种产品和服务的新的分销渠道。第一类可有效地通过互联网配送的产品是那些可以被数字化并通过计算机网络传输的产品。电子书籍、文章、图片、数字音乐和视频，连同所有的软件和电子类数据（从计算机游戏到数据库管理系统）都属于这一类。第二类可以通过互联网配送的产品是一种被称为“非物质”的服务，如基于文本、语言和视频的咨询和培训。第三类可以通过互联网配送给消费者的产品是结合了传统服务的附属服务（例如交通运输服务）和产品（例如汽车、硬件、香水等有形商品）。由于技术和性质上的局限性，商品和服务利用虚拟配送空间进行配送既可以通过互联网点对点或多点之间的联系实时进行配送，又可以进行不同时的配送（例如下载数字产品或交换电子信息）。

3.3 Web 技术

Web 技术结构如图 3.6 所示。在这个结构中，Web 客户机是指安装了浏览器的客户端，Web 服务器是用以存放多媒体数据资源和执行 Web 服务的主机。中间件可以调用 Web 服务器中的数据库和其他应用程序，常用的中间件有 CGI、JDBC、WebAPI。

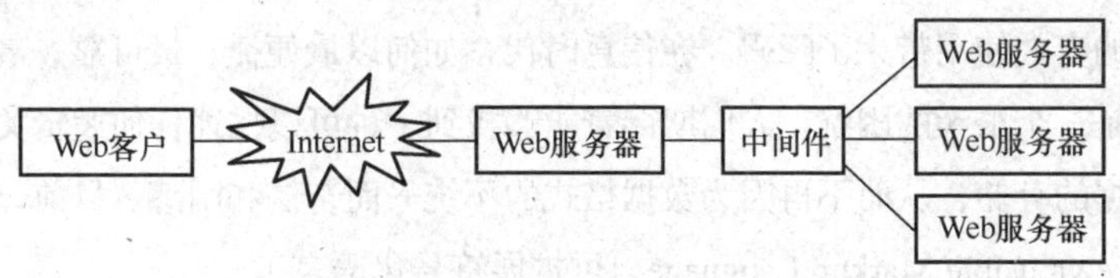

图 3.6 Web 技术结构

Web 通信的基本原理是：由浏览器向 Web 服务器发出 HTTP 请求，Web 服务器接到请求后进行相应的处理，并将处理结果以 HTML 文件的形式返回浏览器，客户浏览器对其进行解释并显示给用户。Web 服务器要与数据库服务器进行交互，必须通过中间件来实现。

3.3.1 HTML 知识

1．HTML 是什么?

HTML 是 Hypertext Markup Language（超文本标记语言）的缩写。它是构成 Web 页面的主要工具，是用来表示网上信息的符号标记语言，是 SGML 的一个简化的实现。

在网上，如果要向全球范围内出版和发布信息，需要有一种能够被广泛理解的语言，即所有的计算机都能够理解的一种用于出版的“母语”。WWW（World Wide Web）所使用的出版语言就是 HTML 语言。通过 HTML，将所需要表达的信息按某种规则写成 HTML 文件，通过专用的浏览器来识别，并将这些 HTML“翻译”成可以识别的信息，就是我们现在所见到的网页。

2．HTML 的特点和功能

HTML 语言作为一种标记性的语言，是由一些特定的符号和语法组成的，所以了解和掌握 HTML 语言是十分容易的。可以说，HTML 语言在所有的计算机编程语言中是最简单易学的。

由于 HTML 语言是标记性的语言，它在浏览器中是解释执行的，无需编译，因而 HTML 语言编写的文档适合在各种浏览器中进行浏览。我们只要用一个相应平台下的浏览器就可以实现任何平台网络文档的阅读。

组成 HTML 的文档都是 ASCII 文档，所以创建 HTML 文件十分简单，只需一个普通的字符编辑器即可，如 Windows 中的记事本就可以使用。也可以采用专用的 HTML 编辑工具，如 CoffeeHTML、Homesite、HTMLedit Pro 等工具，它们的特点是能够自动检查 HTML 文档中的语法错误并协助改正。

许多图形化的 HTML 开发工具，使网页的制作变得非常简单。如微软公司推出的 Microsoft FrontPage，Micromedia 公司推出的 Dreamweaver 等编辑工具，都被称为“所见即所得”的网页制作工具。这些图形化的开发工具可以直接处理网页，而不用书写费劲的标记。但是，受到图形编辑工具自身的约束，用户很难编辑出精确的效果。一个高级的网页编写者应该在掌握图形编辑工具的基础上进一步学会 HTML 语言，以便快速地编写出使自己满意的网页。

3.3.2 XML 技术简介

随着互联网的迅猛发展和普及，人们可以通过计算机与互联网连接，从世界各地实时接收和发送大量最新的信息，但在信息交换的过程中存在着一个突出的问题，就是多种多样的数据格式，给信息的有效使用带来了障碍。在信息时代，如何以最便捷、最可靠、最有效的方式获取所需的信息是一个很大的困扰。人们期待着能够找到一种可以描述任何逻辑关系的数据格式来统一电子数据的存储，从而不再因为数据格式的不统一而苦恼和困惑。目前，能够担当此任的就是 XML（eXtensible Markup Language，可扩展符号化语言）。

1．XML 简介

XML（eXtensible Markup Language，可扩展标记语言）是专为 Web 应用而设计的，它是 SGML（Standard Generalized Markup Language）的一个优化子集，是 W3C 于 1998 年 2 月发布的一种标准。它以一种开放的自我描述方式定义了数据结构，在描述数据内容的同时能突出对结构的描述，从而体现出数据之间的关系。这样所组织的数据对于应用程序和用户都是友好的、可操作的。

XML 是一种元标记语言，使用者可按需创建新的标记，XML 的可扩展性就在于此。这些标记通过 XML DTD（Document Type Definition，文档类型定义）来加以定义。

XML 的精髓是允许文档的编写者制定基于信息描述、体现数据之间逻辑关系的自定义标记，确保文档具有较强的易读性、清晰的语义和易检索性。因此，一个完全意义上的 XML 文档不仅仅是“格式良好的”，而且还应该是使用了一些自定义标记的“有效的”XML 文档，也就是说，它必须遵守文档类型定义 DTD 中已声明的种种规定。

DTD 是 Document Type Definition 的缩写，是作为 XML 标准的一部分发布的。DTD 描述了 XML 文件的文档结构。它含有一系列关于元素类型（Element Type），属性（Attributes），实体（Entities）和符号（Notations）的定义。它定义了文档所需的标记，可在文档里使用的元素类型、元素之间的联系、元素的属性。XML 文档可以在它的文档类型声明（Document Type Declaration）里声明该文档遵循某个 XML DTD。

目前大多数面向的 XML 应用，都对 XML DTD 做了很好的支持，XML DTD 的工具也相对较为成熟，当前大多数与 XML 模式相关的算法研究都是基于 XML DTD 展开的。

2．XML 的特点

XML 主要有以下特点。

（1）可扩展性。正如 Java 允许使用者声明他们自己的类，XML 允许使用者创建和使用他们自己的标记。这一点至关重要，企业可以用 XML 为电子商务和供应链集成等应用定义自己的标记语言，甚至为特定行业定义该领域的特殊标记语言，作为该领域信息共享与数据交换的基础。

（2）灵活性。HTML 很难进一步发展，就是因为它是格式、超文本和图形用户界面语义的混合，要同时发展这些混合在一起的功能是很困难的。而 XML 提供了一种结构化的数据表示方式，使得用户的显示界面分离于结构化数据。所以，Web 用户所追求的许多先进功能在 XML 环境下更容易实现。

（3）自描述性。XML 文档通常包含一个文档类型声明，因而 XML 文档是自描述的。不仅人能读懂 XML 文档，计算机也能处理。XML 表示数据的方式真正做到了独立于应用系统，并且数据能够重用。XML 文档被看做是文档的数据库化和数据的文档化。

除了上述先进特性以外，XML 还具有简明性。它只有 SGML 约 20%的复杂性，但却具有 SGML 功能的约 80%。XML 比完整的 SGML 简单得多，易学、易用并且易实现。另外，XML 也吸收了人们多年来在 Web 上使用 HTML 的经验。XML 支持世界上几乎所有的主要语言，并且不同语言的文本可以在同一文档中混合使用，应用 XML 的软件能处理这些语言的任何组合。所有这一切将使 XML 成为数据表示的一个开放标准，这种数据表示独立于机器平台、供应商以及编程语言。它将为网络计算注入新的活力，并为信息技术带来新的机遇。目前，许多大公司和开发人员已经开始使用 XML，包括 B2B 在内的许多优秀应用已经证实了 XML 将会改变今后创建应用程序的方式。

XML 与 HTML 主要的不同。

（1）信息提供者能够任意定义新的标签与属性名称。

（2）文件结构可以是任意阶层或者是负责的网状结构。

（3）XML 不像 HTML 只有内建的样式，XML 有样式表标准，称为可扩展式预言（XSL）。

（4）XML 除了支持像 HTML 的简单连接，也提供了功能更强大的超链接。XML 的超链接机制被定义为 XML 连接语言（XLink）与 XML 指标语言（XPointer）。

3.3.3 ASP 开发技术

ASP（Active Server Pages）为服务器端动态网页，是 Microsoft 开发的服务器脚本环境。通过 ASP 可以与前面介绍的 HTML、脚本语言和一些组件相结合来创建动态、交互而且高效的 Web 应用程序，用来进行网络信息处理工作。由于 ASP 是微软开发的脚本语言技术，它嵌入 IIS 中，因此，ASP 成为 Windows 用户首选的一种信息系统开发环境。

1．ASP 工作原理

当浏览器向 Web 服务器发出请求.asp 文件时，服务器端的脚本便开始运行，Web 服务器调用 ASP，用它从头至尾处理所请求的文件、执行脚本命令，并将 Web 页以 HTML 文件格式发送到浏览器，如表 3.8 所示。

表 3.8　脚本与源代码的比较

ASP 脚本	从浏览器上查看到的源代码
<body>	<body>
您好欢迎选修本课程	您好欢迎选修本课程
现在时间是<% =now %>	现在时间是 2005-7-18 9:59:11
</body>	</body>

因为脚本运行于 Web 服务器端而不是客户端，生成发送到浏览器的 HTML 页等工作便由 Web 服务器负责。所以 ASP 文件不能像 HTML 文件那样直接被浏览器打开，而必须在服务器端运行环境下通过解释程序才能执行。因为返回到浏览器的只是脚本的运行结果，所以 Web 服务器端脚本无法被预先复制，从而 ASP 可以防止用户查看源代码和复制脚本。

由于 ASP 具有与浏览器无关且不存在兼容问题，不需要编译和连接的直译式语言环境，编程环境简单（纯文本文件形式而任何文本编辑器都能编辑），传输数据小，易于存取数据库等主要优点，加上语法结构简单、易学而成为当前采用最为普遍的 Web 应用程序。但是，ASP 也存在运行速度和某些网络操作系统不支持等问题。

2．ASP 的功能

动态网站对于 Web 开发者而言，不仅能获得用户的反馈信息，根据用户需求进行网站更新，还能够通过用户身份确认，实现信息的有偿提供，获取收益；对于用户而言，能增强在互联网的参与度，从被动的信息接受者转变为信息的获得者，用户能根据需要，迅速从网上找到有用的信息。

ASP 的强大功能使它的技术成为当今世界网络上应用最多的服务器端脚本设计环境，其功能主要表现在以下方面。

（1）处理用户以表单形式提交的访问请求。

（2）直接操作数据库，进行查询、插入、更新、删除等操作。

（3）记录客户端相关数据信息。

（4）实现多个页面间数据共享。

（5）在应用中嵌入 Active X，COM 组件和 Java Applet。

把以上这些功能综合起来，能实现网络信息处理和管理工作。

3.3.4 JSP 技术

1. JSP 概述

JSP 是由 Sun Microsystems 公司倡导、许多公司参与一起建立的一种动态网页技术标准，在动态网页的建设中有强大而别特的功能，主要用于创建可支持跨平台及跨 Web 服务器的动态网页。

Java Server Pages 技术可以让 Web 开发人员和设计人员非常容易地创建和维护动态网页，特别是商业系统。作为 JavaTM 技术的一部分，JSP 能够快速开发出基于 Web、独立于平台的应用程序。JSP 把用户界面从系统内容中分离开来，使得设计人员能够在不改变底层动态内容的前提下改变整个网页布局。简单地说，一个 JSP 网页就是在 HTML 网页中包含了能够生成动态内容的可执行应用程序代码。例如，一个 JSP 网页可以包含 HTML 代码所显示的静态文本和图像，也可以调用一个 JDBC 对象来访问数据库；当网页显示到用户界面上以后，它将从数据库中找到相应的动态信息。在 JSP 网页中，要把用户界面和应用程序分开可以考虑在网页设计人员和开发人员之间执行一个非常方便的授权任务。它也允许开发人员建立灵活的代码，从而非常容易地进行更新和重复利用。由于 JSP 网页能够根据需要自动进行编译，Web 设计人员无须重新编译应用程序逻辑就可以改变表述代码。这也使得 JSP 成为一种比 Java Servlet 更灵活地生成动态 Web 内容的方法。

2. JSP 技术特点

（1）将内容的生成和显示进行分离

使用 JSP 技术，Web 页面开发人员可以使用 HTML 或者 XML 标识来设计和格式化最终页面。使用 JSP 标识或者小脚本来生成页面上的动态内容。生成内容的逻辑被封装在标识和 JavaBeans 组件中，并且捆绑在小脚本中，所有的脚本在服务器端运行。如果核心逻辑被封装在标识和 Beans 中，那么其他人，如 Web 管理人员和页面设计者，能够编辑和使用 JSP 页面，而不影响内容的生成。

（2）强调可重用的组件

绝大多数 JSP 页面依赖于可重用的，跨平台组件（JavaBeans 或者 Enterprise Java Beans TM 组件）来执行应用程序所要求的更为复杂的处理。开发人员能够共享和交换执行普通操作的组件，或者使得这些组件为更多的使用者或者客户团体所使用。基于组件的方法加速了总体开发过程，并且使得各种组织在其现有的技能和优化结果的开发努力中得到平衡。

（3）采用标识简化页面开发

Web 页面开发人员不会都是熟悉脚本语言的编程人员。Java Server Page 技术封装了许多功能，这些功能是在易用的、与 JSP 相关的 XML 标识中进行动态内容生成所需要的。标准的 JSP 标识能够访问和实例化 JavaBeans 组件，设置或者检索组件属性，下载 Applet，以及执行用其他方法更难于编码和耗时的功能。通过开发定制化标识库，JSP 技术是可以扩展的。今后，第三方开发人员和其他人员可以为常用功能创建自己的标识库。这使得 Web 页面开发人员能够使用熟悉的工具和如同标识一样的能执行特定功能的构件来工作。

3.3.5 PHP技术

PHP是一种在计算机上执行的脚本语言，主要用途在于处理动态网页。PHP与微软的ASP颇有几分相似，都是一种在服务器端执行的嵌入HTML文档的脚本语言，语言风格类似于C语言，现在被很多网站编程人员广泛运用。PHP独特的语法混合了C、Java、Perl以及PHP自创新的语法。它可以比CGI或者Perl更快速地执行动态网页。用PHP做出的动态页面与其他编程语言相比，PHP是将程序嵌入HTML文档中去执行，执行效率比完全生成HTML标记的CGI要高许多；与同样是嵌入HTML文档的脚本语言JavaScript相比，PHP在服务器端执行，充分利用了服务器的性能。PHP执行引擎还会将用户经常访问的PHP程序驻留在内存中，其他用户再一次访问这个程序时就不需要重新编译程序了，只要直接执行内存中的代码就可以了，这也是PHP高效率的体现之一。PHP具有非常强大的功能，所有的CGI或者JavaScript的功能PHP都能实现，而且支持几乎所有流行的数据库以及操作系统。

PHP最早由Rasmus Lerdorf在1995年发明，现在PHP的标准由PHP Group和社群维护。PHP以PHP License作为许可协议，也是自由软件基金会所认可的自由软件。PHP目前被广泛应用，特别是在服务器端的网页程式开发中的应用更为广泛。一般来说，PHP大多执行在网页服务器上，透过执行PHP程式码来产生使用者浏览的网页。PHP几乎可以在任何的操作系统上执行，而且使用PHP完全是免费的。根据2007年4月的统计资料，PHP已经被安装在超过2000万个网站和100万台服务器上。

下面我们列出三种技术的比较表，读者可以有个清晰的认识（见表3.9）。

表3.9 ASP、JSP、PHP比较表

比较 \ 名称	ASP	JSP	PHP
技术特点	脚本语言简单 快速地完成网站的应用程序 可在服务器端直接执行 可使用普通的文本编辑器 具有无限可扩充性	分离内容的产生和显示 强调可重用的群组件 采用标识简化页面开发	数据库连接 面向对象编程 简单易懂
应用范围	只能执行于微软的服务器产品、IIS、Windows NT和PWS Unix下需要加ChiliSoft的组件但实现起来非常困难	同PHP一样几乎可以执行于所有平台 用户更换平台时，无需变换代码，因为Java字节码都是标准的与平台无关的	Windows、Unix、Linux的Web服务器，还支持IIS，Apache等一般的Web服务器。 用户更换平台时，无需变换PHP代码
性能	需要73秒	仅需要13秒	需要69秒
前景	目前在国内PHP与ASP的应用最为广泛。但在国外，JSP已经是比较流行的一种技术并且是未来发展的趋势。尤其是电子商务类的网站，多采用JSP		
联系	三者都提供在HTML代码中混合某种程序代码、由语言引擎解释执行程序代码的能力		

3.4 电子数据交换（EDI）技术

电子数据交换技术（Electronic Data Interchange，EDI）是20世纪60年代发展起来的。可以说，它是电子商务的雏形。半个世纪以来，EDI在不断发展和完善，并在当前的电子商务中占有一席之地。EDI通常指将组织内部及贸易伙伴之间的商业信息或文档，以直接可以读取的、结构化的信息形式在计算机之间通过专用网络进行传输。由于使用EDI可以减少甚至消除贸易过程中的纸面文件，因此EDI又被人们通俗地称为“无纸贸易”。

3.4.1 EDI的概念

国际标准化组织（ISO）将 EDI定义为：将商业或行政事务，按照一个公认的标准，形成结构化的事务处理或信息数据结构，从计算机到计算机的电子数据传输。

联合国国际贸易法委员会 EDI工作组（UNCITRAL/WG.4）对EDI的法律定义为：EDI是用户的计算机系统之间对结构化的、标准化的信息进行自动传送和自动处理的过程。

从这两个定义可以发现，EDI具有信息标准化、电子传输化、计算机处理等特点。以上定义均表明 EDI应用有它自己特定的含义和条件，即：

（1）EDI是交易双方之间的文件传递。

（2）交易双方传递的文件有特定的格式，采用的是报文标准。

（3）双方均有自己的计算机系统（或计算机管理信息系统）。

（4）双方的计算机（或计算机系统）能发送、接收并处理符合约定标准的交易电文的数据信息。

（5）双方计算机之间有网络通讯系统，信息传输是通过该网络通讯系统实现的，信息处理是由计算机自动进行的，无需人工干预和人为介入。

这里所说的数据或信息是指交易双方互相传递的具备法律效力的文件资料，可以是各种商业单证，如订单、回执、发货通知、运单、装箱单、收据发票、保险单、进出口申报单、报税单、缴款单等，也可以是各种凭证，如进出口许可证、信用证、配额证、检疫证、商检证等。

3.4.2 EDI的工作原理

在EDI中，EDI参与者所交换的信息客体称为邮包。在交换过程中，如果接收者从发送者所得到的全部信息包括在所交换的邮包中，则认为语义完整，并称该邮包为完整语义单元（CSU）。CSU的生产者和消费者统称为EDI的终端用户。

在EDI工作过程中，所交换的报文都是结构化的数据，整个过程都是由EDI系统完成的。EDI系统结构如图3.7所示。

1．用户接口模块

业务管理人员可用此模块进行输入、查询、统计、中断、打印等，可及时了解市场变化，调整策略。

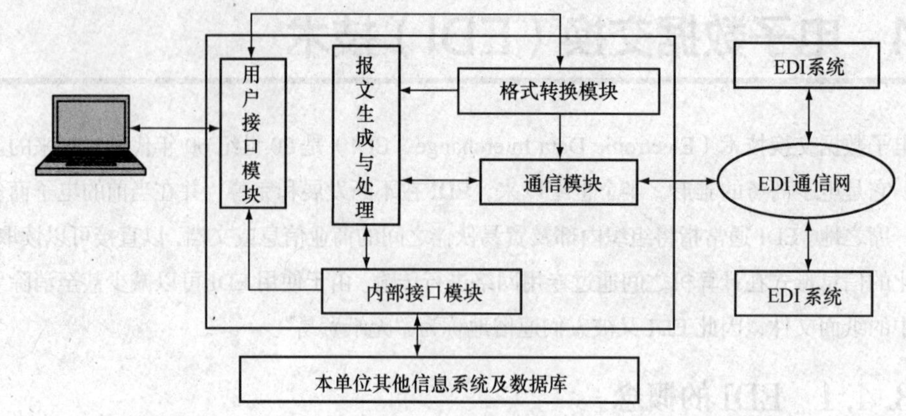

图 3.7　EDI 系统结构

2．内部接口模块

这是 EDI 系统和本单位内部其他信息系统及数据库的接口，一份来自外部的 EDI 报文，经过 EDI 系统处理之后，大部分相关内容都需要经内部接口模块送往其他信息系统，或查询其他信息系统才能给对方 EDI 报文以确切的答复。

3．报文生成及处理模块

该模块有下述两种功能。

（1）接受来自用户接口模块和内部接口模块的命令和信息，按照 EDI 标准生成订单、发票等各种 EDI 报文和单证，经格式转换模块处理之后，由通信模块经 EDI 网络发给其他 EDI 用户。

（2）自动处理由其他 EDI 系统发来的报文。在处理过程中要与本单位信息系统相连，获取必要信息并给其他 EDI 系统答复，同时将有关信息送给本单位其他信息系统。

如因特殊情况不能满足对方的要求，经双方 EDI 系统多次交涉后不能妥善解决的，则把这一类事件提交用户接口模块，由人工干预决策。

4．格式转换模块

所有的 EDI 单证都必须转换成标准的交换格式，转换过程包括语法上的压缩、嵌套、代码的替换以及必要的 EDI 语法控制字符。在格式转换过程中要进行语法检查，对于语法出错的 EDI 报文应拒收并通知对方重发。

5．通信模块

该模块是 EDI 系统与 EDI 通信网络的接口，包括执行呼叫、自动重发、合法性和完整性检查、出错报警、自动应答、通信记录、报文拼装和拆卸等功能。

除以上这些基本模块外，EDI 系统还必须具备一些基本功能。

（1）命名和寻址功能。EDI 的终端用户在共享的名字当中必须是唯一可标识的。命名和寻址功能包括通信和鉴别两个方面。

在通信方面，EDI 是利用地址而不是名字进行通信的。因而要提供按名字寻址的方法，这种方法应建立在开放系统目录服务 ISO9594（对应 ITU-T X.500）基础上。在鉴别方面，有若干级必要的鉴别，即通信实体鉴别，发送者与接收者之间的相互鉴别等。

（2）安全功能。EDI的安全功能应包含在上述所有模块中。它包括的主要内容有：终端用户以及所有EDI参与方之间的相互验证；数据完整性；EDI参与方之间的电子（数字）签名；否定EDI操作活动的可能性；密钥管理。

（3）语义数据管理功能。完整语义单元（CSU）是由多个信息单元（IU）组成的。其CSU和IU的管理服务功能包括：IU应该是可标识和可区分的；IU必须支持可靠的全局参考；应能够存取指明IU属性的内容，如语法、结构语义、字符集和编码等；应能够跟踪和对IU定位；对终端用户提供方便和始终如一的访问方式。

3.4.3 EDI的应用

从企业的角度来看，EDI的实施涉及企业的计划、采购、生产、经营和销售等全过程；从社会的角度看，EDI的应用与订货方、供货方、海关、银行、保险、港口、运输等环节密切相关。它既包括技术（如计算机硬件、软件、网络等）的应用，又必须有各业务部门的参与和配合。随着互联网技术的发展，Internet给EDI应用提供了更为便利的网络平台，其应用范围不断扩展，主要体现在以下几个方面。

（1）商业贸易领域

在商业贸易领域，通过采用EDI技术，可以将不同制造商、供应商、批发商和零售商之间各自的生产管理、物料需求、销售管理、仓库管理、商业POS系统有机地结合起来，从而使这些企业大幅度提高经营效率。商贸EDI业务特别适用于那些具有一定规模的、具有良好计算机管理基础的制造商、采用商业POS系统的批发商和零售商、为国际著名厂商提供产品的供应商。

（2）贸易运输业

快速通关报检、经济使用运输资源，减少贸易运输空间、成本与时间的浪费。

（3）运输业

在运输行业，通过采用集装箱运输电子数据交换业务，可以将船运、空运、陆路运输、外轮代理公司、港口码头、仓库、保险公司等企业各自的应用系统联系在一起，这样就可以有效提高货物运输能力，实现物流控制电子化，实现国际集装箱联运。

（4）通关自动化

在外贸领域，通过采用EDI技术，可以将海关、商检、卫检等口岸监管部门与外贸公司、来料加工企业、报关公司等相关部门和企业紧密地联系起来，从而简化进出口贸易程序，提高货物通关的速度。

（5）其他领域

在税务、银行、保险等贸易链路环节中，EDI技术同样具有广泛的应用前景。通过EDI和电子商务技术还可以实现电子报税、电子资金划拨（EFT）等多种用途。

3.5 电子商务网站建设

网站是指一个企业或机构在互联网上建立的站点，是企业提供产品及服务信息的窗口，也是开展电子商务的基础设施和信息活动平台，其目的是为了宣传企业形象、发布产品信息、提供商业服务等。电子商务网站是由计算机软硬件基础设施组成的，通过因特网连接起来的，为用户提供网页服务、数据传输服务、邮件服务、数据库服务等多种服务的信息载体，通常以虚拟主机或主机托管的方式进行运作，一般都有固定域名。它是企业从事电子商务活动的基本平台，通过 Internet 浏览器访问有关的电子商务网站，进行信息交互，进而完成商务活动过程。上网建站对从事电子商务的企业来讲有利于树立企业形象、改进企业的业务流程，提高企业管理水平、更好地为客户服务，网站建设已经成为衡量一个企业综合素质的重要标志。网站开发流程如图 3.8 所示。

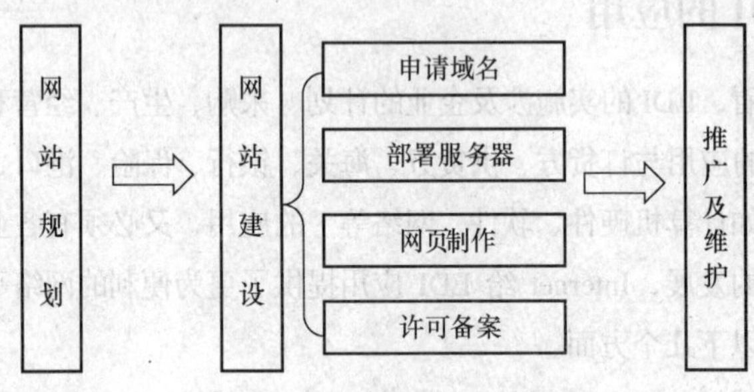

图 3.8　电子商务网站开发流程

3.5.1　网站规划

电子商务网站的目标是增加商业机会，提高事物处理效率，增加企业利润，使企业获得长期竞争优势。在此目标指引下，首先，根据企业的人才、技术、管理、物力、财力的承受能力，规划网站建设的实际需求；其次，掌握消费者对企业网站的期望与需求，按照市场的状况、同行或竞争对手的情况综合分析，制定切实可行的网站实施细则。在网站规划中，时刻牢记“以客户为中心”的原则，避免将网站变成以“美工和技术”为中心的艺术舞台与练兵场，要以商务逻辑实现为本。此外，还应该弄清楚一些涉及建站的具体问题：为谁提供产品或服务？提供什么样的产品和服务？目标消费群体和受众对象的特点是什么？提供产品和服务的表现方式和风格体现在哪里?只有当这些问题都有明确的答案时，企业网站的规划过程才不至于出现重大的管理决策失误。

在明确网站的建设目标之后，开始着手网站的创意构思，也就是制定网站的总体设计方案。总体设计方案是对网站的整体风格和特色的定位，也是对网站规划的组织结构调整。网站的用户对象来自多个层面，既有机构用户，也有消费者个人。对于不同服务对象的具体要求，网站要有满足用户个性化与定制化的柔性能力。比如采用简洁明了的文本信息满足用户对网页显示的速度要求，采用多媒体形式满足用户对视觉震撼的要求，通过提供漂亮的图像、闪烁的灯光、复杂的页面布置满足对媒体互动的要求，甚至可以下载声音和影像片段满足其他类型的服务要求。一个好的商业网站往往会把多媒体表现手法同组织与通信有机地结合使用，做到主题鲜明、重点突出，企业网站的页面简单明了、朴素无华、画面优美是站点诱人的魅力所在。

3.5.2　网站建设

作为企业宣传、产品咨询发布和招聘的平台，门户网站对于企业的发展具有至关重要的作用，它的建立需要遵循一定的步骤。

1．申请域名

注册域名是电子商务网站规划的第一步。域名，是互联网上的一个企业或机构的名字，是企业的网络商标，是无形资产的重要组成部分，因为国际域名具有全球唯一性，因此它的价值要高于企业传统的名字或商标。从技术上讲，域名是 Internet 中用于解决地址对应问题的一种方法。一个企业如果想在互联网上出现，只有通过注册域名，才能在互联网里确立自己的一席之地。好的域名与企业形象相辅相成，相互辉映，域名的重要性和价值，已经被全世界的企业所认识，现在每 30 秒钟就会有一个域名被注册成功。企业可以在国际域名网、18 互联等国际互联网中心（InterNIC）认证的国际域名注册服务机构、中国互联网络信息中心（CNNIC）认证的 CN 域名注册服务机构进行域名注册。现以 18 互联（www.18inter.cn）为例介绍域名申请流程，如图 3.9 所示。

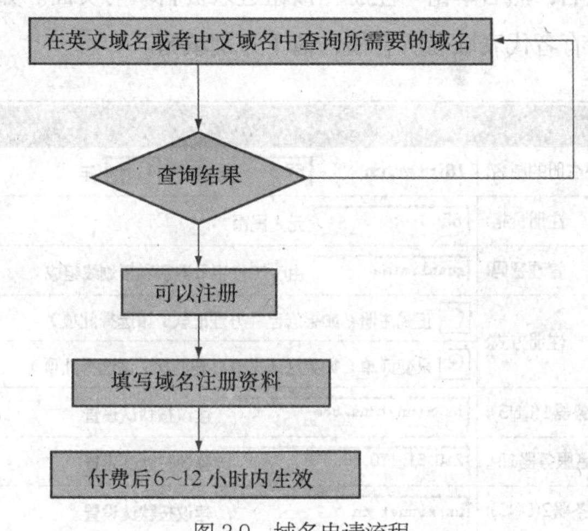

图 3.9　域名申请流程

（1）首先会员登录，如果还没有申请会员，请先申请会员号。

（2）进行域名查询，选择需要的域名。

1）点击本站左上角的"注册域名"进入域名查询页面。如图 3.10 所示。

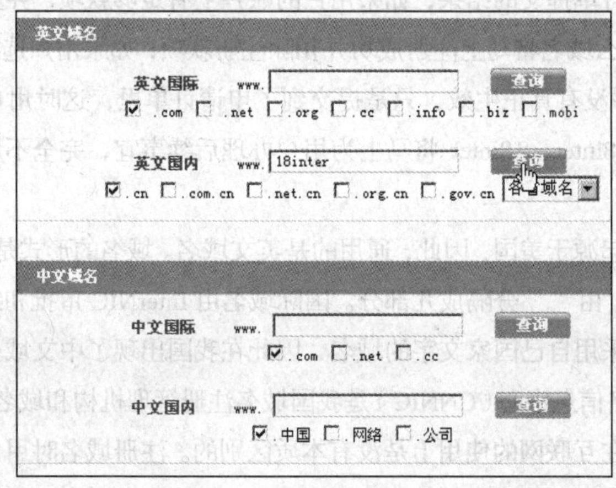

图 3.10　查询界面

2）输入用户需要查询的域名，如 18inter.cn，请输入 18inter，然后选择.cn 后缀。

3）单击“搜索”按钮，即将显示查询结果。如图 3.11 所示。

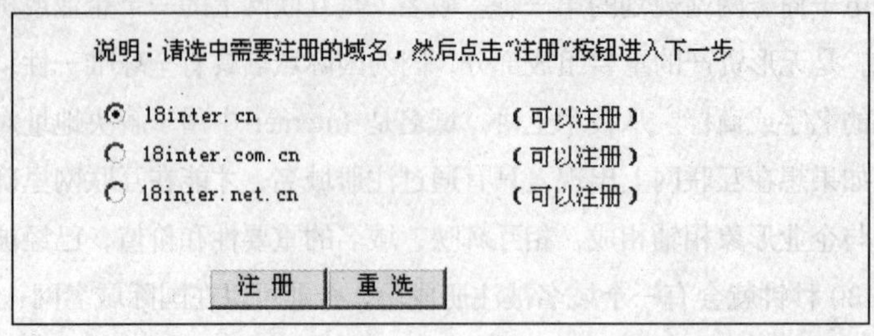

图 3.11　查询结果

（3）选择您需要的域名并提交订单。

请选择您需要的域名，然后单击“注册”按钮进入资料填写页面。如图 3.12 所示。

注意事项：域名所有者代表域名所有权，请千万别填错。

要注册的域名:	18inter.cn　65　元/年 *　1　年
注册价格:	65　元人民币
管理密码:	guanlimima　由6-20位字母数字和下划线组成
注册方式:	正式注册（如果您已经办理汇款，请选择此项）
	只交订单（如果您还没有办理汇款，请选择此项）
域名服务器1(DNS):	ns.xinnetdns.com　建议按默认设置
域名服务器1IP:	210.51.170.66　建议按默认设置
域名服务器2(DNS):	ns.xinnet.cn　建议按默认设置
域名服务器IP:	202.106.124.195　建议按默认设置

图 3.12　资料填写界面

（4）填写完成后单击“确认注册”，再次单击“确定”按钮。

此时用户将看到订单提交的结果，如果用户的账户上有足够款项，并且用户选择的注册方式是“正式注册”，那么域名将马上注册成功并扣除注册款项；如果用户选择的注册方式是“只交订单”，那么域名并没有真正生效，只是提交到了申请订单里，这时用户需要按“汇款方式“办理汇款，并通知 18inter，18inter 将马上为用户办理后续事宜，完全不用用户自己操心，如图 3.13 所示。

由于国际互联网起源于美国，因此，通用的是英文域名。域名的形式是由若干个英文字母、数字、中横线组成的，由“.”分隔成几部分。国际域名由 InterNIC 审批和维护。随着互联网的发展，许多国家纷纷采用自己国家文字的域名，因此在我国出现了中文域名，而且有繁体和简体两种。中国互联网络信息中心（CNNIC）是我国域名注册管理机构和域名根服务器运行机构。国内域名和国际域名在互联网的使用上是没有本质区别的。注册域名时用户向指定的域名注册服务机构提交域名申请表和有关证件等，由代理机构替用户进行域名注册工作即可。

服务购买结果提示	
域名种类:	中国国家顶级域名
您的域名:	18inter.cn
管理密码:	guanlimima
管理地址:	http://admin.18inter.com（注册会员可以在本系统直接管理）
购买方式:	先下订单待汇款后再正式注册
购买期限:	1年
购买结果:	提交成功!
付款方式:	点击此处查看付款方式（在线支付）

图3.13 购买成功界面

2．部署服务器

服务器配置，是指根据企业的实际需求针对安装有服务器操作系统的设备进行软件或者硬件的相应设置、操作，从而实现企业的业务活动需求。

（1） 选择主机

光有域名还远远不够。就像注册了一个名字响亮的公司，但还无法立即开始业务，因为必须要有办公场地。与此类似，拥有了网上招牌之后，还必须要有网上的经营场地——服务器空间。

目前解决服务器空间的方式有多种。

1）虚拟主机。虚拟主机即通常所谓的租用ISP硬盘空间。ISP的一台服务器可能会虚拟出很多主机名称，每一台虚拟主机都具有独立的域名和IP地址，具有完整的Internet服务器功能。虚拟主机之间完全独立，在外界看来，每一台虚拟主机和一台独立的主机完全一样。由于多台虚拟主机共享一台真实主机的资源，每个虚拟主机用户享受的服务器资源和各项服务、支持将受到限制，但同样是由于多个用户共享一台主机，虚拟主机的费用较主机托管的费用要低很多。每台虚拟主机配备有专业的技术支持工程师，用户基本上不需要管理和维护自己的主机。虚拟主机比较适用于中小型企业。

2）主机（服务器）托管。如果企业的网站需要主机提供更多的服务，或登录网站的速度有更高的要求，那么企业自行购买Web服务器后可以将自己的服务器托管在ISP的机房里，实现其与Internet的连接。企业可以在自己的主机上安装、配置需要的各项服务，并且可以享有较高的接入带宽，但是需要技术人员为主机的硬件环境和软件环境进行常年的远程维护。因此这种方案比较适用于有较强的计算机技术力量的大型企业。

3）租用DDN专线。通过申请相应速率的DDN线路连接到Internet上。通过这条专线企业的服务器就可以被Internet访问了。用户的服务器就放在自己的机房中，方便自己维护和管理，但要申请数据线路。

从价格角度看，这三种方式的成本投入是依次增加的。虚拟主机最为经济，每月只需支付几百元的租用费，采取远程登录的方式就可以实现对站点的维护和更改，自己的网站就可以被访问，而且速度与浏览互联网中的其他网站没有区别。服务器托管的价格界于虚拟主机和专线入网之间，一般月租金几千元，而专线入网的费用每个月要上万元。

（2）选择操作系统、WWW 服务器、开发工具和数据库

主机位置确定后，就可以根据需求购买配置服务器。服务器有不同厂商的不同品牌，有 PCServer，也有企业级的服务器，主要根据用户的业务需求、数据量和访问人数来确定。

大型商业网站可以选用通用产品，例如 IBM 的 Net.CommerceV3.1，已经与中国银行实现了利用 SET 协议的支付方式。DominoGoWebServer 支持 Net.Commerce。一般的交互型网站可以选用运行在 WindowsNTServer 和 IIS 上的 ASP。静态网站只要应用 HTML 就能够达到目的。

如果打算在网站上使用数据库，那么选用一种合适的数据库是十分重要的。当数据量不大时，可以考虑使用微软的 Access 数据库，当数据量达到一定程度时需要安装专用数据库，如 SQLserver、Mysql 等。

常用的操作系统有 Unix 和 WindowsNT。

3．网页制作

（1）网站主页设计

一般来说，主页是访问者访问网站时接触的第一个页面，主页的好坏直接影响访问者对网站的感受，主页一般包含以下信息。

① 首页抬头。准确无误地将企业标志（logo）显示在网站的首页醒目位置，加以标识。

② E-mail 地址。用来接收用户垂询与反馈意见，留给用户的网上联系途径。

③ 联系信息。方便用户使用传统方式进行联系，提供通信地址、联系电话和联系人。

④ 版权信息。声明版权拥有者的权利以及承担的义务。

（2）网页的版式设计

网页的版式也就是网页的整体造型，这里是指页面的整体形象，这种形象应该是一个整体，图形与文本的接合应该层叠有序。通过文字图形的空间组合，展现一种和谐与美。虽然，显示器和浏览器都是矩形，但对于页面的造型，你可以充分运用自然界中的其他形状以及它们的组合，如矩形、圆形、三角形、菱形等。

（3）网页的色彩设计

网页设计中的色彩搭配要以和谐、均衡、重点突出为原则。通过渐近、羽化和拼接等手法实现色彩组合搭配，色彩具有联想与象征物质的特性，如红色象征血、太阳，蓝色象征大海、天空等，恰当的色彩搭配能够产生意想不到的效果，一幅页面的色调建议不超过三种，而且要根据网站页面的总体风格定出主色调，若企业有企业形象识别系统（CIS），应该按照 CIS 的颜色识别系统要求运用色彩。

（4）形式与内容统一

文本在页面中多以行或者块（段落）出现，它们的摆放位置决定着整个页面布局的可视性。过去因为页面制作技术的局限，文本放置位置的灵活性非常小，而随着 DHTML 的兴起，文本已经可以按照自己的要求放置到页面的任何位置。对于色彩的对称设计，色彩的均衡有时会使页面显得呆板，可以加入一些富有动感的文字、插图，或者采用夸张的表现手法展现内容。

（5）多媒体功能的利用

设计制作独特风格的网站，使网站充分展示企业形象、体现企业文化，这是一个艺术创作

与网络技术结合的过程。网页所包含的内容除了文本外，还常常有一些漂亮的图像、背景和精彩的 Flash 动画等，以使页面更具观赏性和艺术性。在网页中方便地添加这些元素，需要借助一些网页制作常用软件，最常用的如网页布局软件 Dreamweaver、图形图像处理软件 Photoshop、动画制作软件 Flash，但是要考虑用户自身网络带宽的限制。

（6）后台设计

网站的后台设计主要包括程序设计、数据操作、管理界面和管理功能设计等。网站后台管理主要是用于对网站前台的信息管理，如文字、图片、影音、和其他日常使用文件的发布、更新、删除等操作，同时也包括会员信息、订单信息、访客信息的统计和管理。简单来说就是对网站数据库和文件的快速操作，以使得前台内容能够得到及时更新和调整。

随着我国 3 G 业务的不断完善和发展，移动用户数量必将超过互联网用户，这意味着巨大的商机，势必会引起企业的关注，并推动移动电子商务网站的建设进程。移动电子商务网站与传统电子商务存在较大差别，构建移动电子商务网站不能期望通过简单地照搬传统电子商务网站来实现。移动电子商务网站只有提供快速地查找产品与服务、方便地浏览产品与服务信息、简化交易等功能，才有可能使用户在移动设备上使用传统的电脑（台式 P C 、笔记本电脑）平台进行在线交易。因此，必须做到以下两点。

（1）优化信息结构

① 精简信息。移动用户具有很明确的目的性，移动电子商务网站要在合适的地方提供给用户最需要的信息，而且越简单越好。这样也避免了用户因浏览大数据量页面而等待较长时间。

② 整合栏目。在精简信息的基础上，以帮助用户完成特定目标为出发点，将关联度较高的栏目按照“任务”的形式进行整合。

③ 采用向下钻取的方式组织复杂内容。使用页面链接的方式对信息进行扩展，方便用户进一步深入了解其感兴趣的内容。

④ 提供有限的选择。遵循“二八原则”，提供最有价值、最常用的信息和功能给用户，其他特殊功能暂时不予考虑。

⑤ 提供强大的搜索功能。尽管能通过精简信息和栏目的方式帮助用户快速找到最需要的信息，但还应该在网站的首要位置（如页首）提供模糊搜索功能。同时，尽量做到在网站任何地方都能让用户方便地使用搜索功能。

（2）在进行移动电子商务网站页面设计时，时刻要考虑用户是在什么地方以何种方式访问网站并使用其功能；在充分理解用户需求的基础上使网站功能和交易过程更加人性化，并与用户的期望始终保持一致。

① 使用 XHTML 代替 WAP。采用 WAP 技术制作的网站交互能力较差，极大地限制了移动电子商务系统的灵活性和方便性。使用 XHTML 能很好地解决这个问题。

② 适应不同大小的屏幕。采用流体布局，使网页适应不同宽度的屏幕。同时，方便用户通过向上或向下功能按键浏览网页。

③ 采用样式表美化网页。这样不但能使网页更美观，风格更统一，而且能通过字体和颜色的变化减轻网站对图片的依赖。

④ 尽可能减少用户输入。使用若干选项或者辅助程序能有效地减少用户输入。例如，让用户选择所在城市，或者通过获取用户位置信息确定运费。

⑤ 优化页面跳转流程。让用户随时都了解当前他在网站的位置，并提供便捷的导航让用户去任何他想去的地方。

4．许可备案

网站备案制度是中国特有的一种国家对本地互联网管理的一种有效的办法。《互联网信息服务管理办法》规定：国家对经营性互联网信息服务实行许可制度；对非经营性互联网信息服务实行备案制度。

ICP 许可备案流程如图 3.14 所示。

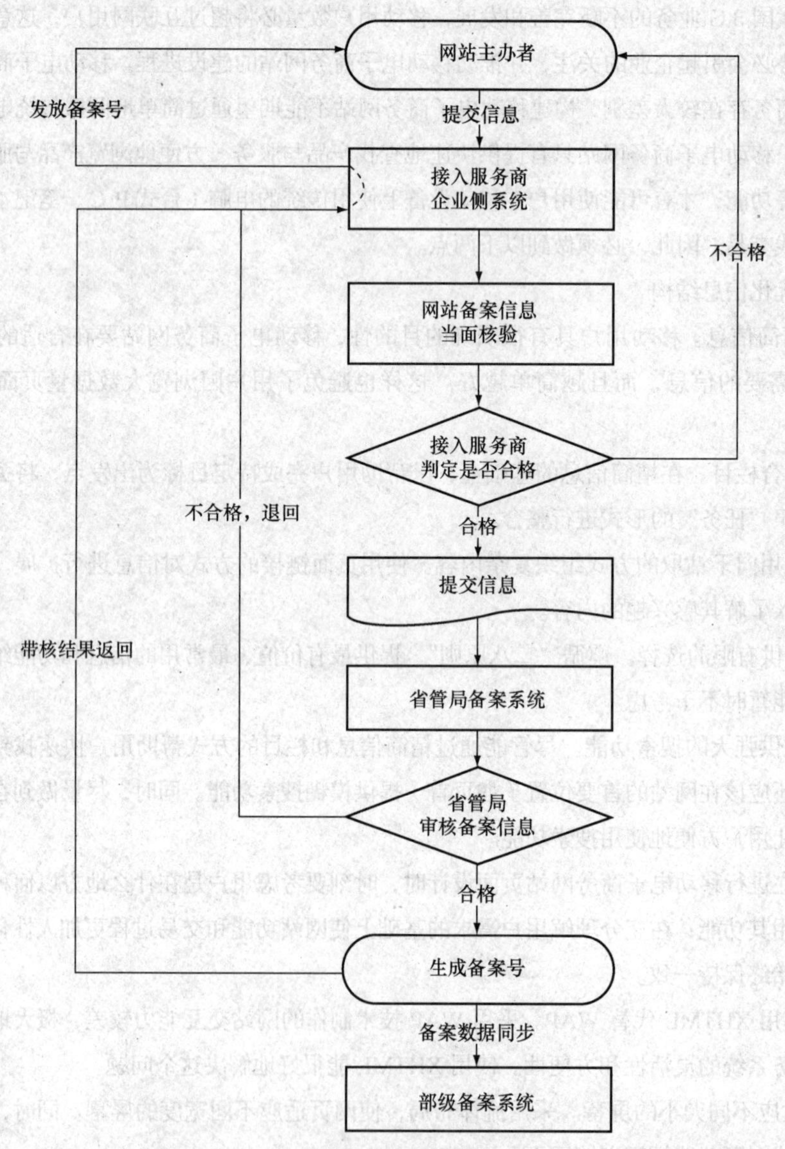

图 3.14 ICP 许可备案流程

在网站进行备案后，将会在工商管理局保存详细情况，如图 3.15 所示。

经营性网站备案信息

为了规范网络经济秩序，增加网站经营主体的透明度，保护消费者和经营者的合法权益，工商行政管理机关将当前网站的基本情况公布如下：

网站基本情况

网站名称1:	当当网
网站名称2:	当当网上书店
域名1:	www.dangdang.com
域名2:	www.dangdang.com.cn
客户服务电话:	01051236699
客户服务E-mail:	service@dangdang.com
网站办公地址:	北京市东城区安定门外大街208号三利大厦四层

网站所有者情况

网站注册标号:	010202001051000098
注册号:	110000410123174
名称:	北京当当网信息技术有限公司
住所:	东城区安定门外大街208号三利大厦四层4007室
企业类型:	有限责任公司（外国法人独资）
经营范围:	开发、生产计算机软件及硬件；互联网及电子出版技术开发；国内版（不包括港、澳、台版）图书、期刊的网上零售业务；销售自产产品并提供自产产品的技术服务、技术咨询、技术培训；电子商务技术的开发。
注册资本:	人民币27000万元
经营期限:	1997年7月8日至2027年7月7日
法定代表人姓名:	李国庆

该网站于2001年6月21日备案。

您如果发现该网站在网络经营活动中存在违反国家法律、法规的经营行为，请及时向网站所在地的工商行政管理机关投诉、举报。

欢迎北京市各网站来我局进行经营性网站备案。

您如需了解有关经营性网站备案的详细情况，请点击www.hd315.gov.cn进入“网站备案”栏目查看有关内容。

图 3.15　备案信息

在网站备案后，可以在备案管理系统中查询网站详细信息，如图 3.16 所示。

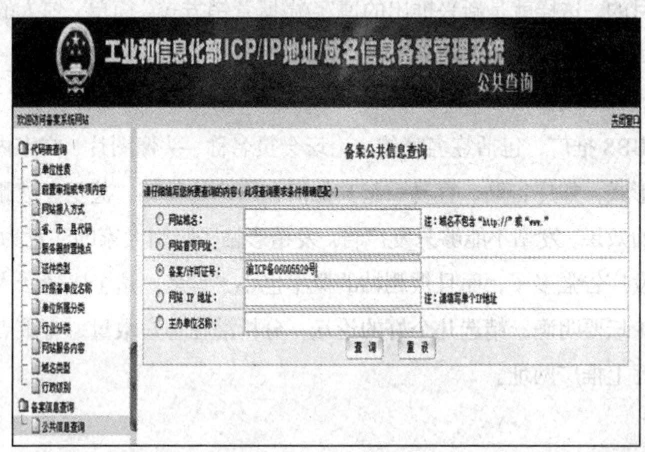

图 3.16　查询系统

根据《中华人民共和国计算机信息系统安全保护条例》、《计算机信息网络国际联网安全保护管理办法》等有关法律法规的规定，凡是在我国行政区域范围内的互联网服务提供商（ISP）、互联网数据中心（IDC）、互联网信息服务单位（ICP）、互联网联网使用单位均应到所在地公安机关网络安全保卫部门办理备案手续。

3.5.3　推广与维护

电子商务网站是以盈利为目的的，所以获得一定的流量非常重要，因此，网站并不是在建好之后就万事俱备，还得需要一定的推广策略及维护方法。

1．网站推广

网站推广就是以国际互联网为基础，利用数字化的信息和网络媒体的交互性来辅助营销目标实现的一种新型的市场营销方式。简单来说，网站推广就是以互联网为主要手段进行的，为达到一定营销目的的推广活动。

推广方法主要分为线上推广和线下推广两种。

（1）线上推广

作为网站推广，线上推广是最好的选择。

① 软文推广

在各大知名的网站、论坛，以发软文的方式，推广本网站，这样就可以增加本网站的外链，获得相应的流量。

② 登录各大搜索引擎和分类信息网

登录谷歌、百度、雅虎、搜搜、有道等各大搜索引擎和赶集网、百姓网等分类信息网。

目前来说，该宣传渠道是网站推广成本最低、效果最好的手段。其中百度贴吧、百度知道等推广将会更容易被百度搜索引擎所收录，且排名更加靠前。

③ 博客/微博推广

在各大门户网站建立网站的博客，博客名由网站名和网址组成，发布本网站相关信息和链接。通过自己博客的流量，将访问者引导到本网站。然后通过利用更新或者转发博客、微型博客达到营销的目的，这样就是新兴推出的博客/微博营销方式。简单、惊人的客户使用量使这种推广方式备受青睐。

④ 网上论坛、BBS 推广

一般的论坛 BBS 推广，包括签名宣传、论坛会员名称、头像图片、文字内容宣传等，过于频繁直白的推广形式，如广告贴，容易引起其他潜在用户的反感，甚至会被删帖，浪费了精力不说还会起到负面效果。发帖不能够只发广告。发精彩帖子吸引大家的注意力，顺便带上广告。这样的效果比只发广告强多了，而且被删帖的概率也小了许多。这个比较费人力，时间也要很充裕。而且目标论坛要明确，精选几个好的论坛，分析潜在客户数量，有重点地去发帖。注意个性签名一定要写上推广网址。

⑤ 网络广告

网络广告分为两种：一是在本网站打广告，二是在别人的网站打广告。

⑥ 邮件推广

采集大量相关企业的邮箱地址，利用公司的企业邮箱把有关本网站的信息或链接以群发的方式发至客户邮箱。

⑦ QQ 群推广

QQ 是时下网络上人与人沟通最为方便、快捷的方式，它覆盖范围广，传播速度快，在 QQ 群上推广本网站，可以带来直接的流量。

⑧ 加入社区圈子

在社交圈子里宣传网站快速有效。让你的朋友、老乡、同事等设你的网站为首页，让他们的博客插入你网站的超链接，让他们通过 QQ、博客、MSN 等向他们的圈子宣传你的网站。

⑨ 友情链接（跟我们的客户建立友情链接）

网站链接的相关性是网站提升网站 PR 值，提高网站 Alexa 国际排名的重要指标。另外还有助于提升网站在搜索引擎中的排名。特别是对于 Google 来说，大量的有效外部链接或反向链接将更加容易让蜘蛛程序找到。

⑩ 在威客网发布悬赏任务，吸引更多的人来浏览我们的网站，或直接利用威客网的发帖推广。

（2）线下推广

线下推广方式很多，包括公司名片、公司宣传单、电话营销、在报纸投放广告、事件营销推广等。

2．网站维护

网站维护是整个网站存续期间都需要做的工作，只要网站还有存在的必要，就会不断地产生维护的问题。网站的维护不仅是通常所指的对网站设计中的错误进行纠正，还包括对网站内容、外观的持续变动，甚至包括对网站目标、规模的修正。网站维护使网站能够长期稳定地运行在 Internet 上，在瞬息万变的信息社会中抓住更多的网络商机。网站维护包括：

（1）服务器及相关软硬件的维护，对可能出现的问题进行评估，制定响应时间。计算机硬件在使用中常会出现一些问题，同样，网络设备也同样影响企业网站的工作效率，网络设备管理属于技术操作，非专业人员的误操作有可能导致整个企业网站瘫痪。没有任何操作系统是绝对安全的。维护操作系统的安全必须不断留意相关网站，及时为系统安装升级包或者打上补丁。

（2）数据库的维护，有效地利用数据是网站维护的重要内容，因此数据库的维护要受到重视。对经常变更的信息，尽量用结构化的方式（如建立数据库、规范存放路径）管理起来，以避免数据杂乱无章的现象。如果采用基于数据库的动态网页方案，则在网站开发过程中，不但要保证信息浏览环境的方便性，还要保证信息维护环境的方便性。

（3）内容的更新、调整等。建站容易维护难，在建设过程中要对网站的各个栏目和子栏目进行尽量细致的规划，在此基础上确定哪些是经常要更新的内容，哪些是相对稳定的内容。由承建单位根据相对稳定的内容设计网页模板，在以后的维护工作中，这些模板不用改动，这样既省费用，又有利于后续维护。

（4）制定相关网站维护的规定，将网站维护制度化、规范化。要从管理制度上保证信息渠道的通畅和信息发布流程的合理性。网站上各栏目的信息往往来源于多个业务部门，要进行统筹考虑，确立一套从信息收集、信息审查到信息发布的良性运转的管理制度。既要考虑信息的准确性和安全性，又要保证信息更新的及时性。要解决好这个问题，领导的重视是前提。

（5）做好网站安全管理，防范黑客入侵网站，检查网站各个功能、链接是否有错。

本章小结

电子商务是在 Internet 等网络技术的发展与传统信息技术系统丰富的资源相结合的背景下

应运而生的一种动态商务活动。电子商务系统的应用和发展离不开底层技术的支撑，电子商务技术是对新的、与时俱进的商务模式的全方位的支持和服务。

本章主要从五个方面对电子商务系统的基础技术进行了说明：计算机网络技术、Internet技术、Web技术、电子数据交换技术、电子商务网站建设。

习题

一、填空题

1. 以计算机网络分布区域的大小，将计算机网络分为________、________，和________。

2. OSI 参考模型分为________、________、________、________、________、________、________。

3. TCP/IP 分为________、________、________、________。

4. 数据管理技术的发展大致可分四个阶段：________、________、________和________。

5. EDI 参与者所交换的信息客体称为________。

6. EDI 系统结构包括 5 大功能模块，分别是________、________、________、________、________。

二、简答题

1. 什么是网络协议？简述 TCP/IP 的体系结构？
2. 什么是 HTTP？它有何作用？
3. Internet 上传送电子邮件是通过什么协议进行的？其原理是什么？
4. 什么是 FTP？它有何作用？
5. 试比较各种因特网接入方式的优缺点。
6. 为什么说数据库在电子商务中占有非常重要的地位？
7. 什么是数据仓库？有何特点？
8. 什么是数据挖掘？有何作用？
9. 简述 EDI 的优点、组成和基本原理。
10. 什么是代理技术？移动代理技术的具体应用有哪些？
11. 什么是 HTML？它有哪些功能？
12. 什么是 XML？它有何特点？

三、案例分析题

1. 登录一个企业电子商务网站，说说该网站的优缺点。
2. 你认为建立一个电子商务网站应该有哪些步骤。

第4章 电子商务支付

本章概要

- 电子支付的定义、特点和发展
- 电子支付架构与流程
- 网上银行的概念、特点、功能和发展模式
- 电子支付的工具
- 第三方支付的概念、流程、特点和作用
- 常用的第三方支付平台
- 电子商务支付方式

案例

中国工商银行（http://www.icbc.com.cn）大力发展网上银行业务

作为中国境内最大的商业银行，中国工商银行始终把信息化建设作为战略目标，大力发展网上银行业务，取得了显著的成绩，获得世界著名金融杂志《银行家》、《环球金融》等评出的"全球最佳银行网站"、"中国最佳个人网上银行"、"中国最佳企业网上银行"等称号。

中国工商银行已经在国内率先构建了一个包括网点、网上银行、电话银行、手机银行、自助服务终端等在内的多渠道金融服务体系，成为国内金融企业实施"机构+鼠标"发展模式的成功典范。其"金融@家"拥有十多项大功能、五十多项子功能，是一个集银行、投资、理财于一体的新一代个人网上银行，能够满足不同层次客户的各种金融服务需求，现已拥有2000多万客户。

电子商务在线支付是中国工商银行网上银行最为突出的业务之一。中国工商银行已拥有上千家电子商务特约网站。通过中国工商银行个人网上银行完成的电子商务交易额逐年快速增长，目前每年交易额已达上百亿元。中国工商银行网上银行在淘宝、盛大、云网等主要的电子商务网站的支付均名列第一，已成为国内网民进行网上支付时首选的网上银行。

电子商务是信息流、商流、资金流和物流的有机整合，电子商务的资金流要通过电子支付来解决。无论是传统的交易，还是新兴的电子商务，资金的支付都是完成交易的重要环节，不同的是电子商务强调支付过程和支付手段的电子化。电子支付主要解决消费者如何用在线方式将货款支付给商家的问题。银行作为支付和结算的最终执行者，起着连接买卖双方的纽带作用。网上银行提供的电子支付服务是电子商务中的关键要素。电子支付是电子商务结算环节中的重要一环，也是电子商务得以顺利发展的基础条件，因此，电子商务支付系统建设就成为电子商务发展的核心问题之一。

4.1 电子支付概述

随着 Internet 技术和电子商务的迅速发展，电子支付系统已经成为现代金融领域不可或缺的有机组成部分。从发达国家的支付系统发展进程来看，其经济活动中大约 85%到 90%的交易额是通过电子方式实现的。电子商务的广阔发展前景，吸引了更多资源投入，促使电子支付技术日益成熟和完善，而更为成熟、安全的电子支付技术又促进了电子商务的飞速发展。

受到电子商务发展的有力拉动，我国网上支付市场规模发展迅速。2008 年我国网上支付的市场规模为 2743 亿元，2010 年该规模增长为 10105 亿元，2011 年该规模增长至 1.7 万亿元。随着电子商务的普及，电子支付必然成为支付方式的主要形式。快捷、方便和安全的电子支付也必将给人类的商务活动带来新的改变和发展，成为人们生活质量稳步提高的一个标尺。

4.1.1 电子支付的定义

电子支付（Electronic Payment，E-Payment）的研究及应用在美国开展较早。1989 年美国法律学会的《统一商业法》给出了电子支付的一个规范性定义：电子支付是支付命令发送方把存放于商业银行的资金，通过通信线路划入收益方开户银行，并支付给收益方的一系列转移过程。

立足于我国社会经济发展的国情和措词习惯，可以这样描述一个通用性的电子支付定义：电子支付是指电子交易的当事人通过网络以电子数据形式进行的货币支付或资金流动。电子交易的当事人一般指消费者、商家和银行等。该定义首先明确了电子支付涉及的实体，参与方有消费者、商家和银行，三方缺一不可；其次提出了电子支付的形式和途径，它有别于传统支付方式，是以金融电子化网络为基础，以商用电子化机具和各类交易卡为媒介，以计算机技术和通信技术为手段，以电子数据（二进制数据）形式存储在银行的计算机系统中，并利用安全、认证技术通过计算机网络以电子信息传递形式实现方便、快捷、安全的资金流通和支付。

4.1.2 电子支付的特点

电子支付的产品和工具种类繁多，形式多样，但一般具有下列共同特性。

1. 技术先进性。以现代计算机和网络技术为支撑，可以进行有效的储存、支付和流通。
2. 多功能性。集储蓄、信贷和非现金结算等多种功能为一身。
3. 普适性。可广泛应用于生产、交换、分配和消费领域。
4. 安全易用性。使用简便、安全、迅速、可靠。

5. 可信赖性。电子支付通常要经过银行专用网络，金融企业的专业品质保障了支付工具的可靠性。

4.1.3 电子支付的发展历程

电子支付的发展伴随着银行电子化的发展。银行进行电子支付的五种形式分别代表着电子支付发展的不同阶段。

第一阶段是银行利用计算机处理银行之间的业务，办理结算。

第二阶段是银行计算机与其他机构计算机之间资金的结算。

第三阶段是利用网络终端向客户提供各项银行服务。

第四阶段是利用银行销售点终端（POS）向客户提供自动扣款服务。

第五阶段是最新发展阶段，电子支付可随时随地通过互联网络进行直接转账结算，形成电子商务环境。这是正在发展的形式，通常我们又称这一阶段的电子支付叫网上支付或在线电子支付。

4.2 电子支付的架构与流程

4.2.1 电子支付的架构

电子支付系统架构由商家、消费者、支付网关/第三方支付、银行等构成，如图 4.1 所示。

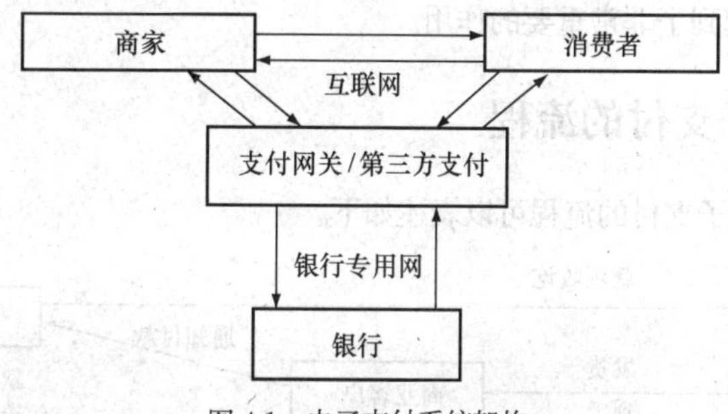

图 4.1 电子支付系统架构

图 4.1 中，商家专指在网络上开设虚拟商铺并通过网络销售实际商品、信息产品或者提供各项服务并从中获得收益的机构，类似于现实生活中的商店；而消费者指的也是利用网络获得各类产品或服务的消费者，持有银行或金融机构发行的电子化货币。

虽然在网络上进行交易时消费者只能看到商家以及对应的各种商品，而支付环节以及支持它们的银行对消费者而言是透明、不可见的，但实际支付系统及银行对于一笔网上交易的正常完成却起着至关重要的作用。图 4.1 中支付网关指的是银行在网络上的一个接口，通过它交易请求可以发送给银行的业务系统处理，起到一个安全验证和交易转发的功能。这里的安全仅指各银行在其网络平台上提供的较为简单的验证，如果采用严格的安全措施，则必须要单独的、银行自有的或独立的第三方认证中心，并且为保证更为严格的安全性，更多的安全校验数据也必须发往各国际组织或银行进行验证以确保消费者个人身份的真实性以及所持电子货币的有效性。早期的支付网关通常由银行单独建设，以后逐渐由多家银行联合共建或银行与银行卡中心（如中国银联）联合共建，后来又兴起第三方支付。第三方支付是指一些具备一定实力和信誉保障的第三方独立机构经与国内外各大银行签约后提供的与银行支付结算系统具有接口的支付平台。它作为目前重要的网络交易手段和信用中介，起到了在网上消费者、网上商家和银行之间建立起连接，实现第三方监管和保障的作用。采用第三方支付，可以安全实现从消费者、金融机构到商家的在线货币支付、现金流转、资金清算、查询统计等流程，为开展 B2B、B2C、C2C 等电子商务活动和其他增值服务提供完善的支持。

银行作为系统中的重要一环，其职能包括：授权中介商发行电子货币并进行确认；接受来自支付网关的交易请求，进行处理并将结果返回；当交易完成后进行资金结算并分别向消费者（或中介商）和商家进行账务划拨；可能的情况下银行还需要对消费者和商家的诚信进行评级管理。值得关注的是商家、消费者和支付网关之间是通过互联网进行信息的发送和接受的，而为了保证银行业务系统的安全性，在支付网关和银行之间的网络连接采用银行专用网，通过防火墙和数据的软硬件加密等方式使得交易安全性得以极大增强。

作为电子支付系统的重要组成部分，以银行为代表的金融相关企业在电子支付环境的形成中起到了至关重要的作用。这些金融相关企业在电子商务中，作为连接生产企业、商业企业和消费者的纽带，起着联系各方的作用。随着社会与科学技术的不断发展，金融相关企业也进行了很多的支付革新，其目的在于减少银行成本和加快结算速度以及减少欺诈。近年来，电子商务的发展极大地促进了金融相关企业对支付工具的改革和创新。金融企业广泛推进金融电子化进程，采用计算机网络等技术实现了支付和结算的电子化、网络化。金融企业在电子支付系统和电子商务的发展中起到了非常重要的作用。

4.2.2 电子支付的流程

如图 4.2 所示，电子支付的流程可以表述如下。

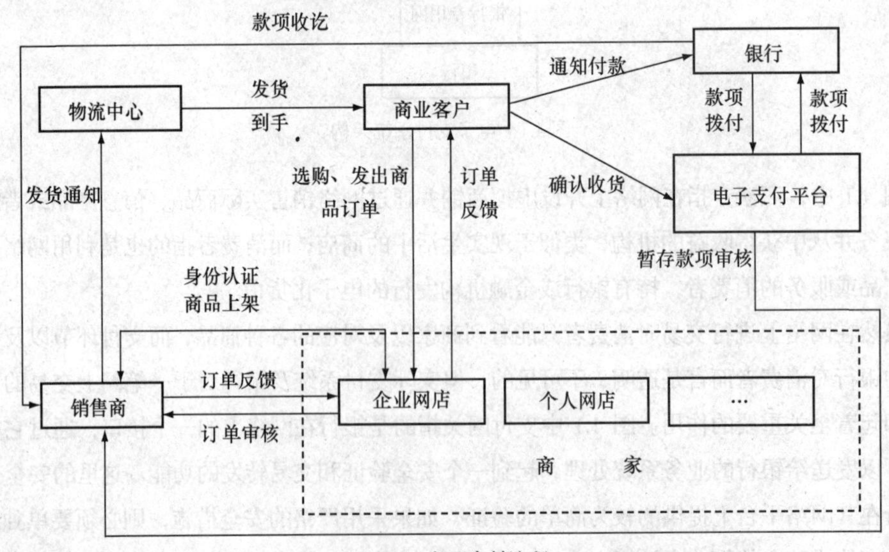

图 4.2 电子支付流程

① 消费者即商业客户利用自己的 PC 机通过因特网选购所要购买的物品，并在计算机上向商家输入定货单，定货单上需包括在线商店、购买物品名称及数量、交货时间及地点等相关信息。

② 消费者向银行通知付款，将款项拨付到电子支付平台，电子支付平台暂存此款项并审核。

③ 在线商家对订单进行准确性核实，并与线下销售商进行订单审核，接到电子支付平台的接款通知后，销售商发出发货通知，物流中心把货物送到消费者手中。

④ 消费者接到货物之后在电子支付平台上确认收货，电子支付平台将相关款项拨付销售商在银行开设的账户上，销售商收讫款项。

4.3 网上银行

4.3.1 网上银行的概念及特点

处于全球信息化进程中的银行，是以两种身份参与电子商务的。首先，银行要为所有参与电子商务的各方提供网上支付服务，因此银行是电子商务的有力推进者；其次，银行也是企业，也要通过互联网为其客户提供网上银行服务，从这层意义上说，银行是电子商务积极的参与者。银行要有效地参与上述两方面的电子商务活动，必须进行网上银行建设。

网上银行（Internet Bank），又叫网络银行、在线银行（On-line Bank），简称网银，是指银行利用 Internet 和 Intranet 等技术，为客户提供综合、统一、安全、实时的银行服务，包括提供对公、对私的各种零售和批发的全方位银行业务，还可以为客户提供跨国支付与清算等其他的贸易、非贸易的银行业务服务。

网上银行是一种虚拟银行，是在互联网上的虚拟银行柜台，是电子银行的高级形式，它无需设立实体分支机构，就能通过 Internet 将银行服务铺向全国乃至世界各地，使客户在任何地点、任何时刻能以多种方式方便地获得银行个性化的全方位服务。

网上银行从诞生之日起，就具有如下鲜明特征。

1. 依托计算机、计算机网络与现代通信技术。
2. 银行业务直接在互联网上推出。
3. 支持企业用户和个人用户开展电子支付和电子商务。
4. 采用多种先进技术来保证交易安全。

4.3.2 网上银行的分类

1．按经营组织形式分，网上银行可以分为纯网络银行和混合银行两种发展模式

（1）纯网络银行

直接银行（Direct Bank）或纯网络银行是完全依赖于 Internet 的全新的网上虚拟银行。这类银行一般只有一个办公场所，没有分支机构，也没有营业网点，几乎所有的银行业务都通过

Internet 进行。目前，著名的网上银行有 Egg、Telekannk、Security First Network Bank（见图 4.3）等。其中安全第一网络银行（Security First Network Bank，SFNB）具有较强的代表性，是世界上第一家纯网络银行。

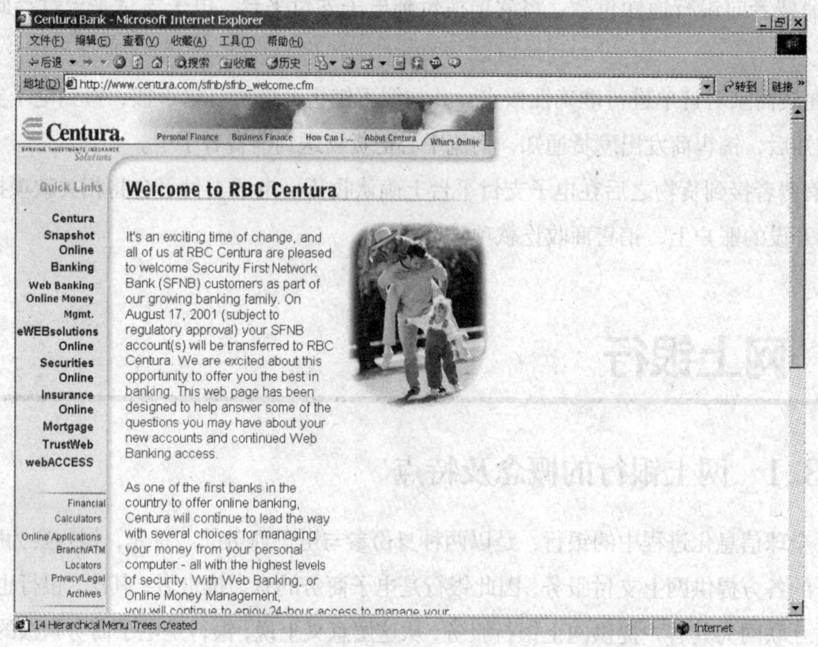

图 4.3　安全第一网络银行

1995 年 10 月 18 日，美国的 3 家银行联合成立了世界上第一家虚拟的网上银行——安全第一网络银行。它通过 Internet 提供全球范围的金融服务，次年 5 月在华尔街上市后，立即受到热捧，股价在收市时翻了一倍，达每股 41 美元。到 1998 年，银行开立的客户户头已达 1 万多个，存款余额超过 4 亿美元，而其员工总数不过 10 人。1998 年安全第一网络银行被加拿大皇家银行（Royal Bank of Canada，RBC）以两千万美元收购了除技术部门之外的所有部门。安全第一网络银行在网上银行发展历史上无疑具有里程碑的意义。

（2）混合银行

混合银行（Incumbent Bank）是指传统银行在互联网上建立网站，通过 Internet 开展网上银行业务服务，特别是通过 Internet 发展家庭银行服务和企业银行服务。这种模式下，网上银行常常是传统银行的一个新的、大力发展的业务部门。传统银行机构密集，人员众多，一般已经具有一定的品牌知名度，在提供传统银行服务的同时推出网上银行综合服务体系，例如我国工商银行的“金融@家”，招商银行的“一网通”和建设银行的“e 路通”等。传统银行投资建立网上业务渠道，目的是进一步巩固原有的客户基础，降低服务成本，提高经营效率，同时，充分延伸银行原有的品牌优势，利用网络渠道优化自身形象，改善客户关系，增强自身的市场拓展能力，扩大产品的市场占有率，最终实现传统业务与网上银行的协调发展。

招商银行（网站首页见图 4.4）在金融电子化和网上银行建设方面走在我国银行业的前列。招商银行成立于 1987 年 4 月 8 日，是我国第一家完全由企业法人持股的股份制商业银行，总行设在深圳。目前，招商银行总资产逾 7000 亿元，在英国《银行家》杂志“世界 1000 家大银行”的最新排名中，资产总额居前150位。招商银行于1995年7月推出的银行卡“一卡通”，被誉为我国银行业在个人理财方面的一个创举，持卡用户数居全国银行卡前列。招商银行于1998年推出网上银行业务，1999年9月在国内首家全面启动网上银行“一网通”，包括网上个人银行、网上企业银行和网上支付三大系统，无论是在技术性能还是在业务量方面均在国内处于领先地位。2003年6月，“一网通”作为中国电子商务和网上银行的代表，登上了被誉为国际信息技术应用领域奥斯卡的CHP大奖的领奖台，这是中国企业首次获此殊荣。2002年12月，招商银行在国内率先推出一卡双币国际标准信用卡，目前占有国内双币种信用卡市场超过30%的份额。

图4.4　招商银行网站首页

近年来招商银行在国内构筑了网上银行、电话银行、手机银行、自助银行等电子服务网络，为客户提供“3A”式现代金融服务。根据市场细分理论，招商银行在继续做好大众服务的同时，致力于为高端客户提供量身定制的“一对一”的尊贵服务，不断提高金融服务的专业化、个性化水平。2004年8月，招行又率先在国内建立了“客户满意度指标体系”，为管理质量和服务质量的持续提升提供了有力保障。

2．按服务对象网上银行可以分为企业网上银行和个人网上银行

（1）企业网上银行

企业网上银行主要针对企业与政府部门等企事业客户。企事业组织可以通过企业网上银行服务实时了解企业财务运作情况，及时在组织内部调配资金，轻松处理大批量的网上支付和工资发放业务，并可处理信用证相关业务。例如，中国农业银行企业网上银行是中国农业银行为企业客户提供的网上自助金融业务，它受到企业界的瞩目，图4.5为中国农业银行企业网上银行的登录界面。

（2）个人银行

个人网上银行主要适用于个人和家庭的日常消费支付与转账。客户可以通过个人网上银行服务，完成实时查询、转账、网上支付和汇款功能。个人网上银行服务的出现，标志着银行的业务触角直接伸展到个人客户的家庭 PC 桌面上，方便使用，真正体现了家庭银行的风采。

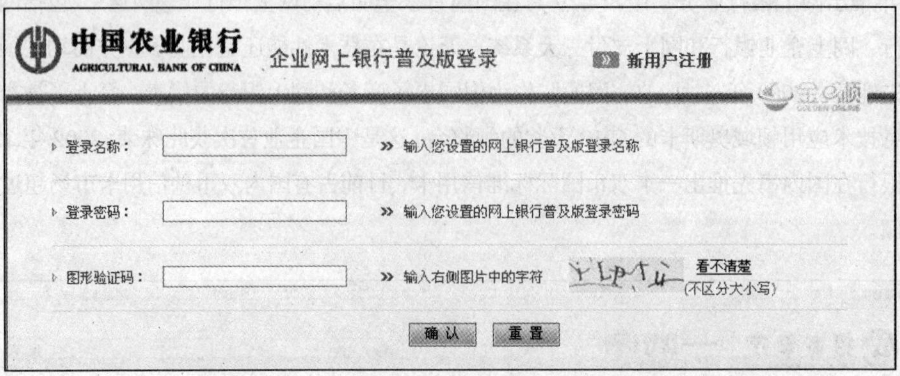

图 4.5　中国农业银行企业网上银行登录界面

中国农业银行个人网上银行是中国农业银行为个人客户提供的网上自助金融服务，近年来在广大个人客户群体中影响日益加大，越来越多的个人成为中国农业银行个人网上银行的注册客户，图 4.6 为中国农业银行个人网上银行的登录界面（卡号登录）。

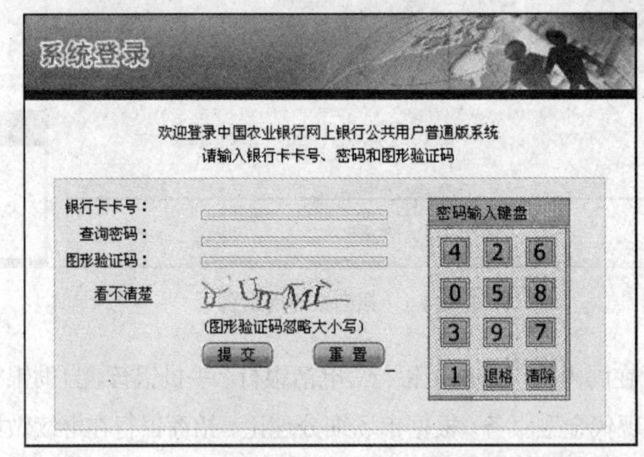

图 4.6　中国农业银行个人网上银行的登录界面

4.3.3　网上银行的功能

不管是直接银行还是混合银行，其网上银行发展战略均是要实现金融及相关业务的服务职能，为客户提供更为快捷、方便和安全的金融产品。

从业务品种细分的角度来分，网上银行主要功能有。

1．公共信息的发布

网上银行通过 Internet 发布的公共信息，一般包括银行的历史背景、经营范围、机构设置、网点分布、业务品种、利率和外汇牌价、金融法规、经营状况、招聘信息以及国内外金融新闻等。通过公共信息的发布，网上银行向客户提供有价值的金融信息，了解银行的业务品种以及业务运行规则，为客户进一步办理各项业务提供了方便。

2．客户的咨询投诉

网上银行一般以E-mail、BBS为主要手段，向客户提供业务疑难咨询以及投诉服务，并以此为基础，建立网上银行的市场动态分析反馈系统。通过收集、整理、归纳、分析客户各式各样的问题和意见以及客户结构，及时了解客户关注的焦点以及市场的需求走向，为决策层的判断提供依据，便于银行及时调整或设计创新出新的经营方式和业务品种，更加体贴周到地为客户服务，并进一步扩大市场份额，获取更大收益。

3．账务的查询勾兑

网上银行可以利用Internet一对一服务的特点，向企事业单位和个人客户提供其账户状态、账户余额、账户一段时间内的交易明细清单等事项的查询功能。同时，为企业集团提供所属单位跨地区、多账户的账务查询功能。这类服务的特点主要是客户通过查询来获得在银行账户的信息，以及与银行业务有直接关系的金融信息，而不涉及客户的资金交易或账务变动。

4．申请和挂失

主要包括存款账户、信用卡的开户、电子现金、空白支票申领、企业财务报表、国际收支申报的报送、各种贷款、信用证并证的申请、预约服务的申请、账户挂失、预约服务撤销等。客户可以通过网上银行清楚地了解有关业务的章程条款，并在线直接填写、提交各种银行表格，简化了手续，方便了客户。

5．网上银行支付

网上银行支付功能主要面向客户提供互联网上的资金实时结算功能，是保证电子商务开展的基础功能，也是网上银行的一个标志性功能，没有网上支付的银行站点，充其量只能算是一个金融信息网站，或称作上网银行。网上支付按交易双方客户的性质分为B2B、B2C、C2C等交易模式，目前出于法律环境和技术安全性方面的考虑，在B2C和C2C功能的提供上各家银行比较一致，B2B交易功能的提供尚处在不断摸索和完善阶段。

（1）内部转账功能。客户可以在自己名下的各个账户之间进行资金划转，实现定期转活期、活期转定期、汇兑、外汇买卖等不同币种、不同期限资金之间的转换，主要目的是为了方便客户对所有资金的灵活运用并进行账户管理。

（2）转账和支付中介业务。客户可以根据自身需要，在网上银行办理网上转账、网上汇款等资金划转业务，该业务为网上各项交易的实现提供了支付平台。客户可以办理转账结算，缴纳公共收费，发放工资、银行转账、证券资金清算等以及进行包括商户对客户（B2C）和顾客对顾客（C2C）商务模式下的购物、订票、证券买卖等零售交易，还可以进行包括商户对商户（B2B）商务模式下的网上采购等批发交易，这类服务真正实现了不同客户之间的资金收付划转功能。

（3）金融创新。基于Internet多媒体信息传递的全面性、迅速性和互动性，网上银行可以针对Internet的特点，针对不同客户的需求开辟更多便捷的智能化、个性化服务，提供传统商业银行在当前业务模式下难以实现的功能。比如针对企业集团客户，可以通过网上银行查询各子公司的账户余额和交易信息，并在签订多边协议的基础上实现集团内部的资金调度与划拨，提高集团整体的资金使用效益，为客户改善内部经营管理、财务管理提供有力的支持。

在提供金融信息咨询的基础上，以资金托管、账户托管为手段，为客户的资金使用安排提供专业化的理财建议和顾问方案。采取信用证等业务操作方式，为客户间的商务交易提供信用支付的中介业务，从而积极促进商务贸易的正常开展。建立、健全企业和个人的信用等级评定制度，实现社会资源的共享。根据存贷款的期限，向客户提前发送转存、还贷或归还信用卡透支金额等提示信息。

4.3.4 网上银行的建设领域

网上银行建设，总体而言，应该包括六大领域，如图 4.7 所示。

第一，客户服务系统。通过网络，银行与企业和个人客户实现及时沟通，建立、完善以客户为中心的机制，针对不同客户群体开发出各种个性化银行产品，通过数据挖掘和分析，为客户提供网上信息增值服务，扩大收入来源。

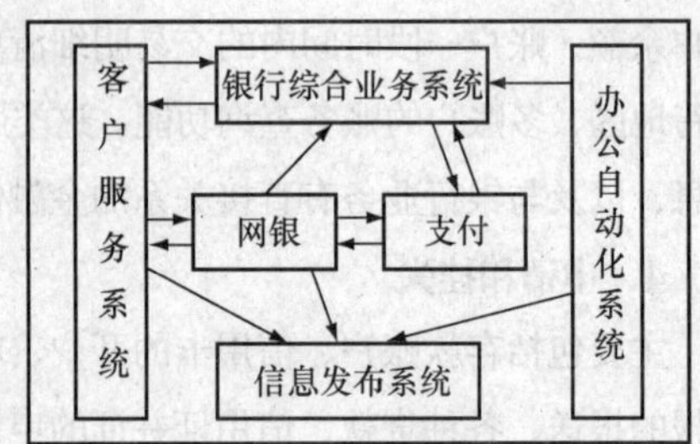

图 4.7　网上银行建设六大领域

第二，银行综合业务系统。提供网络接口，逐步将银行各种传统业务向网络平台延伸，为各种银行客户办理业务提供多种选择方式。

第三，网银系统。它有别于银行传统业务，是为适应电子商务的特点而专门针对不同客户群体，尤其是网络用户开发的各种增值银行业务系统。

第四，支付系统。专门提供网络支付等电子化支付服务。作为电子商务的主要参与者之一，银行提供包括快捷、安全的网络支付在内的电子化支付服务是市场的需求，同时也为自身开辟了新的收入来源。

第五，信息发布系统。提供网上信息发布和传递服务。银行通过网络平台，广泛采集客户需求，用于研发具有针对性的金融产品，同时还可发布广告、营销产品、提升品牌、提供新的营销渠道和手段。

第六，银行办公自动化系统。用以完善内部办公条件，提高管理决策水平。通过完善银行办公自动化建设，银行要提高综合金融业务处理水平，建立高效率、低成本、科学的运行管理体制。为此，银行应将 IT 技术渗透到银行的所有业务、管理和决策过程中去，以提高金融机构的综合业务处理水平、信息化水平、管理水平和防范金融风险的能力，并有效地降低银行的运行成本。

网上银行的这六大基本模块之间并非彼此孤立、毫无联系，图 4.7 大体绘出了各模块系统架构间存在的信息数据以及业务联系。客户服务系统从综合业务系统以及网银系统采集、提取客户及业务数据进行数据分析，并将分析结果及对应系统的完善改进方案反馈回相应系统或利用信息发布系统进行公开发布；网银系统作为银行综合业务系统在网络上的延伸或接口，负责将网络客户的业务请求转发给银行综合业务系统和支付系统，并接受反馈信息；银行的办公自动化系统从管理制度、手段和措施等方面保证银行各业务系统的正常运行，利用信息发布系统发布银行公告等公开信息。尽管银行的这六大模块职责功能各不相同，但它们浑然天成、不可分割，共同组成网上银行的主体框架。

4.4 电子支付工具

电子支付工具是在电子信息技术发展到一定阶段后产生的新兴金融业务所使用的支付工具，多数依存于非纸质电磁介质存在，大量使用安全认证、密码等复杂电子信息技术。随着电子银行的兴起和微电子技术的发展，电子支付技术日趋成熟，电子支付工具品种不断丰富。

4.4.1 银行卡

银行卡包括借记卡、贷记卡、准贷记卡等。借记卡是先存款、后消费、不可透支的卡。贷记卡是先消费、后还款的信用卡，准贷记卡是先存款、后消费、允许小额透支的信用卡。自 20 世纪 60 年代以来，信用卡机制就已成为一种支付方法。作为支付工具创新的成果，信用卡对金融事业的发展产生了重大的影响。目前世界上五大主要国际信用卡组织为 Visa、Master、American Express、JCB 和 Dinners Club，我国正在倾力打造“中国银联”。

1．银行卡支付概念

银行卡是银行或其他金融机构发给消费者的用以在约定的单位购买商品或支付劳务、定期结算清偿的支付工具。而信用卡与其他银行卡的一个主要差别在于，信用卡不仅是一种支付工具，同时也是一种信用工具。信用卡的出现从根本上改变了银行的支付方式、结算方式，从根本上改变了人们的消费方式和消费观念，是一种重要的、广泛应用的电子支付工具。信用卡可以用来购物、信贷和转账等，还可以进行现金的存取。信用卡的特点是携带方便、不易损坏、安全性好，同时具有电子支付的功能。信用卡有账号和口令，还有口令保护，丢失后可以挂失。信用卡具备电子支付和信贷功能，既可以实现简单的存取，也可以进行电子支付，是一种很好的电子支付解决方案，也是现在最为流行的电子支付工具。

但是，使用信用卡也存在着一些问题，其中最主要的就是安全问题。信用卡的安全已成为消费者最关心的问题，很多人都担心因口令泄露而导致信用卡被盗用。还有一个问题就是使用信用卡的交易费用较高，这也影响了信用卡用于电子支付的普遍性。信用卡遗失和超过有效期也会给持卡人带来风险和麻烦。但总体而言，信用卡还是一种比较合适、方便和安全的支付模式，是电子支付的一种优秀解决方案。

2．银行卡支付流程

现在比较流行的信用卡支付包括三种模式：通过经纪人的支付模式、简单的支付加密模式和 SET 模式，其中的 SET 协议将在第 5 章中介绍。三种支付模式都有相同点，总结起来，使用信用卡的支付流程是：持卡人用卡购物或消费时，出示信用卡，同时出示持卡人身份证明或提供密码口令。商家得到购物申请后，与发卡行联系，请求发卡行进行支付认可。发卡行在确认持卡人的身份之后，给商家返回一个确认可以交易的信息。商家向持卡人提供商品或服务，要求持卡人在签购单上签字。商家向发卡行提交签购单。发卡行向商家付款。这样就完成了一次交易。随后，发卡行向持卡人发出付款通知，持卡人向发卡人归还贷款。电子支付模式下的信用卡支付就是在互联网上完成上述过程，也可以将信用卡信息存储在互联网上，经过如 SET

加密技术的安全保障后，进行电子支付。信用卡支付的一般流程如图 4.8 所示。

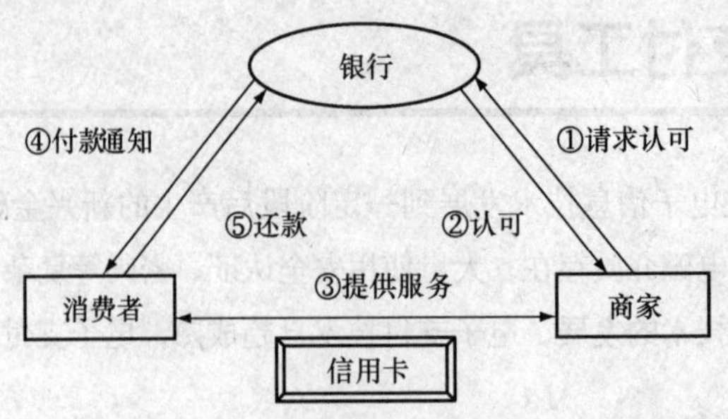

图 4.8 信用卡支付流程图

信用卡的支付过程是比较简单的，将信用卡的支付模式运用到电子支付上也是比较方便的，所以信用卡支付在传统支付和网上支付条件下都是一种常用的支付解决方案。

4.4.2 电子支票

对支票型支付系统的需求推动了电子支票系统的研究和开发，目前世界上已存在多种电子支票系统，现在比较流行的有 FSTC、Net Bill 和 NetCheque 等。

1．电子支票概念

电子支票（Electronic Check）是用电子方式实现纸质支票功能的新型电子支付工具。电子支票与纸质支票相似，采用电子方式呈现，使用数字签名为背书，使用数字证书来验证付款者、付款银行和银行账号，它的安全系统由公开密钥密码法的电子签名来完成。

电子支票有它区别于纸质支票的地方。首先，电子支票的挂失可以是及时性的，也就是在用户发觉电子支票已经遗失或者被盗的时候，可以及时通过互联网挂失该电子支票，这点比纸质支票更快捷；其次，传统的纸质支票由手工签名，而电子支票用电子签名，电子签名更加安全可靠，而且绝对不可能模仿。总之，电子支票是更加适合电子信息化社会的支付方式，它更加安全、快捷。

2．电子支票支付流程

电子支票的支付过程涉及三个参与者：消费者、商家和银行，电子支票的支付流程如图 4.9 所示。

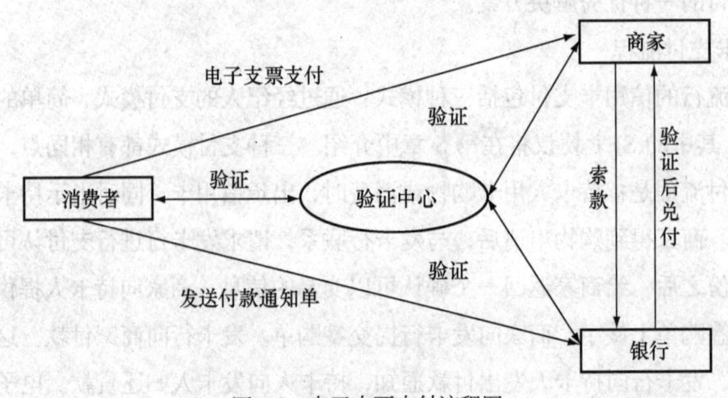

图 4.9 电子支票支付流程图

（1）消费者选择了商品以后，与商家协商由电子支票来支付。

（2）消费者在得到商家的确认后向商家发出电子支票，并同时向自己的开户银行发出付款通知单。

（3）商家通过验证中心来验证消费者的电子支票的可用性，如电子支票无误，就可以将支票送消费者开户行索款。

（4）银行在收到商家的索款通知后，也要通过验证中心来验证电子支票，在确认无误后向商家进行兑付。

4.4.3 电子现金

消费者非常青睐现金这一传统支付工具。在某些国家，交易的现金使用率甚至高达75%～95%，尽管这些交易中的大部分交易金额相当低。电子现金包括如下特点。

（1）可接受性：不管交易金额多少，现金几乎总可以被接受。

（2）保证支付：现金的物理交接可以完成交易，不存在支付不被承兑的风险。

（3）无交易费：现金的流通无需收取交易费，也没有通信费或其他收费。

（4）匿名性：很多其他支付方式涉及与交易一方或双方相关联的踪迹，现金则允许以匿名方式完成，这对消费者也具有很大的吸引力，因为人们担心有的机构可能监控他们的消费活动并掌握其消费规律。

电子现金支付方式的设计主要模拟以上特点，但到目前为止，还没有一个系统可以同时具有上面所有特点。目前比较具有影响力的电子现金系统包括E-cash、Net-Cash、Cyber-Coin、Mondex和EMV现金卡，我们主要介绍E-cash系统。

1．电子现金概念

电子现金（E-cash）是一种以电子形式存在的现金货币，又称为数字现金。它把现金数值转换成为一系列的加密序列数，通过这些序列数来表示现实中各种金额的币值。电子现金使用时与纸质现金完全类似，多用于小额支付，是一种储值型的支付工具。

从现金的各种特点来看，电子现金必须具备现金的特点才能够成为电子现金。也就是说，电子现金必须是匿名的，因为现实使用的现金是不可能知道现金的具体来源的。电子现金还必须是流动的，电子现金作为电子支付的一种形式，必须适应支付的可流动性，也就是电子现金可以在许多持有者手中。电子现金还必须精确，或许，电子现金在数额上可以摆脱现实现金的束缚，做到真正的精确。

电子现金的发展也是非常迅速的，现在，电子现金及其支付系统已有多种形式。按电子现金载体来分，电子现金主要包括如下两类：一类是币值存储在卡片上，另一类是将币值以数据文件的形式存储在计算机的硬盘上。不同形式的电子现金实现的功能是相同的，它们都是电子支付的重要工具。

2．电子现金支付流程

客户要使用电子现金，就必须在电子现金发行银行开立一个账户。这样在需要时，客户可以用现金、存款或转账申请兑换电子现金。然后，客户使用计算机电子现金终端软件从银行账户取出一定数量的电子现金存在硬盘或电子钱包或智能卡上。客户从同意接收电子现金的商家订货，使用电子现金支付所购商品的费用。接收电子现金的商家与客户银行之间进行清算，客户银行将客户购买商品的钱支付给商家，具体流程如图 4.10 所示。

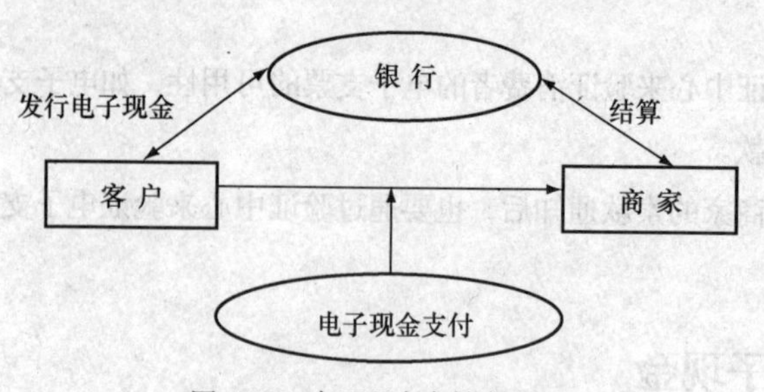

图 4.10　电子现金支付流程图

电子现金支付也具有普通现金支付的特点，它也可以存、取、转让，也一样会丢失。所以，在使用电子现金的时候，消费者也必须像在使用普通现金时一样小心。电子现金支付中，商家可能不是对所有银行的电子现金都会接受，在结算的时候电子现金会从消费者的账户转到商家的账户。身份验证是由电子现金本身完成的。电子现金的发行银行在发放电子现金时使用电子签名保证电子现金的安全性，商家在每次交易时，将电子现金传送给银行，由银行验证电子现金的有效性。总体来说，电子现金是电子支付的一种特殊形式，也是比较适合小额交易的一种很好的支付形式。

4.4.4 移动支付

1．移动支付的概念

移动支付是移动运营商和金融机构共同推出的能够实现远程在线支付的移动增值业务，是指用户使用移动终端设备为载体，通过移动运营商向约定银行提供的计算机网络系统发出支付指令，由银行通过计算机网络将货币支付给服务商的一种支付方式。移动支付所使用的移动终端可以是手机、PDA、移动 PC 等，其手段包括手机短信，互动式语音应答（基于手机的无限语音增值业务的统称）、WAP 等多种方式。

在移动支付产业中，其整个系统由消费者、商业机构、支付平台运营商、银行、移动运营商等多个环节组成。移动支付的主要原理是在移动运营支撑平台上构建一个移动数据增值业务，把移动客户的手机号码当作关联支付账户，使移动客户可以通过手机进行身份确认和交易活动。

2．移动支付流程

移动支付的电子商务实现过程很简单，主要是客户通过拨打电话、发送短信或者使用移动 WAP 功能接入移动支付系统，移动支付系统将此次交易的要求传送给移动应用服务提供商，由它确定此次交易的金额，并通过移动支付系统通知客户。在客户确认后，支付方式可以通过多种方式实现，如直接接入手机银行、客户电话账单等，这些都将由移动支付系统（或与客户和移动应用服务提供商开户银行的主机系统协作）来完成。

移动支付一般分为三种类型。第一种，以运营商为主导。其具体支付方式主要分为两种：其一，话费账户消费，即消费者用话费进行手机支付，从而完成交易；其二，手机支付账号消费，即消费者申请一个手机支付账户，该账户和通话账户是分离的，可通过银行对该账户充值，消费者消费时，直接使用手机支付账户进行支付。第二种，以银行为主导。用户先申请手机银行服务，消费时通过手机银行支付。例如采用手机短信支付的流程为：首先，客户选择手机支付，并输入已经在银行注册过的支付手机号，点击“确认支付”后向相关银行提交支付；接着，此银行直接给客户发送支付确认短信（如：您的订单号035337金额为20.0元，支付请转发该短信至777795588*****，其中*****为支付密码）；客户收到短信后，按照此银行短信内容的要求把此短信转发给指定的号码（银行的短信号+手机支付密码）授权完成支付；最后，银行校验客户的支付密码后，从客户银行账户中扣除支付金额，短信通知客户支付结果。这样，一次通过手机短信进行的支付行为就完成了。手机银行除了提供手机银行支付服务，还提供账务查询、转账汇款、缴费、买基金、买理财产品、贵金属交易、信用卡还款、小额购汇等业务，可以满足绝大多数客户的金融服务需求。第三种，以支付平台为主导。这也是目前主流的移动支付模式。其具体的移动支付流程如图4.11所示。

（1）消费者进行商品浏览并选择，在确认购买后，通过移动通信设备发送购物请求给商业机构。

（2）商业机构在接收到消费者的购买请求之后，发送收费请求给支付平台，支付平台利用消费者账号和这次交易的序列号生成一个唯一的序列号，代表这次交易。

（3）支付平台必须对消费者和内容提供商账号的合法性即正确性进行审查，所以支付平台把消费者账号和内容提供商账号信息发送给第三方信用机构，由第三方信用机构进行确认。

（4）第三方信用机构把认证结果发送给支付平台。

（5）支付平台在收到第三方机构的认证消息后，如果账号通过认证，支付平台就将交易的详细信息发送给消费者，请求消费者进行支付授权；如果没有通过认证，支付平台则将认证结果发送给消费者和商业机构，并取消此次交易。

（6）消费者在核对交易的细节后，发送授权信息给支付平台。

（7）支付平台得到支付授权后，就开始进行消费者账户和内容提供商账户之间的转账，并且将转账细节记录下来；转账完成后，传送收费完成信息给商业机构，通知其交付商品。

（8）支付平台传送支付完成信息给消费者，作为支付凭证。

（9）商业机构得到收费成功的信息后，把商品交给消费者。

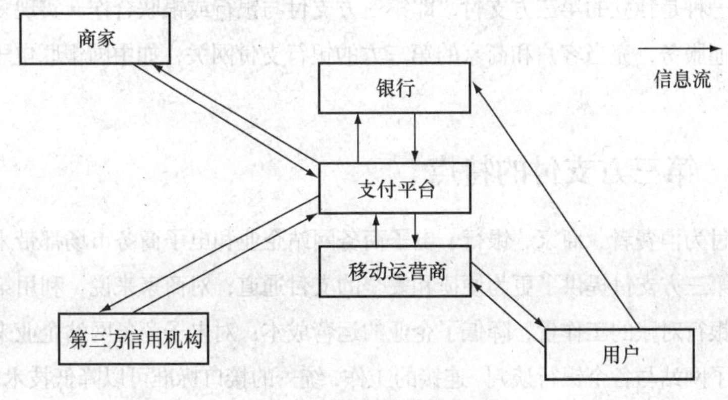

图4.11 移动支付流程图

4.5 第三方支付

支付环节是电子商务发展的瓶颈之一。随着电子商务的发展，第三方支付应运而生，并且迅速发展，已经成为解决电子商务在线交易安全支付问题的重要手段。据市场研究公司易观国际发表的研究报告称，2007年中国电子商务市场第三方支付服务平台的总交易额已接近750亿元人民币，分列前三位的第三方支付平台分别为阿里巴巴旗下的支付宝（AliPay）、中国银联电子支付平台（ChinaPay）和腾讯旗下的财付通（TenPay）。

4.5.1 第三方支付的定义

所谓第三方支付，就是一些具备一定实力和信誉保障的第三方独立机构经与国内外各大银行签约后提供的与银行支付结算系统具有接口的支付平台。

第三方支付作为目前重要的网络交易手段和信用中介，起到了在网上消费者、网上商家和银行之间建立起连接，实现第三方监管和保障的作用。采用第三方支付，可以安全实现从消费者、金融机构到商家的在线货币支付、现金流转、资金清算、查询统计等流程，为开展B2B、B2C、C2C等电子商务活动和其他增值服务提供完善的支持。

第三方支付平台较好地解决了长期困扰电子商务的资金流、诚信等问题。对于电子商务企业来说，应用第三方支付平台可以提升形象和竞争力，提高消费者忠诚度，降低交易风险。应用第三方支付平台已经成为开展电子商务从而增强企业竞争力的新趋势。对于电子商务消费者来说，应用第三方支付平台可以较有效地保证商品交易和资金支付的安全性。因此，第三方支付正在蓬勃地发展。目前，国际上著名的第三方支付平台当属PayPal，它可在全球四十多个国家的电子商务交易中使用。国内则涌现了支付宝、财付通、首信易支付、银联电子支付、易宝支付等为代表的一大批第三方支付平台。

第三方支付的经营模式大致分为两种。一种是非独立的第三方支付，即第三方支付依托电子商务平台，在具备与银行支付结算系统相连功能的同时，充当信用中介，为客户提供账户，进行交易资金代管，由其完成客户与商家的支付后，定期统一与银行之间的结算，如支付宝、财付通等；另一种是独立的第三方支付，即第三方支付与银行或银联合作，实现多家银行数十种银行卡的直通服务，充当客户和商家的第三方的银行支付网关，如中国银联电子支付平台、易宝支付等。

4.5.2 第三方支付的特点

第三方支付为消费者、商家、银行、电子商务网站企业和电子商务市场都带来了好处。对消费者来说，第三方支付提供了更为便捷和安全的支付通道；对商家来说，利用第三方支付可以大大减少与银行对账的工作量，降低了企业的运营成本；对电子商务网站企业来说，使用第三方支付省去了网站与各个银行谈判、连接的工作，统一的接口标准可以降低技术与维护成本；对银行及发卡机构来说，可以共享第三方支付所提供的丰富的客户资源；对电子商务市场来说，第三方支付促进了电子商务在线支付的健康成长，交易量的聚集有利于降低整体的交易成本，交易保管金也有利于降低市场交易的风险。

综合而言，第三方支付服务主要具有以下特点。

（1）支付成本低

第三方支付平台采用了与众多银行合作的方式，从而大大方便了网上交易的进行，对于商户来说，不用安装各银行的认证软件，从一定程度上简化了操作，降低了开发和维护成本。对于银行，可以直接利用第三方的服务系统提供服务，帮助银行节省网关成本。

（2）具有公信度

运行规范的第三方支付服务商，只向合法注册的企业或认证后的个人商户提供服务，在很大程度上避免了交易欺诈的发生，令消费者使用网上支付更有信心。一旦发生交易纠纷，第三方支付会对消费者和商家采取双向保护，在交易双方之间进行公平、公正的协调处理，确保双方的合法利益得到最大限度的维护。

（3）使用方便

第三方支付平台提供一系列应用接口程序，将多种银行卡支付方式整合到一个界面上，使互联网和银行系统之间能够加密传输数据，使商户能够同时利用多家银行的支付通道。

（4）提供个性化与增值服务

第三方支付可以根据被服务企业的市场竞争与业务发展所创新的商业模式，同步制定个性化的支付结算服务。第三方支付平台能够提供一些增值服务，如帮助商户网站解决实时交易查询和交易系统分析，提供方便、及时的退款和止款服务。

（5）安全性较高

用户的信用卡信息或银行账户信息仅需要告知第三方支付平台，而无需告知每一个收款人，大大减少了信用卡信息和银行账户信息失密的风险。

4.5.3 第三方支付的流程

第三方支付平台作为买方和卖方的“中介”，为交易提供了支付服务通道，并在一定程度上增加了买卖双方之间的交易信任，减少了支付成本，使电子交易更加快捷、便利。目前第三方支付最大的应用领域是 C2C 电子商务模式。在 B2C 模式下对于销售量较少的企业也适合使用第三方支付。

第三方支付流程（见图 4.12）包括以下环节。

（1）买方在电子商务网站上选购商品，然后与卖方达成交易协议。

（2）买方和卖方同意采用第三方支付系统，交易以第三方支付形式进行。

（3）买方通过账户向第三方支付已经协商好购买的商品款项。

（4）第三方在收到买方的购货款项后通知卖方发货。

（5）卖方通过指定的物流公司或自有物流进行商品的发送。

（6）买方向第三方反馈收到商品的情况。

（7）如果买方以各种理由拒绝收货，或在卖方承诺的退货期内退货，则第三方退还买家的货款，交易完成。

（8）如果买方确认收货，则第三方将把货款划转到卖方的账户，交易完成。

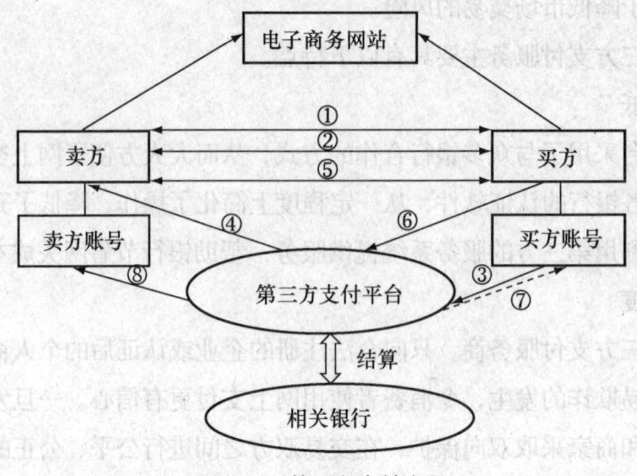

图 4.12　第三方支付流程

4.5.4　第三方支付实例

下面介绍几个目前国内领先的第三方支付平台。

1．支付宝（www.alipay.com）

支付宝是阿里巴巴公司旗下的支付网站，针对网上交易推出安全付款服务，以支付宝为信用中介，在买家确认收到商品前，由支付宝替买卖双方暂时保管货款，确保了买家和卖家双方的利益。

目前支付宝支持国内外主要的银行卡。截至 2008 年 8 月底，支付宝的注册用户已经超过 1 亿，日交易额突破 4.5 亿元人民币，日交易笔数突破 200 万笔。支付宝庞大的用户群吸引着越来越多的互联网商家主动选择集成支付宝产品和服务。目前除淘宝和阿里巴巴外，支持使用支付宝交易服务的商家已经超过 46 万家，如图 4.13 所示。

图 4.13　支付宝

2．中国银联电子支付平台（www. chinapay. com）

中国银联建成开通的统一支付网关系统，为国内电子商务网站和消费者提供多达二十多家银行数十种类型的银行卡的网上实时支付服务。图 4.14 所示为中国银联电子支付平台。

图 4.14　中国银联电子支付平台

3．财付通（www. tenpay. com）

腾讯公司旗下的财付通（见图 4.15），致力于为互联网个人用户和企业提供安全、便捷、专业的在线支付服务。财付通构建了全新的综合支付平台，业务覆盖 B2B、B2C 和 C2C 各领域，提供网上支付及清算服务。针对个人用户，财付通提供了包括在线充值、提现、支付、交易管理等丰富功能；针对企业用户，财付通提供了安全可靠的支付清算服务和极富特色的 QQ 营销资源支持。

图 4.15　财付通

4．安付通

安付通（见图 4.16）是易趣网联合中国工商银行、中国建设银行、招商银行和中国银联电子支付服务有限公司等提供的网上安全交易支付工具。网上买家可以通过安付通放心地付钱给素未谋面的网络卖家，因为易趣在交易过程中自始至终充当值得信赖的第三方并且控制付款流程。买家收到物品后决定是否将货款支付给卖家，而易趣会严格遵照买家意愿和安付通的流程规定实施放款。在不断完善安付通功能的基础上，在贝宝登录易趣平台后，贝宝与安付通共同构成了易趣安全支付平台，买家可根据自身需要选择使用贝宝或安付通支付货款。贝宝与安付通是两个既可独立使用又可关联使用的安全在线支付工具。通过贝宝，买家可直接付款给卖家；通过安付通，买家先验货后付款。

图 4.16 安付通

5．快钱（www.99bill.com）

快钱（见图 4.17）是国内领先的、独立的第三方支付平台，旨在为各类企业及个人提供安全、便捷和保密的综合电子支付服务。目前，快钱是支付类型最丰富、覆盖人群最广泛的电子支付企业，其推出的支付类型包括且不限于人民币支付、外卡支付、神州行卡支付、联通充值卡支付、VPOS 支付等，支持互联网、手机、电话和 POS 等多种终端，可以满足各类企业和个人的不同支付需求。

6．paypal 在线支付

PayPal（见图 4.18）是全球领先的在线支付提供商之一，也是全球最大的网上拍卖网站 Ebay 的子公司之一。自 1998 年成立至今短短九年，凭借快速、安全、方便三个特质当仁不让地成为在线付款解决方案的全球领导者，同时也是跨国交易的理想解决方案，拥有超过 6 千万注册用户。截至 2006 年年底已在全球 150 个国家和地区，为超过 2.2 亿人提供了安全便利的网上支付和账户管理服务。日交易量超过 100 万笔，年支付总额超过 180 亿美元。

图 4.17 快钱

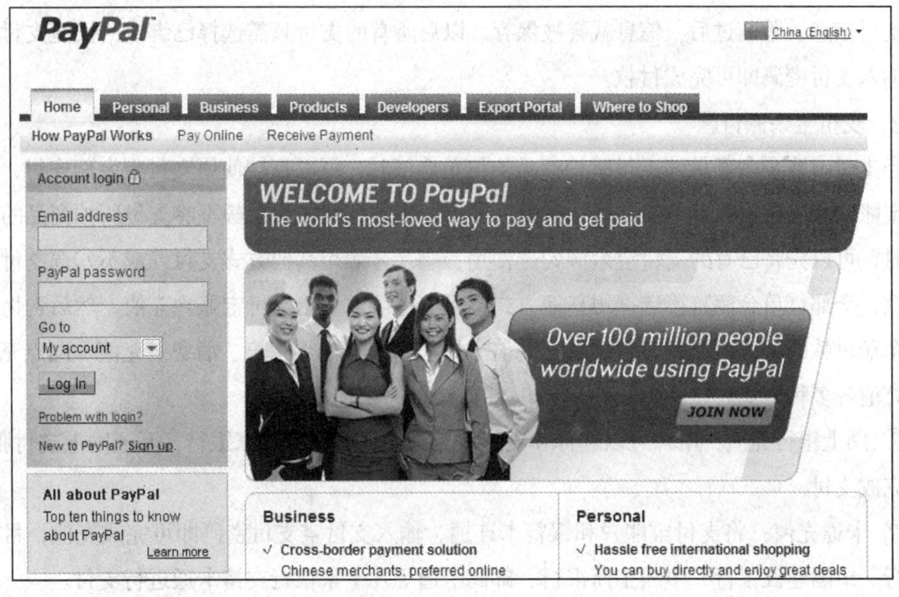

图 4.18 PayPal 首页

4.6 电子商务支付方式

随着网络技术的快速发展，电子商务不断加快其发展进程，作为新的经济时尚已经被大众所接受。而完整的电子商务必然对便捷、安全的在线支付有很强的依赖性。本节将分别介绍

C2C、B2C、B2B 电子商务模式下的支付方式。

4.6.1 C2C 电子商务支付方式

下面以淘宝网为例，介绍 C2C 电子商务支付方式。目前，淘宝网的支付方式包括快捷支付、网上银行付款、支付宝余额付款、货到付款、网点付款、消费卡付款和他人代付等。

1．快捷支付

快捷支付是淘宝网上最安全、便捷、有保障的支付方式。网上购物时只需一张银行卡，无需办理网银，输入支付宝支付密码即可完成付款。在用快捷支付方式时，可以选择信用卡支付，也可以选择借记卡支付。目前支持快捷支付的信用卡有中国建设银行、中国工商银行、交通银行、广发银行、中国银行、中国农业银行、兴业银行等 24 家银行的信用卡。目前支持借记卡快捷支付的银行有中国建设银行、中国工商银行、交通银行、中国农业银行、自贡市商业银行，共 5 家银行。

快捷支付开通方式共有两种。第一种为快捷支付（即普通版）。首先申请开通快捷支付，然后网银在线签约或者银行柜台签约，激活后开通成功；第二种为信用卡快捷支付（即升级版）。首先选购需要的商品（要支持信用卡付款），然后付款时选择用信用卡快捷支付付款，选择银行后，输入卡号等信息，在这里可选择保存信用卡信息，下次支付时不需再输入卡号等信息。进入下一步后，输入手机号及校验码。点击确认付款后，输入支付宝支付密码，完成付款。第一次支付信息校验通过后，信息就会被保存。以后所有的支付只需选择已绑定的快捷支付银行卡，输入支付密码即可完成付款。

2．支付宝余额付款

当支付宝账户余额足够支付所拍商品的订单金额时，可以直接使用支付宝余额支付，输入支付宝账户和支付密码，单击“确认付款”即可；当支付宝账户余额不够支付所拍商品的订单金额时，可以先将已有的支付宝余额勾选使用，剩余金额用其他方式支付，或不勾选支付宝余额付款，全部订单金额直接选择用其他方式支付，也可以先给支付宝账户充值，然后购物时再选择余额付款的方式对交易进行付款，充值方式包括网上银行充值、消费卡充值、网点充值、邮局充值等多种方式。

① 网上银行充值：用户可以选择和支付宝公司合作的任意一家银行，开通网上支付服务，即可完成支付。

② 卡通充值：将支付宝账户和银行卡连通，输入支付宝支付密码即可完成充值，目前招商银行、中国建设银行、中国工商银行、邮储卡通等几十家银行支持卡通进行支付。

③ 邮局充值：到邮局办理“网汇 e”汇款业务，再登录支付宝账户进行充值。

④ 网点充值：用户可以直接去营业网点，购买支付宝充值码，或为网上交易的订单直接付款。支持“现金”和“刷卡”两种收款方式。

⑤ 找朋友代充值：如果你的朋友拥有支付宝账户并开通了网上银行或卡通，可以把你的支付宝账户和金额告诉他，请朋友代充值。

⑥ 百联卡充值：消费卡是发卡商根据持卡人的要求将其资金转至卡内存储，交易时直接从卡内扣款的预付钱包式储蓄卡。你可以将消费卡内的预存金额，通过支付宝提供的充值渠道，

转充至支付宝账户内。

⑦ 话费充值卡：支付宝用户将全国神州行卡、联通一卡充内的金额，通过支付宝提供的充值渠道，转充至支付宝账户内。

⑧ 便利通卡充值：支付宝客户将便利通卡内的预存金额，通过支付宝提供的充值渠道，转充至支付宝账户内。

3．支付宝卡通付款

“支付宝卡通”是支付宝与中国工商银行、中国建设银行、招商银行等50多家银行联合推出的一项网上支付服务。“支付宝卡通”的特点是：不需要开通网上银行，只用输入支付密码就能立刻支付，还可以自动帮助客户完成实名认证，即刻可以成为收款账户；另外，支付宝账户可以绑定多个银行和多张银行卡，而且部分卡通还可以在支付宝网站随时查询银行卡内余额和实时提现，真正实现零等待。

支付宝卡通开通方式有两种：第一种方式为网上开通，即在线签约模式，无需至银行柜台签约，可在线直接激活。用户登录支付宝申请“支付宝卡通”，选择银行、确认个人信息后提交，然后登录网银签约，填写证件号码和用户昵称，同意协议后输入网银盾即可开通成功；第二种为银行柜台开通，首先登录支付宝账户提交申请，第二步去银行柜台签约，然后激活支付宝卡通。

4．网银付款

用户如果拥有银行卡，只需开通网上银行即可完成网上付款。目前，淘宝网可支持 20 余家银行，并覆盖了最广泛的企业和个人用户。网购付款时，在选择“银行卡对应的银行名称”后，单击“下一步”后，如果选择有误，可单击下方的“选择其他方式付款”重新选择，确认选择无误后，单击“登录到网上银行付款”即可进入网上银行支付页面。

5．信用卡付款

信用卡支付是指买家可以直接在淘宝上刷信用卡，买大额产品不再受每笔最高500元限额的限制。而以往的支付方式是通过网银向支付宝先充值，再付款，各银行的限额都有所不同。

6．货到付款

货到付款无需开通网上银行，在家等待快递公司送货上门，先验货后付款（目前仅支持淘宝购物）。当面付款给物流公司即完成交易，物流公司会与支付宝结算，支付宝会将钱款划入卖家账户。目前，支持“银行卡刷卡”和“现金”两种付款方式。

7．网点付款

网点支付是支付宝推出的一种全新的支付方式，客户只需到与支付宝合作的营业网点，以现金或刷卡的方式即可完成账户充值和网上交易订单付款。用户可以去身边的便利店、邮局、药店等支付宝合作网点完成付款。合作网点覆盖了北京、上海、广州、深圳、杭州、成都等25个大中城市的 10 万个网点。网点付款方式无需开通网上银行，线下即可解决付款问题，但需要手续费。

8．消费卡付款

如果用户拥有全国神州行卡、联通一卡充和联华百联OK卡，用户可以用消费卡付款，消费卡和银行卡一样，可以直接付款无须充值，但需要手续费。消费卡仅支持全额充值、交易，多余金额转入支付宝余额。

9．找人代付

找人代付指的是当客户在网上购买商品后，可以由别人帮用户完成网上付款。

10．国际银行卡支付

无论用户在何地，只要用户拥有国际银行卡，支付宝就能帮助用户完成安全、便捷的在线支付。只需要输入国际银行卡信息，即可完成付款。

4.6.2 B2C 电子商务支付方式

在国内不同的 B2C 网站最常用的支付方式是在线支付和货到付款。在线支付是一种通过第三方提供的与银行之间的支付接口进行支付的方式，这种方式的好处在于可以直接把资金从用户的银行卡转账到网站账户中，汇款实时到账，不需要人工确认。与到银行转账的最大区别就在于可以自动预付款。相对来说，货到付款更安全，也更方便，看到货后满意才付钱，也不用开通网上支付和支付宝。

随着电子商务的发展，各 B2C 网站所支持的支付方式也有所不同，下面以京东商城为例介绍 B2C 网站的支付方式。

1．货到付款

货到付款即在快递公司送货上门后，先验货后付款。可以现金支付，也可以在物流提供的 POS 机上刷卡支付。

2．在线支付

京东商城为用户提供了银行卡在线支付、银联支付、财付通支付、快钱支付、支付宝支付、手机支付、汇付天下支付等网上在线支付方式。

当用户完成网上在线支付过程后，系统提示支付成功。如果系统没有提示支付失败或成功，用户可以通过电话、ATM、柜台或登录网上银行等各种方式查询银行卡余额，如果款项已被扣除，说明已支付成功。

3．邮局汇款

邮局汇款的到款时间一般是自办理邮局汇款手续之日起 2~7 个工作日。其支付流程如下。

① 支付方式选择“邮局汇款”后提交订单。

② 获取订单对应 15 位汇款识别码。

③ 备注汇款识别码汇款至京东。

④ 客户提交订单汇款确认。

⑤ 等待京东确认订单。

⑥ 商品发出。

4．公司转账

公司转账分为企业网银和线下公司转账两种方式。企业网银支持工行、建行、招行、农行、浦发五个银行网银转账，实时到款，京东实时确认订单，同个人网银汇款，没有汇款识别码产生，且无需顾客填写付款确认。非工、农、建、招、浦发的银行支付款项，可通过网银转账和柜台存款支付，提交订单后选择线下公司转账会生成 15 位汇款识别码，此汇款识别码是快钱匹配京东订单款项的唯一编码。公司转账支付流程如图 4.19 所示。

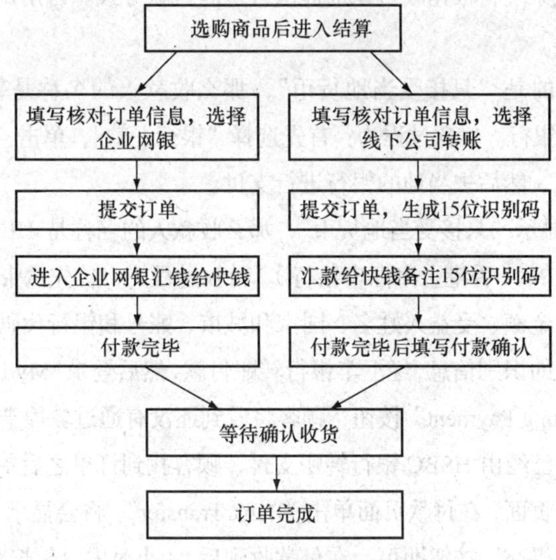

图 4.19　公司转账支付流程

5．分期付款

用户可以采用分期付款的方式在京东商城购买商品或服务。分期付款流程如下。

① 申请分期付款。用户在京东商城选购喜欢的商品后，单击“申请分期付款”按钮。

② 选择分期付款方式。京东商城提供了两种分期付款方式。第一种，在线分期，需要提交信用卡相关信息并认证；第二种，电话分期，京东客服致电用户确认相关信息。

③ 银行审核。如果上一步选择了在线分期方式，则银行自动审核，用户立即得知审核结果。如果上一步选择了电话分期方式，则银行人工审核，用户将在 1～2 个工作日内得到审核结果。

④ 京东送货。所有手续及流程确认无误后，京东送货到家。

4.6.3　B2B 电子商务支付方式

下面以敦煌网为例介绍 B2B 电子商务的支付方式。敦煌网的支付方式主要有信用卡、Paypal、DHgate 电子钱包（E-Wallet）、银行转账、西联。

1．信用卡

敦煌网为顾客提供了 Visa、MasterCard 两种信用卡支付方式。信用卡支付流程为：顾客选择喜欢的商品后，选择信用卡支付方式，首先提交信用卡卡号、过期日期、3 个数字、卡类型和附加的一些防欺骗信息，如地址信息，然后填写收货地址和信用卡信息等，确认订单信息后完成支付。

2．Paypal

用户采用 Paypal 支付，不用在线使用信用卡，可以直接从账户转账，同时由 Paypal 服务器安全加密。由于用户的信用卡卡号无须发送至敦煌网，从而避免了非授权使用。同时，可以通过 Paypal 账户追踪付款情况。

3．银行转账

当用户付款时，该系统将根据收费地址提供合适的付款方式。若用户选择通过银行汇款，共有两种方式可供选择。

① 如果系统显示的是“只接受当地货币”，那么收款人的名称是敦煌的合作者 Global Collect，收款行是当地银行。付款过程为：首先选择“银行汇款”，单击“继续支付”按钮，接着打印或写下支付信息，然后去当地的银行进行支付。

② 如果系统没有显示“只接受当地货币”，那么收款人的名称是 HEGUANG International Limited，收款行为 HSBC（香港上海汇丰银行）。付款过程为：首先携带自己和受益人的证明文件，如订单号和支付金额、受益人姓名、国家和城市、账号和银行代码等，去当地的汇丰银行分支机构填写受益人的识别信息，经汇丰银行转账付款，然后登录“My DHgate”，单击“Active Orders”页面的“Awaiting Payment”按钮，顾客将看到还没有通过敦煌支付系统进行支付的订单，这时，顾客的订单已经由 HSBC 银行转账支付，顾客找到订单之后单击“Proceed to pay”，进入到顾客的订单支付页面，在付款页面单击“Bank Transfer”，将会显示一个提交表单。最后，填写提交表单，单击“提交”按钮即可。在付款收到后 24 小时内，敦煌会确认付款。

4．DHgate 电子钱包

客户使用敦煌账户和 DHgate 电子钱包密码可以查阅任一个敦煌订单，可以通过西联和银行转账充值，而且可以随时提现。当客户激活电子钱包后，会在“My DHgate 电子钱包”页面获得 DHgate 电子钱包 ID，顾客的 DHgate 电子钱包 ID 是唯一的。当顾客向 DHgate 电子钱包充值时，需要在汇款表单的备注中填写 ID。通过 ID 敦煌员工可以识别付款人，即时确认资金。

激活了 DHgate 电子钱包后，客户可以通过银行转账或通过西联向 DHgate 电子钱包里存钱。汇钱时需要在汇款表单的备注中填写 ID。转账后要登录电子钱包，进入充值页面，提交汇款信息。敦煌确认后，客户即可使用电子钱包付款了。付款过程为：首先在付款页面选择“DHgate E-Wallet”支付方式，然后当向 DHgate 电子钱包充值时，可以同时选择未支付的订单进行支付。最后，顾客可以在“My DHgate E-Wallet”看到“Unpaid Orders”，单击完成支付。

5．西联

西联汇款是全世界范围最广泛、支付过程最方便快捷的汇款方式。目前，中国农业银行和中国邮政是中国西联汇款业务的代理银行和邮局。敦煌客户选择西联付款的支付流程为：首先在付款页面选择西联支付，接着携带自己和敦煌收款人的身份证明，去当地的西联分支机构，在汇款表单中填写订单号、支付金额、DHgate 收款人的姓名和地址并通过西联付款，然后获得一个汇款监控号。接着，客户登录“My DHgate”，选择“Active Orders”页面的“Awaiting Payment”，客户会看到一系列没有通过敦煌支付系统付款的订单，找到已由西联支付的订单，单击“Proceed to pay”，进入到订单付款页面，在付款页面上，单击“Western Union”，则会显示出一个 MTCN（汇款监控号）提交表单，填写该表单并提交。在收到付款后 24 小时内敦煌将确认客户的付款，如图 4.20 所示。

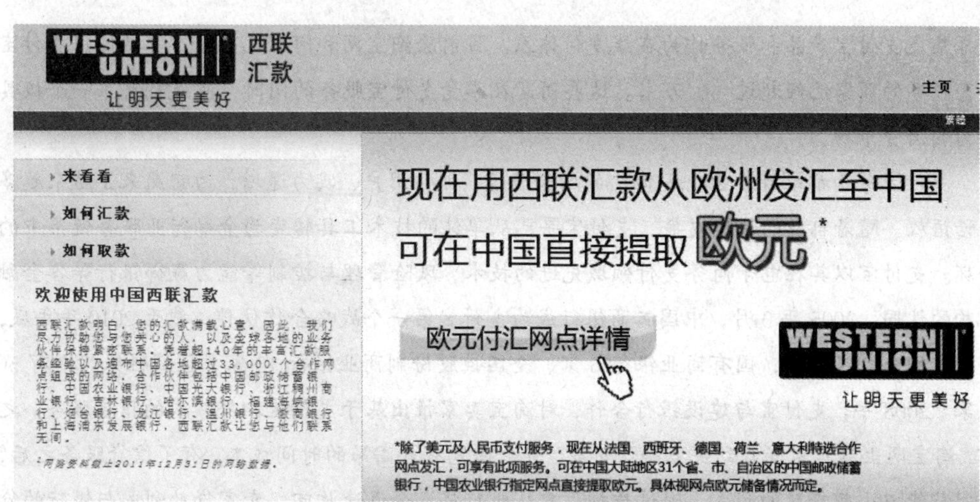

图 4.20　西联汇款首页

案例

支付宝——国内领先的第三方支付平台

支付宝（中国）网络技术有限公司成立于2004年12月，是我国著名电子商务企业阿里巴巴集团旗下的公司，经营着国内领先的第三方支付平台——支付宝。支付宝致力于为中国电子商务提供“简单、安全、快速”的在线支付解决方案。支付宝提出的“建立信任，化繁为简，以技术的创新带动信用体系完善”的理念，深得人心。支付宝用户覆盖了整个C2C、B2C及B2B领域。截至2010年12月31日，支付宝的注册用户已经突破5.5亿，交易额超过25亿元人民币，日交易笔数达到850万笔。

支付宝交易服务从2003年10月在淘宝网推出，迅速成为使用极其广泛的网上安全支付工具，深受用户喜爱，引起业界高度关注。支付宝自诞生之日起，始终以“信任”作为产品和服务的核心，不仅从产品上确保用户在线支付的安全，同时让用户通过支付宝在网络间建立起相互信任，为建立纯净的互联网环境迈出了非常有意义的一步。

2003年，中国没有普及信用卡，国内还未出现成熟的诚信体系，各家银行提供的网上银行服务也处在相对原始的阶段。淘宝意识到要发展电子商务，首先就必须要找到一种更好的模式来更好地满足中国网上买家与卖家的支付需求。淘宝支付，即之后的支付宝，采用了一种担保交易模式，买家买货之后，货款先打到支付宝上，当买家确认收到货、没问题之后，支付宝才将货款付给卖家。支付宝在交易中承担了一种第三方担保的角色。

支付宝的中国式创新还不止如此。在网上银行发展滞后的情况下，对没有网银的淘宝用户，支付宝支持他们用多种方式将钱充入其支付宝账户。用户可以直接去银行柜台将钱汇入支付宝，甚至可以通过邮局汇款的方式来完成支付。

支付宝创新的产品技术、独特的理念及庞大的用户群，吸引了越来越多的互联网商家主动选择集成支付宝产品和服务作为在线支付体系。目前除淘宝网和阿里巴巴外，支持使用支付宝交易服务的商家已经超过 46 万家。这些商家在享受支付宝服务的同时，更是拥有了一个极具潜力的消费市场。

支付宝每年都维持着200%~300%的增长速度，抓住用户、实力递增，为它赢来了越来越多的话语权。随着自身的快速发展，支付宝早已从单纯的技术工具转变为金融行业服务链条中的一环。支付宝以其在电子商务支付领域先进的技术、风险管理与控制等能力赢得银行等各金融机构的认同。2005 年 3 月，中国工商银行成为支付宝第一个战略合作伙伴。截至 2010 年年底，支付宝的合作银行中，国有商业银行 6 家、全国性股份制商业银行 13 家、区域性银行则有 50 多家。2008 年，支付宝与建设银行合作，对淘宝卖家推出基于支付宝担保模式的信贷服务。之前，淘宝网上从卖家发货到买家确认付款，资金回笼有着高昂的时间成本。有了信贷服务之后，卖家就能以小额贷款的形式，通过质押订单从银行将资金迅速收回，卖家贷款利率与银行的贷款利率基本保持了一致。

除了信贷，民生环节也是支付宝这两年拓展的一个重点。目前，支付宝已经与上海、杭州、成都、南京等 10 个城市合作，开通了水、电、煤气的缴费服务。用支付宝付款的人在朋友间形成示范作用后，“必需的应用”促进了支付宝的“病毒传播”。除此之外，在一些其他的应用场景上，支付宝也想尽心使用更便捷的支付模式来吸引用户，并力求用支付方式的改变，来促进用户生活方式的改变。这些应用包括 AA 付款、交话费、交房租、送礼金等。在这些应用中，支付宝不仅提供支付结算，还能定期扣款、按时收款、多方比例结算，从付钱到收钱的整个环节都包括了进去，而用户所要做的，可能只是点一下“确认”这么简单。

过去，淘宝的交易曾经是支付宝的全部，但这几年淘宝交易额在支付宝中的份额一直在持续下降，目前已经下降到 50%左右的水平。按照支付宝的预期，这个数字未来会下降到 30%左右。这个发展趋势正在随着支付宝“跳出固定应用场景”向“支付能力”提供者转变以及向构建整合支付平台的战略转变，而越来越明显地体现出来。

支付宝是互联网发展过程中的一个创举，也是电子商务发展的一个里程碑。事实上，从支付宝准备成为一家独立的第三方支付公司开始，就确定了它的外部性。为了让自身实力迅速扩大，支付宝 2005 年起就为外部网站等合作者提供支付服务。当支付宝拥有足够多的用户时，为用户做好服务，商户自然随之而来。现在，商户与支付宝的合作已经形成了一套成熟的模式，支付宝将自身提供的支付服务分为多个等级，而使用服务越多，就需要支付越多的费用。这也是支付宝收入的最主要来源。

本章小结

资金流是电子商务“四流”之一，电子商务的资金流需要通过电子支付来解决，电子支付系统的建设是电子商务发展的核心问题之一。电子支付是指电子交易的当事人（消费者、商家和银行等）通过网络以电子数据形式进行的货币支付或资金流动。常用的电子支付工具有银行卡、电子支票、电子现金等，同时移动支付正在兴起。在电子支付系统架构中，银行是核心部分。网上银行是银行积极开拓的新的业务增长点，也是电子支付系统的核心和基础。网上银行是指银行利用 Internet 和 Intranet 等技术，为客户提供综合、统一、安全、实时的银行服务，包括提供对公、对私的各种零售和批发的全方位银行业务，还可以为客户提供跨国支付与清算等其他贸易、非贸易的银行业务服务。网上银行有两种发展模式，目前国内的网上银行主要都在以第二种模式发展。在电子商务领域，第三方支付已经崛起并在继续发展。第三方支付是一些具备一定实力和信誉保障的第三方独立机构经与国内外各大银行签约后提供的与银行支付结算系统具有接口的支付平台。作为重要的网络交易手段和信用中介，第三方支付起到了在网上消费者、网上商家和银行之间建立起连接，实现第三方监管和保障的作用，较好地解决了长期困扰电子商务的资金流、诚信等问题，对于电子商务的发展意义重大。目前国际上著名的第三方支付平台当属 PayPal，国内主要的第三方支付有支付宝、中国银联电子支付平台、财付通、安付通、快钱等。

习题

一、填空题

1. 电子支付是指电子交易的当事人通过网络以________形式进行的货币支付或资金流动。
2. 电子支付架构中，________是核心部分。
3. 主要的电子支付工具有 ________、________ 、________ 等。
4. 目前我国比较领先的第三方支付有 ________ 、________、________等。

二、简答题

1. 什么是电子支付？
2. 什么是网上银行？网上银行的发展模式有哪两种？
3. 目前最常用的电子支付工具是什么？
4. 什么是第三方支付？它有什么作用？
5. 第三方支付的流程是怎样的？

三、实践操作题

访问“支付宝”网站（www.alipay.com），全面体验支付宝网站的每个功能模块，包括付款方式以及各方式的每日金额上限，并记录网站付款功能所支持的银行和金融机构，如果无法找到相关信息，尝试通过电话客服或在线客服询问。

第5章 电子商务安全

本章概要

- 电子商务的安全要求
- 电子商务网络系统安全
- 访问控制技术
- 防火墙技术
- 入侵检测技术
- 病毒与黑客防范技术
- 加密技术
- 认证技术
- 数字证书及证书授权（CA）中心
- 认证系统
- 电子商务的安全协议

案例

上海计算机病毒防范服务中心近期监测发现，一种窥探并可能窃取计算机用户个人信息的危险病毒将在近期爆发，反病毒专家提醒用户上网注意防范，以免造成损失。

据介绍，这种“雅斯变种 rg”病毒属于反向连接蠕虫程序，会获取客户端 IP 地址，侦听黑客指令，从而达到被黑客远程控制的目的。该蠕虫具有远程监视、控制等功能，可以监视用户的一举一动（如键盘输入、屏幕显示、光驱操作、文件读写、鼠标操作和摄像头操作等），还可以窃取、修改或删除计算机中存储的各种信息，对用户的个人信息和隐私构成严重威胁。

据悉，感染“雅斯变种 rg”的系统还会成为网络僵尸傀儡主机，利用这些傀儡主机，黑客可对指定站点发起 DDoS 攻击、洪水攻击等，给互联网的信息安全造成更多的威胁。反病毒专家介绍，该蠕虫的传播途径一般为网页木马，如果用户的计算机系统存在相应的漏洞，则会增加感染该病毒的风险，甚至是多次重复感染。专家建议电脑用户安装安全软件并及时升级，关键要注意不要浏览不安全网页和不良网站，以防感染这类病毒。

在中国随着互联网的普及达到了新高，网络安全问题层出不穷，信息网络安全事件的主要类型是：感染计算机病毒、蠕虫和木马程序，垃圾电子邮件，遭到网络扫描、攻击和网页篡改。

近年来我国信息网络使用单位对网络安全管理工作的重视程度有所提高，安全状况有所改善。按照行业划分，金融、证券行业信息安全管理制度和技术措施较完善。但是仍有一些单位对信息安全事件处置方法和手段单一，防范措施不完善，网络安全管理人员不足、专业素质有待提高，被调查单位信息安全管理水平整体上仍滞后于信息化发展的要求。针对这种状况，必须加强信息网络安全教育和培训，增强用户安全防范意识；开展面向信息网络使用单位的信息安全预警通报工作；加快推进信息安全等级保护工作，建立、健全信息安全防范体系；加大对黑客攻击和传播计算机病毒等违法犯罪活动的打击力度。

电子商务是通过 Internet 在交易双方不见面的情况下实现的，由于现有的网络通信和计算机系统在技术上还不够完善，有关电子商务的行业规范和法律法规还不健全，电子商务全球性的特点又增加了其改善的难度，使得电子商务活动还存在相当多的安全隐患和问题。诸如，计算机病毒造成重要数据被破坏而导致系统瘫痪，银行账户密码因黑客攻击而泄露等情况时有发生，许多用户对电子商务望而却步，从而阻碍了电子商务的进一步发展。

5.1 电子商务的安全要求

5.1.1 电子商务的安全问题

电子商务安全是一个系统的安全问题，它不仅与计算机系统结构有关，还与电子商务运行环境、人员素质和社会因素有关，它包括电子商务系统的硬件安全、软件安全、运行安全、电子商务的立法安全等。

由于电子商务是以计算机网络为基础的，因此，它不可避免地面临着一系列的安全问题。一般有以下几种（见表 5.1）。

（1）信息泄露。在电子交易中商业机密被泄露，主要包括两个方面：交易双方进行交易的内容被第三方窃取；交易一方提供给另一方使用的文件被第三方非法使用。

（2）篡改。电子交易中信息在网络上传输，可能被他人非法修改、删除或重做，这样就使信息失去了真实性和完整性。

（3）身份识别问题。如果不进行身份识别，第三方就有可能假冒交易一方的身份，从而破坏交易，损害被假冒一方的信誉或盗取被假冒一方的交易成果等。进行身份识别后，交易双方就可防止“相互猜疑”。

（4）病毒问题。计算机病毒问世几十年来，各种新型病毒及其变种迅速增加，互联网的出现又为病毒的传播提供了最好的媒介。不少新病毒利用网络作为自己的传播途径，借助于网络传播得更快，破坏性更大，造成动辄数百亿美元的经济损失。

（5）黑客问题。随着各种应用工具的传播，黑客已经大众化了，不像过去那样只有计算机高手才能成为黑客。曾经大闹雅虎网的“黑手党男孩”就没有受过专门训练，只是向网友下载了几个攻击软件并学会了如何使用，就在互联网上“大干了一场”。

表 5.1　电子商务的安全问题

（1）窃取信息	入侵者通过搭线监听的方法截获传送的信息。在多次截获信息的基础上进行分析，找到信息的规律，并进而破译信息的内容
（2）篡改信息	使用一定的技术手段对传输数据进行修改，然后再发向目的地，使接收方收到错误的信息，从而使接收方遭受损失
（3）假冒	攻击者冒充合法用户发送假冒的信息或者主动获取信息，使另一方远端用户难以分辨而上当
（4）拒绝服务	阻止经过授权的用户访问各种资源
（5）否认	否认曾进行过的通信或交易等活动
（6）恶意破坏	攻击者接入网络对网络中的信息进行修改，掌握网上的机要信息，甚至可以潜入网络内部

5.1.2　电子商务的安全要求

电子商务安全是一个复杂的系统问题，要保证电子商务的安全，从理论上来说必须达到可靠性、有效性、真实性、机密性、完整性和不可否认性六方面的要求。

1．可靠性

是指在电子商务系统中保证授权用户在正常访问信息和资源时不被拒绝，即为用户提供稳定可靠的服务。电子商务系统也就是计算机系统，对其可靠性的威胁来自程序错误、传输错误、硬件故障、系统软件错误、计算机病毒和自然灾害等。这类威胁的结果是破坏了计算机的正常处理速度或计算机完全拒绝服务。而贸易数据是必须在确定的时刻、确定的地点可访问的，延迟或拒绝服务都会把自己的顾客和贸易伙伴推向竞争对手那里或错过商机。通过控制和预防，确保系统安全可靠，是保证电子商务系统数据传输、数据存储及电子商务完整性检查正确和可靠的根基。

2．有效性

电子商务以电子形式取代了纸张，那么如何保证这种电子形式贸易信息的有效性则是开展电子商务的前提。电子商务作为贸易的一种形式，其信息的有效性将直接关系到个人、企业或国家的经济利益和声誉。因此，要制定一些有关保障信息有效性的技术标准（如电子数据的存储方式、加密算法、安全协议等），并以法律法规的形式加以确认和保护，以保证贸易数据在确定的时刻、确定的地点是有效的。

3．真实性

是指商务活动中交易者身份的真实性，即是交易双方在现实中是确实存在的，不是假冒的。传统的纸介质贸易通过双方在合同、契约或单据等书面文件上手写签名或盖章来鉴别。网上交易的双方相隔很远，互不了解，要使交易成功，必须建立互相的信任。因此，能否方便而又可靠地确认交易双方身份的真实性，通过一些技术手段保证交易双方能相互分辨对方所声称身份的真伪，防止伪装攻击，是顺利进行电子商务交易的前提。

4．机密性

是指交易过程中必须保证信息不会泄露给非授权的人或实体。网络交易，必须保证发送者和接收者之间交换信息的保密性。电子商务作为一种贸易手段，其信息直接代表着个人、企业或国家的商业机密。电子商务是建立在一个较为开放的网络环境上的，商业保密就成为电子商务全面推广应用的重要屏障。因此，要预防非法的信息存取和信息在传输过程中被非法窃取，确保只有合法用户才能看到数据，防止泄密事件的发生。

5．完整性

是指数据在输入和传输过程中，要能保证数据的一致性，防止数据被非授权建立、修改和破坏。在网络传输过程中，由于数据传输系统的缺乏稳定性造成的差错或欺诈行为的实施，可能导致贸易各方信息的差异，此外，数据传输过程中信息的丢失、信息重复或信息传送的次序差异也会导致贸易各方信息不相同。而信息的完整性将影响到贸易各方的交易和经营策略，从而影响到电子商务的正常进行。因此，要预防对信息的随意生成、修改和删除，同时要防止数据传送过程中的丢失和重复的情况，保证信息传送次序的一致性。

6．不可否认性

商务服务的不可否认性或称不可抵赖性是指信息的发送方不能否认已发送的信息，接收方不能否认已收到的信息，这是一种法律有效性要求。通过这一特性，建立有效的责任机制，防止实体否认其行为。交易一旦达成就不能否认，否则必然会损害一方的利益。不可否认性的达成也要求信息安全技术与法律保障相互配合。

5.1.3 电子商务的安全框架

电子商务的安全是一项系统工程，它不是仅仅靠纯技术手段就能实现的，还需要相应的配套的管理制度和完善的法律法规的支持。建立一个完备的电子商务安全体系，需要从不同的角度和层次来综合考虑。电子商务安全的总体框架如图 5.1 所示。

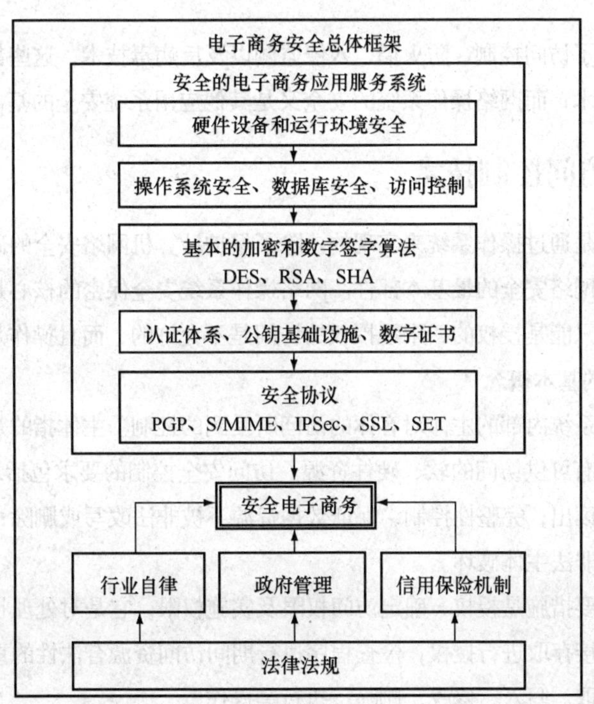

图 5.1 电子商务总体框架

我们可以从五个大的方面来考虑电子商务的安全框架。

（1）安全的电子商务应用服务系统：主要运用各种技术手段和管理制度来完成，包括硬软件设备的维护技术、系统软件的运行安全技术、访问控制技术、数据保密技术和各类安全协议以及配套的人员管理制度和操作规程等。

（2）行业自律：这是由电子商务行业及相关行业的企业组织行业协会，制定有关行规来约束协会内部的企业，营造诚信氛围，带动行业内的其他企业共同抵制交易欺诈、违约、侵犯隐私等有损商业诚信的行为。这一层次是对法律法规和政府管理所不能完全涵盖方面的有效填充。例如我国的"中国电子商务诚信联盟"。

（3）政府管理：电子商务的安全保障中，政府部门的作用是必不可少的。法律法规的制定和执行监督，相关政策的出台和实施都需要政府部门的有效参与。工商、税务、司法以及信息管理等部门都是与电子商务活动直接相关的部门。

（4）信用保险机制：无论我们采取什么手段和方法，任何事情都是不可能做到十全十美的。电子商务的安全问题也不例外，总会有难以预料的风险存在，对于风险的防范和造成损失的弥补可以通过将社会保险机制引入电子商务活动中来实现。

（5）法律法规：在电子商务的安全框架中法律法规的建设和完善是不可忽视的。行业协会的活动和行规的制定，政府的行政干预，以及社会保险组织的参与都要有法律法规的约束。特别是当电子商务交易活动中出现纠纷的时候，诉诸于法律就成为安全的最后一道保障。

5.2 电子商务网络系统安全

本节主要介绍了访问控制、防火墙、入侵监测以及反病毒技术，这些都是保证计算机网络操作系统安全的技术，而网络操作系统的安全又是其他应用系统安全的基础。

5.2.1 访问控制技术

访问控制主要是通过操作系统来实现的。除了保护计算机网络安全的硬件之外，网络操作系统是确保计算机网络安全的最基本部件。网络操作系统安全保密的核心是访问控制，即确保主体对客体的访问只能是授权的，未经授权的访问是不允许的，而且操作是无效的。

1．访问控制的基本概念

访问控制是指系统内部的主体对客体的访问所受到的控制。主体指的是用户、进程、作业等，客体指的是所有可供访问的软、硬件资源。访问安全控制的要求包括：保密性控制，保证数据资源不被非法读出；完整性控制，保证数据资源不被非法改写或删除；有效性控制，保证系统所有客体不被非法主体破坏。

访问控制的主要措施是授权、确定访问权限及实施权限，它是对处理状态下的信息进行保护，保证对所有直接存取进行授权，检查程序执行期间访问资源合法性的重要手段，它控制着对数据和程序的读取、写入、修改、删除、执行等操作。

2．访问控制措施

应用比较普遍的访问控制措施主要有自主访问控制和强制访问控制两种。

（1）自主访问控制

又称任意访问控制，是访问控制措施中最常用的一种方法，这种访问控制方法允许用户可以自主地在系统中规定谁可以存取它的资源实体。在大多数操作系统中，自主存取控制的客体不仅仅是文件，还包括邮箱、通信信道、终端设备等。

（2）强制访问控制

强制访问控制就是用户的权限和文件（客体）的安全属性都是固定的，由系统决定一个用户对某个文件能否实行访问。所谓“强制”就是安全属性由系统管理员人为设置，或由操作系统自动地按照严格的安全策略与规则进行设置，用户和他们的进程不能修改这些属性。

5.2.2　防火墙技术

1．什么是防火墙

防火墙是指由软件和硬件设备（一般是计算机或路由器等）组合而成的，处于企业内部网与外部网之间，用于加强内外之间安全防范的一个或一组系统。防火墙的实质是一组硬件和软件的组合，位于企业内部网的门户处，是数据和服务进出内部网络的惟一通路，通过在防火墙上进行规则的设置来对进出的内容进行检查，从而维护内部网的安全，如图5.2所示。

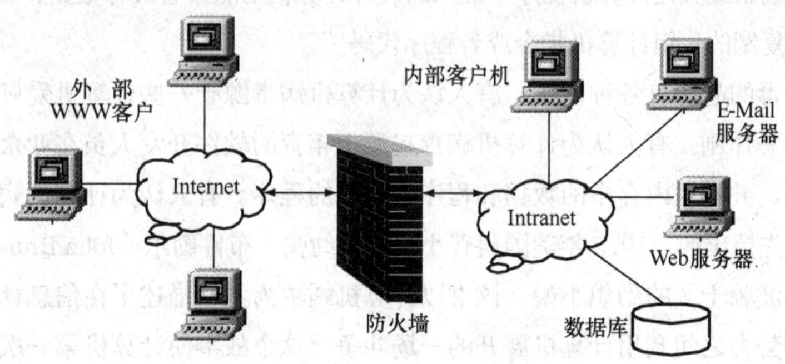

图5.2　防火墙实例

2．防火墙的基本类型

（1）包过滤型（Packet Filter）：包过滤功能通常由路由器来完成，大多数商用路由器都提供了包过滤的功能。另外，PC机上同样可以安装包过滤软件。包过滤规则以IP包信息为基础，对IP源地址、IP目标地址、封装协议（TCP、WP、ICMP、IP Tunne1）、端口号等进行筛选。包过滤在OSI协议的网络层进行。

（2）代理服务型（Proxy Service）：代理服务型防火墙通常由两部分构成，即服务器端程序和客户端程序。客户端程序与中间节点（Proxy server）连接，中间节点再与要访问的外部服务器实际连接。与包过滤防火墙不同的是，内部网与外部网之间不存在直接的连接，同时提供日志（Log）及审计（Audit）服务。代理服务运行在OSI协议的应用层。

（3）复合型（Hybrid）防火墙：把包过滤和代理服务两种方法结合起来，构成复合型的防火墙。所用主机称为堡垒主机（Bastion Host），负责提供代理服务。

3．防火墙的局限性

（1）防火墙不能防范不经过或绕过防火墙的攻击。

（2）一般的防火墙不能防止受到病毒感染的软件或文件的传输。

（3）防火墙不能防止数据驱动式攻击。

（4）受物理拓扑结构限制，防火墙对来自内部的攻击不起作用。

（5）无双向的身份证。这给伪造服务器提供了可能。点到点的数据加密，一旦失密或出错将影响整个链路，而且在通过链路进行转按时需要进行另外的加密，从而容易失密。

（6）访问控制的粒度较大，无法针对具体文件等进行控制。

此外，防火墙是一种潜在的瓶颈，因为所有的连接都要通过防火墙连接进行检查、过滤。

5.3 病毒与黑客的防范技术

5.3.1 计算机病毒的概念

1．概念和起源

计算机病毒（Computer virus）在《中华人民共和国计算机信息系统安全保护条例》中被明确定义为“指编制或者在计算机程序中插入的破坏计算机功能或者破坏数据，影响计算机使用并且能够自我复制的一组计算机指令或者程序代码。”

计算机病毒的起源有各种说法，有人认为计算机病毒源于一些计算机爱好者为了显示自己编程技巧的恶作剧。有人认为计算机病毒起源于年青的软件开发人员在业余时间通过研究机器内核代码，并操纵内存中的数据和程序来娱乐的程序。有人认为计算机病毒这一名词是由科普小说首先提出的。1975 年美国科普小说作家约翰·布鲁勒尔（John Brunner）出版了一本名为《震荡波骑士》的幻想小说。该书以计算机蠕虫为主，描述了在信息社会中代表正义和邪恶的两种势力之间利用计算机展开的一场斗争。这个故事使计算机第一次成为幻想中相互攻击的重要工具。软件自我保护起源说认为计算机病毒起源于软件加密保护技术。软件产品是一种知识密集的高技术产品。由于非法复制和非法使用软件产品，严重损害软件产业的利益。为了保护软件产品，软件产业发展了软件加密技术，赋予软件产品的用户只能使用不能复制的特性。加密技术的基本原理是在磁盘上做一个难于复制的加密记号。加密程序运行时，首先判断软盘是否有预定的加密记号。如果有，说明用户合法，程序正常运行；如果没有，说明用户不合法，程序跌入加密陷阱。在加密技术与破译技术的激烈对抗中，加密陷阱由自卫性转化为攻击性病毒。

2．特征

（1）破坏性。破坏计算机系统，使系统的资源和数据文件遭到干扰甚至被摧毁。

（2）感染性。如同生物病毒一样，计算机病毒传播速度快，一旦侵入主机，就立刻从一个程序传染到另一个程序，从一台机器传染到另外一台机器。

（3）隐藏性。病毒程序总是隐藏在其他合法文件或程序之中，而不容易被发现，使用户察觉不到，难以预料。这样才能达到非法进入系统，进行破坏的目的。

（4）可激活性。计算机病毒的发作要有一定的条件，例如：特定的日期，使用特殊的文件等，只要满足了这些特定的条件，病毒就会立即被激活，开始破坏性的活动。

（5）针对性。病毒的编制者往往有特殊的破坏目的，因此不同的病毒，攻击的对象也不同。

5.3.2 黑客防范技术

1．基于网络安全体系的防毒管理措施

（1）尽量多用无盘工作站。通过网卡上的远程复位，用户只能执行服务器允许执行的文件。

（2）尽量少用超级用户登录。

（3）严格控制用户的网络使用权限。

（4）对某些频繁使用或非常重要的文件属性加以控制，以免被病毒传染。

（5）对远程工作站的登录权限实行严格限制。其发来的数据要按指定目录存放，待检查后方可使用。

2．基于工作站与服务器的防毒技术，如表5.2所示。

表5.2 两种防毒技术的主要方法

基于工作站的防毒技术	使用防毒杀毒软件 安装防毒卡 安装防毒芯片
基于服务器的防毒技术	实时在线扫描 服务器扫描 工作站扫描

3．网络病毒清除方法

（1）通知所有用户退出网络，关闭文件服务器。

（2）用有写保护的、“干净”的系统盘启动系统管理员工作站，并立即清除本机病毒。

（3）用有写保护的、“干净”的系统盘启动文件服务器，管理员登录后禁止其他用户登录。

（4）将文件服务器的硬盘中的重要资料备份。

（5）用杀毒软件（最好是网络杀毒软件）扫描服务器上所有的文件，恢复或删除发现被病毒感染的文件，重新安装被删文件。

（6）用杀毒软件扫描并清除所有可能染上病毒的软盘或备份文件中的病毒。

（7）用杀毒软件扫描并清除所有的有盘工作站硬盘上的病毒。

（8）在确信病毒已经彻底清除后，重新启动网络和工作站。

为了免受黑客攻击带来的损失，在日常的工作中应该采取相应的防范措施，根据内部网建设方案的不同有两种情形：一种是内部网的服务器拥有合法的IP地址并向互联网发布信息，这种情况是最难防范的，可以在内部网与外部网的接入处设置硬件防火墙；另一种是内部网使用私有IP地址，以NAT或PROXY接入互联网。NAT或PROXY仅允许内部用户访问互联网，而不提供互联网用户直接访问内部计算机的途径。因此，这种形式的内部网本身就具有很好的安全性，黑客不能通过 Internet 直接进入内部网。常用的防范技术有以下几种。

① UNC 共享方式。这种方式要注意设置合理的权限和密码，防止从网络上感染病毒（如以端口扫描技术进行传播的“新欢乐时光”）。

② Web 共享资源的访问权限。Web 站点文件夹一般情况下设置为读取权限，不要同时设置写入和执行权限。如果用户对 web 共享文件夹同时具有读取、写入和执行权限，攻击者可先写入恶意程序，然后通过浏览器发出指令，从而达到破坏目的。

③ 网段隔离。通过支持 VLAN 的交换机将内部网划分为网段，各网段之间不提供路由，从逻辑上隔断连接，从而达到安全的目的。

④ 防火墙。防火墙的使用和设置一定要合理，否则可能导致无法正常使用某些共享资源和应用程序。

⑤ 入侵检测技术

入侵检测技术（Intrusion Detection）的定义为：识别针对计算机或网络资源的恶意企图和行为，并对此作出反应的过程。IDS 能够检测未授权对象（人或程序）针对系统的入侵企图或行为（Intrusion），同时监控授权对象对系统资源的非法操作（Misuse）。入侵检测系统有如下功能。

◆ 从系统的不同环节收集信息

◆ 分析该信息，试图寻找入侵活动的特征

◆ 自动检测到行为作出响应

◆ 记录并报告检测过程结果

⑥ IP 扫描技术。通过 IP 扫描，可以知道网上有哪些计算机，计算机名是什么，例如在 Advanced port scaner 软件中输入某一段 IP 地址，就可以轻易地知道该网段有哪些计算机处于活动状态，如图 5.3 所示。

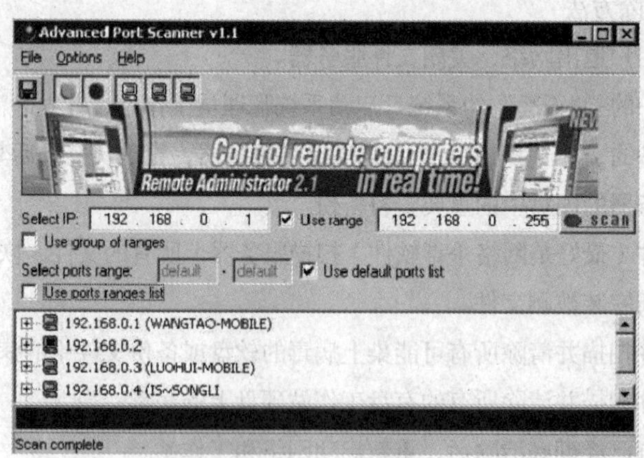

图 5.3 IP 扫描结果

⑦ 清除主机中的 Cookie

Cookie 是一小段文本信息，伴随着用户请求和页面访问时在 Web 服务器和浏览器之间传递。用户每次访问站点时，Web 应用程序都可以读取 Cookie 包含的信息。

假设在用户请求访问 www.contoso.com 上的某个页面时，应用程序发送给该用户的不仅仅是一个页面，还有一个包含日期的 Cookie。用户的浏览器在获得页面的同时也获得了 Cookie，并且将它保存在用户硬盘上的某个文件夹中。以后，如果该用户再次访问该站点的页面时，浏览器就会在本地硬盘上查找与该 URL 相关的 Cookie。如果该 Cookie 存在，浏览器将它与页面请求一起发送到被请求站点，应用程序就能确定该用户上一次访问站点的日期和时间。

在 IE 浏览器中，选择“工具—Internet 选项”，如图所示，单击“删除 Cookies”按钮，即将主机中所有保留的 Cookie 全部清除，如图 5.4 所示。

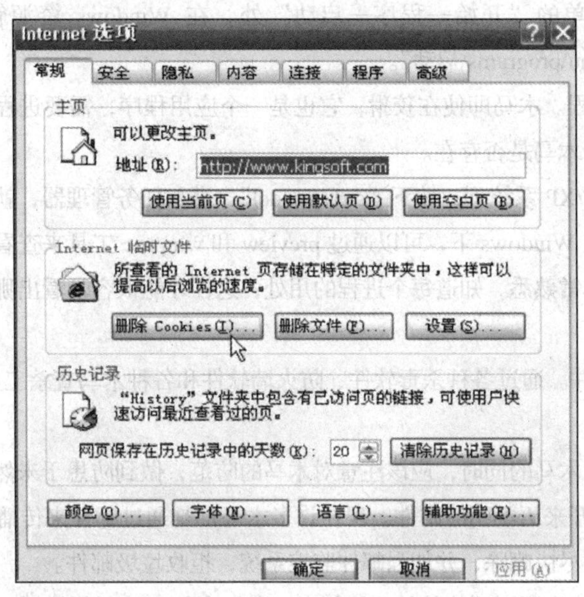

图 5.4 Cookie 的删除

⑧ 木马的清除与防范技术

木马是一种网络病毒，经常被黑客们用作攻击网络的主要工具，木马的主要目标是窃取计算机和网络上的数据，当然也会破坏计算机文件，当你的计算机被木马攻击后，木马一旦激活，则后缀为 dll、in、exe 的文件就是木马攻击的对象，将会给计算机和网络带来致命的攻击。

木马不同于一般的病毒程序，通常并不像病毒程序那样感染文件，而一般是以寻找后门、窃取密码和重要文件为主，还可以对电脑进行跟踪监视、控制、查看、修改资料等操作，具有很强的隐蔽性、突发性和攻击性。正是由于这些特点，用户往往是在自己的密码被盗、机密文件丢失的情况下才知道中了木马。

木马的检测技术

1）查看开放端口。最为常见的木马通常是基于 TCP、UDP 进行 Client 端与 Server 端之间通讯的，这样我们就可以通过查看在本机上开放的端口，看是否有可疑的程序打开了某个可疑的端口。假如查看到有可疑的程序在利用可疑端口进行连接，则很有可能就是中了木马。检测方法有以下几种：

a. 使用 Windows 本身自带的 netstat 命令检测。C：\>netstat-an

b. 使用 Window2000 下的命令行工具 fport:c:\\software>Fport.exe

c. 使用图形化界面工具 Active Ports，这个工具可以监视到电脑所有打开的 TCP、IP、UDP

端口。还可以显示所有端口所对应程序的路径，本地 IP 和远端 IP（试图连接你的电脑 IP）是否正在活动。

2）查看 win.ini 和 system.ini 系统配置文件。查看 win.ini 和 system.ini 文件是否有被修改的地方。例如有的木马通过修改 win.ini 中的 windows 节的“load=file.exe,run=file.exe”语句进行自动加载。

3）查看启动程序。如果木马自动加载的文件是直接通过在 Windows 菜单上自定义添加的，一般都会放在主菜单的“开始—程序—启动”处，在 Windows 资源管理器里的位置是“c:\windows\start menu\programs\启动”。

4）查看系统进程。木马即使在狡猾，它也是一个应用程序，需要进程来执行。可以通过查看系统进程来推断木马是否存在。

在 Windows NT/XP 系统下，按下“ctrl+alt+del”，进入任务管理器，就可以看到系统正在运行的全部进程。在 Windows 下，可以通过 prcview 和 winproc 工具来查看进程。前提是需要使用者对每个进程非常熟悉，知道每个进程的用处，这样才能很容易看出哪个是木马程序的活动进程。

5）使用检测软件。通过各种杀毒软件、防火墙软件和各种木马查杀工具等检测木马。

木马的防范技术

我们在检测清除木马的同时，应该注意对木马的防范，做到防患于未然。

1）不要随意打开来历不明的邮件。现在许多木马都是通过邮件来传播的，当你收到来历不明的邮件时，应该尽快删除，并加强邮件监控系统，拒收垃圾邮件。

2）不要随意下载来历不明的软件。最好在一些知名的网站下载软件，在安装的同时最好用杀毒软件查看有没有病毒，之后再进行安装。

3）及时修补漏洞和关闭可疑端口。一般木马都是通过漏洞在系统上打开端口留下后门，以便上传木马和执行代码，在把漏洞修补上的同时，需要对端口进行检查，把可疑端口关闭。

4）尽量少用共享文件夹。如果必须使用共享文件夹，则最好设置账号和密码保护。不能将系统目录设置成共享，最好将系统下默认共享的目录关闭。

5）运行实时监控程序。在上网时最好运行反木马实时监控程序和个人防火墙，并定时对系统进行病毒检查。

6）经常升级系统和更新病毒库。经常关注厂商网站的安全公告，第一时间更新病毒库。

5.4 加密技术

加密技术的核心是密码技术，1949 年，Shannon 发表了“保密系统的通信理论”一文，使密码技术成为一门真正的科学。密码学可以分为密码编码学和密码分析学。编码学是对消息进行可逆的数学变换，使除了合法接收者以外的人不能恢复原来的信息。本节对保密通信的密码体制和典型的加密算法进行了介绍。

5.4.1 保密通信系统概述

通信双方采用保密通信系统可以隐蔽和保护需要发送的消息，使未授权者不能提取信息。发送方将要发送的消息称作明文，明文被变换成看似无意义的随机消息，称为密文，这种变换过程称作加密，其逆过程，即由密文恢复出原明文的过程称为解密。对明文进行加密操作的人员称作加密员或密码员。密码员对明文进行加密时所采用的一组规则称作加密算法。传送消息的预定对象被称作接收者，接收者对密文进行解密时所采用的一组规则称作解密算法。加密和解密算法的操作通常都是在一组密钥控制下进行的，分别称作加密密钥和解密密钥。密钥是密码体制安全保密的关键，它的产生和管理是密码学中的重要研究课题。

在信息传输和处理系统中，除了已定的接收者外，还有非授权者，他们通过各种办法（如搭线窃听、电磁窃听等）来窃取机密信息，称其为截收者。截收者虽然不知道系统所用的密钥，但通过分析可能从截获的密文推断出原来的明文或密钥，这一过程称作密码分析，从事这一工作的人被称作密码分析员，研究如何从密文推演出明文、密钥或解密算法的学问称作密码分析学。对一个保密通信系统采取截获密文进行分析的这类攻击称作被动攻击。现代信息系统还可能遭受的另一类攻击是主动攻击，非法入侵者主动向系统窜扰，采用删除、增添等篡改手段向系统注入假消息，达到利己害人的目的。这是现代信息系统中更为棘手的问题。

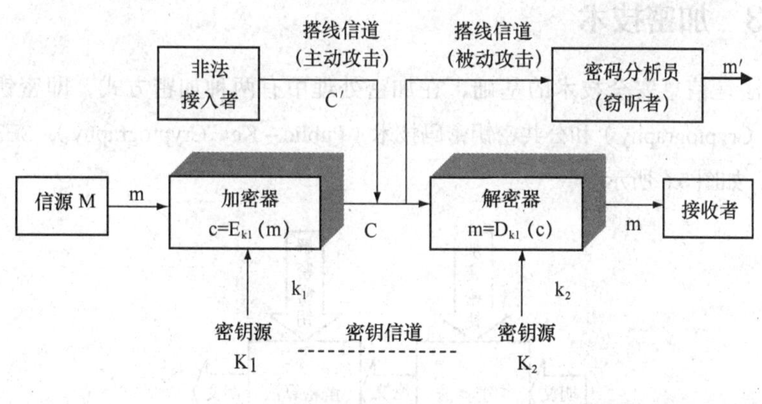

图 5.5 保密通信系统

保密通信系统可用图 5.5 表示，它由以下几部分组成：明文消息空间 M，密文消息空间 C，密钥空间 K_1 和 K_2，在单钥体制下 $K_1=K_2=K$，此时密钥 K 需经安全的密钥信道由发方传给收方；加密变换 E_{k1}：$M \to C$，其中 $k_1 \in K_1$，由加密器完成；解密变换 D_{k2}：$C \to M$，其中 $k_2 \in K_2$:，由解密器实现。称总体（M，C，K_1，K_2，Ek_1、Dk_2）为保密通信系统。对于给定的明文消息 $m \in M$，密钥 $k_1 \in K_1$，加密变换将明文 m 变换为密文 c，即

$$c=f(m, k_1)=E_{k1}(m) \quad m \in M, \ k_1 \in K_1$$

收方利用通过安全信道送来的密钥 k（单钥体制下）或用本地密钥发生器产生的解密密钥 $k_2 \in K_2$（双钥体制产）控制解密操作 D，对收到的密文进行变换得到恢复的明文消息

$$m=D_{k2}(c) \quad m \in M, \ k_2 \in K_2$$

而密码分析者，则用其选定的变换函数 A 对截获的密文 c 进行变换，得到的明文是明文空

间中的某个元素

m'=A (c)；一般 m'=m。如果 m'=m，则分析成功。

5.4.2 密码体制的分类

密码体制从原理上可分为两大类，即单钥体制和双钥体制。

单钥体制的加密密钥和解密密钥相同。系统的保密性主要取决于密钥的安全件，与算法的安全性无关，即由密文和加解密算法不可能得到明文。换句话说算法无需保密，需保密的仅是密钥。根据单钥密码体制的这种特性，单钥加解密算法可通过低费用的芯片来实现。密钥可由发方产生然后再经一个安全可靠的途径（如信使递送）送至收方，或由第三方产生后安全可靠地分配给通信双方。密钥产生、分配、存储、销毁等问题，统称为密钥管理。这是影响系统安全的关键因素，若密钥管理不好，即使密码算法再好，都很难保证系统安全、保密。

双钥体制是由 Diffie 和 Hellman 于 1976 年首先引入的。采用双钥体制的每个用户都有一对选定的密钥：一个是可以公开的，可以像电话号码一样进行注册公布；另一个则是秘密的。因此双钥体制又称做公钥体制。双钥密码体制的主要特点是将加密和解密能力分开，从而可以使多个用户加密的消息只能由一个用户解读，或由一个用户加密的消息多个用户可以解读。前者可用于公共网络实现保密通信，而后者可用于实现对用户的认证。

5.4.3 加密技术

加密算法是信息安全技术的基础，在加密处理中有两种加密方式，即密钥密码技术（Secret-Key Cryptography）和公共密钥密码技术（Public－Key Cryptography），SET 同时使用这两种方式，如图 5.6 所示。

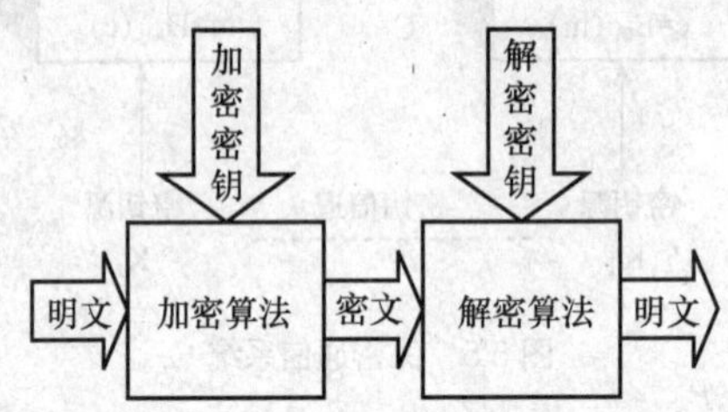

图 5.6 数据加密、解密过程示意图

1．对称加密技术（Symmetric Cryptography）

对称密钥体制又称为常规密钥密码体制、私钥密码体制和单钥密码体制，是指加密和解密使用的是同一个密钥和算法，如果不同，也可以由一个密钥来推导出另一个密钥，当 A 发送给 B 时，A 用加密密钥将明文进行加密后成为密文，而 B 在接收到密文后，必须用 A 的密钥进行解密，还原成明文。

常用的对称密钥体制有 DES 算法、IDEA 算法、ESS 算法等。

（1）数据加密标准（data encryption standard，DES）是 IBM 公司于 1971 年至 1972 年研制成功的，在 1977 年美国国家标准局宣布用于非国家保密机关的数据保护。ISO 已将其作为数据加密标准。

DES 对 64 位二进制数据加密，产生 64 位密文数据，使用的密钥也是 64 位，实际密钥长度为 56 位（8 位用于奇偶校验）。解密时的过程与加密时相似，但密钥的顺序正好相反。现在 DES 可由软件和硬件实现。美国 AT&T 首先用 LSI 芯片实现了 DES 的全部过程。

（2）IDEA（international data encryption algorithm）是一种国际信息加密算法。它是 1991 年在瑞士 ETH Zurich 由中国学者来学嘉和瑞士学者 James Massey 发明的，于 1992 年正式公布，是一个分组为 64 位、密钥 128 位、迭代八轮的密码体制。此算法使用长达 128 位的密钥，有效地消除了试图用穷举法搜索密码的可能性。

（3）对称密钥的特点

对称加密技术具有加密速度快、保密度高等优点，但是也有一些缺点。

① 密钥是保密安全的关键，发送方必须安全、可靠的把密钥护送到接收方，一旦密钥在网上被窃取，密文就会被解密，所以，对称加密技术的密钥发送十分复杂，代价也十分高昂。

② 多人通信时使用的密钥数会大幅度增加，n 个人两两通信，需要的密钥数为 $n(n-1)/2$。

2．非对称加密技术

非对称加密技术也称为公共密钥密码技术（Public-Key Cryptography），采用两个密钥，一个用于加密，一个用于解密。一个用户有两个密钥，一个称为公开密钥（Public Key），另一个称为私有密钥（Private Key），用户可以公开其公开密钥。目前最有名的公钥算法是 RSA。

RSA 公开密钥算法是 1979 年提出的，既可以用于加密，又可以用于数字签字，易懂且易于实现，是目前仍然安全并且逐步被广泛应用的一种体制，是一种国际标准。它的理论基础是：当仅知道两个互素的大素数的乘积的情况下，求出这两个素数是极其困难的过程。

公共密钥的特点

公共密钥由于密钥数量少而便于管理，网络中用户只需要可靠保存自己的解密密钥，则 n 个用户只需要保存好 n 个解密密钥即可。加密密钥分配简单，用户可以在服务器上下载。但是公开密钥的加密解密速度慢，不易对数据块大的数据进行加密。

5.4.4 典型的加密算法

1．序列密码

序列密码的工作原理非常直观。假设 $m=m_0m_1m_2\cdots$ 是一个待加密的明文序列（一般是二进制 0，1 序列），$k=k_0k_1k_2\cdots$ 是一个与明文序列等长的二元（伪）随机序列，称为密钥序列。收发两端都事先知道密钥序列的内容，于是在序列密码中，用密钥序列 k 对明文序列 m 进行加密的过程是将 k 和 m 对应的分量进行简单的模 2 相加，得到加密后的明文序列 $C=C_0C_1C_2\cdots$ 即 $c_i\equiv(k_i+m_i)(\text{mod } 2)$。在接收端，合法的接收者的解密过程就是将密文序列 c 和密钥序列的对应分量进行简单的模 2 相加。于是原来的明文序列就恢复出来了，因为 $m_i\equiv(k_i+c_i)(\text{mod } 2)$，其原理如图 5.7 所示。

2．分组密码

在许多密码系统中，单钥分组密码是系统安全的一个重要组成部分，用分组密码易于构造伪随机数生成器、流密码、消息认证码（MAC）和杂凑函数等，还可进而成为消息认证技术、数据完整性机制、实体认证协议以及单钥数字签字体制的核心组成部分。

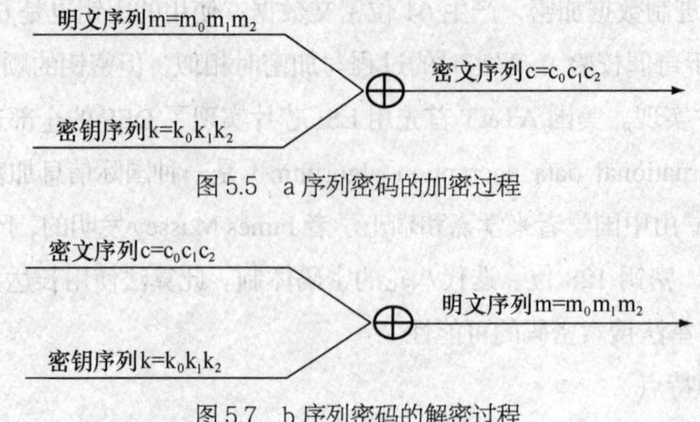

图 5.5 a 序列密码的加密过程

图 5.7 b 序列密码的解密过程

（1）分组密码的工作原理

分组密码的工作原理不像序列密码那样直观，它首先将明文分成相同长度的比特块，然后分别对每个比特块加密产生一串密文块。解密时，对每个密文块进行解密得到相应的明文比特块，将所有的明文比特块合并起来即得到明文。

（2）数据加密标准

数据加密标准，DES（Data Encryption Standard），它是分组密码的一个典型代表。1976 年被美国联邦政府的联邦信息处理标准（FIPS）所选中，随后既在国际上广泛流传开来，用作政府及商业部门的非机密数据加密标准。

DES 用 56 比特密钥加密 64 比特明文分组，输出 64 比特密文，设输入 64 比特明文分组，先对输入的 64 比特明文进入初始置换 IP，置换后每一比特位置重新排列，将新得到的 64 比特左边的 32 位记为 L_0，右边的 32 比特记为 R_0。经 16 圈处理以后，再经逆初始置换 IP^{-1}，产生最后的 64 比特输出密文。其中每一圈的处理工作都可用数学公式表示如下。其中 K_i 为子密钥，f 为能将 32bit 的 R_{i-1} 和 48bit 的子密钥两个输入参数映射为一个 32bit 输出的函数，如图 5.8 所示。

$$\begin{cases} L_i = R_{i-1} \\ R_i = L_{i-1} \oplus f(R_{i-1}, K_i) \\ i = 1,2,3,\cdots,16 \end{cases}$$

DES 的一个非常重要的应用是银行交易。在银行交易中使用了美国银行协会开发的标准。DES 用于加密个人身份识别号（PIN）和通过自动取款机（ATM）进行的记账交易。票据交易所内部银行支付系统（HIPS）用 DES 来鉴别每周的交易。但 DES 现在已经不视为一种安全的加密算法，因为它使用的 56 位密钥过短，以现在的计算能力，24 小时内就可被破解。也有一些分析报告提出了该算法理论上的弱点。该标准已经被高级加密标准（AES）所取代。

3．RSA

RSA 是 1977 年由罗纳德·李维斯特（Ron Rivest）、阿迪·萨莫尔（Adi Shamir）和伦纳德·阿德曼（Leonard Adleman）一起提出的。当时他们三人都在麻省理工学院工作。RSA 就是他们三人姓氏开头字母拼在一起组成的。RSA 算法的可靠性基于分解极大的整数是很困难的。假如有人找到一种很快的分解因子的算法的话，那么用 RSA 加密的信息的可靠性就会极度下降。但找到这样的算法的可能性是非常小的。今天只有短的 RSA 钥匙才可能被强力方式解破。到 2008 年为止，世界上还没有任何可靠的攻击 RSA 算法的方式。只要其钥匙的长度足够长，用 RSA 加密的信息实际上是不能被解破的。RSA 算法举例如下：

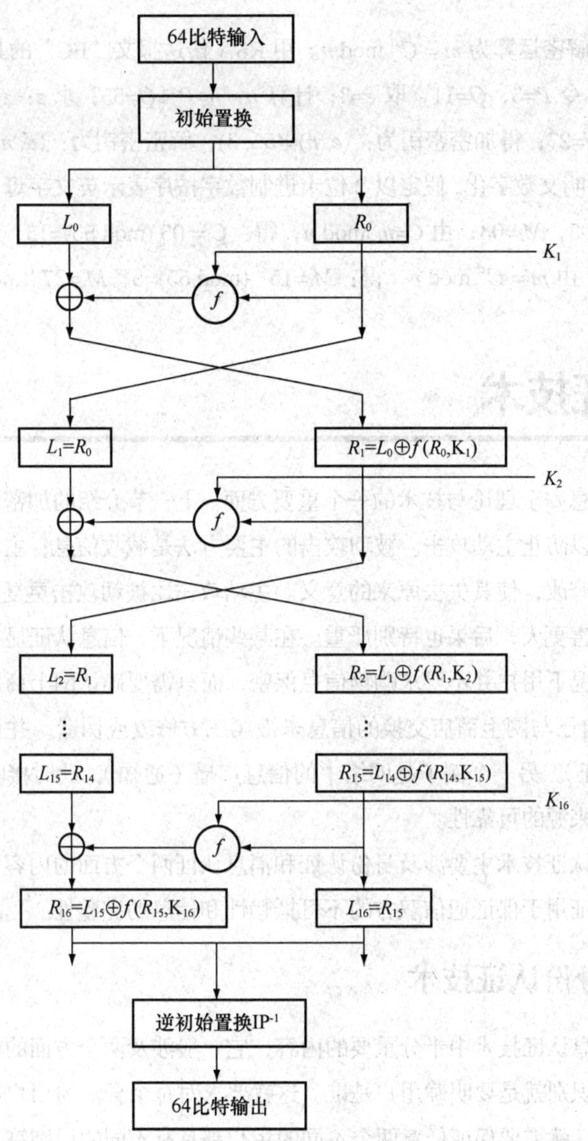

图 5.8 DES 加密算法过程

（1）密钥的产生

① 选取两个保密的大素数 p 和 q。

② 计算 $n=p\times q$，$\varphi(n)=(p-1)(q-1)$，其中 $\varphi(n)$ 是 n 的欧拉函数。

③ 选一整数 e，满足 $1<e<\varphi(n)$，且 $\gcd(\varphi(n), e)=1$。

④ 计算 d，满足 $d\cdot e\equiv 1 \bmod \varphi(n)$。

⑤ 以$\{e, n\}$为公开钥，$\{d, n\}$为秘密钥。

（2）加密

加密时首先对明文比特串分组，使得每个分组对应的十进制数小于 n，即分组长度小于 $\log_2 n$。然后对每个明文分组 m，做加密运算。

$\underline{C=m^e \bmod n}$

（3）解密

对密文分组的解密运算为 $m = C^d \bmod n$。用 RSA 传送报文“EC”的具体过程如下：

① 设计密钥：令 P=5，Q=11，取 e=3；计算 n：$n=P\times Q$=55；求 z：z=40；计算 d：由 3×d=1（mod z），得 d=27；得加密密钥为：(e, n)=(55, 3)，解密密钥为：(d, n)=(55, 27)。

② 加密：先将明文数字化，假定以 2 位十进制数字按序表示英文字母，则 M=“EC”=0503，将明文分组得 M_1=05，M_2=03；由 $C=m^e \bmod n$，得：C_1= 05^3(mod 55)=15，C_2= 03^3(mod 55)=27。

③ 恢复明文：由 $m = C^d \bmod n$，得：M_1=15^{27} (mod 55)=5，M_2=27^{27}(mod 55)=3。

5.5 认证技术

认证技术是信息安全理论与技术的一个重要方面。上一节介绍的加密保护只能防止被动攻击，而认证保护可以防止主动攻击。被动攻击的主要方法是截收信息；主动攻击的最大特点是对信息进行有意的修改，使其失去原来的意义。主动攻击比被动攻击更复杂，手段也比较多，它比被动攻击的危害更大，后果也特别严重。在某些情况下，信息认证显得比信息保密更为重要。例如，很多情况下用户并不要求购物信息保密，而只需要确认网上商店不是假冒的（这就需要身份认证），自己与网上商店交换的信息未被第三方修改或伪造，并且网上商家不能赖账（这就需要消息认证）。另一个例子是网络中的信息广播（通知），此时接收方主要关心的是信息的真实性和信息来源的可靠性。

本节所介绍的认证技术主要涉及身份认证和消息认证两个方面的内容，身份认证用于鉴别用户身份，消息认证用于保证通信双方的不可抵赖性和信息的完整性。

5.5.1 身份认证技术

身份认证是信息认证技术中十分重要的内容，它一般涉及两个方面的内容，一个是识别，一个是验证。所谓识别就是要明确用户是谁。这就要求对每个合法的用户都要有识别能力。要保证识别的有效性，就需要保证任意两个不同的用户都具有不同的识别符。所谓验证就是指在用户声称自己的身份后，认证方还要对它所声称的身份进行验证，以防假冒。一般来说，用户身份认证可通过三种基本方式或组合方式来实现。

（1）用户所知道的某种秘密信息，例如，用户知道自己的口令。

（2）用户持有的某种秘密信息（硬件），用户必须持有合法的随身携带的物理介质，例如，智能卡中存储的用户个人化参数，访问系统资源时必须要有智能卡。

（3）用户所具有的某些生物学特征，如指纹、声音、DNA 图案、视网膜，等等。

5.5.2 消息认证技术

1. 数字摘要技术

数字摘要技术就是单向哈希（HASH）函数技术，它除了用于前面所讨论的数字签名之外，还可用于信息的完整性检验、各种协议的设计以及计算机科学等。所谓单向哈希函数就是把任意长的输入串 x 变化成固定长的输出串 y 的一种函数。其主要原理是：

（1）利用某些数学难题比如因子分解问题、离散对数问题等设计哈希函数。

（2）利用一些对称密码体制比如 DES 等设计哈希函数。这种哈希函数的安全性与所使用的基础密码算法有关。

（3）直接设计哈希函数，这类算法不基于任何假设和密码体制。这种算法是当今比较流行的一种设计方法。美国的安全哈希算法（SHA）以及 MD5 就是这类算法。

2．数字签名技术

数字签名是电子商务安全的一个非常重要的分支，它在大型网络安全通信中的密钥分配、安全认证、公文安全传输以及电子商务系统中的防否认等方面具有重要作用。

传统商业中的契约都采用手书、指印或印章的形式进行签名，以便在法律上能认证、核准和生效。在以计算机文件为基础的事务处理中则采用电子形式的签名，即数字签名。《中华人民共和国电子签名法》中，将电子签名定义为数据电文中以电子形式所含、所附用于识别签名人身份并表明签名人认可其中内容的数据。

数字签名技术以加密技术为基础，其核心是采用加密技术的加、解密算法体制来实现对消息的数字签名。数字签名能够使收方证实发方的真实身份，使发方事后不能否认所发送过的消息、收方或非法者不能伪造、篡改消息。

数字签名的生成和验证过程如图 5.9 所示。发送方的原文经过一个单向函数（如 Hash 算法）生成数字摘要，然后用发送者的签名私钥加密数字摘要形成数字签名，并和原文一起传递给接受方。接受方在收到发送者的数字签名后用发送者的公钥解密得到数字摘要，然后将收到的明文用相同的函数重新生成一个数字摘要，与解密得到的数字摘要进行比较来进行验证。

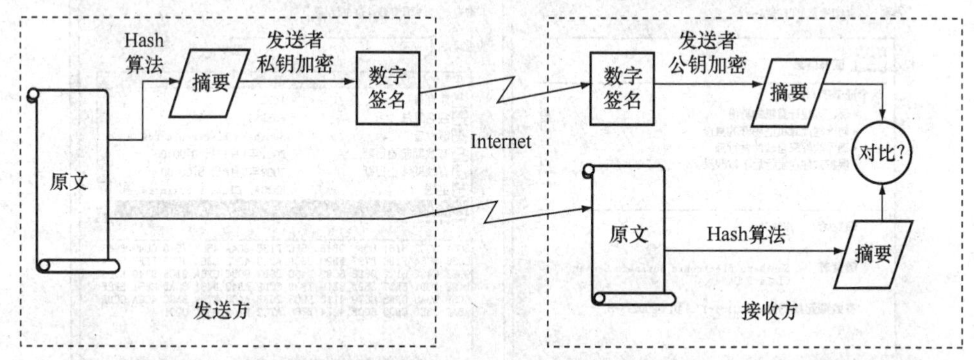

图 5.9　数字签名过程

目前已有大量的数字签名算法，比如 RSA、E1Gamal、Fiat-Shamir、Guillou-Quisquarter、Schnorr、美国的数字签名标准、算法（DSS、DSA）、椭圆曲线数字签名算法等。

5.6　数字证书及证书授权（CA）中心

数字证书和证书授权中心（又称认证中心，或 CA 中心）是电子商务安全认证体系中最重要的内容。

5.6.1 数字证书

数字证书（digital certificate，digital ID）又称为数字凭证，是用电子手段来证实一个用户的身份和对网络资源访问的权限。数字证书是一种数字标识，可以说是网络上的安全护照，提供的是网络上的身份证明。数字证书拥有者可以将其证书提供给其他人、Web 站点及网络资源，以证实他的合法身份，并且与对方建立加密的、可信的通信。比如，用户可以通过浏览器使用证书与 Web 服务器建立 SSL 会话，使浏览器与服务器之间相互验证身份；另外，用户也可以使用数字证书发送加密和签名的电子邮件。

目前数字证书格式一般采用 X.509 国际标准，如图 5.10 所示。一个标准的 X.509 数字证书包含以下一些内容：

（1）证书的版本信息

（2）证书的序列号

（3）证书所使用的签名算法

（4）证书的发行机构名称

（5）证书的有效期

（6）证书所有人的名称

（7）证书所有人的公开密钥

（8）证书发行者对证书的签名

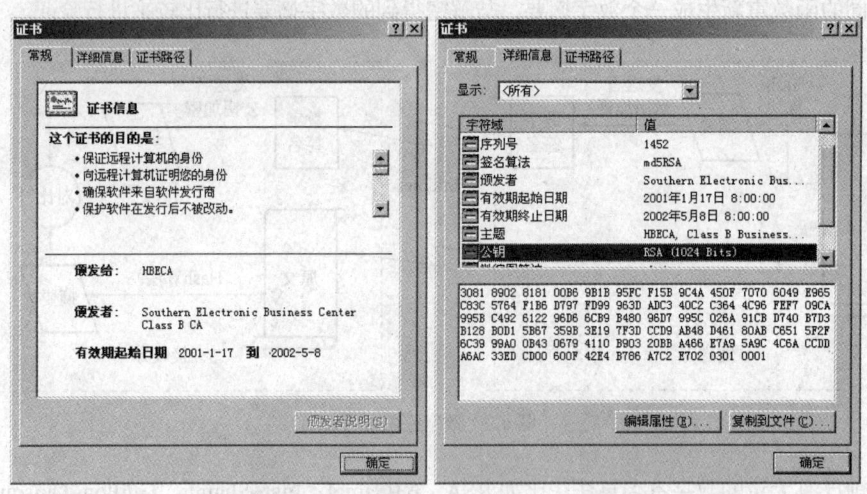

图 5.10 数字证书

我们可以使用数字证书，通过运用对称和非对称密码体制等密码技术建立起一套严密的认证系统，从而保证信息除发送方和接收方外不被其他人窃取；信息在传输过程中不被篡改；发送方能够通过数字证书来确认接收方的身份；发送方对于自己发送出的信息不能抵赖。这样，在网上的电子交易中，如果双方出示了各自的数字凭证，并用它来进行交易操作，就可以不用担心上当受骗了。

5.6.2 证书授权（CA）中心

在网上进行商务活动时，无论是数字证书的发放还是数字时间戳服务，都不是靠交易双方自己完成的，而需要有一个具有权威性和公正性的第三方来完成，这种权威性和公正性的第三方就是证书授权（Certification Authority，CA）中心，又称作认证中心。

认证中心作为受信任的第三方，需要承担网上安全电子交易的认证服务，主要负责产生、分配并管理用户的数字证书。它对电子商务活动中的数据加密、数字签字、防抵赖、数据完整性以及身份鉴别所需的密钥和认证实施统一的集中化管理，支持电子商务的参与者在网络环境下建立和维护平等的信任关系，保证在线交易的安全性。建立CA的目的是加强数字证书和密钥的管理工作，增强网上交易各方的相互信任，提高网上购物和网上交易的安全性，控制交易的风险，从而推动电子商务的发展。

认证中心作为一个权威、公正、可信的第三方机构，它的建设是电子商务中最重要的基础建设之一，也是电子商务大规模发展的根本保证。CA有着严格的层次结构，其结构如图5.11所示。根CA（Root CA）是离线的，并且是被严格保护的。仅在发布新的品牌CA（Brand CA）时才被访问。品牌CA发布地域政策CA（Geopolitical CA）、持卡人CA（Cardholder CA）、商户CA（Merchant CA）和支付网关CA（Payment Gateway CA）的证书，并负责维护及分发其签字的证书和电子商务文字建议书。地域政策CA是考虑到地域或政策的因素而设置的，因而是可选的；持卡人CA负责生成并向持卡人分发证书；商户CA负责发放商户证书；支付网关CA为支付网关（银行）发放证书。

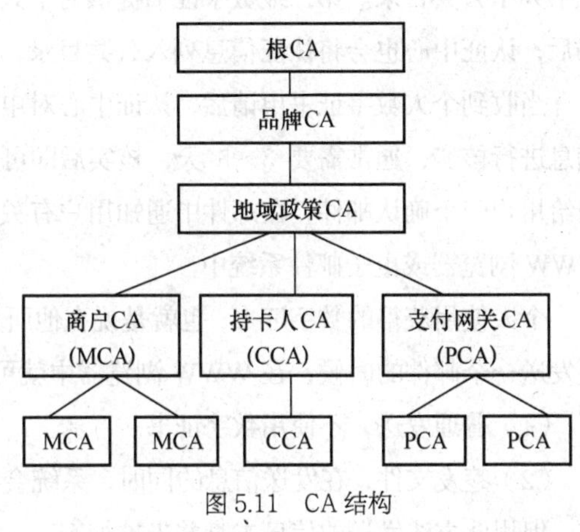

图5.11 CA结构

最早的CA认证中心采用的就是由SETCo公司建立的、以SET协议为基础的SET CA体系，这种体系只能服务于B to C电子商务模式中的卡支付应用。由于B to B电子商务模式的发展，要求同时支持网上购物、网上银行、网上交易与供应链管理等职能，要求安全认证协议透明、简单、成熟（即标准化），这样就产生了以通用公钥基础设施（PKI）为技术基础的non-SET CA体系，即通用PKI CA体系。

5.6.3 数字证书的类型

数字证书有三种类型：

（1）个人证书（personal digital ID）。仅仅为某一个用户提供证书，以帮助个人在网上进行安全交易操作。个人身份的数字证书通常是安装在客户端的Web浏览器内，并收发安全的电子邮件等。

（2）企业（服务器）证书（Server ID）。为网上的某个 Web 服务器提供的证书，拥有 Web 服务器的企业就可以对具有证书能力的网站进行安全的电子交易。有证书的 Web 服务器会自动地与客户端 Web 浏览器通信的信息进行加密。

（3）软件（开发者）证书（developer ID）。为 Internet 中被下载的软件提供证书，该证书用于和微软公司 Authenticode 技术相结合的软件，以使用户在下载软件时能获得相应的信息。

大部分认证中心都提供前两种证书服务，第三类证书用于比较特殊的场合，所以认证中心一般不提供。

5.6.4 数字证书的申请、获取和使用

1．个人数字证书的申请、获得和使用

个人数字证书的申请可以在用户浏览器上进行，个人数字证书分为两个级别。第一级数字证书仅仅提供个人电子邮件地址的认证。当个人获得一级数字证书后，认证中心会将邮件地址证书列于公共目录。第二级数字证书提供对个人姓名、身份等信息的认证。当获得二级数字证书后，认证中心也会将认证信息列入公共目录。

当收到个人数字证书申请后，认证中心对申请者的电子邮件地址、个人身份及信用卡号等信息进行核实，通常需要 3～5 天，核实后即可颁发数字证书。数字证书的颁发由认证中心发回给用户一个确认邮件，在邮件中通知用户有关证书的信息，同时将该证书安装在用户所用的 WWW 浏览器或电子邮件系统中。

个人使用获得的数字证书，也就是说在他所用的 WWW 浏览器上安装了数字证书后，当他要发送一个邮件的时候，在 WWW 浏览器中就可设置以下三种状态。

（1）普通发送，不使用数字证书。

（2）签发文件，在发送信息的同时，系统会自动将信息和发送者的数字签名一起发送给对方，但用此方法发送的信息本身并未被加密。

（3）加密文件，除了拥有上面签发文件功能外，在发送时还会自动用接收者的公共密钥加密信息，并会注明此信息是加密的。

2．服务器数字证书的申请、获得和使用

服务器数字证书帮助企业在虚拟交易环境中建立信任度。在现实生活中，一个大超市或大商场具有一种可信度。而在网上交易的虚拟环境中，人们无法和商家面对面地接触，企业需要依靠数字证书来增强信任度。

服务器数字证书的申请验证要比个人身份的验证复杂，需要把调查表文件填写后用电传或电子邮件发送到认证中心，调查文件的内容包括。

（1）企业或组织的情况介绍。

（2）合作伙伴的情况。

（3）营业执照。

（4）纳税说明。

当一个服务器证书生效后，它就能以被验证的身份与外界通信，数字证书依靠与之绑定的一对密钥来表示自己的确定性，用该对密钥来加密，从而保证该服务器身份。当一个认证

的客户与一个认证的服务器进行通信的时候，客户端的软件会自动的验证服务器端的数字证书，而服务器绑定的这对密钥又被用来加密一个会话密钥。会话密钥是用来对服务器和客户机的会话进行加密的。每个服务器和客户机的会话均会使用不同的会话密钥。每个会话密钥只有 12～24 小时的有效期，所以，要在被认证的服务器和客户机通信时进行信息窃听是十分困难的。

5.7 认证系统

电子商务的一个安全要求是防止未经授权的访问以及对访问者身份的确认，本节介绍许多协议中都会用到的两大认证系统 Kerberos 认证系统和公钥基础设施（PKI）。

5.7.1 Kerberos 认证系统

Kerberos 是 MIT 作为 Athena 计划的一部分而建立的认证服务系统，Kerberos 系统建立了一个中心认证服务器用以向用户和服务器提供相互认证。目前该系统已有五个版本，其中 V5，已于 1994 年作为 Internet 标准（草稿）公布（RFC1510）。系统的目的是解决以下问题：在开放的分布式环境中，用户希望访问网络中的服务器，而服务器则要求能够认证用户的访问请求并仅允许那些通过认证的用户访问服务器，以防未授权用户得到服务和数据。

如果网络环境未加任何保护手段，则任一用户都可获取任一服务器 V 提供的服务。这时明显的安全威胁是假冒，即敌手可假装是一客户以获取访问服务器的特权。为防止这种假冒，服务器应能确定要求提供服务的客户的身份，但在开放环境中会给服务器增加过重的负担。为此引入一个称为认证服务器 AS（Authentication Server）的第三方来承担对用户的认证，AS 知道每个用户的口令，并将口令存在一个中心数据库。用户如果想访问某一服务器，得首先向 AS 发出请求（其中包括用户的口令），AS 将收到的用户口令和中心数据库存储的口令相比较以验证用户的身份。如果验证通过，AS 则向用户发放允许用户得到服务器服务的票据，用户则根据这一票据去获取服务器 V 的服务。

如果用户需多次访问同一服务器或不同服务器，为了避免每次都重复以上获取票据的过程，再引入另一新服务器称为票据许可服务器 TGS（Ticket-granting server）。TGS 向已经通过 AS 认证的客户发放用于获取服务器 V 的服务的票据。为此用户应改为首先向 AS 获取访问 TGS 的票据 Tickettgs（票据许可票据）存起来以后可反复使用。用户每次欲获得服务器 V 的服务时，将 Tickettgs 出示给 TGS，TGS 再向用户发放获得服务器 V 服务的许可票据 Ticketv（服务许可票据）。详细过程可分为以下三个阶段，如图 5.12 所示。

第Ⅰ阶段（认证服务交换）用户从 AS 获取票据许可票据。

第Ⅱ阶段（票据许可服务交换）用户从 TGS 获取服务许可票据，这时的票据不能证明任何人的身份，只是用来安全地分配密钥，而认证符则是用来证明客户的身份，因为认证符仅能被使用一次且其有效期限很短，所以可防止敌手对票据和认证符的盗取使用。

第Ⅲ阶段（客户机—服务器的认证交换）用户从服务器获取服务。

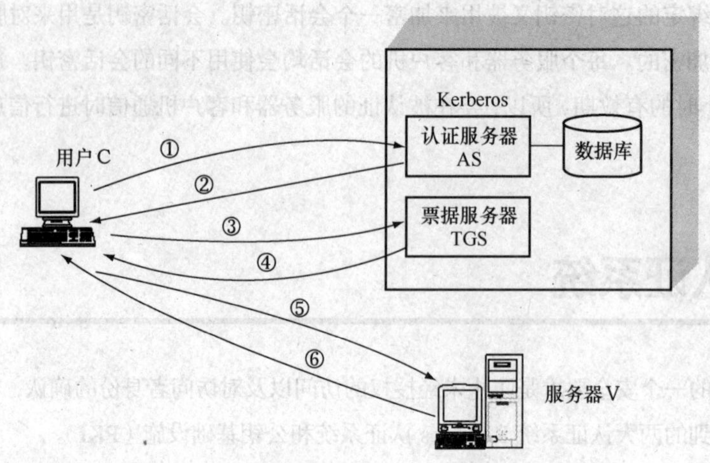

图 5.12　Kerberos 认证框图

5.7.2　公钥基础设施（PKI）

1．PKI 概述

PKI（Public Key Infrastructure）技术能很好地构建一个安全的信息基础设施平台，为电子商务、电子政务、电子事务提供良好的应用环境。从字面上理解，PKI 就是利用公钥理论和技术建立的提供安全服务的基础设施。PKI 技术是信息安全技术的核心，也是电子商务的关键和基础技术。

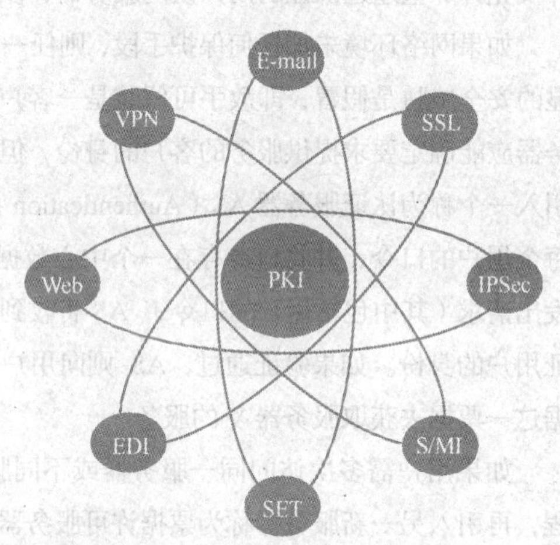

图 5.13　PKI 支持的各种电子商务应用

通过采用 PKI 框架管理密钥和证书，可以建立一个安全的网络环境。PKI 支持 SET、SSL、IPsec/VPN、S/MIME 等协议，支持各种安全的网络应用，可以说，PKI 是当今电子商务应用的核心安全技术（见图 5.13）。基于 PKI 的框架结构或技术基础，以及在其上开发的 PKI 应用，为建立电子商务安全认证体系提供了强大的证书和密钥管理能力，如提供 X.509 格式的证书的自动生成（直至证书期满失效）、自动证书报销清单（CRL）检查、密钥的备份和恢复、自动更新密钥、自动管理历史密钥、CA/RA 操作协议、CA 管理协议、支持交叉认证，以及在证书生命周期内的其他管理服务功能。依靠制定相应的安全政策，PKI 增加了网上交易各方明显的信任，也为它们之间的可靠通信创造了条件，并为“B to B”及“B to C”两种电子商务模式提供了兼容性服务（特别是用于“B to B”模式的服务）。

PKI 的数字证书的生成模式可分为两种。第一种，集中生成模式，密钥对由 CA 生成，对应的公钥直接提供给 CA 软件生成证书，生成后的数字证书和私钥通过适当的方式提供给用户；

第二种，分布式生成模式，密钥对由用户自己生成，然后将公钥和个人申请资料传送给 CA，由 CA 生成和签发证书。

2．PKI 组成部分

实用的 PKI 体系应是安全、易用、灵活和经济的，并具有操作性和可扩展性。它是认证中心（CA）、注册机构（RA）、策略管理（CP）、密钥（Key）与证书（Certificate）管理、密钥备份与恢复、撤销系统等功能模块的有机结合体。典型的 PKI 系统由五个基本的部分组成：证书申请者（Subscriber）、注册机构（Registration Authority，RA）、认证中心（Certificate Authority，CA）、证书库（Certificate Repository，CR）和证书信任方（Relying Party）。其中，认证中心、注册机构和证书库三部分是 PKI 的核心，证书申请者和证书信任方则是利用 PKI 进行网上交易的参与者。在具体应用中，各部分的功能是有弹性的，有些功能并不在所有的应用中出现，PKI 的许多详细功能需要根据业务的操作规程确定。

3．PKI 的功能

PKI 为电子商务提供了一整套安全机制，主要包括以下功能。

（1）产生、检验和分发密钥

根据密钥生成模式的不同，用户公私钥对的产生、验证及分发的方式包括用户自己产生密钥对和 CA 为用户产生密钥对两种方式。

（2）签名和验证

对数字签名和认证是采用多种算法的，如 RSA、DES 等。这些算法可以由硬件或硬软结合的加密模块（固件）来完成。

（3）证书的获取

在验证信息的数字签名时，用户必须事先获取信息发送者的公钥证书，以对信息进行解密验证，并验证发送者身份的有效性。证书的获取可以有下面几种方式：

① 发送者发送签名信息时，附加发送自己的证书。

② 单独发送证书信息的通道。

③ 可从访问发布证书的目录服务器获得。

④ 从证书的相关实体（如 RA）处获得。

（4）验证证书

验证证书的过程是迭代寻找证书链中下一个证书和它相应的上级 CA 证书。用户检查证书的路径是从后一个证书（即用户已确认可以信任的 CA 证书）所签发的证书有效性开始，一旦验证后，就提取该证书中的公钥，用于检验下一个证书，直到验证完发送者的签名证书。

（5）保存证书

保存证书是指 PKI 实体在本地储存证书，以减少在 PKI 体系中获得证书的时间，并提高证书签名的效率。证书存储单元应对证书进行定时管理维护，清除已作废或过期的证书及在一定时间内末使用的证书。证书存储数据库还要与最新发布的 CRL 文件相比较，从数据库中删除 CRL 文件中已发布的作废证书。

（6）证书废止的申请

当 PKI 中某实体的私钥被泄露时，被泄密的私钥所对应的公钥证书应被作废。对 CA 而言，私钥泄密的可能性很小，除非有意破坏或恶意攻击；对一般用户而言，私钥泄密可能是因为存放介质的遗失或被盗。另外一种情况是证书中所包含的证书持有者已终止或与某组织的关系已经中止，则相应的公钥证书也应该作废。

（7）密钥的恢复

在密钥泄密、证书作废后，为了恢复 PKI 中实体的业务处理和产生数字签名，泄密实体将获得（包括个人用户）一对新的密钥，并要求 CA 产生新的证书。泄露密钥的实体是 CA 的情况下，需要重新签发以前那些用泄密密钥所签发的证书。

（8）CRL 的获取

每一个 CA 均可以产生 CRL，CRL 可以定期产生，也可以在每次有证书作废请求后实时产生，CA 应将其产生的 CRL 及时发布到目录服务器上去。CRL 的获取可以有多种方式，CA 产生 CRL 后，自动发送到下属各实体，大多数情况下，由使用证书的各 PM 实体从目录服务器获得相应的 CRL。

（9）密钥更新

在密钥泄密的情况下，将产生新的密钥和新的证书。但在密钥没被泄露的情况下，密钥也应该定时更换。PKI 中的实体都应该在密钥截止之前取得新密钥对和新证书。在截止日期到达后，PKI 中的实体便开始使用新的私钥进行对数据的签名，同时应该将旧密钥对和证书归档保存。

5.8　电子商务的安全协议

本节对保障电子商务安全方面的协议做了全面的概述，包括 SSL 协议、SET 协议、UN/EDIIFACT 标准中的安全措施、S-HTTP、PGP 协议、S/MIME 协议，并对其中的一些协议的特点进行了比较。

5.8.1　SSL 协议

1．SSL 协议概述

为了适应 Internet 安全的传送机制，Netscape 公司提供了一种安全数据传输协议（SSL 协议）。SSL 协议 3.0 提供了数据加密措施、服务器认证、信息完整性以及 TCP/IP 连接的用户认证。

在 Web 和其他的 Internet 事务处理中，SSL 协议为服务器和用户提供了一种加密和保护信息的方法，其主要作用是请求浏览器和服务器互相连接通信。Netscape 的 Navigator 和微软公司的 Internet Explorer 都能提供 SSL 的安全连接。

2．SSL 提供的安全服务

SSL 用下面三种服务来让用户和服务器对它们传送的信息进行保护。

① 用数字证书实现的服务器认证（防止冒名顶替者）。用户和服务器的合法性认证，使用户和服务器能确信数据将被发送到正确的客户机和服务器上。客户机和服务器都有各自的识别

号，由公钥编排。SSL 握手协议要求在交换数据中进行数字认证，以确保用户的合法性。

② 加密传输信息（防止窃听）。SSL 采用对称或公钥加密技术对传送数据加密。在客户机与服务器交换数据之前，先交换 SSL 初始握手信息，采用各种加密技术，以保证数据的机密性和完整性，并经数字证书鉴别。这样就可以防止被非法用户破译。

③ 端对端连接，保证数据信息完整性（防止数据的损坏）。SSL 采用 Hash 函数和机密共享的方法，提供完整信息服务，来建立客户机和服务器之间的安全通道。

在 TCP/IP 里，SSL 位于应用程序之下网络层和传输层之上，这些应用程序包括 HTTP、SMTP、Telnet、FTP、Gopher 等协议，把 SSL 放在应用程序协议之下和 TCP/IP 之上有利于让 SSL 利用 Internet 通信标准的优点，而不是局限于一个特定的应用程序。

3．SSL 协议体制

采用对称和非对称两种加密体制对 Web 服务器和客户机的通信提供保密性、数据完整性和身份认证。

SSL 的两层结构：SSL 握手协议和 SSL 记录协议。

SSL 握手协议是在客户机和服务器之间交换消息强化安全性的协议。该协议由六个阶段组成：接通阶段→密钥交换阶段→会话密钥生成阶段→服务器证实阶段→客户机认证阶段→结束阶段，其过程如图 5.14 所示。

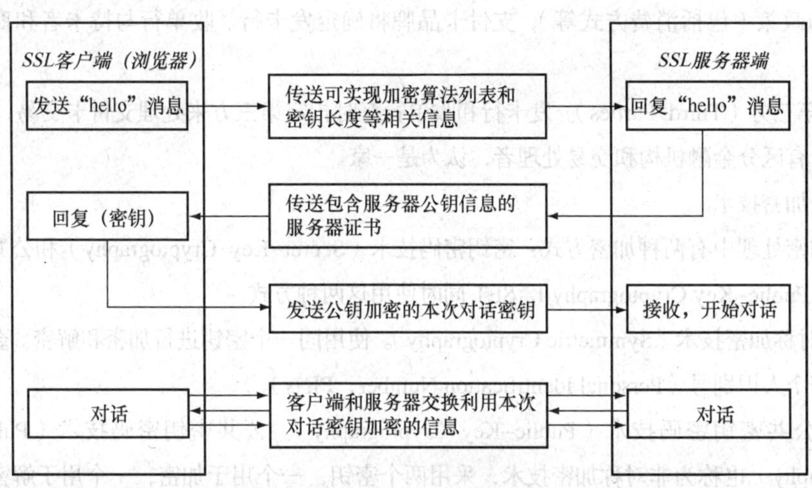

图 5.14　SSL 通信示意图

在 SSL 中，所有数据都被封装在记录中。一个记录由记录头和非零长数据两部分组成。SSL 握手层协议的报文要求必须放在一个 SSL 记录层的记录中。应用层的报文允许占用多个 SSL 记录来传送。

5.8.2　SET 协议

1．SET 概述

SET 协议是由世界两大信用卡组织 Visa 和 MasterCard 联合推出，经 Microsoft、Netscape、RSA 等众多信息公司共同协作发展而成的一种网际、网络信用卡支付机制，于 1996 年正式发表。目前 SET 已经标准化，并且被业界广泛接受。SET 协议以 Visa 和 MasterCard 为首组成的订货厂商集团 SETCo 主要负责推广、发展和认证。

SET 协议的主要内容有：加密算法的应用（如 RSA 和 DES）；证书消息和对象格式；购买消息和对象格式；请款消息和对象格式；参与者之间的消息协议。而 SET 协议使用的主要技术有：对称密钥加密、非对称密钥加密、数字签名、Hash 算法、数字信封、数字证书。

2．SET 的安全机制

（1）支付系统参与者（Payment System Participant）

① 持卡者（Cardholder）。在电子商务环境中．消费者和团体购买者通过计算机与商家进行交互，持卡者使用一个发卡行发行的支付卡。

② 发卡行（Issuer）。一个发卡行是一个金融机构，对授权的交易进行付款。

③ 商家（Merchant）。商家提供商品和服务，在 SET 中，商家与持卡者可以进行安全电子交易，一个商家必须与相关的收单行达成协议，保证可以接收支付卡付款。

④ 收单行（Acquirer）。收单行是为商家建立账户并处理持卡授权和支付的金融机构。

⑤ 支付网关（Payment Gateway）。一个支付网关是一个由收单行操作的设备，或者是指定的第三方，用于处理支付卡授权和支付。

⑥ 品牌（Brand）。根据市场需要，金融机构建立不同的支付卡品牌，每种支付卡品牌有不同的政策（包括消费方式等），支付卡品牌将确定发卡行、收单行与持卡者和商家之间的关系。

⑦ 第三方（Third Parties）。发卡行和收单行有时指定第三方来处理支付卡交易，在 SET 协议中没有区分金融机构和交易处理者，认为是一家。

（2）加密技术

在加密处理中有两种加密方式：密钥密码技术（Secret-Key Cryptography）和公共密钥密码技术（Public-Key Cryptography），SET 同时使用这两种方式。

① 对称加密技术（Symmetric Cryptography）。使用同一个密钥进行加密和解密。金融机构用来加密个人识别号（Personal Identification Number，PINs）。

② 公共密钥密码技术（Public-Key Cryptography）。公共密钥密码技术（Public-Key Cryptography）也称为非对称加密技术，采用两个密钥，一个用于加密，一个用于解密。一个用户有两个密钥，一个称为公开密钥（Public Key），另一个称为私有密钥（Private Key），用户可以公开其公开密钥。目前最有名的公钥算法是 RSA。

③ 加密（Encryption）。加密消息的使用保证了信息的机密性。

④ 对称密钥的使用（Use of Symmetric Key）。在 SET 中消息数据先使用一个随机产生的对称密钥加密，该密钥再用消息接收者的公钥进行加密，这称为消息的数字信封（Digital Envelope）。然后将加密后的消息和数字信封发给接收者。接收者收到数字信封后，用自己的私钥解开数字信封行到对称密钥，再使用该对称密钥解开加密的消息。

⑤ 数字签字（Digital Signature）。使用数字签字来保证完整性和验证。

⑥ 消息摘要的使用（Using Message Digest）。消息摘要是采用一个单向加密函数计算出来的，也就是说，由摘要无法推出原来的消息。发送者使用自己的私钥加密消息的摘要并附加到

原始消息的后面，这一过程称为对消息的数字签字（Digital Signature）。

接收者接收到数字签字能够确信该消息确实是由该发送者发出的，这是因为，对消息的任何改动（哪怕是一个字符）都将改变消息的摘要，因此接收者通过比较收到的摘要与自己重新计算的消息摘要，确保该消息在传输过程中没有改变。

⑦ 两个密钥对（Two Key Pairs）。每个 SET 参与者都有两对密钥。交换密钥（Key Exchange）对，用于加密和解密对称密钥；签字（Signature）密钥对，用于产生和验证数字签名。

⑧ 证书（Certificate）。证书的使用增强了认证能力。因为 SET 参与者拥有两个密钥对，所以有两个证书，两个证书由 CA 同时产生和签署。

3．一个简单的 SET 协议通信过程

假设 Alice 希望签署一个信息并发给 Bob（见图 5.15），其实施步骤如下。

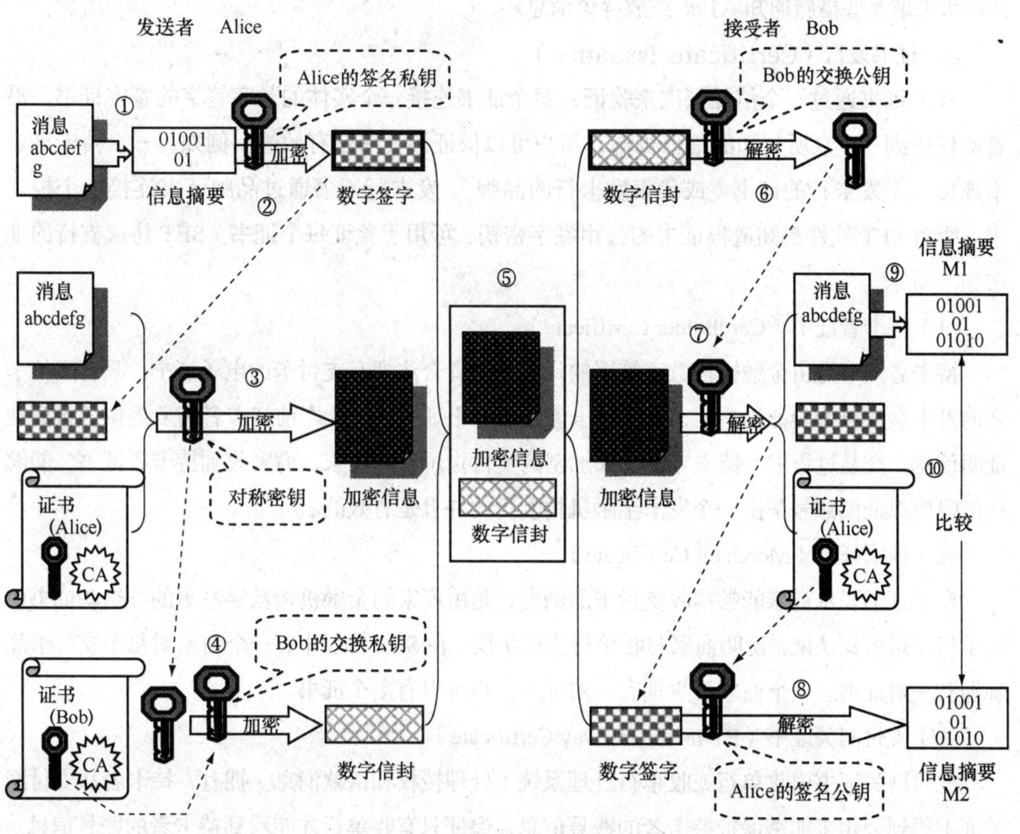

图 5.15　SET 协议通信过程

① Alice 通过单向算法对消息计算，产生消息摘要，用于以后验证消息的完整性。

② Alice 用自己的签字私钥加密消息摘要产生数字签字。

③ 接着，产生一个随机的对称密钥，并用该对称密钥加密信息以及她的签字和她的证书（包含她的签字公钥）。Bob 要解密就需要知道该随机对称密钥。

④ Alice 在以前的安全通信中得到了 Bob 的证书，该证书有 Bob 的密钥交换公钥（Public Key-Exchange Key）。为了保证对称密钥的安全传输，Alice 用 Bob 的公用交换密钥进行加密形成数字信封。

⑤ Alice 向 Bob 发送包含以下内容的消息：经过对称加密的消息、数字签字、证书和非对称加密的对称密钥（数字信封）。

⑥ Bob 从 Alice 处接收到消息后，首先用他的密钥交换私钥（Private Key–Exchange Key）解开数字信封得到对称密钥。

⑦ Bob 使用该对称密钥解出消息、Alice 的签字和 Alice 的证书。

⑧ Bob 使用 Alice 签字公钥（从 Alice 的证书中得到）解开 Alice 数字签字，得到原始消息的摘要。

⑨ Bob 用与 Alice 相同的单向算法来计算消息的摘要。

⑩ 最后，Bob 将接收到的摘要与新计算的摘要进行比较，如果相同，则证明消息在传输中没有被篡改，并且该消息是用 Alice 的签字私钥签字的；如果不同，说明消息在传输中被篡改，Bob 将采取某些措施通知 Alice 或放弃该消息。

4．证书发行（Certificate Issuance）

SET 证书通过一个信任层次来验证，每个证书连接一个实体的数字签字的签字证书，沿着信任树到一个众所周知的信任机构，用户可以保证该证书是有效的。例如，一个持卡者证书连接一个发卡行的证书（或代表发卡行的品牌），发卡行证书通过品牌证书连接一个根证书。所有 SET 软件都知道根证书的公用签字密钥，可用于验证每个证书。SET 协议支持的证书如下所示。

（1）持卡者证书（Cardholder Certificate）

持卡者证书是由金融机构数字签署的代表持卡者合法拥有支付卡的电子证书。只有当持卡者的发卡金融机构验证用户后，才向持卡者发布一个证书，在此之前持卡者需要提供各种商业证明信息。交易过程中，持卡者证书和加密的支付指示发向商家，商家收到持卡者证书，能够最低限度保证该账号是由一个发卡金融机构发行的并且是有效的。

（2）商家证书（Merchant Certificate）

商家证书表示商家能够接收支付卡的消费，是由商家的金融机构数字签署的。这些证书由收单行金融机构认证，说明商家与收单行达成协议。在 SET 协议中，一个商家对每个支付卡品牌拥有一对证书。一个商家至少拥有一对证书，也可以有多个证书。

（3）支付网关证书（Payment Gateway Certificate）

支付网关证书由收单行或收单行处理系统（处理授权和请款消息）拥有，持卡者从支付网关证书得到公钥来加密保护持卡者的账号信息，保证只有收单行才能看到持卡者的账号信息。支付网关证书由支付卡品牌的收单行发行。

（4）收单行证书（Acquirer Certificate）

一个收单行必须拥有证书才能使一个 CA 接收和处理商家从公共和专用网络发出的证书请求，那些让支付卡品牌来代理证书请求的收单行不需要证书，因为它们不处理 SET 消息，收单行从支付卡品牌接收它们的证书。

（5）发卡行证书（Issuer Certificate）

一个发卡行必须拥有证书，CA 才能接收和处理来自持卡者的证书请求（通过公共或专用网络），那些选择支付卡品牌来代理证书请求的发卡行不需要证书。

5. SET与SSL的比较

SET与SSL是两种重要的通信协议，都能提供通过Internet进行电子支付的服务，但两者在许多技术方面都有很大差异。SET是一个多方的消息报文协议，定义了银行、商家、持卡人之间必须符合的报文规范，允许各方之间的报文交换不是实时的，而SSL只是简单地在两方之间建立一条安全连接，在涉及多方的交易中，不能协调各方占据的安全传输和信任关系。SET要求在参加交易的银行网络、商家服务器、用户PC上安装相应软件，还要求必须向各方发放证书，这些会给交易各方增加费用，使得使用SET比使用SSL昂贵；SET很好地解决了智能卡与电子商务的结合，实现了在智能卡上存放证书，使持卡人的身份得到认证，并为每一次购物时实现客户的数字签名，而SSL有利于商家，适用于BtoB；SET对消费者的信息安全给予充分保证，适用于BtoC。SSL的安全性不如SET。SET这种专用银行卡支付协议的高安全性使其受到各信用卡组织的广泛支持，被认为是进行电子商务的最佳标准，将在基于Internet的卡支付交易中占据主导地位。表5.3列出了两种协议的优缺点。

表5.3 SSL协议与SET协议的优缺点比较

	优点	缺点
SSL协议	支持很多加密算法	只能建立两点之间的安全连续
	实现过程比较简单，独立于应用层协议	只能保证连接通道是安全的而没有其他的保证
	目前被大部分浏览器和服务器内置，实现方便	
SET协议	为顾客提供了更好的安全保护	要求在各方的PC上安装相应的软件，成本太高
	为商家提供了保护自己的手段	要求必须向各方发放证书，增加了成本
	使信用卡网上支付具有更大的竞争力	

案例

WebST对BtoB电子商务的整体安全解决方案

在中国目前的Internet应用现状下，一对多的BtoB电子商务模式将会迅速崛起，成为主导模式并很快创造出实际效益。BtoB电子商务模式实际上是会员制模式，其特点是参与交易的企业都要预先登记注册。从网络应用的角度来讲，这是一个已知边界的网络应用，是Extranet。在网络应用安全方面，重点在于身份认证、授权访问以及数据安全和交易的抗否认性，这几方面，是WebST的强项。对于电子商务的网络安全要强调防止恶意攻击和防杀病毒。因此，本方案对BtoB电子商务提出各个层次的安全解决方案，可作为相关项目的参考。

根据三维信息系统安全体系结构，并基于上述网络结构和应用模型进行定位分析，提出三维信息系统安全体系结构，如图5.16所示。

安全是一个全局的问题，单个产品是不能够解决整体的安全的，必须由不同层次的产品来解决不同的安全问题。比如，链路层的加密机，网络层的防火墙和 VPN（IP 加密机），应用层的认证、授权，以及防病毒、安全监测、安全审计和安全管理等，这些机制不可能在一个产品中全部实现。因此整体的安全方案必须系统地、完整地、统一地进行设计。

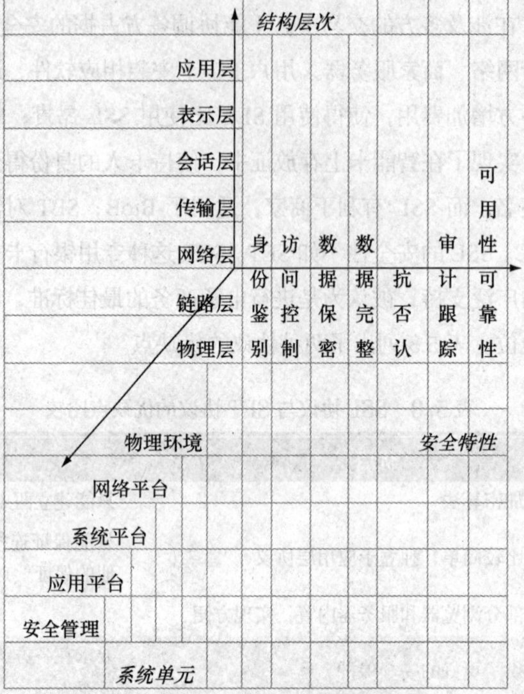

图 5.16　三维信息系统安全体系结构

所以，针对 BtoB 电子商务的各层次安全需求，采用各种成熟的安全技术和产品，配备有效的管理策略和手段，是我们提出的《WebST BtoB 电子商务安全解决方案》的主要思想。

1. 网络层安全解决方案

根据上面提出的网络层安全需求，一是要保证 BtoB 电子商务的网络结构不能被攻破；二是要求对攻击能够预警；三是防杀病毒。所以要有针对性地采用成熟的技术和产品，而这些技术和产品首先要建立在一个安全的网络结构上。

（1）安全网络结构设计

在没有安全设计的网络中，其结构呈现两层，即外部网络和内部网络，中间以路由器或加之防火墙隔离，这种结构的风险在于内部网络的各个应用服务器和数据库可能受到直接攻击。目前通用的安全结构是在外网和内网之间增加一个子网，起着缓冲隔离作用，如图 5.17 所示。我们将 BtoB 电子商务网络划分为三个区域。

a. 外部网络，指通过路由器连接到的 Internet 及其他公网。

b. 非军事化区，是一个服务子网，由安全代理服务器、公共服务器（DNS、Mail）构成。

c. 内部网络，由 BtoB 电子商务的实际应用服务器和数据库组成。

注意，在安全结构中改变了防火墙的位置，通过配置防火墙，将网络分为三个区域。在安全结构下，外部网络的远程客户不能直接访问到 BtoB 电子商务的各个应用服务器，而是只能访问到非军事化区中代理服务器（代理服务器实际上是我们重点推荐的产品——WebST，在后面会专门介绍），再由代理服务器访问 BtoB 电子商务中心内网的对应应用服务器。对外公开服务器，如 WWW、E-mail 等，也可以放在非军事化区中。

这样，安全结构起到了基本安全的保障作用，但是还不够，还要和其他技术、产品相结合才能产生最终安全效应。

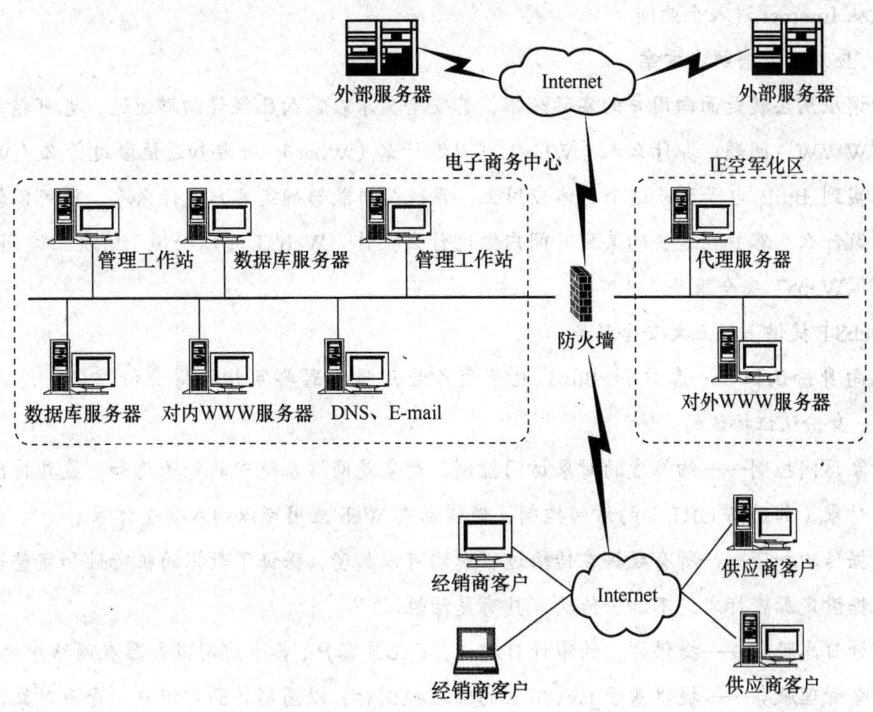

图 5.17　安全的三网段结构

（2）防火墙技术与产品

防火墙在技术上已经相对成熟，也有许多国内外产品可供选择，但需要注意，一定要选择支持三网段的防火墙。

在图中，防火墙是设置在接入 Internet 的路由器后端，将 BtoB 电子商务网络划分为三个区域，即三个网段，如上所述。通过合理地配置防火墙过滤规则，满足下列需求：远程客户只能访问非军事化区的安全代理服务器，不能直接对内部网络的 BtoB 电子商务应用服务器和数据库进行访问；内部网络的客户端只能访问本网段的应用服务器，不能访问防火墙以外的任何其他网络；服务子网中的安全代理服务器可以通过防火墙，访问内部网络的应用服务器和数据库服务器指定的 HTTP 服务端口以及 TCP 服务端口。

（3）入侵检测技术与产品

随着 Internet 应用的不断普及，黑客入侵事件也呈上升趋势，对于像 BtoB 电子商务这样以公开主页提供保密性业务的服务，面临被攻击的可能性大幅度增加。在安装防火墙和划分三网段安全结构后，降低了这种风险，但没有彻底消除。因为防火墙只是被动地防止攻击，不能预警攻击。所以对于 BtoB 电子商务这样的关键应用，我们建议采用入侵检测系统（IDS）。我们建议针对 BtoB 电子商务应用，采用基于主机的 IDS，安装在非军事化区中，主要检测针对安全代理（WebST）的攻击。

（4）防杀病毒技术与产品

防病毒产品包括网络防病毒产品和主机防病毒产品。主机防病毒产品只能对单一主机进行保护，而网络防病毒产品通过在网络入口实施内容检查和过滤，可以防止病毒通过邮件、FTP 等方式从 Internet 进入企业网。

2. 应用层安全解决方案

所谓应用层就是面向用户的实际应用，其安全需求在前面已经详细描述过，也可精练地总结为“WWW”问题，即什么人（Who）可以做什么（What），并要知道他做过什么（What）。

落实到 BtoB 电子商务这个具体应用上，系统应当能够确定客户是什么人，他可以做什么不可以做什么，客户在过去的某段时间内做过什么操作。WebST 可以一揽子解决上述问题。

（1）WebST 安全服务

WebST 提供下列五大安全服务。

双向身份认证——客户和 BtoB 电子商务应用服务器要互相取得身份信任，这是基于 Kerberos 身份认证协议的。

对象访问控制——细粒度的对象访问控制，对象是网络系统中的资源总和，最具特色的是对动态对象（如动态 URL）的访问控制，使得动态 Web 应用可以纳入安全体系。

数据传输加密——所有数据在传输过程中均可以加密，保证了数据的机密性和完整性。也可以根据设定加密标志，不加密传输，具有灵活性。

审计日志服务——提供详实的审计日志文件，记录客户、各个应用服务器在网络中的活动。

安全管理服务——提供基于 Java 编程的管理控制台，以图形界面对用户、资源对象、服务器以及访问控制授权策略进行管理和维护。

（2）WebST 的安全组件

WebST 安全服务器：WebST 安全服务器对安全域中的所有成员（客户和应用服务器）提供集中的身份认证服务，同时它提供一个中央注册数据库，内含被保护对象空间中所有合法用户和组的登录账号。

WebSEAL 服务器：WebSEAL 作为 HTTP 安全代理，保护指定的 Web 应用。来自客户端的 Web 请求，无论来自 NetSEAT 授权用户还是非授权用户（非 NetSEAT 客户，也就是原 HTTP 用户，对 WebSEAL 服务器来说是“非授权用户”），首先由 WebSEAL 服务器处理。WebSEAL 服务器根据对象的 ACL 检查用户的访问权限。如果用户具有访问权限，WebSEAL 服务器将 HTTP 请求递交给第三方 Web 服务器，由它来处理这个请求并将结果返回给 WebSEAL 服务器，然后 WebSEAL 服务器将这个结果按安全 RPC 方式返回给 NetSEAT 用户，或按 HTTP 方式返回给非 NetSEAT 用户。

NetSEAL 服务器：NetSEAL 作为 TCP 安全代理，保护安全域内的网络应用服务器。NetSEAL 可以允许或阻止用户运行某个服务器上的某个网络应用，如 FTP、Telnet 以及用户自行设计的网络应用。NetSEAL 和 WebSEAL 一样，提供相同级别的数据安全性和完整性。NetSEAL 起到了分布式应用层防火墙的功能。

WebST Java 控制台：这是一个图形界面的管理工具，用来对 WebST 的用户账号、访问控制策略、服务器对象等进行管理。主要有用户账号管理器、ACL 管理器、对象空间管理和 NetSEAL/WebSEAL 服务器管理器等部分。管理控制台基于 Java-DCE 开发，独立于硬件和操作系统平台，使用拖拉式操作，有很好的人机界面，同时具有很强的安全性。可以管理 WebST 安全域内的所有安全对象。

NetSEAT 安全客户端：这是一个轻量型的客户端软件，运行在客户端 Win95/98 上，用来与安全服务器、WebSEAL/NetSEAL 服务器进行身份认证和建立安全通信通道。NetSEAT 对应用的客户端软件不作任何改变，采用陷阱方式，由 NetSEAT 设置 IP 陷阱、截取 IP 数据包，由 NetSEAT 进行处理，根据安全策略使用 WebST 安全通道，或仍使用固有协议。

PKMS 服务器：在 WebST 的机制中，将基于公共密钥的 SSL 策略集成在一起，用在 Web 应用方面。WebSEAL 服务器通过公共密钥管理服务器（PKMS）与 SSL 连接起来。PKMS 实际是身份认证网关和建立基于 SSL 的加密通道，客户端不必使用 WebST 的客户端软件 NetSEAT，可使用 SSL 浏览器登录到 PKMS，PKMS 将用户的身份映射成 WebST 用户身份并且通过 RPC 进行传输，也就是将 SSL 的用户标识传递给 WebSEAL 服务器。PKMS 是用来与 Internet 用户之间临时建立起相互信任的安全会话过程，然后将 Internet 用户身份映射到 WebST 访问控制机制可以管理的用户身份。

本章小结

本章对电子商务的安全问题、安全要求和安全体系作了较为详细的描述，并较为系统地介绍了解决电子商务安全所需要的相关技术的概念及其基本原理。通过本章的学习，读者应该对电子商务的安全问题以及目前所能提供的解决方案能有一个全面的了解。

习题

一、填空题

1. 电子商务的安全问题一般可以分为两类：一类是______，一类是________。

2. 安全的电子商务系统应满足的基本要求有_______、_______、_______、_______、_______、_______。

3. 加密体制分为_______和_______，各自的典型算法是_______和_______。

4. 防火墙的基本类型有_______、_______、_______。

5. 入侵检测系统的结构包括_______、_______、_______、_______。

6. 入侵检测系统的检测分析技术主要分为两大类：_______和_______。

7. AH 和 ESP 的两种使用模式分别是_______和_______。

8. SSL 的两层结构为_________和_________。

二、简答题

1. 电子商务的安全框架应该是怎样的？

2. 简述 RSA 算法的密钥生成和加解密过程。

3. 简述 Kerberos 的工作原理。

4. 简述 PKI 的主要功能。

5. 试比较 SSL 和 SET 协议的特点。

三、案例分析题

1. 你认为一个安全的电子商务网站应该具备哪些要求？

2. 你认为在电子商务网站中最致命的安全隐患是什么，应该如何加强防患？

第6章 电子商务物流

本章概要

- 电子商务物流、物流管理和物流系统
- 电子商务物流运作模式
- 电子商务与供应链管理
- 电子商务物流技术
- 电子商务物流管理信息系统

案例

走向规模经济的电子商务物流——广东电子邮政

1999年，与广东省电信分家的广东邮政亏损高达18亿元，5万名职工告别“铁饭碗”，身处我国经济最发达的南方，喝的却是“西北风”。广东邮政似乎苍颜白发，垂垂老矣。然而，独立运营两年后，2001年广东邮政迅速扭亏为盈。2003年，业务收入从1998年的28.23亿元增长到54亿元，实现收差2.85亿元。2004年，广东邮政账面金额已经变成了正数，其中，16%的贡献来自电子邮政。在传统邮政8项业务年均增长16%的同时，以物流配送为基础的电子商务年均增长达到100%。依托“三网”融合、“三流合一”的经营优势，广东邮政EMS运用先进的信息技术改造传统邮政物流服务，并采用公司化运作方式，积极参与市场竞争，通过与全国省级邮政物流公司联网运作，形成了全国性的物流服务网络。目前可通达全球200多个国家（地区）和国内近2000个城市，在国内拥有EMS专职员工14000多人，专用速递车辆15000余台，“全夜航”航空集散网实现国内200多个城市次日递，在全国设有200多个处理中心，其中，北京处理中心占地30000余平方米，上海处理中心占地20000余平方米，广州处理中心占地37000平方米。

任何一次电子商务活动都包含“四流”即信息流、资金流、商流和物流。物流是四流中必不可少的一部分，也是最终实现电子商务的重要保证。在电子商务改变着传统产业结构的同时，物流业也不可避免地受到影响。物流学是专门研究物质资料流动的一门学科，随着物流学科和电子商务技术的不断发展，电子商务物流已经成为电子商务研究领域的热点。本章首先介绍电子商务物流相关基础，然后分析电子商务物流运作模式、电子商务与供应链管理，进而阐述几种典型的电子商务物流技术及电子商务物流管理信息系统。

6.1 电子商务物流

在电子商务时代，由于电子工具和网络通信技术的应用，交易各方的时空距离几乎为零，有利地促进了信息流、商流、资金流、物流这“四流”的有机结合。对于某些可以通过网络传输的商品和服务，甚至可以做到“四流”的同步处理，例如通过上网浏览、查询、挑选、点击，用户可以完成对某一电子软件的整个购物过程。

6.1.1 物流的概念与功能

1. 物流的概念

物流，简单来说即物质的流动，但并不是“物”和“流”的简单组合，其中“物”是指可以发生物理位移的那部分，“流”泛指物质的一切运动形态，既包括空间的位移，又包括时间的延续。

我国《物流术语》国家标准中对物流（Logistics）的定义为：物品从供应地向接收地的实体流动过程。根据实际需要，将运输、储存、装卸、搬运、包装、流通加工、配送、信息处理等基本功能实现有机结合。

物流这一概念从产生至今，经历了不同的发展阶段，如图 6.1 所示，不同的时期也被赋予了不同的内涵。

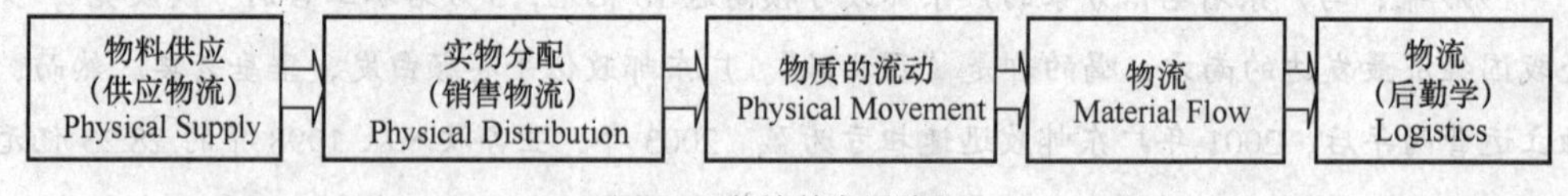

图 6.1 物流的发展阶段

下面我们对物流发展的每个阶段，做一个简单的说明。

（1）第一阶段：这一时期，需求大于供给，生产企业重视的是原材料、燃料的采购、进货和储存等过程，并首先实现了生产过程的自动化，重点将原材料的管理放在实现企业实物供货与生产的流水化衔接上。

（2）第二阶段：这一时期，企业开始逐渐关注产成品的分配与销售，重视的是产成品包装、储存、销售、供货等方面的过程，重点放在实现企业生产与实物销售的流水化衔接上。

（3）第三阶段：即前两个阶段——物料供应和实物分配以及工厂内部生产物流的总和。这一阶段，企业从整体上重视原材料的供应，原料、燃料等生产资料在企业内部的流动以及最后产成品的实物销售等各环节的衔接，逐渐在本企业内部形成了整体化物流管理的思路。

（4）第四阶段：相对第三阶段而言，这一阶段企业意识到各自在整个供应链中的节点位置，同一供应链上还存在着负责供货的上游企业和负责分配的下游企业。要实现高效的物资流动，除了本企业内部实施有效的物流管理外，还必须得到上下游交易伙伴的配合。物流管理的范围从企业内部扩展到外部相关企业甚至整个供应链。

（5）第五阶段：第二次世界大战后，“Logistics”这个词首先被借用到企业管理中，称作“企业后勤”，指对企业的供销、运输、存储等活动进行综合管理，包含了生产过程和流通过程的物流，是一个包含范围更广的概念。“Logistics”逐步取代其他词汇成为了物流学科的代名词。

2．物流的功能

物流的功能，我们可以参见图 6.2。

（1）运输功能。运输功能是物流功能中最重要的功能要素之一。它以改变物的空间位置为目的，是物流实现场所效用和时间效用的主要方式。所谓场所效用是指由于改变物的场所，而使其使用价值得到最大限度的发挥。如把农村生产的大米供应给城市居民，解决了场所间隔问题。所谓时间效用是指通过商品流通过程中的劳动，克服了商品生产和消费时间上的不一致。如冬季生产的冰箱，经过一段时间的储存到夏季再卖给消费者。

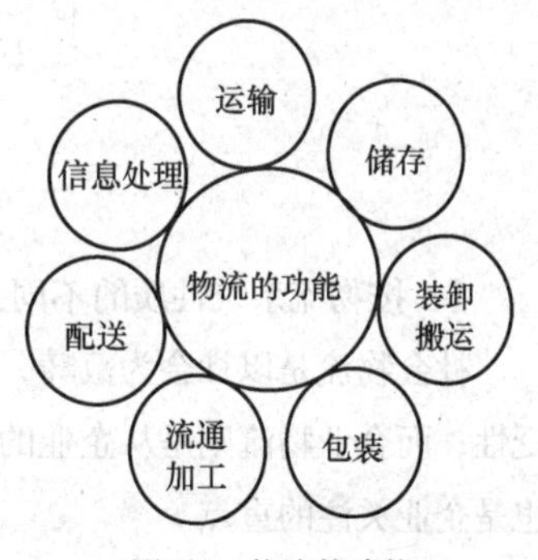

图 6.2　物流的功能

（2）储存功能。储存功能与运输功能在物流系统中是同样重要的构成因素，主要起着缓冲、调节和平衡的作用。储存，一方面可以消除生产和消费之间的时间间隔；另一方面可以调整价格，防止产品在同一时间过多地涌向市场，具有调整时间和价格的双重功能。

（3）装卸搬运功能。装卸搬运主要是为了加快货物在物流过程中的流通速度而进行的衔接活动，它在很大程度上决定了物流速度，也是货物损耗的重要原因。因此在装卸搬运的管理上，力求充分利用现代化的装卸搬运机具，采用合理的装卸方式，尽量减少操作的次数，以达到经济高效的目的。

（4）包装功能。包装既是生产的终点，又是物流的始点，根据其主要功能的不同，一般可分为以促进销售为主要目的的商业包装和以强化输送、保护产品为主要目的的运输包装等。在实际应用中，应根据物流对象和方式的不同来决定包装材料、强度、尺寸及包装方式，同时还需要考虑包装的回收及处理等因素。

（5）流通加工功能。流通加工是指在物品从生产领域向消费领域流动的过程中，为了促进销售、维护产品质量和提高物流效率，对物品进行的简单加工、组装和再包装的处理过程。它可以弥补企业、物资部门、商业部门在生产过程中加工程度的不足，更有效地满足用户需求，衔接生产和需求，是物流活动中的一项重要增值服务。

（6）配送功能。配送是物流中一种特殊的、综合的活动形式，其主要环节包括备货、储存、分拣与配货、配装、配送运输、送达服务、配送加工等，通过这一系列活动将货物送达目的地。配送既是物流的功能要素之一，又几乎涵盖了物流的所有功能要素，是物流的一个缩影或在某个小范围中物流全部活动的体现，其在电子商务环境下的物流活动中作用尤为突出。

（7）信息处理功能。信息处理是物流活动的中枢神经，尤其是在电子商务技术发展的今天，要进行有效的物流管理，提高物流活动的时间效率和管理效率，就必须以物流信息的及时通畅、信息处理的高效准确为前提。其主要作用具体表现为提高作业效率、防止差错出现、调整需求和供给、提供信息咨询等。

6.1.2 物流分类

按物流系统性质和物流活动的空间范围大小对物流进行分类，如图 6.3 所示。

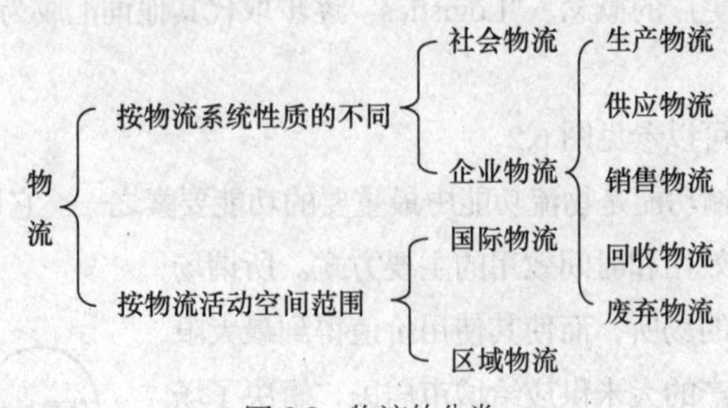

图 6.3 物流的分类

1．按物流系统性质的不同分类

社会物流是以社会为范畴，主要研究再生产过程中随之发生的物流活动，带有宏观性和广泛性；而企业物流则是从企业的角度研究与之有关的物流活动，是具体的、微观的物流活动，也是企业关注的重点。

（1）生产物流。生产物流是企业在生产过程中的物流活动，包括从原材料入库到产成品出库的整个过程，是制造型企业所特有的。

（2）供应物流。供应物流是指为生产企业、流通企业或消费者购入原材料、零部件或商品的物流过程。企业供应物流都需要以最低成本、最少消耗为目的，通过有效解决供应网络问题、供应方式问题和库存管理问题等，从而最大限度地保证物流供应活动的进行。

（3）销售物流。销售物流是指企业出售产品或商品的物流活动，即物资由生产者或持有者到用户或消费者之间的流动过程。

（4）回收物流。回收物流是指不合格物品的返修、退货以及周转使用的包装容器从需方返回到供方所形成的物品实体流动。

（5）废弃物流。废弃物流是指将经济活动中失去使用价值的物品，根据实际需要进行收集、分类、加工、包装、搬运、储存等，并分送到专门处理场所时所形成的物品实体流动。

2．按物流活动空间范围分类

国际物流是不同国家之间的物流，它是国际间贸易的一个必要组成部分，各国之间的相互贸易最终通过国际物流来实现。国际物流是现代物流系统中重要的物流领域，也是一种新的物流形态。国际物流具有国际性、复杂性和风险性等特点。

区域物流是相对于国际物流而言空间范围相对较小的概念，指一个区域范围内的货物运输、保管、装卸搬运、包装、流通加工、配送以及相关的信息传递活动。一个国家范围内的物流、一个城市、一个地区的物流活动都属于区域物流的范畴。

6.1.3 物流管理和物流系统概念

1．物流管理概述

物流管理，是指在社会再生产过程中，根据物质资料实体流动的规律、应用管理的基本原理和科学方法，对物流活动进行计划、组织、指挥、协调、控制和监督，使各项物流活动实现最佳协调与配合，以降低物流成本，提高物流效率和经济效益。物流管理的核心内容包含物流成本管理、物流质量管理、库存管理、信息管理、物流标准化等，其主要内容可概括为以下三个方面。

（1）对物流活动诸要素的管理：包括对运输、储存、装卸搬运、包装、流通加工、配送以及有关的信息活动等环节的管理。

（2）对物流系统诸要素的管理：即对人、财、物、设备、方法和信息六大要素的管理。

（3）对物流活动中具体职能的管理：包括对物流计划、质量、技术、成本效益等职能的管理。

2．物流系统

物流系统是指随着采购、生产、销售等各种企业活动的发生，利用物流各种职能，使物的流通效率得以提高的系统。物流系统化的目的是将人力、物力、金钱、信息等各资源要素有机结合，使得资源整体结构最佳化和整体效益最大化，以最低的物流成本向顾客提供优质的物流服务。物流系统大体由作业系统和信息系统两个部分组成。

（1）作业系统：在运输、储存、配送、装卸、包装等作业中使用各种先进技术，使生产节点、物流节点、配送路线、运输手段等网络化，以提高物流活动效率。

（2）信息系统：也称物流信息系统，负责保证订货、进货、库存、出货、配送等各类物流相关信息的传递和高效的管理，提高物流作业系统的效率。

6.1.4 电子商务物流

1．电子商务物流的概念

如果没有高效的电子化物流管理，电子商务不过是一句空话。电子商务物流通常是指基于信息流、商流、资金流网络化的物资或服务的配送活动，包括软体商品（或服务）的网络传送和实体商品（或服务）的物理传送。我们知道，电子商务交易中，除了少数商品和服务可以通过计算机网络以直接传输的方式完成配送之外，绝大部分以实体形式存在的商品都必须通过传统的物理方式进行传输。电子商务是信息传送的保障，物流是执行的保障。没有物流，电子商务只能是一张空头支票。

（1）物流是电子商务的重要组成部分

美国在定义电子商务概念之初，并没有涉及物流，但值得注意的是，其物流管理技术自 1915 年发展至今已经有近百年的历史了，也就是说，美国有强大的现代物流作为支撑，只需将电子商务与其进行对接即可。我国作为发展中国家，物流业起步晚、水平低，所以我国有些专家在定义电子商务时，将国外电子商务物流的定义与中国的现状相结合，提出了包括物流电子化过程在内的电子商务概念。可见，物流是电子商务的重要组成部分，缺少了现代化的物流过程，电子商务过程就不完整。

（2）物流是电子商务概念模型的基本要素

在本书第 2 章，我们了解到电子商务模式由电子商务实体、电子市场、交易事务和信息流、商流、资金流、物流等基本要素构成，而物流又是“四流”中最为特殊的一种。在电子商务物流的概念中，我们知道，对于大多数商品和服务来说，仍要经由物理方式传输实现，可见，物流是电子商务概念模型不可或缺的基本要素之一。同时，在电子在商务概念模型的建立过程中，还要注意强调信息流、商流、资金流和物流的整合。

（3）物流是实现电子商务的保证

第一，物流保障生产。现代化物流，通过降低费用从而降低成本、优化库存结构、减少资金占压、缩短生产周期，保障了电子商务的最终实现。第二，物流服务于商流。在电子商务环境下，消费者通过上网点击购物，完成了商品所有权的交割过程，即商流过程，商品由供方转移到需方，而商品实体并没有因此而移动，只有商品和服务真正转移到消费者手中，整个电子商务活动才告以终结，因此，物流实际上是商流的后续者和服务者。第三，物流是实现“以顾客为中心”理念的根本保证。现代化的物流技术使消费者通过电子商务购买到商品或服务的效率高于传统购物方式，电子商务可以虚拟商场与银行，不能虚拟物流，物流是实实在在的，不可能替代。现代化的物流技术使电子商务给消费者带来真正的购物便捷。

（4）物流是实施电子商务跨区域的重点

借助于互联网，电子商务将整个世界联系在一起。电子商务的推广，加快了世界经济一体化。电子商务的跨时空性，使得物流活动必然呈现跨区域性，国际物流在整个商务活动中越来越占有举足轻重的地位。在电子商务交易方式下，物流模式的特点是在 B to C 模式中企业与消费者间的跨区域物流，在 B to B 模式中企业与企业间的国际物流不断增加。与之相适应，第三方物流模式成为一种必然选择，从而使得跨区域物流得以进一步实现。

2．电子商务物流的特点

电子商务时代的来临，给全球物流带来了新的发展，使物流具备了一系列新特点。

（1）国际化。国际化的电子商务自然需要有国际化的物流来支撑，同时对物流服务的时间性、准确性也提出更高的要求，物流国际化开始成为物流业发展的一个重要趋势。

（2）网络化。物流网络化有两层含义：一是物流配送体系的计算机通信网络化，包括企业内部网（Intranet）和外部网（Extranet）的构建；二是商品实体配送的网络化，包括物流节点和物流线路的建设。

（3）信息化。物流信息化具体表现为物流信息的商品化、物流信息收集的数据库化和代码化、物流信息处理的电子化和计算机化、物流信息传递的标准化和实时化、物流信息存储的数字化等。

（4）自动化。自动化的基础是信息化，核心是机电一体化，通过无人化的自动操作扩大物流作业能力、提高劳动生产率、减少物流作业的差错等。

（5）智能化。物流信息化、自动化的高层应用表现为智能化。物流作业过程涉及大量的运筹和决策，解决这些问题需要大量的知识。专家系统、人工智能等相关技术的发展对物流智能化提供了良好的技术支撑和发展前景。

（6）柔性化。柔性化是指根据消费者需求的变化来灵活调节生产工艺。随着市场变化的加快，产品生命周期的缩短，企业需要一改过去传统的大批量、少品种的生产方式，而采用小批量、多品种的生产方式，因此没有配套的柔性化的物流系统是不可能达到目的的。

6.2 电子商务物流运作模式

随着市场经济的发展和电子信息技术的进步，生产和流通之间的界限开始逐渐被打破。生产和消费，以及将两者紧密联系起来的流通等经济活动的各个方面将被“物流”综合在一起，形成了电子商务环境下新的物流模式。目前，电子商务物流环境下的物流模式主要包括自营物流、第三方物流、物流联盟、共同配送和第四方物流。表6.1给出了电子商务环境下的几种物流模式比较。

表6.1 电子商务环境下的物流模式比较

物流模式名称	概念	优点	缺点
自营物流	电子商务企业借助于自身物质条件，包括物流设施、设备和管理机构等，建设全资或控股物流子公司，自行组织完成企业的物流活动	有利于企业直接支配物流资产，控制物流职能，控制交易时间，有利于保证顾客服务的质量	投资数额巨大，运作成本较高
第三方物流	由物流劳务的供方、需方之外的第三方去完成物流服务的物流运作方式	不需要专门投资，动作成本低，而且还有着很大的灵活性。	生产企业对物流的控制能力降低，生产企业客户管理职能被弱化
物流联盟	指电子商务网站以及邮政、快递等物流企业通过正式的契约或协议而形成的一种优势互补、要素双向或多向流动、互相信任、共担风险、共享收益的物流合作伙伴关系	降低物流成本、减少投资，获得管理技术，提高服务水平，取得竞争优势，降低风险和不确定性	核心优势有可能减弱，同时与竞争者之间的差异也有可能减弱，技术也有可能流失
共同配送	企业之间为实现整体配送合理化，降低物流成本，以互惠互利为原则，互相提供便利的物流配送服务的协作型配送模式	可以提高效率，降低成本，可以实现社会资源共享	组织协调难度大，费用分摊难绝对公平，商业机密易外泄
第四方物流	一个供应链集成商，负责调集和管理组织自己的以及具有互补性的服务提供商的资源、能力和技术，以提供一个综合的供应链解决方案	提供了一个综合性供应链解决方案，能有效适应需方多样化和复杂的需求，集中所有资源为客户完美地解决问题	参与各方大多不愿意轻易将企业内部管理运作机密泄露给外部；价格太高，无法接受；对于委托方而言，隐藏着较高的转换成本

6.2.1 自营物流模式

自营物流，既包括传统大型制造型企业或批发型企业（如海尔）利用其传统的商务物流系统完成网上电子商务业务的物流活动，也包括新兴的电子商务企业（如亚马逊）投入巨资自行组建自己的物流系统。对于大型制造商而言，由于其在长期的传统商务中已经建立起初具规模的营销网络和物流配送体系，在开展电子商务时只需将其加以改进、完善，就可满足电子商务条件下对物流配送的要求。对于电子商务企业而言，选择采用自营物流模式的公司往往都具有雄厚的资金实力和较大的业务规模，在第三方物流不能满足其成本控制目标和客户服务要求的情况下，通常选择自行建立适应业务需要的、畅通、高效的物流系统，从而保证电子商务交易的最后一个环节，也是最关键的一个环节得以保质、保量地完成。

通常适合开展自营物流的企业应具有以下特征：规模较大，资金比较雄厚，货物配送量巨大；业务集中在企业所在城市，送货方式比较单一；拥有覆盖面很广的代理、分销、连锁店，而企业业务又集中在其覆盖范围内。例如，Vancl（凡客诚品）已经在北京、上海、广州、深圳四地实现了 24 小时配送，并推出定时、定点的个性化配送服务。京东商城已经建立华北、华东、华南、西南、华中、东北六大物流中心，同时在全国超过 300 座城市建立了核心城市配送站。

6.2.2 第三方物流模式

第三方物流（Third Party Logistics，3PL），又称物流代理。第三方物流服务，通常是以发货人和专业物流代理商之间的正式合同为条件的，这一合同明确规定了服务费用、期限及相互责任等事项，所以也称为“合同制物流”。广义的第三方物流是相对于自营物流而言，凡是由社会化的专业物流企业为他人提供物流服务的物流活动都包含在第三方物流范围之内、狭义的第三方物流是指能够提供现代化的、系统物流服务的第三方物流活动。如果物流在电子商务企业发展战略中地位并不很重要，且该企业自身物流管理能力也比较欠缺，采用“第三方物流”模式是最佳选择，它能够大幅度降低成本，提高服务水平。对于中小型企业而言，物流业资金占用率高，回收期长，而企业本身的规模和资金都相对有限，无力组建自己的物流体系，另一方面却又必须依靠高效的物流活动来支持生产的正常运转，在这种情况下，第三方物流是其理想的选择。因此，第三方物流模式在目前条件下，是我国中小企业运作的最理想的电子商务物流模式。

第三方物流模式具有如下特点。

（1）有利于企业实现资源优化配置。将有限的人力、财力集中于核心业务，进行重点研究，努力开发新产品，以便获取最大的投资回报，提高企业竞争能力。那些不属于核心能力的功能应弱化或者外包，而物流通常不被大多数的电子商务企业视为他们的核心能力。

（2）第三方物流企业拥有发达的物流网络和针对不同物流市场的专业能力，包括提供运输、仓储和其他增值服务的能力。对于第三方物流公司来说，获得许多关键信息更为经济，比如可得卡车运量、国际清关文件、空运报价等，因为这些投资可以分摊到很多的客户头上。第三方物流企业还拥有信息技术，它们与独立的软件供应商结盟，开发企业内部的信息系统，这使其能够最大限度地利用运输和分销网络，有效地进行跨运输方式的货物追踪，进行电子交易和其他相关的增值服务。

（3）第三方物流企业拥有规模经济优势和成本优势。很多情况下，企业自营物流会有大量的隐性成本。如果对物流的隐性成本进行核算，把物流外包的支出与物流自营的总成本加以对比，通常物流外包的成本是相对低廉的。

（4）实施第三方物流能改进客户服务，加速销售。通常电子商务企业在包装、配送、售后服务、产品召回等一系列服务方面做得不够完善。实施第三方物流，可以利用第三方物流企业在信息网络和配送节点上具有的资源优势，缩短对客户的反应时间，保证订货及时并安全送到目的地，有利于实现商品的快速交付，以便更好地吸引和留住客户。

（5）分散风险。企业自身的资源、能力是有限的，通过与第三方物流企业合作，分担风险，企业可以变得更有柔性，更能适应外部环境的变化。

（6）能够提升企业形象。第三方物流企业与电子商务企业之间，不是竞争对手，而是战略伙伴的关系。第三方物流企业是物流专家，具有丰富的专业知识和经验，利用完备的设施和训练有素的员工，减少物流的复杂性，实现规模经济所带来的高效率；同时也提供了更专业的服务，提高了企业为顾客服务的水平，使得企业形象得到提升。

6.2.3 物流联盟模式

物流联盟是介于自营物流和第三方物流之间的一种物流组建模式。所谓物流联盟，是指电子商务网站与邮政、快递等物流企业组成的物流产业链，电子商务平台扮演产业链中的中枢角色，对各方面的物流资源进行合理而高效地整合与利用。

物流联盟能够达到比单独从事物流活动更好的效果，企业间形成相互信任、共担风险、共享收益的物流伙伴关系。企业之间不完全采取导致自身利益最大化的行为，也不完全采取导致共同利益最大化的行为，只是在物流方面通过契约形成优势互长、要素双向或多向流动的中间组织。2005 年 6 月，支付宝与天津大田集团和宅急送成立了我国第一个电子商务第三方物流联盟，目的在于解决物流瓶颈，打造适合电子商务发展的现代化物流模式。整合物流之后，支付宝在“全额赔付”制度的基础上，2006 年又推出“推荐物流赔付制度”。卖家通过在交易中直接使用支付宝系统下订单的方式，选择推荐物流服务，享有支付宝与推荐物流公司协定的相应理赔内容，即对物品在运输过程中的遗失、破损及非本人签收给客户造成的损失，给予相应的赔偿，进一步强化了对买卖双方利益的保障。

6.2.4 共同配送模式

共同配送是由多个企业联合组织实施的配送活动，是企业之间为实现整体配送合理化，降低物流成本，以互惠互利为原则，互相提供便利的物流配送服务的协作型配送模式。它包括配送的共同化、物流资源利用共同化、物流设施设备利用共同化以及物流管理共同化。从不同的维度可以对共同配送进行不同的分类。从主导方不同，可以将共同配送模式分为两种，一种是以货主为主体的共同配送；另一种是以物流业者为主体的共同配送。从参与产业不同可将其分为同产业间的共同配送和异产业间的共同配送。还可将共同配送分为横向共同配送和纵向共同配送。前者强调中小物流企业之间的合作，后者强调物流企业与流通渠道中的批发商和零售商之间的合作。

实施共同配送的企业可以通过共同配送达到配送作业的规模经济，提高物流作业的效率，降低企业营运成本；不需独立投资物流系统建设，可以节省企业的资源；企业可以集中精力经营核心业务，促进业务的成长与扩散。然而，共同配送在实施中也存在着一些难点：各货主企业经营的商品不同，其特点也不同，对配送的要求也不一样，加大了共同配送的难度；各企业的规模、商圈、客户、经营意识等方面也存在差距，往往很难协调一致；另外，还有对费用的分摊、对泄露商业机密的担忧等。

6.2.5 第四方物流

第四方物流（Fourth party logistics）是一个供应链的集成商，他调集、管理和组织自己的以及具有互补性的服务提供商的资源、能力和技术，以提供一个综合的供应链解决方案。第四方物流提供的服务主要包括供应链再建、业务流程再造等。在整个供应链中，第四方物流影响了包括第三方物流提供商、电子商务企业、网络服务提供商（ISP）、运输企业等在内的大批服务提供者。作为具有领导力量的物流提供商，第四方物流不仅控制和管理特定的物流服务，而且对整个物流过程提出策划方案，并通过电子商务将这个过程集成起来。

第四方物流成功的关键在于为顾客提供迅速、高效、低成本和人性化的增值服务。发展第四方物流需要平衡第三方物流的能力、技术以及贸易流畅管理等，为客户提供功能性一体化服务并扩大营运自主性。第四方物流一方面提供综合性供应链解决方法，有效地适应多样化和复杂的需求，集中所有资源为客户完美地解决问题；另一方面通过影响整个供应链来获得价值，为整条供应链的客户带来利益。

6.3 电子商务与供应链管理

电子商务的兴起是一场由技术手段飞速发展而引发的商业运作模式的革命，传统经济活动的生存基础、运作方式和管理机制均发生了彻底改变，传统的市场理念也面临巨大的冲击。在当前激烈的市场竞争环境下，随着电子商务和现代物流技术的不断发展，越来越多的企业意识到在目前的市场环境下，商业竞争已演变为供应链与供应链之间的竞争。

6.3.1 供应链管理

从现代物流概念的发展过程中我们发现，随着市场竞争越演越烈，企业除了专心处理好本企业内部事务外，也开始关注与其上游企业和下游企业之间的合作伙伴关系，重视与这些战略合作伙伴的协调和共同发展。这种在企业相互合作过程中，由产品生产和流通过程中所涉及的原材料供应商、生产商、批发商、零售以及最终消费者组成的供需网络，即由物料获取、物料加工、并将成品送到用户手中这一过程所涉及的企业和企业部门组成的一个网络，我们称为供应链。同一企业可能构成这个网络的不同组成节点，比如，在某个供应链中，同一企业可能既是制造商、仓库节点，又是配送中心节点。在分工越细，专业要求越高的供应链中，不同节点基本上由不同的企业组成。

现代商业环境给企业带来了巨大的压力，企业不仅仅要销售产品，还要为客户和消费者提供满意的服务，从而提高客户的满意度，让其产生幸福感。科特勒表示：“顾客就是上帝，没有他们，企业就不能生存。一切计划都必须围绕挽留顾客、满足顾客进行。”要在国内和国际市场上赢得客户，必然要求供应链企业能快速、敏捷、灵活和协作地响应客户的需求。

供应链管理（Supply Chain Management，SCM）是指在满足一定客户需求的条件下，为了使整个供应链系统成本达到最小而把供应商、制造商、仓库、配送中心和渠道商等有效地组织在一起来进行产品制造、转运、分销及销售的管理方法。它是对整个供应链系统中各参与企业、部门之间的物流、信息流与资金流进行计划、协调、控制和优化的各种活动和过程。其目的是从整体观点出发，寻求建立供、产、销企业间的战略伙伴关系，通过“链”上各个企业之间的合作和分工，最大限度地减少内耗与浪费，实现供应链整体效率的最优化。供应链管理包括计划、采购、制造、配送、退货五大基本内容。

计划：这是 SCM 的策略性部分。你需要有一个策略来管理所有的资源，以满足客户对产品的需求。好的计划是建立一系列方法监控供应链，使其能够有效、低成本地为顾客递送高质量和高价值的产品或服务。

采购：选择能为你的产品和服务提供货品和服务的供应商，和供应商建立一套定价、配送和付款流程并创造监控方法和改善管理，并把对供应商提供的货品和服务的管理流程结合起来，包括提货、核实货单、转送货物到你的制造部门并批准对供应商的付款等。

制造：安排生产、测试、打包和准备送货所需的活动，是供应链中测量内容最多的部分，包括对质量水平、产品产量和工人的生产效率等的测量。

配送：调整用户的定单收据、建立仓库网络、派递送人员提货并送货到顾客手中、建立货品计价系统、接收付款。

退货：这是供应链中的问题处理部分。建立网络接收客户退回的次品和多余产品，并在客户应用产品出问题时提供支持。

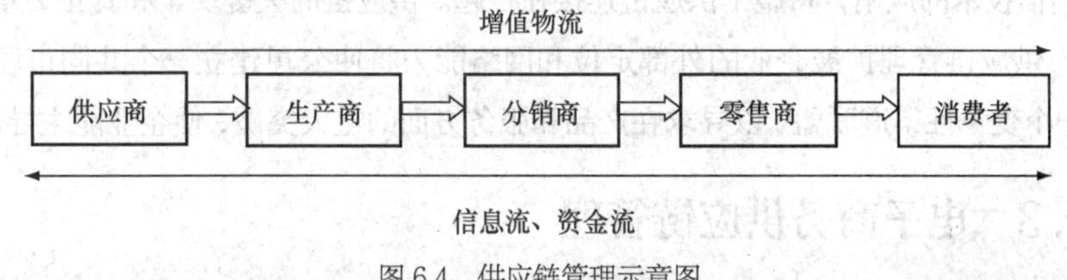

图 6.4　供应链管理示意图

国际著名经济学家马丁·里斯多夫有句名言：“市场上只有供应链而没有企业”，进入 20 世纪 80 年代以来，市场供不应求的现象逐渐被供大于求所取代，企业也越来越意识到，未来社会的竞争将由单纯企业间的竞争转向供应链与供应链之间的竞争。在电子商务环境下，现代化物流技术的不断发展大大加快了传统物流活动的速度，供应链上各企业间的协作变得更为高效，也更为必要，这也是我们讨论供应链及其管理的原因所在。

6.3.2　供应链管理与传统的物流管理的区别

供应链管理思想是以市场和客户需求为导向的，在核心企业协调下，本着共赢原则，以提高竞争力、市场占有率、客户满意度、获取最大利润为目标，以协同商务、协同竞争为商业运作模式，通过运用现代企业管理技术、信息技术和集成技术，达到对整个供应链上的信息流、物流、资金流、业务流和价值流的有效规划和控制，从而将客户、供应商、制造商、销售商、服务商等合作伙伴连成一个完整的网状结构，形成极具竞争力的战略联盟。供应链管理的实质是深入供应链的各个增值环节，将顾客所需的正确产品（Right Product）能够在正确的时间（Right time），按照正确的数量（Right Quantity）、正确的质量（Right Quality）和正确的状态（Right Status）送到正确的地点（Right Place），即“6R”，并使总成本最小。

供应链管理与传统的物流管理在存货管理的方式、货物流、计划及组织间关系等方面存在显著的区别，这些区别使得供应链管理比传统的物流管理更具优势。

从存货管理及货物流的角度来看，在供应链管理中，存货管理是在供应链成员中进行协调，以使存货投资与成本最小；而传统的物流管理则是把存货向前推或向后延，具体情况是根据供应链成员谁最有主动权而定。事实上，传统的物流管理把存货推向供应商并降低渠道中的存货投资，仅仅是转移了存货。解决这个问题的方法是通过提供有关生产计划的信息，比如共享有关预期需求、订单、生产计划等信息，减少不确定性，降低存货风险。

从成本方面来看，供应链管理是通过注重产品最终成本来优化供应链的。这里提到的最终成本是指实际发生的到达客户时的总成本，包括采购时的价格及送货成本、存货成本等。而传统的物流管理在成本的控制方面依然仅限于公司内部达到最小。

风险与计划是供应链管理区别于传统物流管理的另外两个重要的方面。在供应链管理中，风险与计划都是通过供应链成员共同分担、共同沟通来实现的，而传统的物流管理却仅仅停留在公司内部。在组织关系方面，供应链管理中各成员是基于对最终成本的控制而达成合作，而传统的物流管理则是基于公司内降低成本。

供应链管理是物流一体化管理的延伸，关注外部集成和跨企业的业务职能，通过重塑企业与其代理商、顾客和第三方联盟之间的关系，来寻找生产率的提高和竞争空间的扩大。通过信息技术和通信技术的应用，将整个供应链连接在一起。供应链的关键要素和真正力量在于它的战略方面。供应链管理扩展企业的外部定位和网络能力将使公司建立一个共同市场和竞争视野，构建一个变革性渠道联盟，以寻求在产品和服务方面的重大突破，使企业能主导市场方向。

6.3.3 电子商务供应链管理

1. 传统供应链管理存在的问题

供应链管理强调的是链节之间的协调与合作。为了实现这种协调与合作，最关键的是供应链各成员之间应进行充分的交流，达到相当程度的信息共享。但在传统的经济条件下，供应链管理存在以下问题。

（1）由于信息技术的落后，容易出现信息失真的问题，导致供应链管理无法得到真正的实施，从而产生所谓的“牛鞭效应”（Bullwhip Effect），即消费者对某产品的实际需求与预测需求量之间客观上存在一定的偏差，并通过订货量向上游批发商、制造商传递时逐级放大，导致信息无法实现真正共享。很显然，这种现象将会给企业带来严重影响：产品的库存水平提高，服务水平下降，供应链的总成本过高以及定制化程度低等问题，必然降低企业的整体竞争力，最终使供应链内的成员蒙受损失。因此，弱化“牛鞭效应”的负面影响，进而提高供应链的敏捷性，降低供应链的成本、缩短产品的供货时间，是提高供应链管理效果和赢得市场竞争优势的一种竞争手段。

（2）由于缺乏信息共享意识，供应链的成员之间各自为政，彼此之间基本上处于一种利益冲突的关系，认为没有必要与其他成员共享那些敏感信息。尤其是对涉及商业秘密的信息一般不外泄，并以此作为各成员之间保持优势的措施之一。各成员都想使自己的行为最优化，但由于信息不能共享，这些行为对整个供应链来说却不是最优的，从而增加了供应链的"内耗"，极大地影响了供应链的整体动作水平及竞争力。

2．电子商务环境下的供应链管理

电子商务时代先进的信息技术使得供应链管理中信息获取和传递的成本非常低廉，从而为实施物流的供应链管理提供了条件。电子商务将供应链的各个参与方连结为一个整体，实现了供应链的电子化管理。电子商务环境下的供应链管理其实质就是利用电子商务技术，以中心制造厂商为核心，将供应商、经销商、物流企业结合为一体，构成一个面向最终顾客的完整电子商务供应链，降低企业整体成本，提高企业对市场和最终顾客的响应速度，从而提高企业的市场竞争力。电子商务环境下，一方面产品极其丰富；另一方面市场需求也日趋多样化，如何以最低的成本最高效地对产品与需求进行匹配和衔接，是电子商务供应链管理的最终目标。电子商务的产生使得供应链短路化，缩短了流通时间，其货物流动方向也由过去以生产为中心的"推动式"向以需求为中心的"拉动式"转变。

电子商务环境下的供应链管理具有以下特点。

（1）更个性化的服务，在电子商务模式下，企业突破了时空的界限，生产过程和消费过程达到了和谐的统一，使得企业的供应链更加简洁、高效、开放和灵活，为个性化服务创造了完美的条件。应用电子商务交换有关消费者的信息成为企业获得消费者和市场需求信息的有效途径。

（2）独特的管理方式，与传统的供应链相比，基于电子商务的供应链中的企业员工必须有较高的主动性和积极性，因为多变的环境需要员工自发地工作，供应链计划也不再只由企业少数几个高层领导来决定。

（3）高度共享和集成的信息系统，电子商务使整个交易过程实现电子化、数字化、网络化。电子商务大系统包含三个关键组成要素，即信息网、金融网和运输网。与其对应的信息流、资金流、物流交换的质量和效率是实施供应链管理的关键。三者之间的动态联系，为建立基于供应链管理的虚拟企业提供了前提和基础。供应链管理的运作在很大程度上依赖于网链上的信息交换质量，电子商务的运用为实施供应链管理提供了信息处理的有效手段，极大地提高了信息传递的效率和准确率。

（4）高效率的营销渠道，企业利用电子商务与它的经销商协作建立零售商的订单和库存系统。通过自己的信息系统可以获知有关零售商商品销售的消息，企业可以在这些消息的基础上，进行连续库存补充和销售指导，从而与零售商一起提升营销渠道的效率，提高顾客满意度。

6.3.4 电子商务环境下供应链管理体系构建

1．电子商务环境下的供应链管理模式

电子商务环境下的供应链管理模式要求突破传统的采购、生产、分销和服务的范畴和障碍，把企业内部以及供应链节点企业之间的各种业务看作一个整体功能过程，通过有效协调供应链中的信息流、物流、资金流，将企业内部的供应链与企业外部的供应链有机地集成起来，形成集成化供应链管理体系，以适应新竞争环境下市场对企业生产管理提出的高质量、高柔性和低成本的要求。电子商务可以在很大程度上改善供应链管理中信息流和资金流管理，使信息和资金都能迅速、准确地在供应链各节点之间传递。基于电子商务的核心企业与供应商、终端客户、银行、储运中心之间借助 Internet 进行信息的快速交换，同时供应链中的各个节点间也能进行信息的互通。通过电子商务的应用，能有效地将供应链上各个业务环节孤岛连接起来，使业务和信息实现集成和共享。在交易的同时，电子商务只有进一步做好物流管理，大量缩减供应链中物流所需的时间，使物流管理符合信息流和资金流管理的要求，才能真正建立起一个强大的、快速反应的供应链管理体系。

2．电子商务环境下加强供应链管理的策略

（1）采用第三方物流（3PL）方式改善企业外部物流情况。第三方物流是当今世界物流业的发展趋势，是适应物流一体化趋势和电子商务发展的必然结果。采用第三方物流能实现企业的资源优化配置，大幅度降低成本，提高服务水平。

（2）完善企业网络基础设施，改革企业内部供应链管理模式。供应链管理的实施必须以完善的网络设施为前提，特别是企业的内联网、外联网和因特网的集成，是保证供应链高效运作的基本条件，同时它的供应商也要有好的信息化水平，这样才可以实现企业网络之间的对接合作。

（3）进行业务流程再造（BPR）。企业流程再造是对企业的业务流程做根本性的思考和彻底重建。通过流程再造，企业在成本、质量、服务和速度等方面可取得显著改善，使得企业能最大限度地适应以顾客、竞争、变化为特征的现代企业经营环境。供应链集成包括供应商、销售商在内的诸多企业，在激烈的市场竞争环境下，直接面对顾客需求，围绕核心企业和核心业务流程发挥各自的作用，必须进行更大范围的业务流程再造，从而建立供应链上的动态联盟，寻求供应链的工作绩效最优化。

（4）加强协同整合。电子商务条件下的竞争，将不再是企业单打独斗式的竞争，而是供应链之间的竞争。为适应电子商务环境下生存的需要，为提高整个供应链的竞争优势，企业应在供应链的范围内增加信息共享的意识。供应链各环节参与者彼此应资源共享与信息交流，减少相互之间的信息不对称程度，降低不必要的浪费，以提升经营的效率。

（5）重视客户关系管理（Customer Relationship Management，CRM）。客户关系管理是电子商务供应链管理的延伸。客户关系管理能够突破供应链上各节点的地域界面和组织界面，将客户、经销商、企业销售部等系统整合，将客户反馈的信息折射到供应链的各个环节，实现供应链各环节的共赢。

6.4 电子商务物流技术

电子商务物流技术一般是指与电子商务物流要素活动有关的所有专业技术的总称，包括各种操作方法和管理技能等，存在于电子商务物流活动、电子商务供应链管理的各个环节中。表

6.2 对几类主要电子商务物流技术进行了比较。

表 6.2 电子商务物流技术比较

	物流条码	射频技术	GIS 技术	GPS 技术
技术概要	条码技术为实现对信息的自动扫描而设计，能快速、准确、可靠地采集数据，商品从生产到运输、交换的整个物流环节都可以使用条码进行管理，解决数据录入和数据采集的“瓶颈”问题，为供应链管理提供了有力的技术支持	射频技术是利用无线电波对记录媒体进行读写，不局限于视线，识别距离比光学系统远，可达几厘米至几米	它以地理空间数据为基础，采用地理模型分析方法，适时提供多种空间的和动态的地理信息	GPS 是以全球 24 颗定位人造卫星做基础，向全球各地全天候地提供三维位置等信息服务，是一种最先进的无线电导航和定位系统
特点	操作简单，成本低；信息采集速度快；采集信息量大、可靠性高、灵活实用	不必接触就能识别卡上的信息，避免了找寻特定卡片的烦恼	对物流路线选择等环节进行有效管理和决策分析，降低消耗，提高效率	全天候、高精度、自动化和高效益、可连续导航、抗干扰能力强
应用	自动分拣；仓库保管；运动中称量；货物跟踪查询	部分领域投入应用	利用地理数据功能完善物流分析技术	车辆跟踪、航空航海、铁路、军事等

6.4.1 条码技术

1. 条码技术概述

条码技术是在计算机的应用实践中产生和发展起来的一种自动识别技术，也是应用最广泛和最成功的自动识别与数据采集技术。条码是由一组排列规则的条、空和相应的字符组成的数据编码，它可以提供机器识读，而且很容易译成二进制和十进制数。

条码中的条和空可以有各种不同的组合方法，从而构成不同的图形符号，即各种符号体系，也称码制。不同的码制信息量各不相同，适用于不同的场合。根据条码适用范围的不同，我们可以将其分为商品条码和物流条码。商品条码是用于表示国际通用的商品代码的一种模块组合型条码。物流条码则是供应链中用以标志物流领域中具体实物的一种特殊代码。

2. 物流条码内容及码制

普通消费者更熟悉的是商品条码，因为商品条码作为单个商品的唯一标识，服务于消费环节，在零售业的 POS 系统中完成单个商品的自动识别、自动寻址、自动结账等功能。物流条码则作为储运单元的唯一标识，通常标识多个或多种类商品的集合，服务于供应链全过程，包括从生产厂家生产出产品，经过包装、运输、仓储、分拣、配送，直到零售商店的若干环节。因此，为实现供应链各环节物流标识信息的迅速、准确采集，实现现代化的物流管理，对物流条码进行研究更具有深远的现实意义。

（1）物流条码的内容。物流条码在国际范围内提供了一套可靠的代码标识体系，其主要内容包括项目标识、动态项目标识、日期、度量、参考项目、位置码、特殊应用及内部使用等。

（2）物流条码的主要码制。国际上通用的和公认的物流条码码制只有三种：EAN—13 条码，即消费单元条码，又称商品条码；ITF—14 条码，即储运单元条码；UCC/EAN—128 条码，即 EAN/UCC—128 物流条码。分别如图 6.5 中 a、b、c 所示。

图 6.5　三种主要的物流条码码制

3．物流条码的应用

（1）自动分拣。许多行业都存在货物的分拣搬运问题，大批量的货物需要在很短的时间内准确无误地装到指定的地方，解决这些问题的办法就是应用物流条码技术，在每件物品外包装上都贴上条码，利用条码进行自动分货拣选，并实现有关管理。

（2）仓库保管。对仓库各个作业环节的数据进行自动化的数据采集，保证数据输入的效率和准确性，确保企业及时准确地掌握库存的真实数据，合理保持和控制企业库存。通过科学的编码，还可方便地对物品的批次、保质期等进行管理。

（3）运动中称量。运动中称量技术与条码自动识别技术相结合，可以大大提高物流现代化水平。把电子秤放在输送机上可以得到包裹的重量而不需中断运输作业或人工处理。运动中称量系统已广泛应用于制造业、食品加工业以及包裹配送和零售配送业。

（4）货物跟踪查询。在货物运输过程中的每个处理环节使用连线式激光条码扫描器和便携式数据终端快速扫描采集货物上的条码，并将扫描采集的数据传输到跟踪查询网，客户可凭借货物的运单号及时查询到货物运输的相关信息。

作为最成熟的识别技术，条码技术已被广泛应用于现代社会的很多行业。随着中国信息化步伐的加快，条码识别技术在国内必将有着越来越广泛的应用。

6.4.2　射频技术

1．射频技术概述

射频技术，全称无线射频识别技术（RFID：Radio Frequency Identification），和条码技术一样，都属于非接触式自动识别技术。RFID 系统一般由标签、阅读器和天线三部分组成。其中标签（Tag）又称射频卡，由耦合元件及芯片组成，标签含有内置天线，用于和射频天线间进行通信；阅读器负责标签信息的读取和写入；天线则负责在标签和读取器间传递射频信号。

与条码技术相比，射频技术具有明显的优势。RFID 读取设备利用无线电波，可以识别高速运动的物体并可同时读取多个标签信息，也就是说一辆满载各种货物的卡车直接从装有射频阅读器的检测点驶过时，其装载的所有货物的所有标签信息就可以同时被读取，而条形码依靠手工读取方式，需要一个一个扫描，效率低下；RFID 属于电子产品，能适应条件苛刻的环境，且保密性好，而条形码属于易碎标签，容易褪色、被撕毁；RFID 标签内部嵌有存储设备，可以输入数千字节的信息，这是条形码不能相比的；最关键的是，条形码的问题在于它永远是一次性的，不可改变的，而 RFID 可以进行任意修改，因此特别适用于要求频繁改变数据内容的场合。但由于目前 RFID 标签和标签读取设备的成本都远远高于条码，因此射频技术还有待其成本的大幅度降低后才得以推广。

2．射频技术的应用

射频技术在我国部分领域已经投入应用。在运输管理中，带有射频标签的车辆通过装有射频阅读器的专用隧道、停车场或高速公路收费站口时，无需停车缴费，大大提高了行车速度，提高了通行效率。射频接收转发装置通常安装在运输线的一些检查点上，如桥墩、仓库、车站、码头、机场等关键地点，接收装置收到射频标签信息后，连同接收地的位置信息上传至通信卫星，再由卫星传送给运输调度中心，送入数据库中。

此外，射频技术还适用于物流公司的物流管理活动中，如物料跟踪、运载工具和货架识别等，同时，生产企业中汽车焊接、装配等生产线上，也开始采用射频技术对车体、部件的识别与跟踪来进行管理和控制生产流水线。

6.4.3 GIS 技术

1．GIS 技术概述

GIS（Geographic Information System）技术即地理信息系统技术是 20 世纪 60 年代开始迅速发展起来的综合了计算机科学、地理学、信息科学等学科知识的新兴边缘科学。在物流配送管理中，利用 GIS 可以更容易地处理物流配送中货物的运输、仓储、装卸、送递等各个环节，并对其中涉及的如运输路线的选择、仓库位置的选择、仓库的容量设置、合理装卸策略、运输车辆的调度和投递路线的选择等问题进行有效管理和决策分析，有助于物流配送企业有效地利用现有资源，降低消耗，提高效率。

2．GIS 技术的应用

（1）设施定位模型。在物流系统中，仓库和运输路线共同组成了物流网络，仓库处于网络的节点上并决定着线路，在既定区域内设立多少个仓库，其位置、规模以及仓库之间的物流关系等，均能通过设施定位得以解决。

（2）网络物流模型。用于解决寻求最有效的分配货物路径问题，也就是物流网点布局问题。

（3）配送区域划分模型。根据各个要素的相似点把同一层上的所有或部分要素分为几个组，用以解决确定服务范围和销售市场范围等问题。

（4）车辆路线模型。用于解决一个起始点、多个终点的货物运输中，如何降低物流作业费用，并保证服务质量的问题。

（5）空间查询模型。如可以查询以某一商业网点为圆心某半径内配送点的数目，以此判断哪一个配送中心距离最近，更方便安排配送。

6.4.4 GPS 技术

1．GPS 技术概述

GPS（Global Positioning System）技术即全球定位系统技术是 20 世纪 70 年代由美国国防

部批准，陆、海、空三军联合研制的新一代空间卫星导航定位系统，早期仅限于军方使用，其主要目的是为陆、海、空三大领域提供实时、全天候和全球性的三维导航与定位服务。全球定位系统共由三部分构成。

（1）地面控制部分。由主控站、地面天线、监测站和通讯辅助系统组成，其中主控站负责管理、协调整个地面控制系统的工作；地面天线在主控站的控制下，负责向卫星注入导航电文，监测站负责数据的自动收集；通信辅助系统则完成数据的传输。

（2）空间部分。由 24 颗卫星组成，分布在 6 个轨道平面上，每轨道面四颗，使得在全球的任何地方、任何时间都可观测到四颗以上的卫星，并能保持良好定位解算精度的几何图形，同时还可以支持无限个用户使用，提供了在时间上连续的全球导航能力。

（3）用户装置部分。主要由 GPS 接收机、卫星天线和处理软件组成，用户通过用户设备接收 GPS 卫星信号，经信号处理而获得用户位置、速度等信息，最终实现利用 GPS 进行导航和定位的目的。

2．GPS 技术的应用

（1）车辆跟踪定位。车载设备通过 GPS 进行精确定位，结合电子地图以及实时的交通状况，自动匹配最优路径，并实行车辆的自主导航。

（2）航空、航海运输管理。GPS 技术将逐渐替代现有的其他无线电导航系统，为航海、航空运输管理提供位置、航速、航向和时间等信息。

（3）铁路运输管理。基于铁路 GPS 的计算机管理信息系统，结合 RFID 技术和 GIS 技术，可以通过计算机网络实时收集动态信息，对列车、货物进行追踪管理。

（4）军事物流。为满足军事上和平、战时供应保障需要而产生的物流活动，在保障国防建设和军事行动方面发挥着越来越重要的作用。

6.5 电子商务物流管理信息系统

电子商务物流管理信息系统（LMIS）是一个由人和计算机网络等组成的能进行物流相关信息的收集、传送、储存、加工、维护和使用的系统。这里主要介绍几种比较简单的电子商务物流管理信息系统。

6.5.1 销售时点系统（Point of Sales，POS）

1．什么是 POS 系统

POS 系统即销售时点信息系统，是指通过自动读取设备（如收银机）在销售商品时直接读取商品销售信息（如商品名、单价、销售数量、销售时间、销售店铺、购买顾客等），并通过通信网络和计算机系统传送至有关部门进行分析加工以提高经营效率的系统。POS 系统最早应用于零售业，以后逐渐扩展至其他如金融、旅馆等服务行业，利用 POS 系统的范围也从企业内部扩展到整个供应链。

2. POS系统的网络功能

利用POS系统、条码自动识别技术和EDI集成起来，在供应链（由生产线直至付款柜台）之间建立一个无纸的信息传输系统，以确保产品能不间断地由供应商流向最终客户，同时，信息流能够在开放的供应链中循环流动，可实现"快速客户反应"。

"快速客户反应"即ECR（Efficient Consumer Response），它是在商业、物流管理系统中，经销商和供应商为降低甚至消除系统中不必要的成本和费用，给客户带来更大效益，而利用信息传输系统或互联网进行密切合作的一种战略。实施"快速客户反应"这一战略思想，既能够满足客户对产品和信息的需求，即给客户提供最优质的产品和适时准确的信息，又能够满足生产者和经销者对消费者消费倾向等市场信息的需求。从而更有效地将生产者、经销者和消费者紧密地联系起来，降低成本，提高效益，造福社会。

3. POS系统实现后的价值

（1）节约了原来用于手写、保管各种单据的人工成本和时间成本。

（2）简化了操作流程，提高了基层员工的工作效率和积极性。

（3）省略了手工核对的工作量。

（4）各级主管的工作重心逐渐转到管理上来，提高了工作效率。

（5）采购人员利用查询和报表，更直接有效地获得商品情况，从而了解到商品畅销还是滞销。

（6）销售人员根据商品的销售情况进行分析，以进行下一次的销售计划。

（7）财务人员能更清楚地了解各种财务数据，从而更好地控制成本和费用，提高资金周转率。

（8）管理者把握住商品的进、销、存动态，有利于对企业各种资源的流转进行更好的控制。

6.5.2 电子自动订货系统EOS

1. 什么是EOS系统

电子自动订货系统（Electronic Ordering System，EOS）是指企业间利用通信网络（VAN或互联网）和终端设备以在线联结（ON-LINE）方式进行订货作业和订货信息交换的系统。EOS按应用范围可分为各企业内的EOS系统（连锁店经营中各个连锁分店与总部之间建立的EOS系统），零售商与批发商之间的EOS系统以及零售商、批发商和生产商之间EOS系统。

2. EOS系统的结构与流程

（1）EOS系统的结构（见图6.6）

商业增值网络中心不参与交易双方的交易活动，只提供用户连接界面，每当接收到用户发来的EDI单证时，自动进行EOS交易伙伴关系的核查，只有符合伙伴关系的才能进行交易，否则视为无效交易。确定有效交易关系后还必须进行EDI单证格式检查，只有交易双方均认可的单证格式，才能进行单证传递，并对每笔交易进行长期保存，可供用户今后查询，当交易双方发生贸易纠纷时，也可以将商业增值网络中心所储存的单证内容作为司法证据。

（2）EOS系统的流程

① 在零售店的终端利用条码阅读器获取准备采购商品的条码，并在终端机上输入订货材料，利用网络传到批发商的计算机中。

② 批发商开出提货传票，并根据传票，同时开出拣货单，实施拣货，然后依据送货传票进行商品发货。

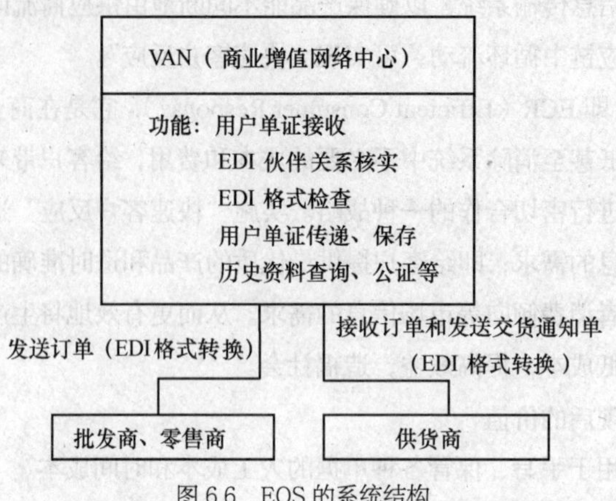

图 6.6　EOS 的系统结构

③ 送货传票上的资料便成为零售商的应付账款资料及批发商的应收账款资料，并接到应收账款的系统中去。

④ 零售商对送到的货物进行检验、陈列与销售。

3．EOS 系统的作用

（1）相对于传统的订货方式，EOS 系统可以缩短从接到订单到发出订货的时间，缩短订货商品的交货期，减少商品订单的出错率，节省人工费。

（2）有利于减少企业库存水平，提高企业的库存管理效率，同时也能防止商品特别是畅销商品缺货现象的出现。

（3）对于生产厂家和批发商来说，通过分析零售商的商品订货信息，能准确判断畅销商品和滞销商品，有利于企业调整商品生产和销售计划。

（4）有利于提高企业物流信息系统的效率，使各个业务信息子系统之间的数据交换更加便利和迅速，丰富企业的经营信息。

6.5.3　DRP 技术

1．DRP 概述

DRP 是配送需求计划（Distribution Requirement Planning）的简称，是一种既有效地满足市场需要，又使得物流资源配置费用最少的计划方法，是 MRP 原理与方法在物品配送中的运用。它是流通领域中的一种物流技术，是 MRP 在流通领域应用的直接结果。它主要解决分销物资的供应计划和高度问题，达到保证有效地满足市场需要又使得配置费用最省的目的。

2．DRP 基本原理

DRP 在两类企业中可以得到应用。一类是流通企业，如储运公司、配送中心、物流中心、流通中心等。另一类是具有流通部门承担分销业务的企业。这两类企业的共同之处是：以满足社会需求为自己的宗旨，依靠一定的物流能力（储、运、包装、搬运能力等）来满足社会的需求，从制造企业或物资资源市场组织物资资源。

DRP这种新的模式借助互联网的延伸性及便利性，使商务过程不再受时间、地点和人员的限制，企业的工作效率和业务范围都得到了有效提高。企业也可以在兼容互联网时代现有业务模式和现有基础设施的情况下，迅速构建B2B电子商务平台，扩展现有业务和销售能力，实现零风险库存，降低分销成本，提高周转效率，确保获得领先一步的竞争优势。

DRP是一种更加复杂的计划方法，它要考虑多个配送阶段以及各阶段的特点。DRP在逻辑上是制造需求计划的扩展。DRP是在一种独立的环境下运作，由不确定的顾客需求来确定存货需求，是由顾客需求引导的，企业无法加以控制。

DRP的基本原理如图6.7所示。

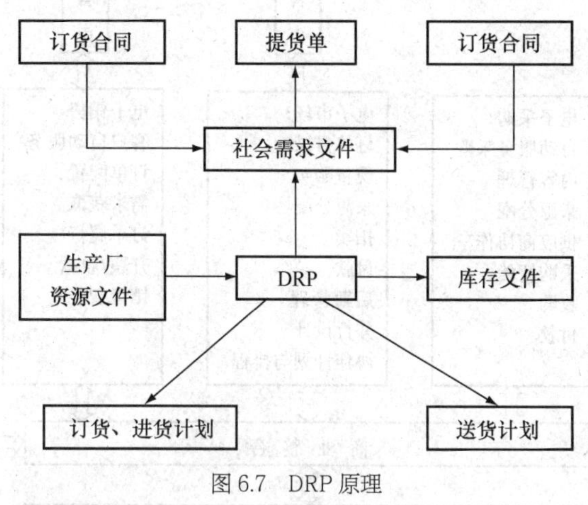

图6.7 DRP原理

6.5.4 供应链管理系统

1. 供应链管理的步骤

第一步，就是客户关系管理（CRM）。

第二步，是数据同步采集与实时分析，即B2B、EAI、EIP等。通过B2B的方式，把所有数据采集回来，有了数据之后，才能去评估供应链到底做得好不好。

第三步，开始做所谓的接单，即电子订单系统。其实国内很多企业都在使用这个系统，有些是自己的分公司在使用，有些是经销商在使用。通过这个系统可以降低库存。

第四步，是供应链规划。

第五步，是电子采购系统SRM，包括采购订单的管理。

第六步，是VMI库存管理，由此构成了全方位供应链管理。

2. 基于电子商务的供应链管理系统（eSCM）的组成

（1）电子采购：电子采购的功能是以最低的总体价格获得物料。主要模块有自助服务采购、内容管理、来源分配、供应商管理、供应商协作采购、智能收货、付款等。

（2）电子销售：由传统的和虚拟的信息源获取需求信息，对客户要求迅速做出响应。主要模块有客户自助服务、订单配置、需求获取、订单履行、开票、收款、销售智能等。

（3）高级计划排程：利用Internet优化产业供应链。主要模块有综合预测、供应链计划、需求计划、制造计划和排程、供应链智能、供应商计划排程等。

（4）电子分销：包括对企业集团分销体系中的库存、销量、销售速度的及时掌握，要货计划、资源分配计划的合理制定和严格控制销售费用。主要模块有用户管理、库存管理、订单处理、销售维护、发票管理、客户关系管理、维护、维修、退货、销售预测和反馈与投诉。

（5）电子交易市场：通过开放的企业对企业（B2B）在线市场购买及销售产品和服务。主要功能模块有订单目录、现货购买、来源分配、拍卖、付款、选择合适的运输载体或运输方式、送货单打印、确认商品及时运送、制定运输规划与安排、有效地完成运输等。

供应链管理系统（eSCM）的组成，如图 6.8 所示。

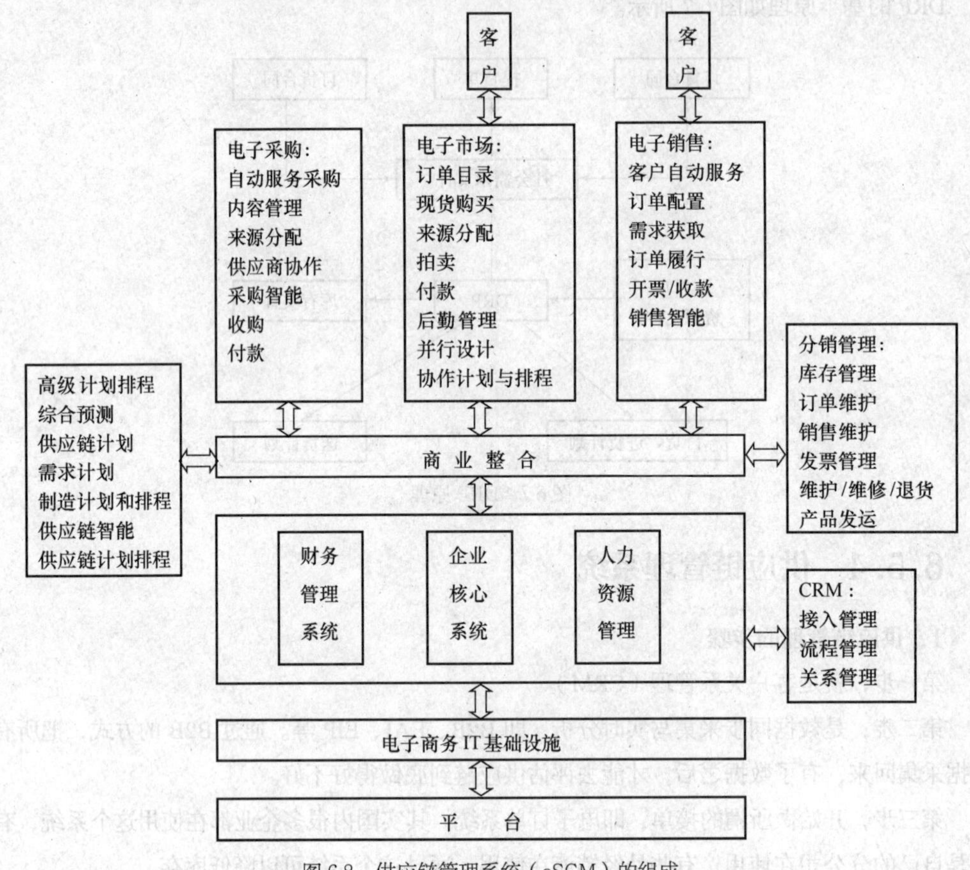

图 6.8 供应链管理系统（eSCM）的组成

随着电子商务在供应链管理中的深入应用，供应链管理出现了新的方式——集成供应链管理（Integrated Supply Chain Management）系统研究，并已经成为国内外管理学、物流学、采购学领域专家学者的研究热点。

案例

不断增强核心竞争力的海尔物流

谁曾想到，20 年前一个仅仅只有六百人的街道小厂，已成功地经历了从品牌战略，到多元化战略，再到国际化战略的成长。它就是当今被誉为中国第一品牌并跻身世界品牌100强的海尔。而我们关注和跟踪的一直都是其在国内率先进行的那场物流革命。

1998年，海尔在美国设厂遇到的第一个问题就是必须和美国市场联网，信息化和物流的“瓶颈”困惑使海尔意识到从海尔的国际化到国际化的海尔，首先要做的事情是建立全球供应链网络，而支撑这个网络体系的正是现代物流。于是，海尔下决心建立现代物流体系，这对当时的中国企业来说无疑是一项前所未有的创举。海尔集团的首席执行官张瑞敏也因此被誉为“中国物流觉醒第一人”。

海尔的物流理念

是什么牵动了海尔觉醒的那根神经呢？是订单！张瑞敏认为，订单是现代企业运作的驱动力。如果没有订单，现代企业就不可能运作。要实现这个订单，就必须靠订单去采购，为订单去制造，为订单去销售。如果要实现完全以订单去采购、制造、销售，一定离不开现代物流系统的支撑。如果没有物流，就不可能有订单的采购。如果没有订单的采购，就意味着采购回来就是库存。如果没有订单的采购和制造，就等于天天在制造库存。而没有订单的销售，就是处理库存，唯一的出路就是降价处理。这就是造成目前市场上无序竞争大打价格战的根本原因。而价格战打到最后就是亏损，再进一步就是停产。

从企业外部来看，没有现代物流，就不可能和Internet相连接。目前国际化大企业都在搞现代物流，如果海尔不搞将无法与之对话，最后也只有停顿下来，别无他路。一个现代企业如果没有建立起现代物流体系，就意味着无物可流。

海尔心目中的物流

第一，物流就是企业的管理革命。企业要搞现代物流，一定要进行业务流程再造，把原先直线式的金字塔组织结构扁平化，使得每个人都面对市场。

第二，物流就是速度。在信息化时代，企业制胜的武器就是速度。因为物流流动的是资金而不仅仅是物的本身，所以物流必须实现“不落地、不停留”。21世纪，企业与企业之间的竞争不再是质量、成本之间的竞争，而是供应链与供应链之间的竞争。谁的供应链速度快，谁就能在竞争中立于不败之地。作为供应链最重要的一环，物流速度直接影响供应链速度。怎么来实现这个速度呢？

海尔物流的做法

观念决定行动。海尔在现代物流理念的指导下进行了持续不断的管理革命。海尔的物流革命经历了物流资源重组、供应链管理和物流产业化三个发展阶段。每个阶段都有侧重点，环环紧扣螺旋上升。物流重组阶段的任务是，建立组织机构，整合集团内部物流资源，降低物流成本。供应链管理阶段的任务是，实施供应链一体化管理，提高核心竞争力。物流产业化阶段的任务是，海尔物流推进本部在做好企业内部物流、增强企业核心能力的基础上，向物流企业转化，致力于社会化业务的拓展，使之成企业新的经济增长点。

一、组织机构扁平化，实现物流资源重组

海尔发展现代物流离不开企业的业务流程再造。海尔集团从1998年9月开始在全集团进行以订单信息流为中心的业务流程再造。内容包括将原来集团的组织结构从层级式的职能管理方式改变为现有的扁平化的组织结构。通过这种流程再造，集团所有的部门都能够同步面对订单快速响应。产品本部的职责是创造订单，通过了解市场和用户的需求，开发出能够满足需求的产品，同时将用户的需求转化为可执行的订单。订单信息通过信息系统同步传递到产品事业部和物流推进本部。产品事业部的职责是执行订单，物流推进本部在流程中的作用是加速订单流转，根据销售订单转化的采购订单进行原材料的JIT采购，并配送给产品事业部生产成品，随后物流推进本部再负责将成品配送到全国的用户手中。在这个流程里如研发、人力、质量、设备等都作为保证订单的支持流程存在。整个流程的基础是海尔集团的信息系统和企业文化。

这种扁平化的组织结构不仅为海尔实现以订单信息流为中心的业务流程打下了基础，也为海尔最终建成信息化、网络化、快速响应的物流系统铺平了道路。

物流作为供应链中重要的组成部分，实际上是连接了整个供应链的各个环节。通过从供应链整体上考虑物流运作，最终达到降低物流成本，提高物流速度的目的。

二、在观念革命中不断创新

海尔物流是在不断的观念革命中，不断创新发展的，所以海尔物流的先进理念是海尔物流不断创新发展的基础。

革掉仓库的命，以时间消灭空间

物流有仓库就是在“停留”，所以整合之初，海尔物流首先提出革掉仓库的命，建成了两个现代化的国际物流中心，在这两个物流中心里，海尔采用先进的过站式物流运作模式，不再是储存物资的水库，而是一条流动的河，河中流动的是按单采购来生产必需的物资，这就要求物流推进本部在低库存乃至零库存的要求下，依托库存信息系统及时准确地满足各产品事业部连续大规模的生产制造需求。

一流三网，实现同步流程

现代物流区别于传统物流的是信息化和网络化，海尔物流创新实施了“一流三网”的同步模式，即以订单信息流为核心，建立全球供应链网络、全球配送网络、计算机网络，三网同步流动，为订单信息流提供增值。

正是因为有“一流三网”的支撑，海尔得以用JIT采购、JIT原材料配送、JIT分拨物流，实现同步流程。即商流与海外推进本部从全球营销网络获得的订单可以同步传递到产品事业部和物流推进本部，物流本部按照订单安排原材料采购、配送，产品事业部组织安排生产，产品下线后再通过物流的配送网络送到用户手中。比如，美国海尔销售公司在网上下达一万台的订单，订单在网上发布的同时，所有的部门都可以看到，并同时准备到位。不用召开会议，不用层层传递，每个部门都会同步接收到与订单有关的信息，大大缩短了订单的响应周期。

本章小结

随着电子商务的进一步推广与应用，物流对电子商务活动的影响日益明显，人们清楚地意识到，没有现代化的物流，电子商务交易将难以推广。本章对电子商务物流的相关概念和电子商务物流管理的内容及基本原理进行了介绍。着重介绍了电子商务物流的概念、特点；电子商务环境下的物流模式；电子商务与供应链管理；电子商务物流技术；电子商务物流的几个重要的管理信息系统，包括 POS、EOS、DRP 等。

习题

一、填空题

1. _________逐步取代其他词汇成为了物流学科的代名词。

2. 企业物流由_______、_______、_______、_______、_______几部分组成。

3. 电子商务物流的特点：_______、_______、_______、_______、_______。

4. 供应链管理的实质是将顾客所需的____________能够在____________，按照__________、__________和____________送到__________即“6R”，并使总成本最小。

5. RFID 系统一般由_______、_____和______三部分组成。

二、名词解释

1．物流 2. 供应链 3．第三方物流 4. EOS 5. 条码

三、简答题

1. 什么是物流管理，主要内容是什么?

2. 简述电子商务中物流的重要性。

3. 电子商务企业的物流解决方案有哪几种模式，各自的特点是什么?

4. 简述供应链管理与传统物流管理的区别。

5. 简述 GIS 和 GPS 技术在物流领域的应用。

四、实践题

1. 登录电子商务企业网站，查看该企业配送中心所在地，并记录所覆盖省份以及对应运费。查找该企业的配送方式，并查看这些配送方式的送达时间承诺，按照自己或他人在该企业的购物经历，实测其配送方式及到货时间。

2. 选定一家电子商务企业网站，查找任意“易碎、易损、易变质”商品，并订购该产品，在物流送达时，记录递送人员对于“要求先验货再签收”的应答，并记录整个配送过程所花费的时间。登录该企业网站，点击查看退、换货流程以及所涉及的物流方面的政策。

第7章　网络营销

本章概要

- 网络营销概述
- 网络营销模式
- 网络营销策略
- 网络广告

案例

微博和博客营销

2010年世界杯期间，伊利营养舒化奶与新浪微博深度合作，建立“我的世界杯”专区，并结合伊利舒化产品自身特点及世界杯足球赛流行元素，以伊利舒化的“活力宝贝”作为新浪世界杯微博报道的形象代言人，将体育营销上升到一个新的高度，并为观众带来精神上的振奋，使得观看广告成为一种享受。在新浪微博的世界杯专区，网友可以披上自己支持球队的国旗，在新浪微博上为球队呐喊助威，期间有两百万人披上了世界杯球队的国旗，为球队助威，相关博文也突破了 3226 万条。同时，通过对微博粉丝的比较，评选粉丝数量最多的球队的网友，让他们成为球迷领袖，伊利则向他们赠送伊利营养舒化奶。

伊利本次微博营销活动让球迷活力与营养舒化奶有机联系在一起，让关注世界杯的人都关注到营养舒化奶，将营养舒化奶为中国球迷的世界杯生活注入健康活力的信息传递出去，借此打响了品牌知名度，使球迷对伊利加深了记忆。

7.1　网络营销概述

随着电子商务的发展、网民数量的激增，网络在人们的日常生活中扮演着越来越重要的角色。网络营销推广也凭借其诸多优点正在逐渐成为最重要、最有效的营销推广方式。

7.1.1 网络营销的概念

网络营销产生于20世纪90年代，发展于20世纪末至今，其背景主要源于网络技术发展、消费价值观改变、激烈的商业竞争三个方面。所谓网络营销（On-line Marketing或E-Marketing）就是以国际互联网络为载体，利用数字化的信息和网络媒体的交互性辅助实现营销目标的一种新型的市场营销方式。简单地说，网络营销就是以互联网为主要手段进行的，为达到一定营销目的的营销活动，它是企业整体营销战略的一个组成部分，如图7.1所示。

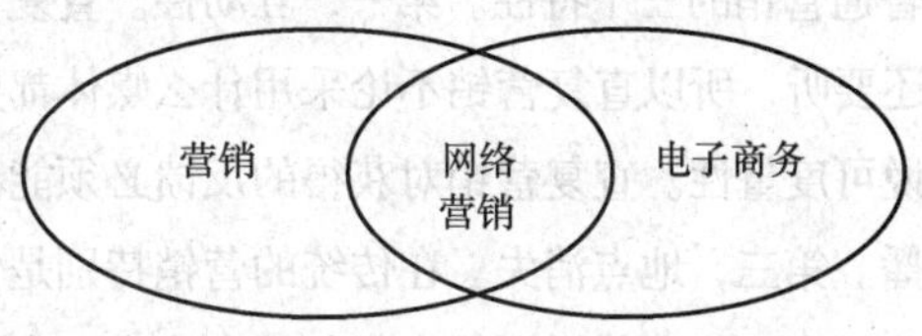

图7.1 电子商务、网络营销和营销三者之间的关系

1．网络营销是企业整体营销战略的一个组成部分

无论传统企业还是基于互联网开展业务的企业，无论是否有电子化交易的发生，都需要网络营销。

2．网络营销是电子商务中的一个重要环节

网络营销是为了促成交易提供的支持，尤其在交易发生之前，网络营销凭借先进的电子信息技术手段发挥着主要的信息传递作用。

7.1.2 网络营销的理论基础

网络经济作为知识经济的一种重要形式正受到社会各界的热切关注，而网络营销作为网络经济的一个重要组成部分被誉为21世纪营销界最大的课题。虽然网络营销是一个新兴的行业，但是它也是以多种理论为基础的。网络营销的理论基础主要是网络整合营销传播理论、直复营销理论、关系营销理论和软营销理论。

1．网络整合营销理论

整合营销传播理论（Integrated Marketing Communications，IMC）又被简称为整合营销理论，它是一种相当系统的营销理论，整合营销传播理论的倡导者有句格言：

“营销就是传播”。同时，认为当前能为企业带来竞争优势的领域只有两个，一是传播，二是物流。商务最重要的流程可以被分成四类：物流、信息流、资金流和商流，其中又以物流和信息流最为基本。营销传播理论就是有关营销的信息流的理论。

网络整合营销理论主要包括以下几个关键点：网络营销首先要求把消费者整合到整个营销过程中来，从他们的需求出发开始整个营销过程。该理论可以概括为以下几点。

（1）网络营销的产品和服务以消费者为中心。

（2）网络营销的产品销售以方便消费者为主。

（3）网络营销以消费者能接受的成本来定价。

（4）网络营销促使强制式促销转向加强与消费者的沟通和联系。

2．直复营销理论

直复营销理论是20世纪80年代引人注目的一个概念。美国直复营销协会对其所下的定义是："直复营销是使用一种或多种广告媒体在任何地点达成交易或者可以度量回复的一个互动的营销系统。"英国直复营销研究所的定义是：为了将来制定可以达成长期顾客忠诚的营销策略并保证持续的业务成长，在一段时期内对顾客直接回复行为所做的有计划的记录、分析和跟踪。科特勒和阿姆斯特朗的定义是：为获取即时的回复并发展持久的顾客关系同精确选定的顾客个人做直接的营销传播。

直复营销具有不同于普通营销的三个特性。第一，互动性。直复营销中的营销传播是双向的传播，不仅要说，而且还要听，所以直复营销不论采用什么媒体都要给受众一个便捷的反馈渠道。第二，可测性或者说可度量性。直复营销对获得的反馈必须能精确地测量，使营销者能够了解反馈来自于哪次传播。第三，地点消失。在传统的营销特别是传统的销售中，地点选择是至关重要的，但在直复营销中，双向传播可能在任何地点发生，在顾客家里、在公共场合或者在工作场所。

在线销售是直复营销的一种新形式，它更灵活、更迅速、更容易评价也更加具有成本效率，直复营销的形式虽然在不断变化，但它的原理都是一样的，经验是很容易随着形式的不同而移植的，直复营销最大的优势在于供求双方的直接互动，营销者可以从互动中深入了解客户的真实需求，从中把握新的市场机会，并通过提供周到的服务同客户建立持久的关系。直销理论的主要分析方法是顾客生命期价值（LTV，lifetime value）分析，即通过贴现顾客在未来的购买来估计该顾客对公司的价值。直销战略绝大部分是以LTV分析为基础的，例如，制定获取新顾客的投入预算、确定有价值的核心顾客的范围、制定挽回流失的老顾客的方略、评估营销数据库的资产价值。

3．网络关系营销

网络关系营销源于关系营销，是20世纪90年代以来受到广泛重视的营销理论，它主要包括两个基本点：首先，在宏观上认识到市场营销会对一系列领域产生影响，包括顾客市场以及影响者市场；其次，在微观上，认识到企业与顾客的关系在不断变化，市场营销的核心应从过去简单的一次性交易关系转变到注重保持长期的关系上来，强调建立、增进和发展同顾客长期持久的关系。如今，关系营销理论早已超越了企业对企业的市场营销和服务市场营销的范围，一些学者甚至认为关系营销标志着营销理论和实践的一个新时代的到来。

关系的维护可以分为三个层次：经济层次、社会层次和结构层次。

（1）经济层次。这是最低级的一个关系层次，它通常出现在关系建立阶段，因为这时买卖双方彼此还缺乏了解，所以在建立关系时主要考虑的是在经济上获得利益，这一层次上的关系比较肤浅，并且相当脆弱，因为竞争者随时可以通过提供更优惠的条件来夺走顾客。

（2）社会层次。因为考虑到了消费者对社会交往的需求，所以社会层次的关系比经济层次的关系更加牢固。顾客俱乐部便是该层次关系的产物。

（3）结构层次。结构层次的关系比社会层次的关系又前进了一步，在这一阶段，买卖双方真正结成了命运与共的合作伙伴关系。一般而言，这种关系在服务市场和组织市场上才能形成。买卖双方为了适应彼此更紧密的合作通常在业务流程以及组织结构上做出了变革，从而形成了一种彼此依赖的共生关系，关系破裂会对双方造成损害。买方如果要寻找新的供应商会付出高昂的转移成本。

4．软营销理论

网络软营销理论是针对工业经济时代的以大规模生产为主要特征的“强势营销”提出的新理论，它强调企业进行市场营销活动的同时必须尊重消费者的感受和体验，让消费者能舒服地主动接受企业的营销活动。

“软营销”的特征主要体现在遵守网络礼仪的同时，通过对网络礼仪的巧妙运用以获得一种微妙的营销效果，强调的是消费者个性化需求的回归，企业在进行市场营销活动的同时，必须更注重消费者的感受和体验。而软营销作为网络营销模式中的一种，它与强势营销的一个根本区别就在于软营销的主动方是消费者，而强势营销的主动方是企业。个性化消费需求的回归使消费者在心理上要求自己成为主动方，而网络的互动特性又使他实现主动方地位成为可能。他们虽不欢迎不请自到的广告，但他们会在某种个性化需求的驱动之下自己到网上寻找相关的信息和广告。此时的情况是企业在那儿静静地等待消费者的寻觅，一旦消费者找到你了，这时你就应该使出浑身解数把他留住，设法取得他的忠诚。采用渗透的方式，通过动之以情、晓之以理，在不经意间迎合消费者的心理。

7.1.3 网络营销的分类

随着网络技术的发展，网络营销的方式也是多种多样的，按照不同的标准，网络营销有着不同的分类。

1．以服务对象划分

（1）个人网络营销

个人可以通过网络的方式进行营销，目前这种方式已经被广大网民广泛使用，典型的应用如“淘宝卖家”、“Anzone”、“芙蓉姐姐”、“凤姐”之类通过网络的方式出名的网络炒家。

（2）企业网络营销

目前大量的企业通过网络营销的方式拓展自己的业务，网络的商用价值使互联网营销成为企业营销的主流。

2．以应用范围划分

（1）广义的网络营销

笼统地说，网络营销是利用一切计算机网络（包括 Intranet 企业内部网、EDI 行业系统专线网及 Internet 国际互联网）开展的营销活动。

（2）狭义的网络营销

狭义的网络营销是指组织或个人基于开放便捷的互联网络，对产品、服务所做的一系列经营活动，从而达到满足组织或个人需求的全过程。

3．以互动交流方式分

（1）在线咨询——留言本、在线咨询表单、QQ、MSN 等为代表的即时通讯；百度商桥、53KF 为代表的在线客服。

（2）E-mail 邮件及邮件列表。

（3）Help 或 FAQS。

（4）企业论坛（BBS）或顾客交流社区。

7.2 网络营销模式

进入 21 世纪以来，随着网络经济的极速发展，企业选择适合的网络营销模式对于开拓新的市场空间、扩大社会影响力具有十分重要的意义。

7.2.1 整合网络营销

整合网络营销认为：网络营销是企业整体营销战略的一个组成部分，是为实现企业总体经营目标所进行的，以互联网为基本手段营造网上经营环境的各种活动。这个定义的核心是经营网上环境，这个环境可以理解为整合营销所提出的一个创造品牌价值的过程，整合各种有效的网络营销手段制造更好的营销环境。

7.2.2 社会化媒体营销

社会化媒体营销就是利用社会化网络、在线社区、博客、百科或者其他互联网协作平台媒体来进行营销，维护、开拓公共关系和客户服务的一种方式。一般社会化媒体营销工具包括论坛、微博、博客、SNS、Flickr 和 Video 等。

7.2.3 量贩式网络营销

也称量贩式网络推广，2011 年由星之传媒总经理、著名网络营销策划师王天星先生提出，由于网络营销市场在国内刚刚起步，服务水平参差不齐，急需一种量贩化、快餐化的网络营销方式来规范行业发展，让企业能真正地自主选择。

7.2.4 博客、微博营销

博客营销就是利用博客的方式，通过向用户传递有价值的信息而最终实现营销信息的传播。博客营销是一种基于个人知识资源的网络信息的传递形式。现在很多互联网企业如 Google，Oracle，Amazon 等都尝试利用博客开展营销活动，一些小企业也开始利用第三方博客平台撰写博文寻找商机。

7.2.5 搜索引擎营销

搜索引擎营销（Search Engine Marketing），简称 SEM。就是根据用户使用搜索引擎的方式，利用用户检索信息的机会尽可能将营销信息传递给目标用户。用户检索所使用的关键词反映出用户对该问题（产品）的关注。搜索引擎营销模式，主要是通过优化或者购买广告获得较高的搜索引擎排名来增加网站的点击率，从而获得产品或服务销售额的提升。搜索引擎营销已经成为网络营销过程中必不可少的一环，被称为在 80/20 原则下起着重要作用的 20。庞大的信息搜索量和快速的信息传播速度，使搜索引擎营销成为网络营销的一个重要资源。让产品或服务在搜索引擎有好的展现，通过整合搜索引擎营销将更多的潜在目标客户吸引并转换为客户，正是搜索引擎对电子商务的最大贡献。

7.2.6 邮件营销

邮箱的普及性应用与传统 DM 直邮的结合，催生了邮件营销这种迅速普及的营销方式。随着消费者权利意识的增强及信息的泛滥，目前许可邮件营销已占据主流，典型应用于会议培训、机票、鲜花、酒店、旅游线路等产品与服务的营销上，这种营销方式同时可以帮助实现市场调研、客户服务、传播品牌等目的，并可直接用作行销工具，行销任何产品与服务。

各种不同的网络营销模式层出不穷，除了上面介绍的诸多网络营销模式之外，还有会员型营销、行业网营销、网络广告联盟、电子杂志营销、网络社区营销等其他形式的网络营销。对于市场中存在的绝大多数中小企业来说，选择符合自身特色的网络营销模式能有效地促进企业的发展。

7.3 网络营销策略

开展网络营销，必须采取切实可行的营销策略，这是开拓市场、竞争取胜的关键。作为信息时代市场营销的发展趋势，网上市场还处于发育阶段，网络营销无论从理论还是实践角度来看都在进行研究和探索，然而今后无论营销如何发展，它的相关理论仍属于市场营销理论的范畴。

7.3.1 产品策略

市场营销组合是现代市场营销的一个重要概念，而 4p 产品（product）、价格（price）、渠道（place）和促销（promotion）则是市场营销组合中所包含的可控制的四个基本变量，企业的市场营销战略总是围绕着 4p 来制定的。市场决定着市场营销战略，在 Internet 巨大影响下的市场必须要求市场营销战略的更新。因此，对于开展网络营销的企业来说，必须以受到 Internet 影响的市场为生命，从市场营销因素最基本的组合 4p 来调整、更新自己的营销战略。

1. 适合在网上销售的产品

网络营销的产品特性离不开互联网的特性。互联网具有以下特性：不受时空限制；高速传播；用比特进行传播；传播范围广；自由、免费；容易更新；可以多个人共享网络资源。适应互联网的这些特性，适合在网上销售的产品有：

（1）数字化、信息化的产品。因为互联网只能用比特传输，因此数字化、信息化的产品更容易在网上销售。如各种市场的专题报告、产品动态、文献查询、软件下载，VCD、CD、书籍等。这类产品的共同特点是能够方便地试听、试看、试用，并能够通过网络传输。现在不仅视频点播发展快。在线影院发展得也很快，视频点播主要用于看旧片。而在线影院可以看新片，网络游戏更是由于能多人共玩，而发展前景无限。

（2）新开发产品。由于互联网传播的范围广、速度快，因此新产品能更快地传播。如索尼中国网站（http://www.sony.com）和海尔网站（http://www.haier.net/cn）都是新产品的发布平台。网站展示的新产品一般在商店里还没铺货。网站这么做的原因主要是给新产品做广告，吸引眼球。

（3）网上展示和实际效果差别不大的商品。互联网发展的早期，有很多字画拍卖的网站，字画通过高精度扫描后在网上展示的效果和网下的差不多。

（4）标准化的产品。已经标准化的产品，如无公害农产品、绿色农产品、有机农产品、食用油、医药产品等，在网络上比一般的产品更好销售。因为标准化的商品很难做假，质量有保证。比如中国钢材交易网（http：//www.gcmyw.com），B2B 交易非常成功，这主要是因为产品的品种、型号、规格、质量已经全部规定好了，都是一些标准化的产品，所以适合在网上交易。

（5）品牌产品。我们常见的普通商品，如服装、美容、洗浴用品，消费者一般很难下单，主要担心货不对版，但如果是品牌商品，在网上就很容易销售。因为品牌是质量的保证，可以保证顾客不会买到假货、次货。

（6）需要理智比较的复杂产品。如汽车、大型家电，一般需要消费者在网上仔细地比较、查清功能参数，才有可能在网下购买。网站为了满足消费者需求。一般会在网站上详细列出功能参数。有的网站还可对同类产品进行功能比较，如海尔网站（http://www.haier.net/cn）。

（7）原材料产品。有很多原材料，如水、煤炭、木材、石油都适合在网上交易。顾客对这些商品都形成了共识，在网上销售不需要特别的宣传。

（8）服务产品。如资讯服务、互动服务、网上预约订票服务。目前在互联网上如火如荼地发展，主要原因是网上服务方便、快捷。像网上银行服务，如果是传统的汇款、转账业务，可能我们在银行要排队很长时间，而现在我们根本不用排队，登录到网上银行，几分钟就可完成。以前买机票到登机的过程很繁琐，现在有了电子客票，网上的几分钟可使整个登机、等候的过程缩短 1 小时。借助互联网，我们的生活越来越方便。

2．网络营销产品选择策略

（1）要充分考虑产品自身的性能

根据信息经济学对产品的划分。产品从大的方面可划分为两类：一是消费者在购买时就能确定或评价其质量的产品，称为可鉴别性产品，如书籍、电脑等；二是消费者只有在使用后才能确定或评价其质量的产品，称为经验性产品，如服装、食品等。一般来说，可鉴别性产品易于在网络营销中获得成功，而经验性产品实现大规模的网络营销相对难些。从这方面来考虑，企业在网络营销时，可适当地将可鉴别性高的产品作为首选对象和应用的起点。

（2）要充分考虑产品的营销区域范围及物流配送体系

不可否认，网络消除了地域的概念与束缚，但是在实际的网络营销中，企业还必须考虑到自身产品的营销覆盖范围，以取得更好的营销效果。谨防利用网络营销全球性的特点，忽视企业自身产品在营销上的覆盖范围，避免出现远距离的消费者购买时无法配送，使企业声誉受到影响，或在进行配送时，物流费用过大的现象。

（3）要充分考虑产品市场的生命周期

产品市场的生命周期是指产品从投入市场到最终退出市场的全过程，该过程一般经历产品的导入期、成长期、成熟期和衰退期四个阶段。在产品生命周期的不同阶段，产品的市场占有率、销售额、利润额是不一样的，企业面临的问题和矛盾也有着很大的区别。随着产品范围的不断扩大和技术进步的日新月异，市场变化愈加琢磨不定。许多产品尤其是网络产品的生命周期都不可能遵循上述经典的四个阶段，但研究产品生命周期对网络营销活动仍然具有十分重要的启发意义。

3．网络营销产品组合策略

（1）缩减产品组合策略

缩减产品组合策略主要包括减少企业网络营销产品组合的宽度或深度，从而减少产品组合的长度等策略。减少产品组合的宽度是指在原有的产品组合中减少一个或几个产品线，以减少企业网上营销产品的范围。减少产品组合的深度是指在原有产品线内减少产品项目。在市场不景气或原料、能源供应紧张时期，缩减产品组合能使总利润上升。因为采用这种策略会剔除那些获利小甚至亏损的产品线或产品项目，使企业集中力量发展获利多的产品线和产品项目。

（2）扩大产品组合策略

扩大产品组合策略与缩减产品组合策略正好相反，是指企业增加网上营销的产品线或者增加某一产品线内的产品项目数。增加企业网络营销产品组合的宽度，可以扩大企业网络营销的范围，充分发挥企业各项资源的潜力，提高效益，减少风险。增加产品组合的深度，可以使产品线丰满充裕，迎合广大网上用户的不同需要和爱好，吸引更多的顾客，从而占领同类产品的更多细分市场。

（3）产品线延伸策略

产品线延伸策略就是突破企业网络营销原有营销档次的范围，使产品线加长的策略。产品线延伸策略是实现扩大产品组合策略的一种重要途径。可供选择的产品线延伸策略主要有以下几种：

① 向下延伸。是指在产品线中增加低档产品项目。实行这一策略需要具备以下市场条件之一：利用高档名牌产品声誉，吸引购买力水平较低的顾客慕名购买此产品线中的廉价产品；高档产品销售增长缓慢，企业的资源设备没有得到充分利用；企业最初进入高档产品市场的目的是建立厂牌信誉，然后再进入中低档市场，以扩大市场占有率和销售增长率；补充企业的产品线空白。实行这种策略也有一定风险。如处理不慎，会影响企业原有产品特别是名牌产品的市场形象，而且也有可能激发更激烈的竞争对抗。

② 向上延伸。是指在原有的产品线内增加高档产品项目。实行这一策略的主要原因是：高档产品市场具有较大的潜在成长率和较高利润率的吸引；企业的技术设备和营销能力已具备加入高档产品市场的条件；企业要重新进行产品线定位。采用这一策略也要承担一定的风险，要改变产品在顾客心目中的地位是相当困难的。处理不慎，还会影响原有产品的市场声誉。

③ 双向延伸。即原定位于中档产品市场的企业掌握了市场优势以后，向产品线的上下两个方向延伸。这种策略可以加强企业竞争地位，击退竞争者，赢得市场领先地位。

7.3.2 价格策略

价格策略是企业营销策略中最富有灵活性与艺术性的策略，是企业营销组合策略中的重要部分。与传统营销一样，网络营销产品的价格也是要由市场这只“看不见的手”来决定的。

1. **免费策略**。免费策略是网络营销中常见的营销策略，主要用于产品投入初期的推广。互联网经济在发展之初很多产品和服务都是采取免费策略，比如免费电子邮件、免费的新闻资讯、免费的音乐、视频等。互联网时代，是眼球经济的时代，互联网上的海量信息，使得企业的产品服务信息如大海之一粟，很容易被埋没。企业可以通过免费策略，获取消费者的注意力，占领市场。企业采用免费策略有如下原因：一是企业通过免费价格，促使客户对企业产品的青睐，待其习惯使用后，再对其进行收费。比如卡巴斯基杀毒软件，给消费者提供免费试用，待试用期结束后，便开始收费。开始的时候没有收益，甚至会造成亏损，但在一定程度上可以锁定用户，日后会给企业带来更大的收益。二是企业从战略发展的角度制定免费策略，可以通过免费价格，发掘企业后续的商业价值。通过免费策略可以帮助企业获取市场，待其获取市场以后，便可以在市场上获取更大的收益。

2. **低价定价策略**。通过网络营销，可以减少企业销售的中间环节，使产品和服务直接到达，能够节约产品成本，企业从而可以制定比传统渠道更低的价格。另外，互联网是世界上最大的信息资源库，信息极大地丰富，公开且透明，消费者很容易就可以搜索到产品信息，特别是价格信息，可以对多家企业产品进行比较，从中选择物美价廉的产品进行购买。因此，客观上企业不可能对产品定制过高的价格，这样会影响到产品的销售。综上所述，在网络经济环境下，企业不但有定制低价的可能，也必须定制低价，才能生存。

低价策略的实施有两种方式：一是直接低价策略，即直接在定价时就采取成本加较低的利润，有时甚至是零利润、负利润，这种定价在价格公开之初就比相当的产品要低，这种策略一般多用于网上直销产品的定价；二是促销定价策略，即在原价基础上采用打折的方式，让顾客知道产品的原价及降价幅度，从而促使顾客购买。这种策略一般较多用于网上商店。当网上商店想通过促销拓展市场时，就可以采用促销的方式，用折扣价格来赢取市场。

3. **使用定价策略**。传统环境下，顾客购买产品即购买了产品的完整产权，而在网络环境下，数字产品的使用可以重复，因此可以采取与之相对应的定价方式——使用定价。所谓使用定价，指的是某些产品可以不需要完全购买，只是对产品的使用次数进行付费。这样做一方面可以减少企业为出售产品完整产权而进行的大量生产带来的浪费；另一方面可以降低产品的价格，顾客不需要支付过多的费用来购买整个产品产权，就能吸引更多顾客的购买。顾客只需为产品的使用次数支付相应费用就可以了，能够降低整个社会的成本，还可以让更多的人享受产品带来的功能和益处，比如软件、音乐、影视等产品的销售都可以采用这种策略。

4. **定制定价策略**。定制已经成为网络时代满足顾客个性化需求的重要手段，定制定价策略和企业定制生产是紧密相关的。定制化生产根据顾客对象可以分为两类：一类是面对工业组织市场的定制生产，这部分市场属于供应商与订货商的协作问题；另一类是面对消费者市场的定制生产，由于消费者的个性化需求差异性大，加上消费者的需求量又少，因此企业实行定制生产必须在管理、供应、生产和配送各个环节上，都必须适应这种小批量、多式样、多规格和多品种的生产和销售变化。所谓定制定价策略指的是企业在具备定制生产能力的基础上，通过网络让消费者根据自身的实际情况选择合适的产品功能，同时确定消费者愿意承担的价格成本的定价策略。比如DELL公司采用的就是定制定价策略销售自己的电脑。顾客可以在戴尔的销售网页上了解产品的配置和功能，根据自身的需求和对价格的承受配置顾客满意的产品。产品的价格在顾客选定价格的时候也就随之确定。

5. **拍卖竞价策略**。网络环境聚集了大量的买家，买家的聚集使顾客的主导力量进一步加强。顾客不但可以定制产品，而且可以主导产品的价格。顾客主导产品价格的最佳途径就是拍卖。拍卖给了用户参与价格的最大权利。网上拍卖与传统拍卖相比有天然的优势，网络使得买卖双方的聚集和通信成本降低，使得沟通更加快速有效，企业能方便地查看竞价者的出价，获取竞价者的反馈。竞价者也能方便地知道竞争对手的出价情况，使得竞价过程变得更加透明。

6. **捆绑销售价格策略**。捆绑销售这一概念在很早以前就出现了，但是直到 20 世纪 80 年代美国快餐业才对其应用，如麦当劳通过这种销售形式促进了食品的销售量，这才引起人们的广泛关注。今天，这种传统策略已被精明的网上企业所应用。网上销售完全可以通过 Shopping Cart 或其他方式巧妙运用捆绑手段，使顾客对所购产品的价格感觉更满意。

7. **品牌定价策略**。顾客在网上购物往往会有较多的顾虑，如产品的质量、货物的交付等是否有保证。所以与传统营销相比，企业形象和声誉在电子商务营销中更显重要。企业形象和声誉较好的企业在网上销售的产品价格可以比一般企业高一些，企业形象和声誉较低的企业在网上销售的产品价格就应比一般企业的低一些。而产品的质量和企业的形象最终凝结在品牌上，以品牌形象表现出来，知名品牌产品的附加价值较高，既能吸引顾客又能为企业增加利润。由于电子商务营销出现较晚，对于本身已具有很大的品牌效应又得到人们认可的产品，在网上定价中，完全可以对品牌效应进行扩展和延伸，利用网络宣传和传统销售的结合，产生整合效应。

7.3.3 渠道策略

营销渠道是指与提供产品或服务以供使用或消费这一过程有关的一整套相互依存的机构，它涉及信息沟通、资金转移和产品转移等。网上销售渠道就是借助互联网络将产品从生产者转移到消费者的中间环节，它一方面要为消费者提供产品信息，让消费者进行选择。另一方面，在消费者选择产品后要能完成支付的交易手续。

1. 网上直销

网上直销即是通过互联网实现的从生产者到消费（使用）者的网络直接营销渠道。它不仅包括企业对消费者的消费方式（BtoC），而且包括企业对企业（BtoB）的网上直接交易。网上直销渠道的建立与传统分销渠道相比有诸多竞争优势。

首先，利用互联网的交互特性，过去单向信息沟通变成双向直接信息沟通，增强了生产者与消费者的直接联系。

其次，网上直销可以提供更加便捷的服务。一是生产者可以通过互联网提供支付服务，顾客可以直接在网上订货和付款，然后就等着送货上门，这一切大大地方便了顾客；二是生产者可以通过网上营销渠道为客户提供售后服务和技术支持，特别是对于一些技术性比较强的行业（如 IT 业），提供网上远程技术支持和培训服务，既方便顾客，同时生产者也可以降低成本为顾客服务；再次，网上营销渠道的高效性，可以大大减少过去传统分销渠道中的流通环节，有效降低成本。但是，网络直销也有其自身的不足。面对大量的、分散的网站，网络访问者很难有耐心一个个去访问，特别是对于一些不知名的中小企业，大部分网络漫游者只是走马观花。为解决这一问题，必须从两方面入手：一方面需要尽快组建具有高水平的专门服务于商务活动的网络信息服务点；另一方面需要从间接分销渠道中去寻找解决方法。

2．网络间接销售

为了克服网络直销的缺点，网络商品交易中心应运而生。中介机构成为连接买卖双方的枢纽，使网络间接销售成为可能。如中国商品交易中心、美国的邓白氏、日本的帝国数据库等属于此类中介机构。他们具有简化市场交易过程、有利于平均订货量的规模化、使交易活动常规化、便利了买卖双方的信息收集过程等优点，在未来虚拟网络市场中的作用是其他机构所不能代替的。

企业通过因特网构筑虚拟专用网络，将分销渠道的内部网融入其中，可以及时了解分销过程的商品流程和最终销售状况，这将为企业及时调整产品结构、补充脱销商品，以至于分析市场特征、实时调整市场策略等提供帮助，从而为企业降低库存、采用实时生产方式创造了条件。而对于商业分销渠道而言，网络分销也开辟了及时获取畅销商品信息、处理滞销商品的巨大空间，从而加速了销售周转。

3．双道法——企业网络营销渠道的最佳策略

在西方众多企业的网络营销活动中，双道法是最常见的方法，是企业网络营销渠道的最佳策略。所谓双道法，是指企业同时使用网络直接销售渠道和网络间接销售渠道，以达到销售量最大的目的。企业在因特网建站，一方面为自己打开了一个对外开放的窗口；另一方面，也建立了自己的网络直接渠道。事实也充分证明，亚马逊书店、青岛、海尔集团、DELL 公司网上营销的实践，都说明企业上网建站大有作为，建站越早、受益越早。一旦企业的网页和信息服务商链接，其宣传作用更不可估量，不仅可以覆盖全国，而且可以传播到全世界，这种优势是任何传统的广告宣传都不能比的。对于中小企业而言，网上建站更具有优势，因为，在网络上所有企业都是平等的，只要网页制作精美有特色，信息经常更换，一定会有越来越多的顾客光顾。此外，借助 Internet，还可以建立起会员网络，这是网络营销中的一个重要渠道。通过会员制，促进顾客相互间的联系和交流，以及顾客与企业的联系和交流，培养顾客对企业的忠诚度，并把顾客融入企业的整个营销过程中，使会员网络的每一个成员能互惠互利，共同发展。

4．网上配送联盟

随着经济的发展，传统营销的分销渠道已经不能满足企业低成本与多样性的要求。在如今流通形式多样化的情况下，有很多从事网络营销的企业都在构筑富有效率的配送体系，而反映到流通渠道中必然会积极推动有利于自身的物流活动和流通形式，这无疑会产生配送主体间的利益冲突。除此之外，不同规模的企业也会因为单个企业配送管理的封闭产生非经济性。随着消费者个性化、多样化的发展，客观上要求企业在配送上必须充分应对消费者不断变化的趋势，这无疑大大推动了多品种、少批量、多频度的配送的发展，而且这种趋势会愈演愈烈。在消费者希望加快配送速度的背景下，一些中小型商务网站面临着经营成本上升和竞争加剧的巨大压力，一方面由于自身规模较小，不具备商品即时配送的能力；另一方面，由于经验少，发展时间短等各种原因，也不拥有配送服务必需的技术。因此，它们难以适应如今多频率、少量配送的要求。即使有些商务网站完善了自己的配送体系从而拥有了这种能力，但限于经济上的考虑，也要等到商品配送总和达到企、配送规模经济要求才能降低成本。面对上述问题，作为解决网络营销中配送问题的新方向，旨在弥合企业规模与实际需要对应矛盾的企业网上配送联盟应运而生。因特网的出现使动态联盟的出现成为现实，例如“8848”借助于“连邦”软件的配送体系完成自己的配送。动态联盟可以通过优势互补，营造集成增效的效果，在纵、深两方面强化营销渠道的竞争能力。所以说营销渠道本身就是一种战略的联盟。供应商的服务从产品研发开始，通过对营销渠道的全面支持，最终到达消费者，并以获得消费者的认同为宗旨；营销渠道商的服务要同时面对供应商和消费者，对于供货商要提供市场信息和消费者反馈，以确保消费者的最大满意度；这使得服务链变得更加稳固，供应商、渠道商和消费者之间的亲合度大大增强。

5．虚拟店铺渠道

在企业网站上设立虚拟店铺，通过三维多媒体设计，形成网上优良的购物环境，并可进行各种新奇的、个性化的店面布置以吸引更多的消费者进入虚拟商店购物。虚拟橱窗 24 小时营业，服务全球消费者，并可设虚拟售货员或网上导购员回答专业性问题，这一优势是一般商店所不能比拟的。例如，可以在首页设计上采取虚拟实境的手法，设立虚拟的商店橱窗，使消费者如同进入实际的商场一般，可以随意选择要进入的柜台，如服装专柜、家电专柜等，挑选自己所喜爱的商品。商店橱窗的样式、布局、色调可以利用计算机技术设计得更加吸引消费者，并且随着时间、季节、促销活动、经营策略、消费者类型等的需要，轻易快速地改变设计，随时变动，这是实际中的零售商所望尘莫及的。虚拟商店可以 24 小时服务，不占用土地和设备。全球消费者可随时进入“商场”走一遭。“商场”内的服务员永远笑容可掬，彬彬有礼，百问不厌，百挑不烦。

6．网络渠道

网络将消费者与企业直接联接在一起，给企业提供了一种全新的销售渠道。主要包括：

（1）会员网络

网络营销中一个最重要的渠道就是会员网络。会员网络是在企业建立虚拟组织的基础上形成的网络团体。通过会员制，促进消费者相互间的联系和交流，以及消费者与企业的联系和交流，培养消费者对企业的忠诚，并把消费者融入企业的整个营销过程中，使会员网络的每一个成员都能互惠互利，共同发展。

（2）分销网络

根据企业提供的产品和服务的不同，分销渠道也不一样。如果企业提供的是信息产品，企业就可以直接在网上进行销售，需要较少的分销商，甚至不需要分销商；如果企业提供的是有形产品，企业就需要分销商。企业要想达到较大规模的营销，就要有较大规模的分销渠道，建立大范围的分销网络。

（3）快递网络

对于提供有形产品的企业，要把产品及时送到消费者手中，就需要通过快递公司的送货网络来实现。规模大、效率高的快递公司建立的全国甚至全球范围的快递网络，是企业开展网络营销重要条件。

（4）服务网络

如果企业提供的是无形服务，企业可以直接通过因特网实现服务功能。如果企业提供的是有形服务，则需要对消费者进行现场服务，企业就需要建立服务网络，为不同区域的消费者提供及时的服务。企业可以自己建立服务网络，也可以通过专业性服务公司的网络实现为顾客服务的目的。

（5）生产网络

为了实现及时供货，以及降低生产、运输等成本，企业要在一些目标市场区域建立生产中心或配送中心，形成企业的生产网络，并同供应商的供货网络及快递公司的送货网络相结合。企业在进行网络营销中，根据消费者的订货情况，通过因特网和企业内部网对生产网络、供货网络和送货网络进行最优组合调度，可以把低成本、高速度的网络营销方式发挥到极限。

7.3.4 促销策略

1．网上折价促销

折价也称打折、折扣，是目前网上最常用的一种促销方式。因为网上销售比传统销售减少了中间环节的成本，所以网上商品的价格一般都要比传统方式销售时要低，由此吸引人们购买。由于网上销售商品不能给人全面、直观的印象，也不可试用、触摸等原因，再加上配送成本和付款方式的复杂性，造成网上购物和订货的积极性下降。而幅度比较大的折扣可以促使消费者进行网上购物的尝试并做出购买决定。目前大部分网上销售商品都有不同程度的价格折扣。

2．网上赠品促销

赠品促销目前在网上的应用不算太多，一般情况下，在新产品推出试用、产品更新、对抗竞争品牌、开辟新市场的情况下利用赠品促销可以达到比较好的促销效果。

赠品促销的优点：可以提升品牌和网站的知名度；鼓励人们经常访问网站以获得更多的优惠信息；能根据消费者索取赠品的热情程度而总结分析营销效果和产品本身的反应情况等。

3．网上抽奖促销

抽奖促销是网上应用较广泛的促销形式之一，是大部分网站乐意采用的促销方式。抽奖促销是以一个人或数人获得超出参加活动成本的奖品为手段进行商品或服务的促销，网上抽奖活动主要附加于调查、产品销售、扩大用户群、庆典、推广某项活动等。消费者或访问者通过填写问卷、注册、购买产品或参加网上活动等方式获得抽奖机会。

4．积分促销

积分促销在网络上的应用比起传统营销方式要简单和易操作。网上积分活动很容易通过编程和数据库等来实现，并且可信度很高，操作起来相对较为简便。积分促销一般设置价值较高的奖品，消费者通过多次购买或多次参加某项活动来增加积分以获得奖品。积分促销可以增加上网者访问网站和参加某项活动的次数可以增加上网者对网站的忠诚度；可以提高活动的知名度等。

5．搜索引擎营销

据 CNNIC《2007 年中国搜索引擎市场调查报告》显示，44.71%的网民经常使用（每天多次使用）搜索引擎，每天使用一次搜索引擎的用户也占到 17.2%，即每日使用搜索引擎用户数占网络总用户数的 69.4%，意味着已有超过半数的网民开始依赖搜索引擎。

7.4 网络广告

在信息化的社会里，很多事物发生着改变，比如传统的广告媒体在网络、计算机等技术的冲击下就发生了深刻的变化。随着信息产业的高速发展，以因特网为传播载体的网络营销广告成为最炙手可热的广告形式以及网络营销中最重要的组成部分之一，这种新形势使得无论是广告公司还是广告主都面临着极大的挑战。

7.4.1 网络广告概述

网络广告逐渐成为网络上的热点，作为新生代的广告形式，在我们的社会生活中已经开始占据越来越重要的地位。

1. 网络广告的概念

网络广告（Web AD）是指以互联网为媒体，发布、传播以数字代码为载体的各种商业广告，它是广告主为了推销自己的产品或服务在互联网上向目标大众进行有偿的信息传达，从而引起受众和广告主之间信息交流的活动。我们这里讨论的网络营销广告是指在各网站、站点的页面上，企业、公司所做的宣传企业公司产品或服务的商业性广告。

2. 网络广告的特点

随着网络时代的到来，跟传统广告相比，网络广告以其独特的优势逐渐成为企业主要的网络营销方式之一。

（1）网络广告的互动性。与传统广告媒体相比，互动性是网络广告最显著的优势。首先，网络广告可实现多种交流功能。消费者除了可以自由地查询信息外，还可以通过 E-mail 向该公司进一步咨询、订货，从而在单一媒体上实现整个购买过程，这一点是传统媒体难以做到的；其次，网络广告趣味性强。网络广告的内容完全控制在浏览者手中，他们可以根据自己的兴趣和目标按动屏幕上的按钮，连接并获得所需要的信息，浏览者成了广告的“主宰”，这成为吸引众多消费者的一个主要原因；最后，网络广告提高了目标顾客的选择性。与传统广告不同，网络广告的启动，需要目标群体的主动搜寻和连接，属于“软件广告”。而主动搜寻本公司广告的消费者往往带有更多的目的性，提高了广告的促销作用。

（2）消除了时间、空间的限制。传统的大众媒介，包括报纸、电视等，往往局限于某一特定区域内的传播，要想把国内刊播的广告在国外发布，则涉及经过政府批准，在当地寻找合适的广告代理人，洽谈并购买当地媒体等一系列复杂的工作。同时，广告刊播时间受购买时段或刊期限制，目标群体容易错过，并且广告信息难以保留，广告主不得不频繁地刊播广告以保证本公司的广告不被消费者遗忘。而网络则是以自由方式扩张的网状媒体，连通全球，只要目标群体的计算机连接到因特网上，公司的广告信息就可以到达，从而避免了当地政府、广告代理商和当地媒体等问题。同时，网上广告信息存储在广告主的服务器中，消费者可在一定时期内的任何时间里随时查询，广告主无需再为广告排期问题大伤脑筋。与电话、电传之类的个体媒介相比，网络广告的沟通双方无须同时在通道两端固定的时间、空间出现，在时间上更自由。同时，由于个人的通信地址不是与某台计算机连接，而是与一个密码相连的网络使用权，可在任何一台联入因特网的计算机上使用，相当于一个随手携带的邮箱，不受地点的限制。

（3）**网络广告具有较高的经济性。**传统广告的投入成本非常高，空间有限且价格昂贵，不论购买空间多大，均按宣传的成本和时间计费，空间越大，广告篇幅越大，收费就越高。而网络广告的平均费用仅为传统媒体的3%，并可以进行全球性传播。因此网络广告在价格上具有极强的竞争力。

（4）**网络广告效果的可测评性。**运用传统媒体发布广告的营销效果是比较难以测试、评估的，我们无法准确测算有多少人接收到所发布的广告信息，更不可能统计出有多少人受广告的影响而做出购买决策，网络营销广告则可以通过受众回的E-mail直接了解到受众的反应，还可以通过设置服务器端的Logo访问记录软件随时获得本网址的访问人数、访问过程、浏览的主要信息等记录，以随时监测广告投放的有效程度，从而及时调整营销策略。

（5）**网络广告的目标性、针对性强。**传统广告的受众为大众人群，由于缺少目标性，只适合品牌的推广，而网络营销广告受众则具有高针对性。网民是一个受过良好教育、极富购买潜力的群体。网络营销广告的受众基础好，可以根据这部分群体的特点，发布针对性高的广告，如IT、通信等，会起到很好的效果。

7.4.2 网络广告的常见形式

网络广告有很多形式，常见的广告形式有旗帜广告、赞助式广告、按钮广告、关键字广告和画中画广告等。

1．旗帜广告

旗帜广告（banner advertisements），是指通过在网上放置一定尺寸的静态或动态广告条来告诉目标受众相关信息，进一步吸引目标受众点击广告进入商家指定的网页。一般是指出现在各种网站的页面上表现商家广告内容的图片或动画，它已经成为当前一种主要的网络广告形式。虽然目前旗帜广告（可以说整个在线广告）还处在发展阶段，其广告收入还远远不及传统的印刷及电视广告，但由于在线广告易于跟踪定向等特点，其增长幅度在近几年是非常惊人的。

在多数情况下，设计者总希望自己的网络广告与众不同，独树一帜。简单来说，创作网络旗帜广告的方法应该与该网站设计风格有比较大的差异。要使旗帜广告达到好的广告效果，Banner的吸引力最为重要。广告Banner必须在几秒钟之内抓住读者的注意力，否则读者很快就会进入其他页面。

2．按钮广告

按钮广告有时也被称为图标广告，它显示的是公司的产品/品牌的标志，单击它可链接到广告主的站点上。按IAB的规定，按钮广告有四种尺寸：方形按钮，尺寸为125像素×125像素；按钮1，尺寸为120像素×90像素；按钮2，尺寸为120像素×60像素；小按钮，尺寸为88像素×31像素。它们一般是静态形式的，但也可以是动态的，大小一般不超过2KB。

3．赞助式广告

赞助式广告是把广告主的营销活动内容与网络媒体本身的内容有机融合起来，并取得最佳的广告效果。常见的赞助形式有三种：内容赞助、节目赞助和节日赞助。而赞助广告的形式有很多种，广告主可以根据自己的兴趣、网站的内容或网站节目进行赞助。与目前流行的旗帜广告相比，赞助式广告的优点是适应面广，创意似乎可以无限制发挥，十分适合某些品牌形象的广告，缺点是信息内容与广告营销活动界限模糊，媒体定位不易把握，所以不适用于所有产品。

4．关键字广告

关键字广告与搜索引擎的使用紧密联系，它是指网民在搜索引擎输入特定的关键字后，除了搜索结果之外，在上方的广告版位中即会出现相关的旗帜广告。这种广告充分利用了网络的互动特质，因此也被称为关联式广告。

5．画中画广告

画中画广告一般是在新闻、娱乐、数据、研究等各频道文本窗口中，其篇幅较大，信息丰富，视觉冲击范围较大，在页面上有比较大的吸引力，一般使用 flash 实现动态与声音效果。

7.4.3 网络广告的发布方式

网络广告的形式有很多，广告主应该根据自己的产品所处的生命周期，所应表达的信息、网络营销的整体策略，以及在传统媒体广告与网络广告间的人、财、物的分配，合理地选择网络广告组合方式。从目前来看，发布企业的广告一般有以下几种方式。

1．主页形式

建立自己的主页，对于大公司来说，是一种必然的趋势。这不但是一种企业形象的树立，也是宣传产品的良好工具。实际上，在互联网上做广告，归根到底要设立公司自己的主页。其他的网络广告形式，无论是黄页、工业名录、免费的 Internet 服务广告，还是网上报纸、新闻组，都提供了一种快速链接至公司主页的形式，所以说，在 Internet 上做广告，建立公司的 Web 主页是最根本的。主页形式是公司在 Internet 进行广告宣传的主要形式。按照今后的发展趋势，一个公司的主页地址也会像公司的地址、名称、标志、电话、传真一样，是独有的，是公司的标识，将成为公司的无形资产，如前面提到的宝洁公司（http://www.pg.com.cn）。

2．网络内容服务商（ICP）

ICP 由于提供了大量的互联网用户感兴趣的免费的信息服务，因此网站的访问量非常大，是网上最引人关注的站点。国内有许多这样的 ICP，如新浪、搜狐、网易、ChinaByte 等都提供大量的新闻、评论、生活尝试、财经等信息。目前这些网站是网络广告发布的主要阵地，在这些网站上发布的网络广告主要形式是旗帜广告。

3．专类销售网

即专类产品直接在 Internet 上进行销售的方式。现在有越来越多这样的网络出现，如 Automobile Buyers Network、AutoBytel 等。以 Automobile Buyer’s Network 为例，消费者只要在一张表中填上自己所需汽车的类型、价位、制造者、型号等信息，然后轻轻按一下 Search（搜索）键，计算机屏幕上就可以马上出现完全满足你所需要的汽车的各种细节，当然还包括在何处可以购买到此种汽车的信息。另外，消费者考虑购买汽车时，很有可能首先通过此类网络进行查询，所以，对于汽车代理商和经销商来说，这是很有效的互联网广告方式。汽车销售商只要在网上注册，那么它所销售的汽车细节就进入了网络的数据库中，也就有可能被消费者查询到。与汽车销售网类似，其他类别产品的代理商和经销商也可以连入相应的销售网络，从而无需付出太大的代价就可以将公司的产品及时地呈现在世界各地的用户面前。

4．免费的互联网服务

在互联网上有许多免费的服务，如国外的 hotmail（http://www.hotmail.com）及国内的 163（http://www.163.net）与 263（http://www.263.net）等都提供免费的 E-Mail 服务，很多用户都喜欢使用。由于 Internet 上广告内容繁多，即使公司建有自己的 Web 页面，但还是需要用户主动通过大量的搜索查询工作，才能看到广告的内容。而这些免费的 Internet 服务就不同，它能帮助公司将广告主动送至使用该免费 E-mail 服务、又想查询此方面内容的用户手中。

5．黄页形式

在 Internet 上有一些专门的提供查询检索服务的网络服务商的站点如 Yahoo，Infoseek，Excite 等。这些站点就如同电话黄页一样，按类别划分便于用户进行站点的查询。在其页面上，都会留出一定的位置给企业做广告。比如在 Excite 上，你在 Search 一栏中填入关键字 Automobile，Excite 页面的中上部就会出现某汽车公司的广告图标。在这些页面上做广告的好处是：一是针对性好，在查询的过程中一般都是以关键字区分的，所以广告的针对性较好；二是醒目，处于页面的明显处，较易为正在查询相关问题的用户所注意，容易成为用户浏览的首选。

6．企业名录

一些 Internet 服务提供者（ISP）或政府机构会将一些企业信息融入它们的主页中。如香港商业发展委员会（Hong Kong Trade Development Council）的主页中就融有汽车代理商、汽车配件商的名录。只要用户感兴趣，就可以直接通过链接，进入相应行业代理商（或者配件商）的主页。

7．网上报纸或杂志

在 Internet 日益发展的今天，新闻界也不落人后，一些世界著名的报纸和杂志，如美国的《华尔街日报》、《商业周刊》，国内的《人民日报》（http://www.people.com.cn/）、《文汇报》（http://www.whb.online.sh.cn/）、《中国日报》（http://www.chinadaily.com.cn）等，纷纷将触角伸向了 Internet，在 Internet 上建立自己的 Web 主页。而更有一些新兴的报纸与杂志，干脆脱离了传统的“纸”的媒体，完完全全地成为了一种“网上报纸或杂志”，反响非常好，每天访问的人数不断上升。可以预计，随着计算机的普及与网络的发展，网上报纸与杂志将如同今天的报纸与杂志一般，成为人们必不可少的生活伴侣。注重广告宣传的公司，在这些网上杂志或报纸上做广告也是一个较好的选择。

8．虚拟社区和公告栏（BBS）

虚拟社区和公告栏是网上比较流行的交流沟通渠道，任何用户只要遵循一定礼仪都可以成为其成员。任何成员都可以在上面发表自己的观点和看法，因此发表与公司产品相关的评论和建议，可以起到非常好的口碑宣传作用。这种方式的好处是宣传是免费的，但要注意遵循网络礼仪，否则会适得其反。

9．新闻组

新闻组也是一种常见的互联网服务，它与公告牌相似。人人都可以订阅它，成为新闻组的一员。成员可以在其上阅读大量的公告，也可以发表自己的公告，或者回复他人的公告。新闻组是一种很好的讨论与分享信息的方式。对于一个公司来说，选择在与本公司产品相关的新闻组上发表自己的公告将是一种非常有效地传播自己信息的渠道。与 BBS 一样，在新闻组发布信息也是免费的，同样也要遵守相应网络礼仪。

10．软件载体

将广告放置在一些免费软件或共享软件上，供用户下载，只要用户使用这种软件，网络广告就在软件体上播出，如捆绑在 Flashget、Netants 上的旗帜广告及腾讯公司的 QQ 聊天软件上的广告。

在以上几种通过 Internet 做广告的方式中，以第一种即公司主页方式为主，其他皆为次要方式，但这并不意味着公司只应取第一种而放弃其他方式。虽说建立公司主页是一种相对完备的 Internet 广告形式，但是如果将其他几种方式有效地进行组合，将是对公司主页的一个必要补充，并将获得比仅仅采用公司主页形式更好的效果。因此，公司在决定通过 Internet 做广告之前，必须认真分析自己的整体经营策略、企业文化以及广告需求，将其从整体上进行融合，真正发挥 Internet 的优势。

案例

凡客诚品的全面网络营销[1]

随着互联网的发展，电子商务企业一批批涌现出来。凡客诚品（VANCL）于 2007 年 10 月 18 日上线运行至今，在短短几年内取得了令人瞩目的成功。据艾瑞调查报告，凡客诚品已跻身中国网上 B2C 领域收入规模前四位。其全面的网络营销策略功不可没。

一、搜索引擎营销

VANCL 选择在百度、搜搜、有道、搜狗等国内主要搜索引擎上投放了关键词广告。投放的关键词包括“凡客诚品”、“衬衫”、“POLO”、“VANCL”、“PPG”等。此外，凡客还针对搜索引擎抓取网页信息的特点进行初步的搜索引擎优化，比如优化网站结构、设计网页内容标签和关键词等。

二、电子邮件营销

VANCL 非常重视电子邮件营销，其电子邮件营销不是简单地给用户发送邮件，它是企业用户体验的一个组成部分，与网站/客户电话的用户体验并重。凡客诚品发送的邮件一般分为三个部分，调查、促销、答疑，三部分结构层次清晰，特别是在调查邮件中包含热销新品的促销信息，能促使用户进行二次消费。

三、网络联盟

凡客和门户网站、中小网站、个人博客等形成了网络联盟。每个人都可以通过在凡客的官方网站上填写一张申请表，成为凡客的联盟网站。如果消费者从凡客的联盟网站进入到凡客的

[1] 根据刘晓玲的“凡客诚品的网络营销”（《国际公关》，2009 年第 5 期）和凡客诚品网站（www.vancl.com），亿邦动力网（www.ebrun.com）的相关资料改写。

官方网站并形成购买，凡客会把最高达15%的利润分给联盟网站。由于提供了非常好的分成政策，已有超过4000个网站加入联盟，这就让人们形成了VANCL无处不在的印象。

四、论坛营销

VANCL论坛主要分为四个子板块：凡客家园、凡客服务、生活休闲、站务管理。依据主题贴的数量来衡量社区的活跃程度，在VANCL论坛的各个子板块中，最活跃的几个社区分别是在线客服、灌水乐园、VANCL拍客、凡客故事、联盟专区等。

目前凡客诚品90%的用户来自互联网，其中75%的用户会直接通过互联网下订单。所以，VANCL将营销推广的重点放在了互联网上。根据第三方的统计，VANCL的广告投放额已达数亿元，但由于主要采用网站联盟的合作模式，实际现金投入有限，真正做到了“按效果付费”。VANCL业务的飞速增长，其全面的网络营销策略功不可没。

本章小结

随着电子商务的飞速发展，网络营销推广凭借其诸多优点正在逐渐成为最重要、最有效的营销推广方式。本章首先介绍了网络营销的概念及其理论基础，然后着重介绍了网络营销模式、网络营销策略、网络广告等。

习题

一、名词解释

1. 网络营销
2. 网络广告
3. 网络整合营销
4. 网络关系营销

二、简答题

1. 网络营销策略有哪些？
2. 网络广告有什么特点？
3. 简述主要的网络营销理论。
4. 结合最新发布的CNNIC《中国互联网络发展状况统计报告》，分析我国网络应用行为特点。

第 8 章 移动电子商务

本章概要

- 移动电子商务概述
- 移动电子商务相关技术
- 移动电子商务应用
- 移动电子商务的发展

案例

中国电信翼支付

翼支付是中国电信的移动支付产品，电信为每个用户在后台设立了一个翼支付账户，用户开通中国电信翼支付账户并储值后，即可在中国电信联盟商家和合作商户使用该账户通过网站、短信、语音等方式进行远程支付，办理翼支付卡（RFID-UIM 卡）后还可通过手机刷 POS 机方式进行现场支付。

翼支付分为线下和线上应用，线下应用主要分为支付类应用和非支付类应用，其中非支付类应用又以识别类应用为主。与其他刷卡模式相比较，被动刷卡模式的刷卡方式应用更加广泛。线上应用以线上账户为基础，为用户提供多种远程的消费、划款互动形式，重点在于缩短时间、压缩空间，依托于改进的物流、仓储、电子平台等，形成高效、安全、融合的在线支付应用。

电信翼支付收付途径覆盖互联网、POS 机、短信、手机，为客户带来真正全方位的支付服务。成千上万家线下和线上联盟商户，涵盖各行各业，城市一卡通、公共事业缴费、平安校园、资金管控，中国电信翼支付融合便民工程等多项服务，满足消费者不同的消费需求。

本章从移动电子商务最简单的概念入手，首先介绍了移动电子商务的概念、特点及其价值链，其次是移动电子商务的相关技术以及市场营销策略，接下来阐述了移动电子商务的应用，最后介绍了我国电子商务的发展现状、存在的问题及对策。通过对本章的学习，读者可以对移动电子商务的概念有个基本的了解，为进一步学习移动电子商务的相关理论奠定基础。

8.1 移动电子商务概述

移动电子商务（M–Commerce）是由电子商务（E–Commerce）的概念衍生出来的，目前的电子商务以PC机为主要终端，是“有线的电子商务”。随着以手机为代表的移动终端的普及，以及无线网络技术的飞速发展，移动电子商务市场正在迅速成长。

8.1.1 移动电子商务的概念

移动电子商务（M–Commerce或Mobile e–business）是指利用手机、传呼机、掌上电脑、笔记本电脑、PDA（个人数字助理）等移动通信设备与无线上网技术结合所构成的一个电子商务体系。它涵盖了原有电子商务的一个交易过程，即营销、销售、采购、支付、供货和客户服务交易过程。移动电子商务不仅能提供互联网的直接购物，还是一种全新的销售与促销渠道。对于企业用户，移动电子商务可以帮助其降低成本、增加利润、获取竞争优势；对于个人用户，移动电子商务可以帮助其更加方便、快捷、安全地进行商业交易。

移动电子商务作为新兴的商务活动模式，将先进的移动通信工具和无线上网技术应用到传统的商务交易活动中。真正实现了以客户为中心，以现代无线通信网络为手段，以更高效、更方便及更低廉的成本完成传统商务模式下的一系列交易活动。

8.1.2 移动电子商务的特点

近年来，传统电子商务曾大起大落，目前正处于逐步复苏的阶段。一些业界人士认为，以手机钱包、手机银行和移动小额支付为代表的移动电子商务是电子商务发展的一个新的方向，具有广阔的应用前景。与传统的电子商务相比，移动电子商务具有许多独特的优势（见表8.1）。

表8.1 移动电子商务与传统电子商务的比较

特点 分类	移动性	用户规模	信用问题	信息获取速率	应用领域	商业模式基础
传统电子商务	无法实现移动	规模较小	信用体系不健全	获取较慢	局限在一些领域	不稳定
移动电子商务	随时随地	规模很大	具有信息认证基础	及时获取	大众化	稳定

1. 具有随时随地的特点

与传统的电子商务相比，移动电子商务的最大特点是“随时随地”和“个性化”。传统电子商务已经使人们感受到了网络所带来的便利和乐趣，但它的局限在于台式电脑携带不便，而移动电子商务则可以弥补传统电子商务的这种缺憾，可以让人们随时随地购买彩票、炒股或者购物，感受独特的商务体验。

2．用户规模大

截至2010年12月，中国网民规模达到4.57亿，较2009年年底增加了7330万人；互联网普及率为34.3%，较2009年提高了5.4%。而相比之下，截至2010年12月，手机网民达3.03亿人，较2009年年底增加了6930万人。手机网民在总体网民中的比例进一步提高，从2009年末的60.8%提升至66.2%。显然，从电脑和移动电话的普及程度来看，移动电话远远超过了电脑。而从用户群体来看，手机用户中基本包含了消费市场中的中、高端用户，而传统的上网用户中以缺乏支付能力的年轻人为主。由此我们不难看出，在某种程度上说，以移动电话为载体的移动电子商务不论在用户规模上，还是在用户消费能力上，都优于传统的电子商务。

3．有较好的身份认证基础

对传统的电子商务而言，用户的消费信用问题是影响其发展的一大“瓶颈”，而移动电子商务在这方面显然拥有一定的优势。这是因为手机号码具有唯一性，手机SIM卡上存贮的用户信息可以确定一个用户的身份。对于移动商务而言，这就有了信用认证的基础。此外，与西方国家相比，目前我国银行卡的使用率不高，商业信用体系尚不健全，个人信用体系缺位。银行卡使用率低、使用网点少等现实问题的存在，都给移动电子商务发展提供了机遇。一些专家认为，在我国，以移动终端为载体的移动小额支付，有可能代替信用卡，弥补整个社会消费信用制度的缺位，成为人们较为容易接受的新型电子支付方式。

4．信息的获取更及时

移动电子商务中用户可实现信息的随时随地访问意味着信息获取的及时性。但需要强调的是，同传统的电子商务系统相比，用户终端更加具有专用性。从运营商的角度看，用户终端本身就可以作为用户身份的代表，因此，商务信息可以直接发送给用户终端，这进一步增强了移动用户获取信息的及时性。

5．移动电子商务更适合大众化的商务应用

由于基于固定网的电子商务与移动商务拥有不同的特性，移动电子商务不可能完全替代传统的电子商务，两者是相互补充、相辅相成的。移动通信所具有的灵活、便捷的特点，决定了移动电子商务应当定位于大众化的个人消费领域，应当提供大众化的商务应用，因此B2C可能成为移动电子商务发展的主要模式。

未来的移动电子商务市场将主要集中在以下几个方面：自动支付系统，包括自动售货机、停车场计时器、自动售票机等；半自动支付系统，包括商店的收银柜机、出租车计费器等；日常费用收缴系统，包括水、电、煤气等费用的收缴等；移动互联网接入支付系统，包括登录商家的WAP站点购物等。

6．移动电子商务能够有效规避传统电子商务出现的泡沫

近年来，互联网经济大起大落，电子商务曾跌入低谷。一些电子商务网站之所以在上一轮网络泡沫中悄然倒下，关键是传统的电子商务缺乏现实的用户基础，没有良好的盈利模式，搭建起的是一幢没有支撑的空中楼阁。

与传统电子商务不同的是，在手机钱包、手机银行等移动电子商务发展进程中，移动运营商发挥着十分重要的作用。移动运营商不仅拥有庞大的用户群，而且拥有稳定的收费关系及收费渠道。更为重要的是，近几年来，国内移动运营商已经构建起了成熟的移动数据业务发展产

业价值链以及与 SP 进行利润分成的商业运作模式，这为移动电子商务业务的发展创造了良好的条件。此外，在移动电子商务发展之初，将主要面向大众市场，这使得移动商务的发展从一开始就有了现实的支点。因此，在一定意义上说，移动商务可以避免传统电子商务所出现的泡沫和波折。

8.1.3 移动电子商务价值链

移动电子商务价值链就是在移动电子商务应用服务于数字化产品的创造、生产、传递和维持过程中所需要的运作活动，以及活动之间相互价值关系所构成的链式结构。通过对移动电子商务的研究，规范了移动电子商务的 18 个参与者，如表 8.2 所示。

表 8.2 移动电子商务价值链参与者一览表

类型	参与者	作用	范例
平台提供	移动网络运营商	运营移动通信网络、提供通信支持	移动、联通、电信
	综合信息服务平台整合商	为内容/服务商提供专门平台	12580、118114
信息产品制造商	内容制造商	提供内容	唱片公司、报社、气象台
	服务提供商	整合内容、提供服务。	门户网站
硬件设备提供商	终端设备制造商	手机、PDA 等终端设备生产商	Nokia、Apple
	终端配件制造商	终端设备配件的生产制造	比亚迪、飞毛腿等
	通信基础设施提供商	为运营商建设通信基础设施	华为、中兴、爱立信
	终端销售商	销售移动终端	苏宁、国美
软件提供商	通信系统软件提供商	运营商 BOSS 系统、经分系统等	亚信、IBM
	终端系统提供商	移动终端操作系统	塞班、Google、Microsoft
	终端应用软件提供商	在移动终端使用的各种应用程序	腾讯、Gameloft
组织	政府机构	制定相关政策与监管	工信部、广电总局
	行业标准制定者	相关技术、平台等行业标准的制定	国际电联、Nokia
	NGO（非政府性质组织）	组织一定活动从事慈善、商业活动促进或协调各产业中各方关系	移动商务协会
其他	商家	面向移动电子商务用户的商家	淘宝、用友移动、腾讯
	第三方支付机构	专门负责移动支付的第三方机构	支付宝、财付通、运营商自有的第三方支付机构
	银行	开通网上银行业务	工商银行、中国银行
	用户	使用移动电子商务业务的用户	个人用户、企业用户

价值链理论认为，现代企业可以看作是为了满足客户需求而建立起来的一系列有序作业的

集合体。各种作业之间实际上形成了一个始于供应商，经过企业内部，最后为客户提供产品的作业链。而这些作业又伴随着价值的产生和成本的消耗从而形成了一个价值链。公司内部的价值链通过采购又与供货商的价值链发生联系，直到最初的原材料供应商，同时通过销售以及售后服务作业与客户价值链发生联系，直到最终客户，由此形成了产业价值链。

波特价值链的基本思想是认为企业价值链可分为基础性活动和支持性活动。通过对该理论的研究，移动电子商务的价值链如图 8.1 所示。

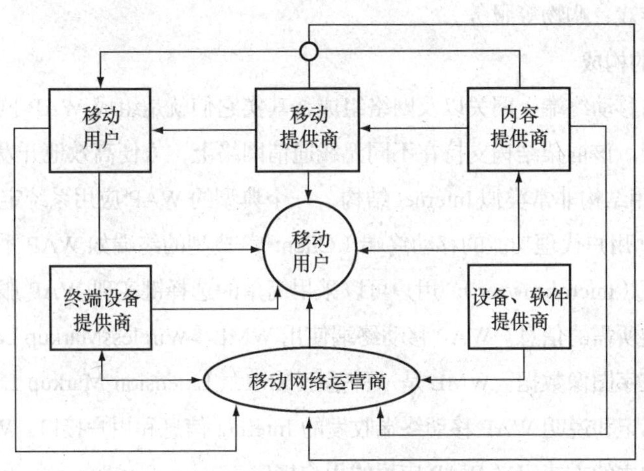

图 8.1　移动电子商务价值链

目前国内移动网络运营商处在价值链的重要地位，有责任制定相关措施以保证整个价值链的有序发展。应尽力建设一个可以支撑多层次、多服务的开放性体系，确保价值链上各个参与者接入、结算更加可靠和便利。

8.2 移动电子商务相关技术

移动电子商务不是依附于单个解决方案或战略的商务热潮，而是技术曲线中的下一个发展阶段。移动因特网的应用和无线数据通信技术的发展，为移动电子商务的发展奠定了坚实的基础。本节主要介绍的技术，包括无线应用协议、通用分组无线业务、移动 IP、蓝牙、移动定位系统和 3G 技术等。

8.2.1 无线应用协议（WAP）

1. WAP 技术的概念

WAP 是 Wireless Application Protocol 的英文缩写，它的中文含义是无线应用协议。该协议是用来标准化无线通信设备，可用于 Internet 访问，包括收发电子邮件，访问 WAP 网站上的页面等。WAP 是一个用于向无线终端进行智能化信息传递的、无需授权、不依赖平台的协议，它的提出和发展是基于在移动中接入 Internet 的需要。WAP 提供了一套开放、统一的技术平台，用户使用移动设备很容易访问和获取以统一的内容格式表示的 Internet 或企业内部网信息和各种服务。它定义了一套软硬件的接口，可以使人们像使用 PC 机一样使用移动电话收发电子邮件以及浏览 Internet。同时，WAP 提供了一种应用开发和运行环境，能够支持当前最流行的嵌入式操作系统。WAP 可以支持目前使用的绝大多数无线设备，包括移动电话、FLEX 寻呼机、双向无线电通信设备等。在传输网络上，WAP 也可以支持目前的各种移动网络，如 GSM、CDMA、PAS 等，它也可以支持未来的第三代移动通信系统。目前，许多电信公司已经推出了多种 WAP 产品，包括 WAP 网关、应用开发工具和 WAP 手机，向用户提供网上资讯、机票订购、流动银行、游戏、购物等服务。

2．WAP 网的构成

无线网络是由移动终端、网关以及网络组成，其实它们就是组成 WAP 网的一种普遍意义上的应用开发框架。该框架结构支持在不同无线通信网络上，方便高效地开发和运行 WAP 应用服务。WAP 应用结构非常类似 Internet 结构，一个典型的 WAP 应用系统定义了三类实体。

① 具有 WAP 用户代理功能的移动终端（Client）。典型的终端如 WAP 手机，在它的显示屏上运行有微浏览（microbrowser），用户可以采用简单的选择键实现 WAP 服务请求，并以无线方式发送和接收所需的信息。WAP 移动终端使用 WML（WirelessMarkup Language）无线标记语言显示各种文字图像数据。WML 是一种基于 XML（Extension Markup Language）的标记语言，主要用于标记和说明 WAP 移动终端收发的 Internet 信息和用户接口。WML 使得设计者可以采用与设备独立的方式定义 WAP 应用的用户接口。

② WAP 代理。包括协议网关、实现 WAP 协议栈（WSP，WTP，WTLS 和 WDP）与 Internet 协议栈之间的转换。信息内容编解码器把 WAP 数据压缩编码，以减少网络数据流量，最大限度地利用无线网络缓慢的数据传输速率。同时，WAP 还采用了错误校正技术，确保网络浏览和数据传输过程不会因无线电通信线路质量的变化而受到严重影响。

③ 源数据服务器（Origin Server）。如支持 WAP 的 Web 网站，服务器中存有用 WMLScript 编写的 WAP 应用，这些应用可以根据 WAP 移动终端的需要而被下载，而且在不需要时从 WAP 终端中卸除。

WMLScript 可以补充 WML 的一些限制，如无法对用户输入的有效性进行检查等，这增强了 WML 的浏览和表示功能，对用户的操作给予更加灵活和智能的处理。在某些时候 WMLScript 还可以直接在移动终端上处理告警等消息，避免移动终端和远端服务器之间的数据交互，减少了带宽资源的消耗。

3．WAP 应用的技术障碍

虽然 WAP 手机很受人们的青睐，但是其应用却不尽如人意，其中约半数以上的拥有者尚未使用手机的 WAP 功能，或是仅停留在尝试阶段，并未投入实际使用，充分说明了 WAP 的应用尚存在障碍，有待解决。

① 资费过高

在资费问题上，用户存在着“买得起，养不起”的现象。问题的焦点在于今后享受 WAP 服务费用的价格令人望而却步。现在 WAP 尚未全面普及，电信部门给予了很大的优惠，但一旦这些优惠被取消，其服务费用将令人担忧。对于消费者来说，WAP 服务费可能会是三座大山，即需要支通话费、月租费和上网费三方面的费用。这些费用合计起来，令人难以接受。因此，电信运营费用的下调才是盘活 WAP 市场的关键所在。

② WAP 技术还不够成熟

WAP 技术方面的功能还处于初级阶段，特别是手机抗干扰的功能还比较差。另外，WAP 的发展目前还处于调试期间，在此期间难免出现一些问题，如上网带宽不够，上网浏览速度慢等。由于手机的显示屏幕比较小，如果上网去浏览一篇大信息量的内容，可能需要花费很长时间，手机电量消耗也大，手机电池的负荷加重。加上风险投资商也普遍看好硬件厂商而对内容提供商表现出一定的冷漠，导致恶性循环。因此，中国的 WAP 发展尚需一段时期的努力和大量的资金投入，不能急于求成。手机上网功能闲置现象将有待各方面的健康发展后逐步解决。

③ 网站内容不够丰富

据统计，中国的 WAP 网站每年开通逾百家，速度惊人。但与之不相称的是，一些网站的内容并没有得到用户的认可，上网者寥寥无几。多数购买了手机的消费者反映，现有的 WAP 网站内容贫乏、不够实用，且多数网站大同小异，毫无个性可言，而外国网站都在积极寻求个性化发展之路。如美国一个 WAP 网站可提供将手机邮件发送至传真机的业务，而另一家日本网站则以下载简单有趣的漫画赢得了大量用户。中国的一些网站也正在开发语音邮件功能。这些都是符合 WAP 特性的内容。

④ 市场发展需三方合作

市场的成熟需要大环境的培育，而对于 WAP 市场来说，硬件制造商、电信运营商和内容提供商三方通力合作，逐渐形成有序的市场是盈利的关键。就市场现状来看，这三方实际形成了一个相辅相成、共生共灭的关系，如不能取得良好的合作关系，将会使整个市场的发展受到阻碍。对于内容提供商来说，WAP 业务的主要收入将可能来自于与电信运营商的共同分成，因此，双方达成默契的合作协议将会决定未来 WAP 市场的发展进程。现阶段硬件的生产已不再成为问题，虽然一些 WAP 手机功能尚不够完善，但大量的产品已投入市场。而内容提供相对来说较为滞后，需要加快寻找发展之路。最受关注的资费问题则将取决于内容提供商和电信运营商的合作。

4．WAP 在未来移动电子商务中的地位

随着电子商务架构逐步服务于多种无线终端，WAP 将在移动新经济中占有重要的一席之地。目前，WAP1.1 已取得了包括手持设备制造商、无线通信设备供应商及无线应用软件商在内的众多业界领先供应商的鼎力支持。部分分析家相信，无线设备应用的日趋广泛和普及，将有望使 WAP 成为主导未来电子商务架构的主流技术。

WAP 在电子商务领域面临的最大挑战是第三代无线技术（3G）的应用。届时，无线网络在带宽、可靠性、覆盖范围及服务质量等方面都将取得革命性进展，同时，无线终端的制造技术也日益精湛，在芯片、电池性能等方面也会有突破性提高。因此，有人指出，为迎合无线网络及设备现状而削足适履的 WAP 技术的重要性，将随着 3G 技术的采用及性能更高的手持设备的出现而减弱。所以从这个意义上讲，WAP 更像是一种过渡性协议，是在可以运行 HTTP 及其他主流 Web 协议的无线客户机出现之前的替代协议。但也有人持不同看法，他们认为资源受限的无线终端设备，在未来的移动电子商务市场中仍将有用武之地，而 WAP 也仍将凭借独特的优势在这一领域继续保持着举足轻重的地位。

8.2.2 通用分组无线业务（GPRS）

GPRS 是 General Packer Radio Service 的缩写，中文译为通用无线分组业务，GPRS 是一项高速数据处理的科技，即以分组的形式把数据传送到用户手上。

传统的 GSM 网中用户最高只能以 9.6kbit/s 的速率进行数据通信，这种速率只能用于传送文本和静态图像，但无法满足传送多媒体业务的需求。通用分组无线业务（GPRS）突破了 GSM 网只能提供电路交换的思维定式，将分组交换模式引入到 GSM 网络中。它仅仅通过增加相应的功能实体和对现有的基站系统进行部分改造来实现分组交换，从而提高资源的利用率。

GPRS 的基本原理是使多个用户共享某些固定的信道资源，它将每个时隙的传输速率从 9.6kbit/s 提高到 14.4kbit/s。如果把 TDMA 一帧中的 8 个时隙都用来传送数据，则最高速率可达 164kbit/s。GPRS 主要提供突发性数据业务，它能快速建立连接，适用于频繁传送小数据量业务或非频繁传送大数据量业务。GPRS 提供的承载业务有点对点无连接网络业务、点对点面向连接的数据业务、点对多点数据业务等。

GPRS 的优点

① 高速数据传输

速度 10 倍于 GSM，更可满足用户的理想需求，还可以稳定地传送大容量的高质量音频与视频文件，可谓不一般的巨大进步。

② 永远在线

由于建立新的连接几乎无需任何时间（即无需为每次数据的访问建立呼叫连接），因而用户随时都可与网络保持联系。

③ 仅按数据流量计费

即根据用户传输的数据量来计费，而不是按上网时间计费，也就是说，只要不进行数据传输，哪怕您一直在线，也无需付费。它真正体现了少用少付费的原则。

8.2.3 移动 IP

移动 IP 不是移动通信技术和因特网技术的简单叠加，也不是无线语音和无线数据的简单叠加，它是移动通信和 IP 的深层融合，也是对现有移动通信方式的深刻变革。移动 IP 通过在网络层改变 IP 协议，从而实现移动计算机在因特网上的无缝漫游。移动主机通过截获归属代理和外地代理广播的消息来确定自己所处的位置。当它连在归属链路上时，移动主机就可像固定主机一样工作。如果移动主机移动到外地链路上，它可以向归属代理注册它得到的转交地址，然后由归属代理根据移动主机注册的转交地址，通过隧道技术将数据包传送到移动主机。移动 IP 技术使得节点在从一条链路切换到另一条链路上时无需改变它的 IP 地址，也不必中断正在进行的通信。移动 IP 技术在一定程度上能够很好地支持移动电子商务的应用，但是目前它也面临着移动 IP 协议运行时的三角形路径问题、移动主机频繁移动时外地代理间的平滑切换问题以及移动主机的安全性和功耗问题。

8.2.4 蓝牙

蓝牙（Bluetooth）是由爱立信、IBM、诺基亚、英特尔和东芝共同推出的一项短程无线电技术标准，旨在取消有线连接，实现数字设备间的无线互联，使大多数常见的计算机和通信设备之间可方便地进行通信。蓝牙作为一种低成本、低功率、小范围的无线通信技术，可以使移动电话、个人电脑、个人数字助理、便携式电脑、打印机及其他计算机设备在短距离内无需线缆即可进行通信。例如，使用移动电话在自动售货机处进行支付，这是实现无线电子钱包的一项关键技术。蓝牙技术使用 2.4GHz 工业、科学、医疗（ISM）频段，并采用频率调制和跳频技术、前向纠错编码及自动请求重发、时分双工技术，基带协议为电路交换与分组交换相结合。蓝牙支持 64kbit/s 实时语音传输和数据传输，传输距离为 10～100m，组网采用主从网络方式。

8.2.5 移动定位系统

作为移动通信系统的特色业务之一，定位服务一直被认为是未来移动增值业务的一个亮点。目前，北美、欧洲和亚太地区的主要移动通信运营商都已开通了移动定位业务。预计到 2006 年年底，使用移动定位及基于位置服务的用户数量将超过 6000 万，从而使其成为仅次于语音的第二大移动业务。移动定位可帮助个人和集团客户随时随地获得基于位置查询的各种服务与信息。运营商可以利用自己的移动网络资源，结合短信息服务系统、GPS 和地理信息服务系统（电子地图），与内容和业务提供商合作，可以为个人和集团客户提供丰富多彩的移动定位应用服务。移动电子商务的主要应用领域之一就是基于位置的业务，目前移动定位业务的具体应用可大致分为公共安全业务、跟踪业务、基于位置的个性化信息服务、导航服务以及基于位置的计费业务等。它能够向旅游者和外出办公的公司员工提供当地新闻、天气及旅馆等信息。这项技术将会为本地旅游业、零售业、娱乐业和餐饮业的发展带来巨大商机。

8.2.6 第三代移动通信技术（3G 技术）

1. 3G 的概念

3G 是英文 3rd Generation 的缩写，指第三代移动通信技术。相对于第一代模拟制式手机（1G）和第二代 GSM、TDMA 等数字手机（2G），第三代手机一般来讲，是指将无线通信与国际互联网等多媒体通信结合的新一代移动通信系统。它能够处理图像、音乐、视频流等多种媒体形式，提供包括网页浏览、电话会议、电子商务等多种信息服务。为了提供这种服务，无线网络必须能够支持不同的数据传输速度，也就是说在室内、室外和行车的环境中能够分别支持至少 2Mbit/s（兆字节/每秒）、384kbit/s（千字节/每秒）的传输速度。

2. 3G 技术的特点

第三代移动通信系统区别于现有的第一代和第二代移动通信系统，其主要特点可概括为全球普及和全球无缝漫游。

第二代移动通信系统一般为区域或国家标准，而第三代移动通信系统将是一个在全球范围内覆盖和使用的系统。它将使用共同的频段，并在全球实行统一的标准。第三代移动通信系统具有支持多媒体业务的功能，特别是能够支持 Internet 业务。现有的移动通信系统主要以提供语音业务为主，一般仅能提供 100kbit/s~200kbit/s 的数据业务，GSM 演进到最高阶段的速率能力为 384kbit/s，而第三代移动通信的业务能力将比第二代有明显的改进，它应该能够根据需要提供带宽。

3．3G 技术在移动电子商务中的应用特点

（1）更快的传输速率

传输速度是移动电子商务生存和发展的根本。与之前的移动通信系统相比，第三代移动通信系统的主要特征是可以提供高速的数据传输速度和丰富多彩的移动多媒体业务，若 3G 每秒钟传输 2.4 兆的数据量，这是 2G 传输数据量的 100 倍、2.5G 传输数据量的 20 倍以上。

表 8.3　移动通信系统特性对比表

	1G	2G	2.5G	3G
主要标准制式	TACS	GSM/CDMA	GPRS/CDMA1x/EDGE	WCDMA/CDMA2000/TD–SCDMA
数据传输速率	0kbit/s	9.6kbit/s	9.6kbit/s～384kbit/s	114kbit/s～3.1Mbit/s
主要服务	语音	语音、WAP 上网、短信	语音、无线上网、MMS、铃声、图片、下载等	语音、可视电话、网页浏览、电话会议、电子商务、流媒体、视频点播、音乐、电影、手机电视等
交换方式	电路交换	电路交换	分组交换	分组交换

如表 8.3 所示，第一代模拟移动通信系统不能提供非语音业务，语音传输质量不高。第二代移动通信系统采用数字调制技术，可以支持语音业务，也可以支持低速数据业务。随着无线用户的增长以及无线数据业务的迅速增加，GSM 推出了一种移动数据业务，即通用分组无线业务（GPRS）。GPRS（2.5G）在 GSM 电路中叠加一个基于分组的无线接口，提供 115kbit/s 速率的分组数据业务，以快速接入数据网络。但是 115kbit/s 的接入速率是一种理想的情况，在实际应用中，由于多种因素的影响，速率一般在 20kbit/s 左右，比理论速度慢得多。

第三代移动通信系统采用频分双工（FDD）模式和时分双工（TDD）模式。FDD 模式支持对称业务，移动速度能达到 500km/h。FDD 模式利用分离的两个对称频率信道，进行信息接收和传送，采用包交换等技术，实现高速数据业务。TDD 模式支持非对称的分组交换业务和速率高达 2Mbit/s 的互联网业务，移动速度能达到 120km/h。TDD 模式不需要成对的频率，上下行链路的业务可以共享一个信道，允许在同一个无线电载波上交替进行上下行链路传输，适合非对称分组交换业务的传输。3G 在无线数据传输方面的性能指标已经达到传输多媒体业务的速率要求，它们能实现在高速移动环境中支持速率为 144kbit/s 的业务，步行慢速移动环境中支持速率为 384kbit/s 的业务，室内环境支持速率达 2Mbit/s 的业务，完全能够满足信息交互、娱乐等移动电子商务业务的运行，为开拓业务范围、提高服务水平提供了理想的平台，大大拓展了增值业务的空间。

（2）更好的传输质量

传输服务质量（QoS）的好坏直接关系到移动电子商务的兴衰成败。与第一代、第二代移动通信系统相比，第三代移动通信系统将 Internet 和移动通信相结合，使得移动电子商务业务

的数量和种类得到前所未有的增长，各种实时和多媒体业务不断涌现。三代通信系统 QoS 特性的对比如表 8.4 所示。

表 8.4　移动通信系统 QOS 特性对比

	1G	2G	2.5G	3G
交换方式	电路交换	电路交换	分组交换	分组交换
传输内容	语音	语音	语音、数据	语音、数据
QoS 特征	电路建立后就保证了 QoS	电路建立后就保证了 QoS	提供“Best Effort”的 QoS	提供端到端的 QoS 保证
承载业务	固定速率、有限比特	固定速率、有限比特	可变速率、可变比特	可变速率、高比特
QoS 实体	通信电路	通信电路	UE、SGSN 和 GGSN	所有网络单元，包括 UE、UTRAN、CN
业务类型	电路承载业务	电路承载业务	分组包优先级、是否需要重传	不同业务类型

1G、2G 网络基于电路交换方式，电路连接建立后就能保证 QoS，其定义了一系列电路承载业务，包括同步、异步和透明、非透明等参数，并定义了有限的比特速率集；这些原则对所有后续移动网演进版本均有效。GPRS 基于分组交换，只提供“Best Effort”QoS，不保证比特率和时延等。GPRS 接入网没有“连接”概念，所有用户流是混合的，不能提供 QoS 保证。GPRS 的 QoS 参数在用户终端 UE 与网络侧实体 SGSN、GGSN 之间传递，包括分组包优先级以及是否需要重传等，由各设备商自行实现。3G 系统 QoS 体系集合了 ATM 网络、IP 网络、第二代 GSM 网络的 QoS 机制，最终实现了基于“全 IP”的 QoS 体系结构。

与 1G、2G 网络相比，3G 网络可以满足不同业务类型的需求。3G 系统定义了四种承载业务的类别：会话类、流类、交互类和背景类。会话类的主要特征是保证数据顺序关系、低延时要求，比如语音、可视电话的应用；流类的主要特征是保证数据顺序关系，比如视频流、音频流的应用；交互类的主要特征是请求应答模式、保证业务内容，比如网页浏览的应用；背景类的主要特征是数据没有时延要求、保证业务内容，比如 E-mail、FTP 文件下载的应用。3G 对上述四种业务类别在传输时延、抖动、误码率、重传机制等方面都定义了丰富的 QoS 属性和参数值。同时，3G 网络提供应用层、传输层、链路层和物理层等端到端的 QoS 保证和跨层端到端自适应 QoS 多媒体传输结构，涉及几乎所有网络单元，包括用户终端 UE、接入网 UTRAN 实体、核心网 CN 实体，以达到理想的端到端的效果。其定义的 QoS 技术主要包括综合服务、资源预留（IntServ/RSVP）、差分服务（DiffServ）、多协议标记交换（MPLS）、流量工程和基于约束的寻路等，以实现最佳的动态资源分配。3G 的 QoS 参数由运营商自行决定。

3G 系统高质量的 QoS 为移动电子商务媒体的运行提供了可靠的保证。

（3）更高的安全性

移动电子商务信息的安全性主要体现在业务信息的保密性和身份认证两个方面。

保密性是电子商务全面推广应用的重要屏障。第一代模拟移动通信系统几乎没有采用任何保密措施，用户的信息是以明文传递的。第二代移动通信系统中，在保密性方面有了较大的改进，采用了密钥分配和加密等密码技术，用户信息以密文的方式传递，但仍然存在三个方面的缺陷。

① 加密机制基于基站，只对空中接口部分进行加密，而网络内和网间链路上仍然采用明文传输。

② 密钥长度较短，只有64bit。

③ 没有考虑数据完整性保护。

第三代移动通信系统克服了第二代移动通信系统的不足，并针对3G系统的新特性，定义了更加完善的安全特性与安全服务。3G系统在改进算法的同时把密钥长度增加到128bit，还把3GPP接入链路数据加密延伸至无线接入控制器（RNC），既提供了接入链路信令数据的完整性保护，还向用户提供了可随时查看自己所用的安全模式及安全级别的安全可视性操作。3G和2G系统的保密性能比较如表8.5所示。

表8.5 3G和2G系统的保密性能比较

项目	2G		3G	
数据加密传输	算法	A_5	算法	f_8
	密钥	Kc:64bit	密钥	Ck:128bit
	算法灵活性	固定的加密算法	算法灵活性	用户可以与网络分配加密算法
数据完整性保护	无		有	
安全服务对用户的可见性	无		增加安全操作对用户的可见性	

身份认证是移动电子商务中个性化、便捷化的重要条件。第一代模拟移动通信系统中用户身份鉴别非常简单，攻击者只要截获了电子序列号（MIN）和移动台识别号（ESN）就可以很容易克隆手机。第二代移动通信系统中虽采用了身份认证，但是仅凭单方面认证机制，用户无法实现对网络进行认证，同时用户身份识别（IMSI）以明文形式在网络传送，因此非法的设备（如伪基站）可以伪装成合法的网络成员，从而欺骗用户，窃取用户的信息。3G系统则提供了双向认证机制，不但网络可以对用户进行身份认证，而且用户可以对网络进行身份认证，同时3G采用增强的用户身份机密（EUIC），通过归宿网络内的用户身份解密节点（UIDN）对移动业务身份识别模块进行认证。3G和2G系统的身份认证比较如表8.6所示。

表8.6 3G和2G系统的身份认证比较

内容	2G	3G
网络认证用户身份	有	有
用户认证网络身份	无	有
用户身份识别（IMSI）的传送	IMSI以明文方式在无线链路上传送	增强的用户身份机密

3G提供了更完善的身份认证体系，双向认证的引入更进一步保障了用户使用的安全性，有效地防范了虚假网站，而且对移动电话用户身份的有效识别为移动电子商务业务的开展创造了条件。因为手机识别码（IMSI）的唯一性，以及可靠的身份识别系统的支持，使手机作为移动电子商务成功的交易凭证成为可能。

8.2.7 第四代移动通信技术（4G 技术）

4G 通信即第四代移动通信的简称。4G 通信是一个比 3G 通信更完美的新无线世界。它将创造出许多消费者难以想象的应用。4G 通信技术是以传统通信技术为基础，并利用一些新的通信技术，来不断提高无线通信的网络效率和功能。如果说现在的 3G 能提供一个高速传输的无线通信环境的话。那么 4G 通信将是一种超高速无线网络。一种不需要电缆的信息超级高速公路。这种新网络可使电话用户以无线及三维空间的虚拟实境连线。

与传统的通信技术相比，4G 通信技术最明显的优势在于通话质量及数据通信速度，同时具有更高的数据率、更好的业务质量、更高的频谱利用率、更高的安全性、更高的智能性、更高的传输质量和更高的灵活性；它还能支持非对称性业务，并能支持多种业务。从传输速率上看，第一代模拟通信仅能提供语音服务；第二代数位式移动通信系统传输速率也只有 9.6kbit/s，最高可达 32kbit/s，如小灵通；第三代移动通信系统数据传输速率可达到 2Mbit/s，而第四代移动通信系统可以达到 10Mbit/s 至 20Mbit/s，甚至以每秒 100Mbit/s 的速度传输无线信息，这相当于目前手机传输速度的 1 万倍，另外，由于技术的先进性确保了成本投资的大大减少，未来的 4G 通信费用也要比目前的通信费用低。

但是，第四代无线通信网络系统是一个非常复杂的技术系统。在具体实施的过程中会出现大量令人头痛的技术问题。这些问题可能需要花费好几年的时间才能解决。主要表现为标准难以统一、市场难以消化、设施难以更新、技术难以实现和容量受到限制五个问题。

虽然 4G 系统的发展道路是坎坷的，但是随着新技术和新需求的不断出现。4G 必然会成为未来移动通信领域的主导，使未来通信前景更美好。

8.3 移动电子商务应用

因特网、移动通信技术和其他技术的完善组合创造了移动电子商务，但真正推动市场发展的却是多样的服务。目前，移动电子商务主要提供以下服务，如图 8.2 所示。

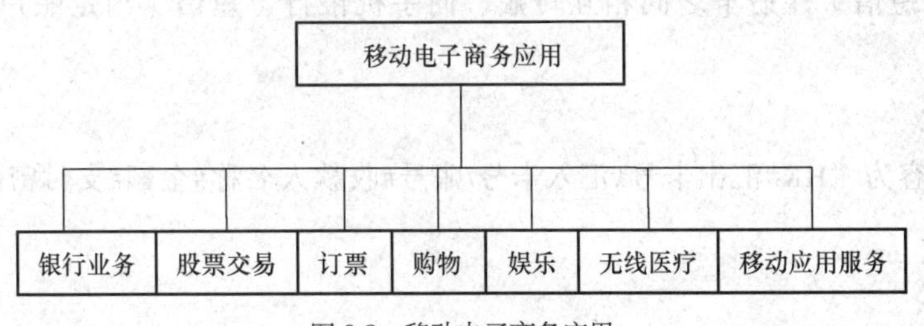

图 8.2　移动电子商务应用

8.3.1 银行业务

移动电子商务使用户能随时随地在网上安全地进行个人财务管理，进一步完善因特网银行体系。用户可以使用其移动终端核查账目、支付账单、进行转账以及接收付款通知等。

移动银行也被称为手机银行，它是利用移动电话来办理相关银行业务的一种简称，可以视为是在借助移动通信运营商新技术平台下，金融机构所开展的一项便民服务，客户在使用银行的这项业务的时候，只需要使用手机，按照屏幕的相关提示信息，就可以在突破时空的条件下，享受到金融机构手机银行所提供的多种个人理财服务，可以方便实现存储账户转账、证券买卖、代缴费、账户信息查询、金融信息查询和银证转账等多项功能。

在我国，各大商业银行，如中国招商银行、中国建设银行、中国工商银行和中国银行等金融机构都先后推出了手机银行业务，并受到银行客户的欢迎。在韩国，SK 电讯也推出了这项业务，并做得比较有特色，SK 电讯在整合运营手机汇款服务业务的基础上，推出了全新的“M-bank”服务业务，该项业务目前已经成为移动服务品牌“Moneta”中的一项重要业务，客户只需要通过使用一种内置的智能芯片移动手机，就可以在不受时空条件的限制下，自由享受互联网银行、现金卡业务和银行存折等电子金融服务。

用户只需要编写指定格式的短信，发送到移动：777795588、联通：消费支付 7010、其他 950895588，即可实现以下功能。

1．查询

（1）查询账户。发送内容为“CXZH#卡号/账号”的短信，可查询本人银行账户的余额和当日明细。

（2）查询历史明细。发送内容为“CXLS#卡号/账号#起始日期#结束日期”的短信，可查询本人银行账户的历史交易明细。

（3）查询利率。发送内容为“CXLL#币种代码#利率类型”的短信，可查询本、外币储蓄存款利率。

（4）查询汇率。发送内容为“CXHL#买入币种代码#卖出币种代码”的短信，可查询开通的外汇买卖即时汇率行情。

（5）查询债券发送内容为“CXZQ#债券代码”的短信，可查询上市流通的国债买入、卖出价格及应计利息。

2．转账

发送内容为“ZZ#转出卡号#转入卡号/账号#金额#支付密码”的短信，可在本人手机银行（短信）注册卡之间相互转账、向手机银行（短信）约定账户转账以及对外转账。

3．汇款

发送内容为“HK#汇出卡号#汇入卡号/账号#收款人名称#金额#支付密码”的短信，可办理汇款。

4．捐款

发送内容为“JK#项目代码#卡号#金额”的短信，可向慈善机构捐款奉献爱心。

5．消费支付

用户在互联网上购物后，选择“工商银行手机银行支付”，输入手机号码，随后将接收到手机银行（短信）系统给您发送的购物支付确认短信，您只要将该短信转发至移动：777795588******、联通：7010******，就可完成购物货款的支付。

6．缴费

发送内容为“JFDH#电话号码#姓名”或“JFSJ#手机号码”的短信，然后将我行给您返回的确认短信直接转发至移动：777795588******、联通：950895588******，就可以完成本人及他人电话费或手机话费的缴纳。

7．变更手机银行注册信息

（1）修改密码。发送内容为“XGMM#原密码#新密码”的短信，可修改您的手机银行（短信）支付密码。

（2）改支付卡。发送内容为“GZFK#新卡号”的短信，可修改您注册手机银行（短信）时默认的支付卡。

（3）注销手机银行。发送内容为“ZX#手机银行支付密码”的短信，可注销手机银行（短信）服务。

8．获取帮助

发送内容为“？”的短信，可查询到手机银行各项功能的交易代码（由功能名称的汉语拼音首位字母组成）；发送内容为“？#交易代码”的短信，可查询到该交易指令的标准输入格式。

（1）中国移动用户

方式一：编辑短信“9999”或“CCB”发送到 95533，通过回复短信即可轻松链接到建行手机银行。

方式二：在手机地址栏中输入网址：wap.ccb.com 即进入建行手机 WAP 网站，通过网站中的手机银行链接进入建行手机银行。

方式三：从“移动梦网”主页按以下步骤登录建行手机银行。

移动梦网主页进入手机银行流程图如图 8.3 所示。

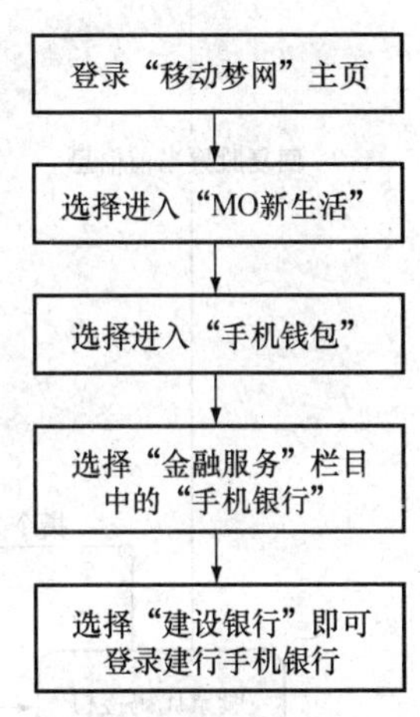

图 8.3　移动手机银行

（2）电信“互动视界”方式

电信“互动视界”进入手机银行流程如图 8.4 所示。

（3）联通“神奇宝典”方式

联通“神奇宝典”进入手机银行流程如图 8.5 所示。

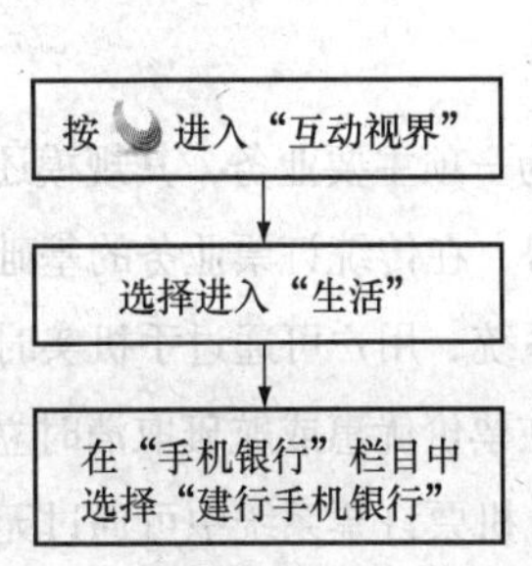

图 8.4　电信手机银行（一）

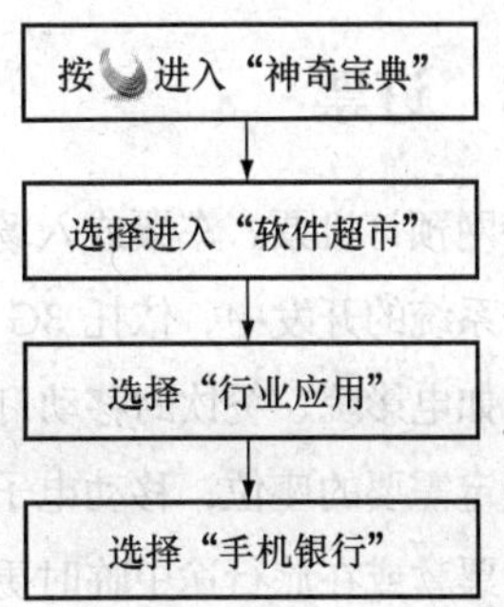

图 8.5　电信手机银行（二）

8.3.2 股票交易

移动电子商务具有即时性，因此非常适合股票交易等应用。移动设备可用于接收实时财务新闻和信息，也可确认订单并安全地在线管理股票交易。只要手机在 GSM / CDMA 网络覆盖的范围内（可以收到信号）能够查看行情，就能很方便地实现手机炒股。线路资源相对丰富，比起电话委托的“堵单”和网上交易的“线路连接不上”，手机在下单速度和线路通畅的可靠性上更胜一筹。所以，目前除了柜台、电话委托和网上交易这三种方式外，最受股民欢迎的交易方式就是最快捷、最方便的手机交易了，如图 8.6 所示。

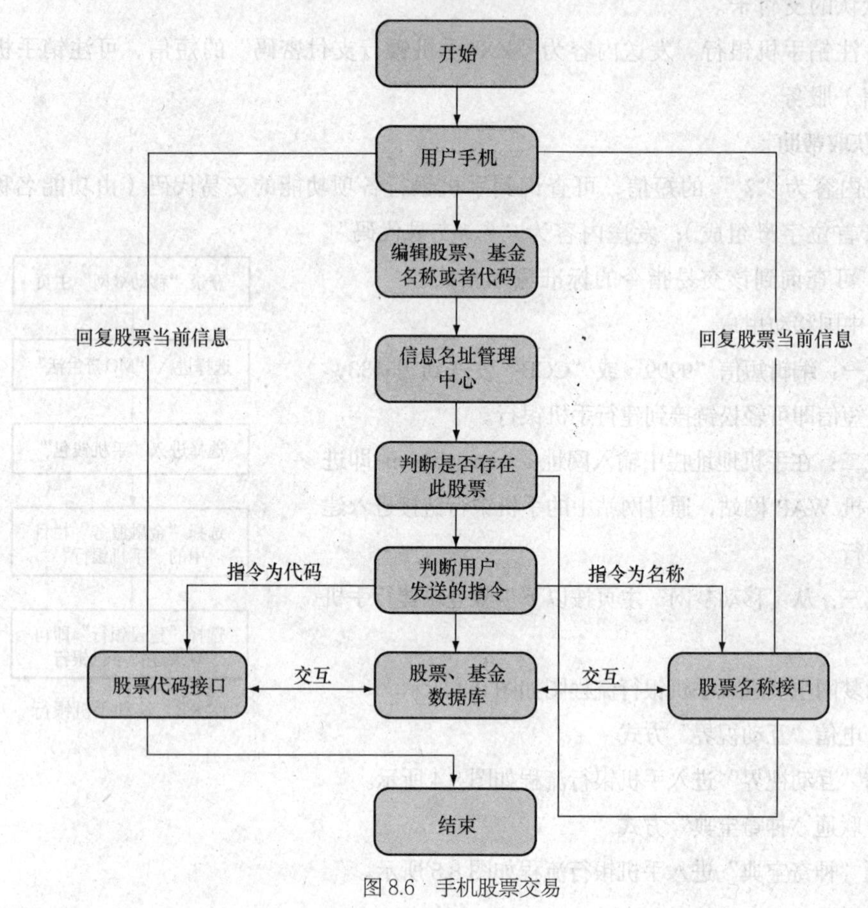

图 8.6 手机股票交易

8.3.3 订票

通过因特网预订机票、车票或入场券已经发展成为一项主要业务，其规模还在继续扩大。例如，在票务系统的开发中，依托 3G 传输速度的优势，在传统订票业务的基础上可拓展更高质量的服务。如电影院、餐饮的移动订票、订位服务系统，用户可通过手机实时查看座位预定情况，直接预定需要的座位；移动电子商务使用户能在票价优惠或航班取消时立即得到通知，还可随时支付票款或在旅行途中临时更改航班或车次。机票订票系统中可通过无线通信实行航班查询、预订电子客票和办理登机牌的功能，其手机操作界面示例如图 8.7 所示。

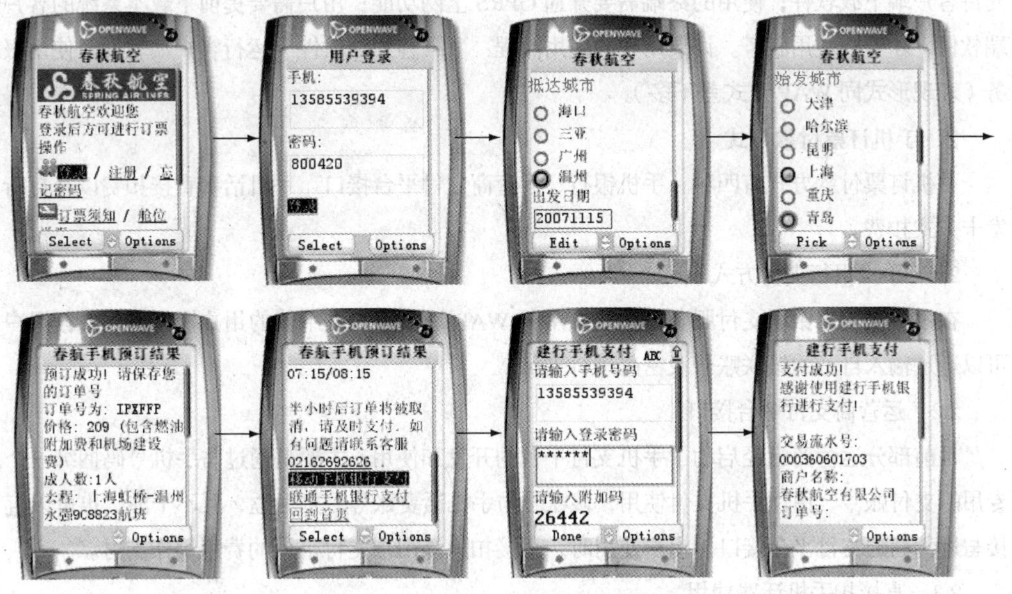

图 8.7　春秋航空手机订票系统操作示例图

1. 手机订票方式

手机订票服务主要应用于汽车客运站汽车票的预订、航空飞机场飞机票的预订及铁路火车站火车票的预订等，乘客运用手机订票主要可以选用以下几种方式。

1.1　SMS 方式

用户可通过发送 DP（订票的拼音首字母）到端口号进入主菜单进行查询和订票；用户也可以发送订票和查询的代码直接进入订票和查询。用户发送的指令有误时，也可直接进入主菜单进行指引；通过短信查询和订票，订票成功的同时，也成功扣费，该业务为免费短信业务。以短信方式手机订票，可实现用户随时随地订票，即使正在路途中、正在坐车、正在侯车时都可以立即订票，并即时获取到电子票，节省了大量时间，同时短信方式的业务实现对手机终端无限制，任何手机都可以使用。

1.2　USSD 方式

使用 USSD 方式订票的用户，主要是通过拨打特殊指令与系统进行交互，手机用户不需要输入指令或文字，仅需要按键选择菜单即可。用户先要查询并找到自己的目标车站，再直接选择订票即可。为了避免用户繁琐的选择流程，也可以选择一些热门订票点在菜单上让用户实现最短时间快速订票。USSD 方式手机订票，可实现用户随时随地订票，并即时获取电子票，节省了大量时间，非常适合需要紧急订票者、无上网条件时需要查询票务和订票的商务人士以及不会使用短信的用户。

1.3　WAP 方式

使用 WAP 方式订票的用户，主要通过手机上网方式来进行。页面的操作同 Web 界面，较易操作，可实现随时随地订票、取票，无需记忆复杂的短信指令，操作界面简单方便。

1.4　客户端下载方式

用户可以通过客户端下载方式进行查询、订票、支付和取票全过程。要求使用的终端需要支持客户端下载软件；使用的终端需要开通 GPRS 上网功能；用户需要提前下载本系统的客户端软件，才可以使用服务。订票用户的使用流程：下载客户端软件→运行客户端软件→使用服务（表现形式同 WAP 方式差不多）。

2．手机订票付款方式

手机订票付款方式有四种：手机银行、运营商支付平台接口、手机话费直接扣费以及自行发卡方式扣费。

2.1　手机银行支付方式

在手机上使用银联支付服务，主要应用于 WAP 以及客户端下载的用户操作过程中，用户可以通过输入自己的银联账号及密码进行支付。

2.2　运营商支付平台接口

目前部分运营商已经启动了手机支付平台的开发和使用。主要是通过与手机号码捆绑一个专用的支付账号，用作手机支付使用，该账号与手机话费账号分别独立，互不干涉。也可以直接与运营商的支付平台接口，用户使用时，直接扣除该用户支付平台的费用用作支付。

2.3　直接扣手机话费费用

使用手机都需要支付一定的话费费用，当前有一些预付费和后付费用户，但使用后运营商均会直接扣除与该手机相关的话费。预付费用户的手机一般都会实时存在一定的费用；后付费用户的手机一般是通过月结、交费或银行代扣方式，但大部分用户一般都会按时缴纳，否则会遭遇停机。这种方式的主要优点是扣费最方便，但是如果扣费数额过大，可能会造成手机用户因余额不足无法通话。

2.4　自行发卡扣费方式是客运公司自行发行的、专用的统一交通支付卡，主要用于用户支付交通费用。交通卡分为二大类：交通充值卡、交通卡（不同面额交通卡）。交通充值卡可以不断充值用于购买车票，每张充值卡有唯一的卡号，默认密码相同，用户可以在自助终端上修改充值卡密码。可以通过银行卡、现金等渠道充值，输入卡号和密码就可以支付。事先指定手机号码进行捆绑，输入手机号码也可以支付（可捆绑多个手机号码）。交通卡是指根据票务情况，事先发行一些具有一定票额的交通卡，用户可以提前购买这类交通卡，随时用于购买车票。每张卡具备卡号和密码，密码刮开并支付后，此卡变为无效卡。

3．手机取票方式

手机订票成功后，乘客到车站乘车时，如何确认呢？运用手机订票后可以根据个人的需要进行取票上车。

3.1　条码电子票

若用户成功订票，系统会即时发送电子票据凭证，用户可以凭证上车，电子票据主要以条码方式实现。若用户无需报销，则直接持手机条码凭证到入站口验票上车。若用户需要报销，则可以凭订票的手机号码和密码到车站进行票据打印服务。票据打印可以分为人工和自动终端两种方式。

3.2　自助终端打印电子票（凭付费手机号码）

手机订票的用户也可以到车站的自助终端进行办理。用户只需要输入手机号码及服务密码，即可打印出当天该手机用户所订的票据（仅提供当天票据打印）。

3.3 人工打印电子票（凭付费手机号码）

提供人工服务主要是为了前期帮助用户进行业务的咨询和解决，具体业务实现，也可以根据当时的情况处理。用户可以到人工“打印电子票窗口”进行办理。用户只需要提供手机号码，按键输入服务密码，工作人员就可以提供当天该手机用户所订的票据（仅提供当天票据打印）。

8.3.4 购物

随着电信运营商和第三方支付业务的日趋成熟，越来越多消费者开始尝试在移动客户端上购物。据第三方机构统计数据显示，2011 年第三季度，移动电子商务市场规模达 37.7 亿元，市场份额环比增长近 7%，占整个移动互联网市场的 34.8%，市场份额仅次于移动增值业务。中国有 9 亿移动手机用户，智能手机用户份额更是迅猛发展，在这样庞大的用户基础上，各路电商都加快了在移动互联网上的布局，更加促进了移动购物业务的发展。以苹果 APP Store 为代表，在移动应用的推动下，2012 年我国移动电子商务用户有望达到 2.5 亿。

借助移动电子商务，用户能够通过移动通信设备进行网上购物，如订购鲜花、礼物、食品或快餐等。传统购物也可通过移动电子商务得到改进，如用户可以使用无线电子钱包等具有安全支付功能的移动设备，在商店里或自动售货机上购物。例如，重庆市推出的“长江掌中行手机钱包”将手机 SIM 卡和银行卡账号进行捆绑，当市民在商场、超市、餐饮娱乐场所等进行消费或乘坐轻轨买票时，只要拿出手机在 POS 机上轻轻一扫，即刻完成支付，手机同时接收到此次消费的信息记录。“长江掌中行手机钱包”业务流程如图 8.8 所示。

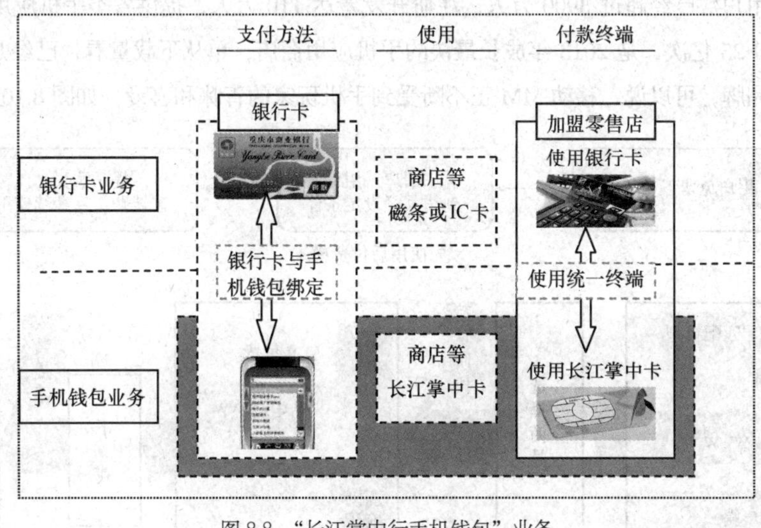

图 8.8 “长江掌中行手机钱包”业务

8.3.5 娱乐

移动电子商务将带来一系列娱乐服务。用户不仅可以利用移动设备收听音乐，还可以订购、下载特定的曲目，而且可以在网上与朋友们玩交互式游戏，还可以参加快速、安全的博彩等活动，如图 8.9 所示。

从目前移动游戏的发展来看，手机游戏的内容提供商非常多，同时在 3G 网络上，会有三维游戏、联网手机游戏等多种游戏出现，手机游戏的支持终端未来也不会缺乏。从现在来看，手机游戏已经成为移动终端的一项常用功能，将来主要需要开发的应该是对终端对联游戏的支持。

先是诺基亚打造手机游戏《魔兽世界》，接着摩托罗拉也与盛大合作准备推出《传奇世界》和《梦幻国度》。手机厂家这一奇思妙想让手机游戏迎来了真正的春天。从合作来看，手机银行和手机电视这两个业务类似，但是由于手机银行业务涉及更多方面的问题，所以运营商需要与软件开发商、安全认证机构等更为众多的伙伴建立合作关系。

图 8.9　电商品牌的移动应用

移动电子商务的娱乐形式多种多样，包括手机游戏、移动电视、移动阅读等，国内一、二线城市中，市场的宽广度不言而喻。其中游戏将是移动业务中的盈利核心，PSP、NDSL 将被智能手机替代。2008 年奥运会将手机电视带进人们的视野，3G 资费的下降，使其优势日益凸显。

移动 MM 作为线上“娱乐大本营”，目前全国累计注册用户数已经超过 3900 万人，注册开发者达 110 万人，提供各类手机应用 5 万件，累计下载量 1.25 亿次，是 2013 年成长最快的手机应用商店，单从下载量看，已经是中文应用商店的第一品牌，可以说，移动 MM 正不断受到手机玩家的青睐和喜爱，如图 8.10 所示。

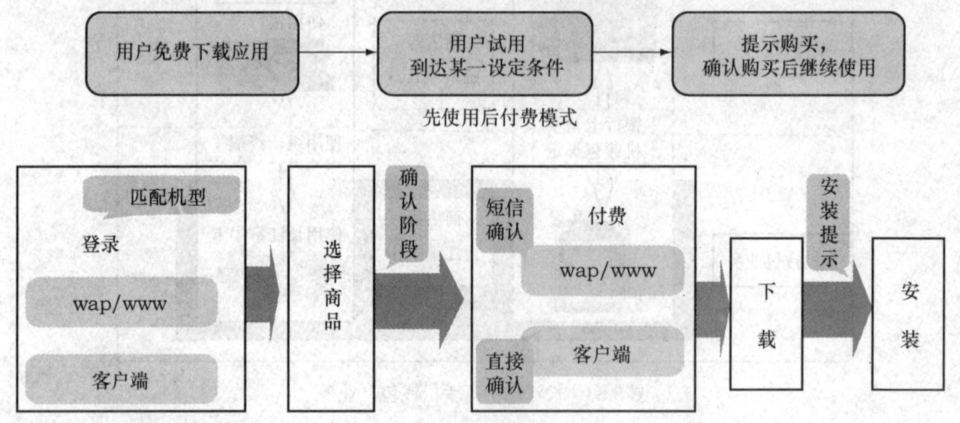

图 8.10　移动 MM 用户使用流程

8.3.6　无线医疗

这种服务是在时间紧迫的情形下，向专业医务人员提供关键的医疗信息。医疗产业十分适合移动电子商务的开展。在紧急情况下，救护车可以作为治疗的场所，而借助无线技术，救护车可以在行驶中同医疗中心和病人家属建立快速、实时的数据交换，使病人、护理人员和医生随时都能保持联系，病人和医护人员可以查看病人的数据资料，而医生也可以远程检查这些信息。病人及其家属可以从医疗健康机构那里获取健康信息，同时还可以监测健康状况，并利用这些信息调整自己的行为。无线医疗使病人、医生、保险公司都可以获益，也会愿意为这项服务付费。

8.3.7 移动应用服务

一些行业需要经常派遣工程师或工人到现场作业。在这些行业中，移动应用服务提供商（MASP）将有开展业务的巨大空间。移动应用服务提供商结合定位服务技术、短消息服务、无线应用协议（WAP）技术以及呼叫中心技术，为用户提供及时的服务，提高用户的工作效率。过去，现场工作人员在完成一项任务后，需要回到总部等待下一项任务。现在，现场工作人员直接用他们的手持通信设备接受工作任务，并根据所在的位置、交通的状况以及任务的紧急程度，自动安排各项工作，使用户得到更加满意的服务。

8.4 移动电子商务的发展

移动电子商务作为一种新型的电子商务方式，利用了移动无线网络的优点，是对传统电子商务的有益补充。尽管目前移动电子商务的开展还存在安全与带宽等很多问题，但是与传统的电子商务方式相比，移动电子商务具有诸多优势，得到了世界各国的普遍重视，发展和普及速度很快。

8.4.1 国外移动电子商务

1. 欧洲移动电子商务

移动电子商务在欧洲国家的发展也很迅速。英国市场调查公司 Juniper Research 的一项有关手机订票业务未来发展前景的报告认为，2007 年该服务占据了移动商务市场的大部分，2009 年市场规模将扩大到 390 亿美元，占年移动商务市场 880 亿总体营业额的近半。用户开始对手机订票感兴趣，这一倾向在欧洲和日本尤其明显，多数手机订票将适用于订购火车或公共汽车票、电影票或戏票，以及汽车、泊车票据。2009 年年底，在西欧的移动用户中，约有 70% 的用户（2.4 亿）将使用支持 3G 的终端。这是 Analyses Research 在对法国、德国、意大利、西班牙、瑞典、英国等欧洲移动市场进行综合分析后给出的预测结果，其中包含了本地预付费、本地签约、SME 及大企业等市场，以及语音、PZP 信息、数据联网、搜索、付费信息、移动商务及视频电话等八大业务类型。

同时，移动电子商务还将应用于一些新的领域。比如移动博彩。移动博彩出现于荷兰、德国、瑞典、英国、奥地利等国，在这些国家，一般的手机都能用来购买彩券、下注、加入抽彩赌博。西门子移动业务发展公司与某博彩公司合作开发出赛马博彩专用 UMTS 平台，使用户能够通过移动设备来进行赛马博彩下注活动，它做到了数字下注和实时赛场状况和结果传输。这一赛马博彩平台为用户带来了全新的互动感受，同时博彩公司和网络运营商也从中受益，据估计各种业务的收入每年可达60万欧元，其中主要来源于赌博收入和服务费用。

2．日本移动电子商务

纵观全球移动电子商务发展历程，日本移动电话业巨头NTT DOCOMO公司的一些成功经验值得借鉴。NTT DOCOMO公司在2000年就成功推出"i-mode"移动互联网服务，在最初的移动电子商务中，语音和壁纸等移动内容的销售占有很大的比例，但2005年移动互联网站传统货物的销售首次超过了移动内容。

另外，NTTDocoMo于2004年7月上旬开通了使用内置非接触IC卡的手机结算及认证服务——"i-modeFeliCa"，随后紧接着推出了4款支持该服务的手机，通过新款手机Felica服务，用户只要将手机对着收款机的电子扫描设备进行扫描，收款机就可以通过无线射频身份识别技术将费用从手机中扣除。使用的过程像是在使用信用卡，而且完全不需要按键操作。这4款新手机都有上网功能，用户可通过互联网将信用卡上的钱最快、最方便地充入手机。除了代替钱包之外，新款手机还可以充当火车票和其他身份证明。日本的一些机场已允许乘客利用手机加快安检。日本信用卡公司JCB推出了一项服务，允许企业客户使用内置芯片的手机作为办公楼的电子钥匙。而到2008年，用户还将可以通过手机来支付火车票。

2005年日本移动互联网商务市场的销售收入达7224亿日元（约合367亿元人民币）。日本移动电子商务之所以能迅速发展，是因为日本的电信运营商加强了与内容提供商的合作，移动电子商务服务商一方面可以通过用户收取和发送的数据来收取费用，另一方面可从它们的收费方式中获得一定的利润。在日本，移动商务的应用范围包括机场自助检票、娱乐场所门票、交通支付等，用户可在手机上查看余额、银行转账、通过移动网络充值等。日本目前有2万多商家可接受移动支付。

3．美国移动电子商务

美国德州仪器无线射频识别系统为商家提供了新的RFID付费解决方案，从而使商家为消费者提供更智能、更安全的服务。美国德州仪器无线射频识别技术使客户在购买汽油、食品和其他商品时，无需花现金或使用信用卡。现在只需在特定的付款机前晃动含有RFID感应器的移动电话或钥匙圈就可以购买商品。

美国电子商务权威人士表示，移动电子商务在未来的一段时间里将成为电子商务的主流发展模式之一。据统计，2004年～2006年美国无线领域以年均增长率9.1%的速度利润达到1980亿美元的规模。美国YankeeGroup公布了有关移动式电子商务（mCommerce）的调查结果，2006年，美国有5000万名手机用户利用手机支付收费信息、商品以及服务方面的费用。这个数字相当于美国人口的17%，也相当于全部手机用户的26%。据调查结果显示，这5000万名利用手机支付费用的用户将向mCommerce支出大约150亿美元的费用。2006年，通信服务商在每个用户身上获得的营业额每月增加0.20～3.00美元，具体金额因各服务商从营业额中提取的手续费（3%～50%）而不同。2006年，mCommerce在多种支付方法（非现金电子支付）的比重增长为约2%～3%。YankeeGroup预测，如果通信服务商能够积极导入MicroBiliing体系，即将每次1～2美元左右的小额结算累计起来与每月电话费一起托收的话，将可以进一步扩大市场占有率。据美国电信行业协会调查，美国在电信方面的支出2007年达到1000亿美元。其中移动通信服务和设备支持服务支出以两位数增长，投资增加又将促进移动业务的进一步发展，同时也为移动商务在美国的发展做好准备。

8.4.2 我国移动电子商务

随着信息技术革命的全球化，移动电话成为中国电信业务中来势最迅猛、发展最活跃的新秀，移动通信能力进一步加强，中国已成为世界移动电话第三大国。

回顾我国移动电话发展史，大致经历了三个阶段。

第一阶段（1987 年～1993 年）为起步阶段，主要是满足用户急需。

第二阶段（1994 年～1995 年上半年）为发展阶段，我国模拟蜂窝移动电话成为世界上联网区域最大、覆盖面最广的一个移动电话网。

第三阶段（1995 年下半年至今）为迅速提高阶段，我国引进世界上技术先进的数字移动电话系统，它标志着我国移动通信由单一的模拟制进入模拟、数字并存时代，可以称得上是一步到位，后来居上。同时我国移动电话发展速度非常快（见图 8.11），随着移动电话价格的下降和移动通信费用制度的调整，这一市场的增长将更为迅速。

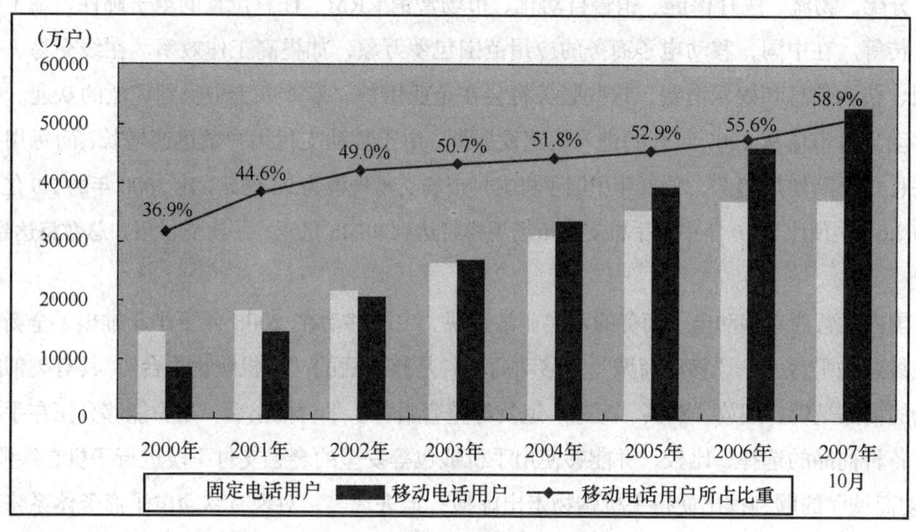

图 8.11 移动电话用户数及占电话的比重

目前我国的移动电话用户数量已经赶上了积累达多年之久的互联网用户群体，广泛的用户基础和世界上最大的全球移动通信系统 GSM（Global System for Mobile Communication）网络，这些都预示着无线网络在我国必定能够蓬勃发展。

近年来，移动电子商务的发展在全球范围内掀起了新高潮，我国移动电子商务也呈现出了可喜的局面。

2000 年年初，全球通 WAP 服务在北京、天津、上海、杭州、深圳、广州六个城市试用。2004 年，中国移动、中国联通分别与相关银行联合推出了“手机钱包”业务。2005 年 2 月，基于 WAP 通信方式的手机银行业务开始出现。2009 年手机银行进入加速发展阶段，WAP 技术为主的手机银行功能日趋完善，成为主流，出现了基于 3G 网络的 WAP 手机银行。

在国内，随着计算机、互联网及电信技术的发展和不断融合，移动电子商务为手持产品创造了巨大的市场空间。2010年我国已经拥有8.59亿手机用户，手机上网用户达到3.03亿。其中，移动数据业务发展迅速，2006年移动数据业务收入占到了移动通信业务收入的21.6%，比2005年上升了3.7%。截至2007年10月，我国手机用户数量已经超过5亿，移动数据用户数量接近1.25亿，这形成了移动电子商务巨大的潜在市场。权威数据显示，2004年中国移动商务应用市场规模为78.2亿元，2009年，中国移动商务应用市场规模将达到300.5亿元，年复合增长率达到30.9%。

据中国银联的最新统计数据显示，2009年中国移动支付用户数达到1.08亿户，其同比增长率达到25.6%，2010年中国移动支付用户数将达到1.5亿户，其同比增长率将达到36.1%，2011年中国移动支付用户数将达到2.12亿户，其同比增长率将达到44.2%，2012年中国移动支付用户数将达到2.86亿户，其同比增长率将达到34.9%。2013年，中国移动支付市场规模将达到200亿美元，其中，远程支付将达到140亿美元的规模，而本地移动支付用户总量也将高达六千万次，可产生40亿美元的交易总额。

现在，更多的服务供应商推出了更多的移动 Internet 内容和服务，如即时信息、工程设计、分配、物流、医疗保健、销售自动化、市场营销/CRM、任意位置的电子邮件、基于位置的宣传等。在中国，移动电子商务的应用范围包罗万象，如提高工作效率、在线交易、企业应用、获取信息和娱乐消费，这些服务将会在企业用户、专业人士中受到广泛的欢迎。中国的移动支付市场从2007年开始进入快速发展期，由于移动支付用户数迅速增长，而每用户年消耗也呈不断增加趋势，2009年中国手机支付市场交易规模为24亿元，比2008年的7.9亿元增长202.6%，预计2010年中国手机支付市场规模将达到28.45亿元，手机支付用户总数将达到1.5亿户。

国内运营商对移动电子商务的发展非常重视。中国移动在2006年下半年推出了全新的手机在线购物平台——“移动商城”。“移动商城”是整合后的“手机购物平台”，具有类似网上购物的商品呈现、摆放、购买、配送、退货等整套服务。平台推出后，用户能够真正在手机上进行各种商品的选择、比较，并能够使用手机钱包等安全的金融支付手段进行手机在线购买。“移动商城”的顺利推出使得手机购物走出虚拟，走进现实，对现有移动电子商务体系将产生深远影响。

另据调查，45%的国内企业有明显的移动商务需求。当前的移动电子商务已初具规模，在以娱乐休闲为主的个人短信迅猛发展后，以移动营销为核心的企业短信和移动电子商务即将成为下一个市场引爆点。

由于我国移动电子商务的发展还处于起步阶段，在很多方面存在亟待解决的问题。

1．安全缺乏保障

无论对于传统电子商务而言还是对移动电子商务而言，安全问题都是至关重要的，在某种程度上决定着其发展程度。绝大多数人之所以对移动电子商务持观望的态度，主要是基于对安全性的顾虑。目前，无论是无线传输中的网络安全、移动支付过程的安全，还是移动终端的装置安全问题，都有待于进一步改进。

解决安全问题通过以下两个方面来实现：一是技术。要通过研发新技术为移动电子商务提供基本安全保障。如密码、密钥、SIM智能卡、防火墙等；二是信用体系的建立。网络的虚拟性使得信用制度更显得重要，我国的信用体系建立不完善，甚至可以说是十分落后的，严重威胁交易的安全性。解决信用问题应该一方面加快建立个人及企业信用数据库，同时建立并完善第三方的 CA 认证体系。

2．无线信道资源短缺、质量较差

与有线相比，对无线频谱和功率的限制使其带宽较小，带宽成本较高，同时分组交换的发展使得信道变为共享，时延较大，连接可靠性较低，超出覆盖区域时，服务则拒绝接入。所以服务提供商应优化网络带宽的使用，同时增加网络容量以提供更好的服务。

3．服务内容单一

我国移动电子商务市场还不成熟，用户的需求不明确，并且在移动电子商务产业链上，用户一直处于末端，是产品和服务的接受者，这就使得移动电子商务产业链上的内容提供商尤为重要。而我国现在的情况是移动电子商务内容匮乏，大部分是一些新闻、天气预报等以文本为主的信息，无法与以 PC 机为主流访问终端的传统互联网相提并论。在这种情况下，就必须充分利用移动终端的方寸之间，以丰富多彩的内容和服务吸引用户。只有丰富的内容才能吸引用户，只有通过用户对内容的体验，不断提高对移动商务的认知度，才能进一步促进移动商务的发展。

4．支付问题

目前，中国移动电子商务应用大多停留在天气预报、新闻、收发邮件、音乐下载等初级阶段，而实现交易才是移动电子商务未来的发展方向。我国移动电子支付这几年有所发展，中国移动、中国银联联合各大国有及股份制商业银行推出"手机钱包"业务，中国联通与中国建设银行合作推出手机银行业务。但总体上手机支付真正能实现的应用很有限，各种如订票、交费、购物等都只是理论上可行，没有实现操作。

我国移动支付牵涉到金融监管以及银行体系的各部门，关系到是由运营商还是由银行作为主体的选择，在一定程度上限制了其发展。在解决移动支付的问题上可以把支付进行细分，设定一定的范围，由运营商来做小额支付，因为小额支付可以发挥手机支付方便灵活的优点，是一种典型的移动支付。还可以采用运营商和银行合作的方式，将移动手机号码和银行卡号码绑定，通过中国移动的网络，利用银行的后台系统进行交易处理。

5．缺乏良好的商业模式

传统电子商务的商务模式发展到今天已经逐渐成熟，而移动电子商务要想有更大的发展空间就必须打造良好的商业模式，缺少成熟的商业模式已经成为我国移动电子商务发展的"瓶颈"。

要创造出良好的商业模式，通过整合价值链，做好价值链各环节的利益分配。从我国移动电子商务的价值链来看，移动运营商处于整个产业链的中心地位，提供基础设施的维护和运营，在应用服务和终端用户之间提供基本的信息和数据沟通桥梁。但随着移动商务的不断发展，产业链上各个环节的作用也越发重要，只有使他们得到利益分配才能实现有效激励。一些可行的商业模式在技术方面并不复杂，但实施起来困难重重。不可忽视的原因就是业务背后涉及的产业链上各提供商以及银行等多方的利益分配问题。所以移动电子商务产业链上的每个角色都必须建立和维持成功的联盟与合作。只有通过整合产业链，发挥各自的作用，共同打造良好的商业模式，移动商务才能成功。

6. 移动电子商务企业应用开发不足

随着移动商务的发展，企业应用将逐渐成为移动电子商务应用的最主要部分。移动商务的应用可以使企业大大降低成本，提高效率。目前我国移动商务企业应用开发明显不足。计世资讯通过对 150 家独立软件开发商和系统集成商的调查显示，只有 40.7%的被调查者已经为用户部署了移动商务，而且其中 60.7%只是采用短信技术，这表明我国的移动商务企业应用尚未成熟，应用技术比较单一，有待进一步开发。

面对移动电子商务企业的需求和趋势，企业要根据自身业务和发展现状，明确自身应用需求，结合适合的移动商务模式，充分利用移动商务优势，从而不断提高企业竞争能力。例如，2005 年推出的“短信网址”就是一个很好的范例。短信网址就是利用短信方式为移动终端设备快捷访问移动互联网而建立的服务引导方式，它基于无限互联网的 IP 及域名体系之上的应用标准，可作为企业在移动互联网上的商务标识。很多企业如安踏，康佳都充分利用短信网址这个平台，突破了原有的经营模式，实现了经营理念和销售模式的创新。

另外，在开发移动电子商务企业的同时，要进一步发掘移动商务行业应用，使移动电子商务这种新的模式渗透到整个行业中。比如在促进我国农业信息化和建设社会主义新农村的工作中，就可以充分发挥移动商务优势，可提供移动信息平台，开通专家热线、气象及农业产品产销情况、宣传农业新政策等。

7. 相应法律法规不健全

移动电子商务是虚拟网络环境中的商务交易模式，较之传统交易模式更需要法律法规来规范其发展，但我国的法律法规在此方面尚不健全，远远不足以对这种交易模式提供良好的保障，极大地限制了移动电子商务的发展。

我国移动电子商务刚刚起步，因此在立法方面应该针对在实践中暴露出来的问题，借鉴发达国家和国际组织的经验，用有效的法律保证移动电子商务能按照其自身规律快速、健康地发展。

案例

移动 MM

2008 年 3 月 6 日，苹果发布了针对 iPhone 的应用开发包（SDK），可供免费下载，以便第三方应用开发人员开发针对 iPhone 及 Touch 的应用软件，获得了巨大的下载量。由此，逐步形成了“3G 时代，内容为主”的趋势。2009 年 8 月 17 日，中国移动的“移动应用商店（Mobile Market，简称移动 MM）”正式上线，此举标志着中国也形成了一个开放性的移动互联网平台。

移动 MM，英文名“Mobile Market”。它是中国移动推出的手机应用程序商店，由中国移动投资建设，通过与国内外数百名知名尖端手机软件 CP 合作，面向超过 5 亿的移动用户，致力于打造手机终端软件市场百亿级产业链。移动 MM 满足智能手机用户不断提高的安全、创新等需求，聚集并辅导手机终端软件开发商及个人独立开发者发掘终端软件市场需求，进行快速开发并完成安全签名认证，最终发布产品并实现盈利的手机应用软件下载平台。

简而言之，移动MM提供了一个非常直接的平台，开发者可以在这个平台上上传相应的产品供消费者下载，消费者可直接在该网络商店购买使用。它的内容涵盖了手机软件、手机游戏、手机图片、手机主题、手机铃声、手机视频、位置服务等几类。就这样，移动MM在外部开发者和手机用户之间搭起了沟通的桥梁，而且降低了价值链的阻力。同时，移动MM还给开发者找到了有效盈利的途径，也使终端厂商和运营商都将目光投向这一领域，逐渐成为大家关注的焦点。

目前，移动MM的盈利模式集中在一次性付费下载和内嵌广告的免费下载两种方式上。市场显示，用户习惯免费下载软件和内容，同时在传统的移动增值服务方面，更容易接受小额支付购买。因此，当前移动MM主要致力于应用区分下载的业务上：有的业务完全免费；有的实行先体验后付费的收费方式；有的实行下载前付费的收费方式；有的按照下载次数收费；有的按照下载记录收费。这些都是扣除话费来实现的，购买过程中会出现短信确认环节（移动MM已经推出虚拟货币——MM币，MM币能够兑换话费）。在用户量及应用广告平台仍有待发展的环境下，广告盈利模式目前仍是推广应用和树立品牌的手段之一，而非盈利手段。

当前，移动MM还处于占领市场的阶段，还不能完全盈利，综合效益也远远赶不上苹果，但是移动采取了系列的措施保证企业的健康发展，相信移动MM会发展得更好。

本章小结

移动电子商务作为一种随着科技发展而发展的新兴技术、商务模式和平台技术，还在摸索中前进。随着3G网络在世界范围内的不断成熟，移动电子商务作为一种新型的电子商务方式，利用了移动无线网络的诸多优点，移动电子商务的企业应用会不断普及和发展，移动电子商务市场会更加广阔。

由于我国移动电子商务刚刚起步，目前还存在许多问题，因此，我们应该大力宣传移动电子商务的作用和功能，创造良好的外部环境，并同时致力于移动电子商务的理论研究和实践创新。相信随着政府和企业的不断努力，我国移动电子商务会更加成熟，并发挥越来越重要的作用。

习题

一、填空题

1. 参与移动电子商务的主要角色有：移动用户、______、服务提供商、移动门户网站和________等。

2. 移动电子商务提供的服务：银行业务、______、订票、_____、娱乐、_____、移动应用服务。

3. 移动电子商务技术有无线应用协议、_____、移动IP技术、_____、_____、第三代移动通信系统。

二、简答题

1. 我国移动电子商务迅速发展的原因。

2. 我国移动电子商务发展面临哪些问题，该如何解决？

3. 当前的移动电子商务已初具规模，对于网络运营商、银行、信用卡结算单位、相关设备开发商来说，未来移动电子商务市场的前景颇为广阔。最近 IDC 的专家对移动电子商务今后发展的前景进行了预测，并总结了十个关键的发展趋势，请列举出 6 个。

三、案例分析

就移动 MM 的案例，谈谈实施移动电子商务的重要性。

第9章 电子商务法律规范

本章概要

- 电子商务法律主体
- 我国电子商务立法现状：《电子签名法》
- 电子合同的概念、特点、生效要件
- 主要的网络知识产权保护类型：网络著作权和域名的保护
- 电子商务中消费者个人隐私的保护

案例

电子商务商标争夺战

从风云人物林书豪被人“夺名”到苹果唯冠之争，再到各种各样的“山寨”品牌，比如班尼路的眼镜、王老吉的饮料，种种围绕着商标的纠纷往往让消费者摸不清头脑。如今，这种现象已经从传统商业领域蔓延到了电子商务领域，至少淘宝商城上的 97 个“淘品牌”商标正在被同一家品牌管理机构抢注。一场电子商务品牌的“商标争夺战”正在网上打响。

商家谢某声称，之前他们实际已经在注册了，但是在品类上可能不是特别全，就被钻空子了。作为草根网商，主要的思维方式放在“卖”上，包括老板、员工，尤其是外聘的高级主管，只有卖的业绩好了，在业界才能有地位。

中国电子商务协会副理事长兼秘书长陈震也呼吁，业内企业应提升品牌意识，防患于未然。陈震建议尽早把自己的域名、商标进行注册，以对其有所保护。另外，抢注商标有一定的利益驱动，容易产生不正当竞争，并不提倡。我们提倡在行业里规范运作，建立一个诚信的环境，真正用电子商务发展自己的业务。

本章的主要内容包括电子商务法基本概念，电子商务的相关法律问题，国内外电子商务立法现状，以及电子合同、知识产权保护、消费者权益保护等主要电子商务法律规范。

9.1 电子商务法律规范概述

电子商务不仅给全世界带来了全新的商务规则和方式，同时也给传统法律带来了冲击和挑战，其特有的方式、手段与环境令传统法律无法适应。由于电子商务的交易过程涉及商家、电信经营者、消费者、金融管理者等诸多方面，其中任何一个环节出现问题，都可能引发纠纷，这就需要相关法律法规来进行规范和约束。

9.1.1 电子商务法基本概念

1．电子商务法的含义

电子商务法，是指用来调整电子商务活动中所产生的社会关系的法律规范的总称。其调整对象主要包括两个方面。

（1）以数据电文（Data Message）为交易手段而形成的因交易形式所引起的商事关系的规范体系，解决的问题主要集中在计算机网络通信记录、电子签名效力的确认等方面；

（2）交易本身和交易引起的特殊法律问题，如知识产权保护、个人隐私权保护等问题。

2．电子商务法律主体

电子商务法律主体，是指参与电子商务活动并在电子商务活动中享有权利和承担义务的个人和组织。我们可以通过图 9.1 对电子商务法律主体有一个概括性的认识。

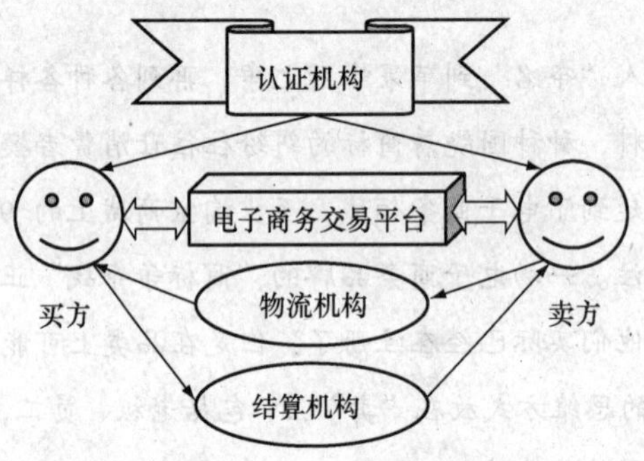

图 9.1　电子商务法律主体

电子商务活动中，为了保证交易的安全和效率，除买方和卖方参与外，还有许多第三方介入服务交易或商品交付中，他们彼此发生联系，形成各种各样的法律关系。这些参与的第三方与交易双方共同构成了电子商务法律的主体，主要包括：

（1）交易双方。作为交易双方的商户和客户是直接通过网络缔结买卖合同或服务合同的当事人。

（2）电子商务交易平台。为电子商务的开展提供平台和媒介。

（3）结算机构。指电子商务过程中的金融服务机构，主要负责电子商务过程中资金的流转和结算。

（4）认证机构。指对电子签名及签署者的真实性进行验证的服务机构，主要负责对商户和客户保证整个交易的通畅与安全。

（5）物流机构。负责电子商务实体货物的配送。

3．电子商务法的特征

（1）法律主体的虚拟性。电子商务交易主体不需彼此见面，交易对象的身份无法即时确定，对网上虚拟主体真实性的确定成为电子商务法的首要任务。

（2）调整对象的多样性。电子商务法律规范所调整的法律关系的客体既包括有形商品，又包括无形商品和服务。随着电子商务活动的不断深入，客体的种类和范围也将不断扩大。

（3）法律规范的国际性。电子商务交易的全球性特征，使得电子商务法比一般民商法具有更突出的国际性特征。

（4）法律规范的程式性和技术性。由于电子交易的特殊性，电子商务法主要解决交易的形式问题，一般不直接涉及交易的具体内容，此外电子商务法中的许多法律规范都是直接或间接的由技术规范演变而成，具有很强的技术性。

（5）法律规范的动态性。动态性表现在电子商务法律规范将随着计算机和互联网技术的发展而逐步完善。

9.1.2 电子商务相关法律问题

电子商务的发展不仅改变了人们的生活和思维方式，也面临着一系列不可避免的问题，这些问题对新的法律环境建设提出了迫切的要求。

（1）电子合同问题

电子合同是指利用数据电文签定的非纸质合同，其要约、承诺、合同条款、合同成立和生效时间、地点及撤销等合同要件都是以数据电文的形式存在，从立法上确定电子合同的效力是发展电子商务应该解决的首要问题。

（2）电子支付问题

电子支付是电子商务交易的关键环节，包括付款人、收款人和银行之间的法律关系。相关法律问题包括如何通过法律规定来保障电子支付的合法性和安全性，如何确定交易主体的资格、电子货币的发行和监管，制定对电子支付数据的伪造、更改、涂销等问题的处理办法等。

（3）电子证据问题

电子商务中确定交易各方权利和义务的各种合同和单证都是以数据电文的形式存在的，这些数据电文在证据法中就是电子证据。数据电文（Data Message）是指以电子手段、光学手段或类似手段生成、发送、接收或存储的信息，这些手段包括但不限于电子数据交换、电子邮件、电报或传真。电子证据的可用性、有效性和审查规则都是亟待解决的问题。

（4）电子商务活动参与主体的市场准入及规范问题

电子商务需要对参与主体进行规范和管制，确认企业和个体工商户在 Internet 上作为网站服务商的真实性，确立支付机构、认证机构在电子商务中的合法地位，并使用电子数字证书以确保经营者和消费者的合法权益，维护网上交易的法律秩序。

（5）电子商务中的知识产权问题

知识产权是指对智力劳动成果所享有的相关权利，它是一种无形的财产权。电子商务的特征也给知识产权保护引入了新的内容，主要包括传统印刷作品的数字版权问题、域名的保护问题、专利权及商业秘密的保护问题等。

（6）在线消费者权益保护问题

随着电子商务在我国的快速升温，侵犯消费者权益的现象也越来越多，消费者对于网上违规经营行为的投诉量急剧增加。如何保障网上信息、广告真实可靠、防止虚假欺诈，如何在网上交易各个环节保障消费者权益也是电子商务面临的法律问题。

（7）网上个人隐私保护问题

电子商务活动中个人隐私的保护问题越来越成为大家关心的焦点，如何保证用户在交易过程中留下的隐私信息不被泄露或盗用，这些信息包括事实、图像等。目前隐私保护领域遇到的主要问题是个人数据的过度收集和非正当利用。

（8）在线不正当竞争问题

随着计算机和网络通信技术的迅猛发展，不正当竞争行为有了更加广阔的生存和发展空间。由于网络的开放性和管理手段的滞后性，网络不正当竞争行为已成为阻碍网络经济进一步发展的绊脚石，成为工商查处不正当竞争行为的重点。

（9）网上虚拟财产保护问题

网络虚拟财产属于无形财产，其本质是一种信息权利。民法保护的是公民合法的权利，只要合法的、依法取得的、产生并续存于网络之中的、价值有可评估性和确定性的、有现实价值的、有特定信息权利的网络虚拟财产均应得到民法的保护。

（10）网上税收问题

电子商务的虚拟性、全球性等特征给传统的征税制度带来新的冲击，需要研究和制定相应的税务政策法规。电子商务环境下税收面临的问题主要包括：难以确认纳税主体和纳税对象、难以确认纳税环节、难以确认纳税地点和纳税期限、难以确认税收管辖权、难以征管和稽查等。

（11）交易安全问题

交易安全是交易主体是否选择利用网络进行电子商务的最重要的因素，电子商务的安全性要求保障网络和信息系统的安全，确保交易信息的保密性、完整性和不可抵赖性，防止他人非法侵入使用、盗用、修改和破坏等。

（12）在线交易法律适用和管辖冲突问题

电子商务的核心内容是商务，其交易过程仍然适用于传统的法律框架和体系，同时由于其形式的特殊性，交易过程中出现的许多特殊问题又只能由电子商务法来解决，这就需要对传统法律和电子商务法各自的适用性和管辖范围作出规定。

9.1.3 消费者权益保护

消费者权益，是指消费者依法享有的权利及该权利受到保护时而给消费者带来的应得利益。我国历来重视对消费者权益的保护，《消费者权益保护法》详细规定了包括知悉真情权、公平交易权等在内的9项权利，并同时规定了经营者、国家和社会负有保障消费者权益得以实现的义务。电子商务的消费者仍然是普通的消费者，他们的权益同样受到《消费者权益保护法》的保护。从国内外的实践来看，电子商务对消费者权益的威胁或者潜在威胁主要体现在下几个方面。

1．消费者的知情权

我国《消费者权益保护法》第 8 条规定：“消费者享有知悉其购买、使用的商品或者接受的服务的真实情况的权利。”消费者在进行网络交易时有权了解商品或服务的真实情况和具体信息，在网上发布虚假的、不真实的广告，不仅违反了商业道德和诚实信用原则，更重要的是侵犯了消费者的知情权。消费者需要了解的信息主要包括：商品或者服务的基本情况、技术指标以及价格和售后服务的情况。

2．消费者的公平交易权

我国《消费者权益保护法》第10条规定：“在购买商品或接受服务时，有权获得质量保障、价格合理、计量正确等公平交易条件，有权拒绝经营者的强制交易行为。”网络交易中，消费者只能根据经营者单方提供的信息判断商品或服务的价格和价值是否相当，容易出现商品与订购要求不符、售后服务难以保证、退换困难及配送缓慢等问题。

3．消费者的自主选择权

我国《消费者权益保护法》第 9 条规定：“消费者有自主选择商品或者服务的权利。消费者有权自主选择提供商品或者服务的经营者，自主选择商品品种或者服务方式，自主决定购买或者不购买任何一种商品，接受或不接受任何一项服务。”消费者的自主选择权在网络购物中能充分体现，但也存在强制条款、强制链接或浏览、强制接受付款方式、垃圾邮件等侵犯消费者选择自由的现象。

4．消费者的退货权和求偿权

我国《消费者权益保护法》规定，经营者按照约定应承担包修、包换、包退责任的，不得故意拖延或者无理拒绝，消费者因购买、使用商品或者服务而受到人身、财产损害的，享有依法获得赔偿的权利。由于电子商务活动中通常是异地交易，退、换货通常要求消费者自己承担路费、运费以及由于退换而造成的其他损失，可见其合法权益并未完全受到法律的保护。另外，数字类直接通过网络传递的特殊商品的退货处理难以界定。当在线消费者因权益受到侵犯要求赔偿时，又会遇到难以认定侵权对象、侵权责任及司法管辖等问题，侵权取证也较困难。即使商务网站愿意承担赔偿责任，也可能由于其并无与之相适应的赔偿能力而无法实现，因为目前建立商务网站并无注册资金的限制。

此外，电子商务中消费者权益遭受侵犯的情形还包括网络消费欺诈、网络支付安全、网络虚假广告等。

9.2 国内外电子商务立法现状

电子商务法律规范是推动电子商务发展的前提和保障，其立法工作是随着信息技术和网络技术的发展而展开的。近年来，世界上已有许多国家和国际组织制定了为数不少的电子商务法律法规，形成了一系列相关电子商务法律文件，对鼓励、引导和维护电子商务沿着规范化轨道健康发展起到了积极的作用。

9.2.1 国外电子商务立法现状

1. 国际组织立法

联合国国际贸易法律委员会主持制定了一系列调整国际电子商务活动的法律文件。1996年6月通过了《电子商业示范法》，为各国制定本国电子商务法规提供了基本框架和原则。2001年3月正式公布了《电子签字示范法》，对电子签字、数字认证及认证机构进行了规范，构成《电子商务示范法》的有用补充，大大有助于各国利用现代化核证技术展开立法工作。2005年11月又在前面两部法的基础上通过了《联合国国际合同使用电子通信公约》，旨在消除国际合同使用电子通信的障碍，消除现有国际贸易法律文件在执行中可能产生的障碍，加强国际贸易合同的法律确定性和商业上的可预见性。

联合国国际经济合作与发展组织（OECD）也是电子商务立法工作的积极推动者。1998年10月公布了包括《全球电子商务行动计划》、《国际组织和地区性组织电子商务活动和计划》、《工商界全球商务行动计划》、《全球网络个人隐私权保护宣言》等重要电子商务指导性文件，1999年12月制定了《电子商务消费者保护准则》。

此外，相关国际组织制定的电子商务法规还包括：国际商会于1997年11月通过了《国际数字保证商务通则（GUIDEC）》，2004年制定了《国际商会2004电子商务术语》，2005年3月制定了《国际商会有效部署和实施电子商品编码的原则》；世界贸易组织（WTO）于1998年通过了《关于全球电子商务的宣言》、《电子商务工作方案》等规定，给电子商务规章制度带来了较大影响。

2. 美国电子商务立法

美国电子商务发展较早，在电子商务立法方面也处于领先地位。1995年5月美国犹他州制定了《数字签名法》，这是美国乃至全世界范围第一部全面确定电子商务运行规范的法律文件，成为各国发展电子商务的先导。1997年7月颁布了《全球电子商务纲要》，正式形成美国政府系统化电子商务发展政策和立法规划。2000年6月美国总统克林顿以数字签字的方式签署了《全球与国家商务中的电子签字法》，直接从联邦政府的层面对州法中的未达之处包括州际和国际贸易作了规范。该项立法作为美国政府推动电子商务的重要举措，为电子签字和电子记录法律地位的确定制定了重要的程序和规则。近年来，美国又相继出台了《联邦信息安全管理法》、《公平信用交易法》、《个人数据隐私与安全法》等系列法律法规。到20世纪末，美国已有44个州制定了与电子商务有关的法律，近10年来出台的一系列法律和文件共同构成了美国较为完整的电子商务法律框架。

3. 欧盟电子商务立法

从全球电子商务立法角度看，欧盟电子商务立法无论在立法思想、内容还是技术上都是很先进的。1997年4月欧盟委员会提出了著名的《欧洲电子商务行动方案》，为规范欧洲电子商务活动制定了政策框架。1998年发表了《欧盟电子签字法律框架指南》和《欧盟关于处理个人数据及其自由流动中保护个人的指令》（或称《欧盟隐私保护指令》）。1999年12月和2000年

5月分别通过了《电子签名指令》和《电子商务指令》，这两部法律文件构成了欧盟国家电子商务立法的核心和基础。2004年3月公布了《欧洲网络与信息安全机构设置规则》。

4．其他国家电子商务立法

加拿大1999年制定了《统一电子商务法》，正式承认数字签名和电子文件的法律效力；英国1998年10月发布了《网络的利益——英国电子商务发展规划》，阐述了英国政府的电子商务方针和政策；马来西亚是亚洲最早进行电子商务立法的国家，1997年颁布了《数字签名法》，该法以公共密钥技术为基础，并建立了配套认证机制，极大地促进了电子商务的发展；新加坡1998年出台的《电子交易法》对电子记录、数字签名、CA的使用等都作出了明确规定。其他国家如德国、俄罗斯、韩国、日本等也都提出了自己的涉及电子商务法律建设的发展框架，一方面对原有法律进行修订和补充；另一方面针对电子商务产生的新问题制定新的法律。

9.2.2 我国电子商务立法现状

2005年4月1日，《中华人民共和国电子签名法》正式实施。《电子签名法》的颁布，标志着我国电子商务法律建设发展进入到一个新的阶段。《电子签名法》既是我国信息化领域的第一部法律，也是《行政许可法》颁布施行以来在信息产业和信息化方面由法律设立的第一个行政许可。《电子签名法》包括总则、数据电文、电子签名与认证、法律责任和附则五个部分，共三十六条，如图9.2所示。《电子签名法》通过确立电子签名法律效力、规范电子签名行为、维护有关各方合法权益，从而从法律制度上保障了电子交易安全，促进了电子商务和电子政务的发展，同时为电子认证服务业的发展创造了良好的法律环境，为我国电子商务安全认证体系和网络信任体系的建立奠定了重要基础。

总则：明确电子签名的类型和适用范围
数据电文：有效数据电文的定义和范围
电子签名与认证：可靠电子签名范围、认证机构条件
法律责任：明确对违法行为的具体处罚
附则：明确专用术语含义以及生效日期

图9.2 电子签名法结构图

2005年《国务院办公厅关于加快电子商务发展的若干意见》明确了我国电子商务法律建设的具体内容，即："认真贯彻实施《中华人民共和国电子签名法》，抓紧研究电子交易、信用管理、安全认证、在线支付、税收、市场准入、隐私权保护、信息资源管理等方面的法律法规问题，尽快提出制订相关法律法规的意见；根据电子商务健康有序发展的要求，抓紧研究并及时修订相关法律法规；加快制订在网上开展相关业务的管理办法；推动网络仲裁、网络公证等法律服务与保障体系建设；打击电子商务领域的非法经营以及危害国家安全、损害人民群众切身利益的违法犯罪活动，保障电子商务的正常秩序。"有关我国电子商务相关法律大事记，如

图 9.3 所示。

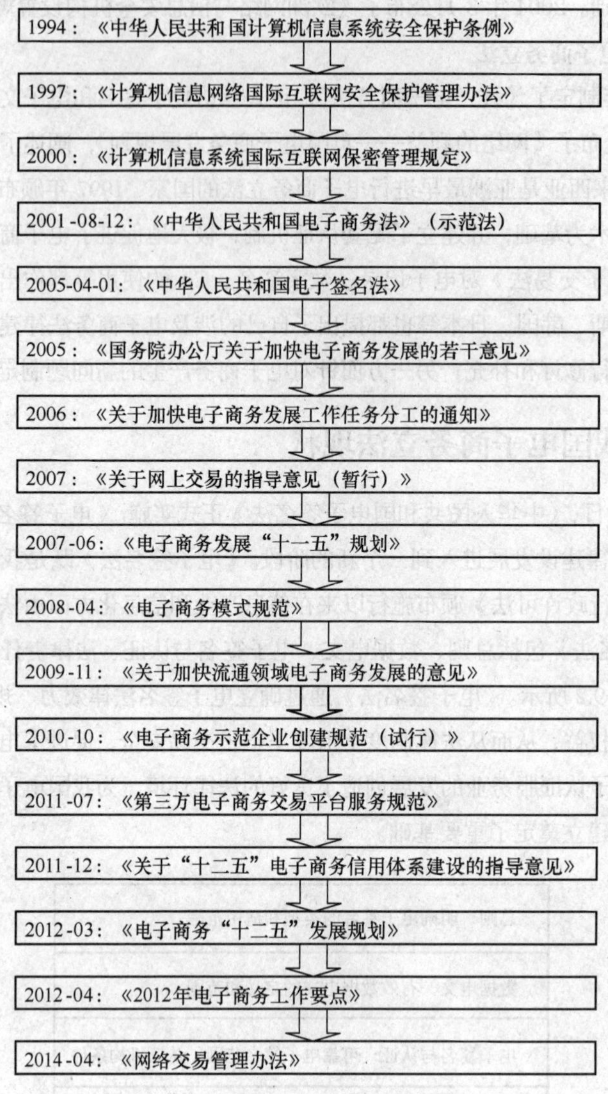

图 9.3　我国电子商务相关法律大事记

近几年，我国电子商务相关法律政策不断完善。2009 年 12 月，商务部出台《网络交易服务规范》，针对电子商务 B2B、B2C 和 C2C 模式的特点，规定了各模式中网络交易方、网络交易平台提供商、网络支付平台提供商和网络交易辅助服务提供商的行为服务规范。

同时出台的还有《电子商务模式规范》，电子商务模式规范的建立有利于政府制定电子商务发展规划，便于对电子商务的引导和监管，有利于电子商务有关法规的建设，有利于电子商务相关政策的建立；对企业来说，有利于企业制定电子商务发展计划，规范企业行为，便于企业的市场定位和对外交流，促进企业的市场营销能力；对社会来说，可以使公共服务体系的工作有章可循，有利于保障消费者权益，促进电子商务健康有序地发展；对产业链的发展来说，有利于规范购销行为，避免纠纷的发生，促进网络购物产业链的良性发展。

在同年颁布的《关于加快流通领域电子商务发展的意见》中，提出了完善的相关扶持政策、重点培育大型流通企业整合资源、推动实体市场与网上市场交易结合等九条具体意见。

2010 年 6 月至 9 月，中国人民银行出台《非金融机构支付服务管理办法》及《非金融机构支付服务管理办法实施细则（征求意见稿）》，第三方支付行业结束了原始成长期，被正式纳入国家监管体系，并拥有合法的身份。

2010 年 6 月 1 日，国家工商行政管理总局正式公布了《网络商品交易及有关服务行为管理暂行办法》，对网络商品交易及有关服务行为进行了规范，如第十二条，“网络商品经营者和网络服务经营者向消费者提供商品或者服务，应当遵守《消费者权益保护法》和《产品质量法》等法律、法规、规章的规定，不得损害消费者合法权益”及第十八条“网络商品经营者和网络服务经营者提供商品或者服务，应当遵守《商标法》、《反不正当竞争法》、《企业名称登记管理规定》等法律、法规、规章的规定，不得侵犯他人的注册商标专用权、企业名称权等权利。”该办法的出台保护了消费者和经营者的合法权益，促进了网络经济持续健康发展。

2011 年 4 月 12 日，商务部发布《第三方电子商务交易平台服务规范》，鼓励平台经营者设立“冷静期”制度，允许消费者在冷静期内无理由取消订单，但冷鲜产品、食品、化妆品、药品等除外。《规范》主要有四个方面的特点：一是确定了第三方电子商务交易平台的运行原则、设立条件与服务规则；二是调整了第三方电子商务交易平台、站内经营者与消费者之间的关系；三是对第三方电子商务交易平台提出了新要求；四是明确了网络交易中的禁止行为。该规范以促进电子商务与网络购物健康和谐发展为宗旨，建立健全长效机制，以制度促规范，以规范促发展，对第三方电子商务交易平台的经营活动进行规范和引导，保护广大企业和消费者合法权益，营造公平、诚信、安全的交易环境。

总体来说，电子商务立法需要考虑的问题涉及面广、内容复杂，关系到国内法、国际法、民法，甚至刑法。目前国际上还没有形成一个统一的、各国均适用的电子商务法律。由于电子商务本身具有超越国界的特征，有关电子商务的法律不仅要适合自己国家的发展情况和需求，同时还要与国际普遍接受的原则和法律规范相协调。因此，我们不仅一方面要完善立法，制定新的法规；另一方面要考虑电子商务中的新问题，对传统立法做一些必要的调整，构造具有中国特色的电子商务法律体系。

9.3 电子交易的法律法规

9.3.1 电子合同的概念及特点

合同，亦称契约，它反映了双方或多方意思表示一致的法律行为。我国新《合同法》第 2 条规定，“合同是平等主体的公民、法人、其他组织之间设立、变更、终止债权债务关系的协议。”电子合同，指合同当事人之间为了实现一定目的，以数据电文的形式达成的，设立、变更、终止民事权利义务关系的协议。

作为一种新的合同形式，电子合同与传统合同相比具有以下特点。

（1）电子合同存在形式的特殊性。电子合同以数据电文的形式存在，没有原件与复印件之分。我国《合同法》规定，合同的书面形式包括数据电文形式。

（2）电子合同订立过程的特殊性。相对于传统合同订立通常采用的“面对面”方式，电子合同则主要是通过网络“非面对面”地完成，合同内容的修改、储存和传递等过程均在计算机内进行。电子合同甚至允许在没有人的参与的情况下，由当事人的电子代理人自动完成合同的缔约过程。

（3）电子合同成立与生效具有特殊性。在传统合同中表示合同生效的签字盖章方式在电子合同中被数字签名所代替，电子商务立法规定当电子合同满足法定条件时，即视为合同有效。由于其存在形式的特殊性，电子合同也存在一定的局限性。电子合同的订立必须借助电子技术的支持，这也形成了对技术的过分依赖，数据电文以计算机为存储载体，具有无形性、易消失性和可编辑性，且修改后可以不留痕迹。此外，电子数据还容易受到计算机病毒的攻击。

9.3.2 电子合同成立

合同的成立是指当事人在意思表示一致时而达成协议的状态。在合同法中，确定合同成立的时间与地点具有重要的意义，合同的成立时间确定了合同当事人开始履行合同义务的时间，而合同的成立地点往往在管辖范围的确定等问题上有重要意义。传统合同法有关合同成立的时间和地点主要分为两种规则：到达主义和发送主义，我国采用了到达主义，因此在对电子合同的相关规定中也沿用了这一规则。

（1）电子合同成立的时间。我国《合同法》规定，“采用数据电文形式订立合同，收件人指定特定系统接收数据电文的，该数据电文进入该特定系统的时间视为到达时间；未指定特定系统的，该数据电文进入收件人的任何系统的首次时间视为到达时间。”

（2）电子合同成立的地点。我国《合同法》规定，采用数据电文形式订立的合同，收件人的主营业地为合同成立的地点；没有主营业地的，其经常居住地为合同成立的地点；当事人另有约定的，按其约定成立。

9.3.3 电子合同生效

合同成立后并不一定能受到法律的约束，只有符合法律规定生效要件的合同才会产生法律拘束力。合同的生效是指国家或法律对当事人之间已经成立的活动进行评价，决定是否让其产生法律效力的过程。电子合同的一般生效要件包括以下几方面的内容。

（1）电子合同缔约当事人具有相应的民事行为能力。

（2）缔约双方当事人意思表示自愿、真实、一致。

（3）合同内容和形式不违反法律或社会公共利益。

此外，由于数据电文本身易修改的特征，所以在评估其法律效力时，还应该充分考虑生成、存储或传递数据电文方法的可靠性。

电子合同是电子商务交易中的重要一环，是保障电子商务市场正常运行的重要手段。此外，电子商务交易中所涉及的法律规范还包括数据电文、电子签名、电子认证、电子支付等相关法律规范。

9.4 电子商务中知识产权法律规范

知识产权是保护人类智力成果的一种无形产权，它具有专有性、排他性、时间性等特点。主要包括著作权、专利权、商标权、专用技术、商业秘密以及邻接权、与贸易有关的知识产权等。另外，随着科学技术的迅速发展，知识产权保护对象的范围不断扩大（如计算机软件、数据库产品等），电子商务的发展要求建立清晰、有效的网上知识产权保护体系，以解决包括数据库产品、计算机软件产品著作权保护、域名保护等在内的许多新的知识产权保护问题。

9.4.1 网络著作权保护

著作权，又称版权，是基于特定作品的精神权利以及全面支配该作品并享受其利益的经济权利的合称，客体包括著作权法认可的文学、艺术和科学等作品，简称作品。计算机技术以及网络通信的发展给著作权的客体带来了新的内容，除传统作品的数字化形式外，还包括计算机软件、数据库、多媒体等。

网络著作权包括人身权和财产权，其中人身权利包括发表权、署名权、修改权和保护作品完整权。财产权主要包括：（1）复制权，即在网络上以特有的方式（如访问或下载）将作品制作一份或多份的权利；（2）发行权，即在网上通过出售、出租等方式向公众提供一定数量的作品复制件的权利；（3）传播权，即著作权人控制其作品在互联网上传输的一种权利，包括表演权、播放权等。著作权人对其作品有使用权和获得报酬的权利。未经许可而以任何方式复制、出版、发行、改编、翻译、广播、表演、展出、摄制影片等，均构成对版权的直接侵犯。

在我国的司法实践中遇到的网络著作权侵权行为主要有三种类型。

（1）传统媒体与网络站点间相互发生抄袭、未经许可使用、拒付报酬等行为。

（2）网络站点间相互发生抄袭、未经许可使用、拒付报酬等行为。

（3）网络使用者与著作权人之间发生抄袭、未经许可使用、拒付报酬等行为，网络服务商违反法律规定或行业经营义务作为或不作为地实施了导致前者侵权行为的发生等。

在审理电子商务活动涉及著作权侵权纠纷的案件中，认定侵犯著作权人发表权、向公众传播作品侵犯使用权、剽窃抄袭他人作品侵犯获得报酬权的，都可以适用我国著作权法中的相关规定；对网络服务商涉及著作权侵权的，尚不能从著作权法中找到适用条款时，则适用于我国《民法通则》的有关规定。

9.4.2 电子商务专利保护

所谓专利权是指对于公开的发明创造所享有的一定期限内的独占权，电子商务专利是指一切与电子商务经营活动有关的专利。授予专利权的对象通常都具有新颖性、创造性和实用性。电子商务专利的客体主要可分为电子商务技术和商业方法两类，电子商务技术包括计算机技术、通信技术、数据处理技术和经营系统、基础结构技术等；商业方法则包括网上购物方法、网上银行、促销方法等。

商业方法是目前国内外电子商务立法研究的热点。1999年，美国电子商务巨人Amazon在取得了“一点通”（One click ordering）专利后，起诉另一家电子商务公司Barnes&Noble专利侵权，要求其承担专利侵权责任，西雅图地方法院判决亚马逊胜诉。所谓“一点通”的商业方法，是亚马逊开发的一种创新的网上购物方式，只要消费者在亚马逊的网站上购买过一次图书，其通信地址和信用卡号就会被自动储存，下次购买时消费者只需点击所购图书，就可以收到所需商品。

自美国率先于1991年第一个对商业方法采取专利保护以来，随着电子商务的深入发展，许多国家也在积极调整其政策，加强对商业方法的专利保护，以保障本国电子商务市场的利益。在美国，大量与网络和电子商务有关的专利申请被提交到美国专利局，其中许多得到了授权；在欧洲，2000年欧洲专利局在一份裁决中规定具有技术性质的商业方法可受专利保护。我国《专利法》目前对商业方法的可专利性问题没有作出明确规定，但其实施细则表明，我国专利局对满足相关要求的部分商业方法申请是允许授予专利权的。

9.4.3 域名保护

域名是一个商业实体在Internet上的标记，通常是根据该实体的商号或者产品商标进行命名。一个域名一经注册，其他任何机构就不能再注册相同的域名，域名具有标识性、唯一性和排他性等特点。作为一种全新的网上资源和商战热点，域名成为了提高商家或者产品知名度的一种重要手段，近年来有关域名引发的纷争频繁发生。因此，在电子商务环境下，域名保护成为企业知识产权保护的重要内容。

目前域名的申请注册遵循“先申请先注册”的原则。由于域名具有全球惟一性和排他性，一个域名一经注册，就意味着全球范围内的其他任何机构就不能再注册相同的域名。电子商务的发展加快了域名商业价值的提升，纠纷也随之增多。常见的纠纷包括：

（1）互联网用户使用的域名恰好是另一公司的注册商标。国际奥委会曾将美国1800多个网站告上法庭，理由是这些网站注册了奥林匹克（Olympic）、奥林匹亚德（Olympiad）或其他相关域名。

（2）恶意抢注他人公司的名称或商标为域名，并以此牟利。这是常发的域名争议种类。恶意抢注是指明知或应知他人的商标、商号及姓名等具有较高的知名度和影响力而进行抢注的行为。1998年永安制衣厂曾因擅自使用中国广东科龙集团的名称标记“KELON”在网上注册域名并要求五万元的现金补偿而被科龙公司告上法庭。

（3）同一商标的两个合法拥有者都想以他们的商标作域名。如果两个使用“长城”商标的企业都想以“Great Wall”作为域名，则需要协商解决。

域名作为一种无形财产，在我国受到《民法》、《商标法》、《反不正当竞争法》及《中国互联网络域名注册暂行管理办法》等相关法规的保护。由于域名的全球性，要解决此类纠纷，在全球范围内建立合理稳定的域名管理新体系，需要各国的不懈努力。目前世界知识产权组织、国际电信联盟、互联网协会等国际组织共同发布了《通用顶级域名管理操作最终方案》、《互联网域名系统通用顶级域名谅解备忘录》等，用于解决域名纠纷的问题。

9.5 电子商务中个人隐私保护法律规范

电子商务的兴起拓宽了消费市场，增大了消费信息量和市场透明度，但同时，电子商务交易电子化、虚拟化、全球性等特点又使得消费关系复杂化并增加了消费者隐私权遭受侵犯的机会。因此，电子商务给消费者隐私权保护带来了新的挑战。

隐私权是指公民享有的私人生活安宁与私人信息依法受到保护，不被他人非法侵犯、知悉、搜集、利用和公开的一种人格权，主要包括个人生活宁静权、私人信息保密权、个人通信秘密权及个人隐私利用权。现代信息技术大大增加了侵犯隐私权的可能性和范围，网络交易中，大量的私人信息和数据等被信息服务系统收集、储存和传输，消费者的个人隐私不可避免地受到威胁。目前电子商务活动中侵犯个人隐私权的行为主要包括以下几方面内容。

（1）对个人资料的不当收集和使用。个人资料一般包括消费者的姓名、性别、电话、信用卡号码、家庭住址等。作为电子商务交易的技术平台，计算机信息系统在消费者一系列的网上活动过程中记录了大量的个人信息，如果网络经营者为追求利益使用甚至买卖这些信息，会给消费者造成不必要的损失。

（2）对通讯秘密和通信自由权利的侵犯。通信秘密和通信自由是公民享有的宪法权利，电子邮件是网络环境下最常用的通信手段，其安全性取决于传输网络的安全以及发送和接收服务器的安全。

（3）侵犯个人自主、独立生活的权利。目前，以电子邮件形式的网络广告泛滥成灾，需要花费大量的时间去查阅、处理，极大地干扰、破坏了消费者的个人生活安宁。

进入电子商务时代以来，国际组织和世界各国都非常重视个人隐私权的保护，先后出台了《在全球网络上保护个人隐私宣言》、《个人数据保护指令》等法律法规。我国没有直接在实体法中对隐私权作出规定，而将隐私权看做名誉权的一部分，受到民法的保护。

需要指出的是，在电子商务交易中，个人资料往往是商家提供个性化服务的基础。因此在对个人资料的管理上，需要在商家和消费者之间找到一个平衡点，既保证商家可以提供有针对性的服务，同时又要注意保护个人隐私，使消费者的权益不受侵害。

案例

团购维权第一案隐含的团购“马太效应”

就在诸多团购网站或倒闭、或裁员、或收缩的背景下，被称为“中国网络团购维权第一案”的源自法国运动品牌乐卡克（Le coq sportif）与嘀嗒团、走秀网之间的诉讼纠纷在持续了长达一年后终于有了结果，乐卡克方面获得胜诉，嘀嗒团、走秀网被判定需立即停止侵害、消除影响并赔偿损失。

“公鸡”胜诉

在世界知识产权保护日的前一天，即4月25日，宁波乐卡克服饰有限公司董事总经理王可接受《华夏时报》记者采访时表示，“我们打官司并不是反对电商，电商是非常好的事，我们相信电子商务会有更大的发展。”

被称为“中国网络团购维权第一案”的乐卡克与嘀嗒团、走秀网之间的诉讼纠纷在历时一年后有了结果。乐卡克方面获得了北京市第二中级人民法院胜诉的判决。判决内容如下。

1. 乐卡克方面获得胜诉，株式会社迪桑特对第2000475号“le coq sportif及图”商标享有注册商标专用权，在中国依法受到保护。

2. 被告深圳走秀网络科技有限公司（走秀网）、北京今日都市信息技术有限公司（嘀嗒团）所提出的包括平行进口等抗辩均不成立。被告走秀网的涉案行为已构成对原告注册商标专用权的侵犯；被告嘀嗒团虽有合法来源，但没有尽到合理的注意义务，与走秀网共同承担相应的民事责任。判定两被告须立即停止侵害、消除影响、赔偿损失。

3. 走秀网需赔偿原告经济损失80000元，为本案合理支出8000元；嘀嗒团需赔偿原告经济损失20000元，为本案合理支出2000元；责令两被告在判决生效三十日内在《中国消费者报》刊登声明以消除影响。

资料显示，乐卡克（Le coq sportif）是一个运动品牌，以公鸡作为品牌标志，起源于1882年，由艾米鲁·卡米哲（Emile Camuset）创建于法国的洛米里·希鲁塞，在20世纪中期风靡全球，2004年由宁波乐卡克服饰有限公司引进到中国市场。

据悉，宁波乐卡克服饰有限公司是由宁波杉杉股份有限公司、宁波杉杉荣光服饰有限公司、日本株式会社迪桑特、伊藤忠纤维贸易（中国）有限公司共同出资组建的。

宁波乐卡克方面在介绍此案的经过时称，2011年3月12日先后有消费者向其询问嘀嗒团99元团购乐卡克鞋是否为正品，在乐卡克工作人员查看及内部调查后，确认此款鞋不是其品牌生产，也未做委托销售，初步鉴定为假冒产品。随即安排人员查清事由。2011年4月12日，乐卡克律师向北京市朝阳区工商局举报嘀嗒团（北京今日都市信息技术有限公司）、走秀网（深圳走秀网络科技有限公司）。因供货商为深圳走秀网，朝阳区工商局随后建议可以向深圳工商局直接举报。

2011年5月初，乐卡克就走秀网、嘀嗒团涉嫌团购销售假冒品牌运动鞋一事正式向北京市第二中级人民法院递交起诉书。请求法院判定两被告立即停止侵权，赔偿经济损失及相关合理支出，并在媒体刊登声明，消除由此引发的不良影响。5月26日，北京市第二中级人民法院正式立案受理。2012年春节前后，北京市第二中级人民法院三次开庭审理本案。

团购的“马太效应”

显然乐卡克的纠纷起于嘀嗒团 99元团购乐卡克鞋，事实上由此可以窥得团购时下的发展路径。众所周知，团购可以说是近两年互联网中异军突起的热门概念，鼎盛时在国内高达5000多家。

据《2010年国内网络团购行业数据统计分析》显示，截至2010年年底，国内团购网站数量就已达2612家。而团购导航网站领团网的数据显示，截至2011年8月31日，全国团购网站数量达到了惊人的5610家，即9个月时间新增了2000家。

盛极而衰是市场的普遍规律，团购也不例外，“泡沫破灭”开始出现。团购导航网站团800发布的《2011年11月中国团购市场统计报告》数据显示，截至2011年11月底，全国现存团购网站约计3907家，环比减少3.7%。如果严格按照O2O模式（线下商务与互联网结合）的定义来界定团购网站数量的话，估计全国不足2000家。对比高峰时的5610家，有64.3%的团购网站“人间蒸发”。与大批团购网站蒸发相伴随的就是另有诸多团购网站裁员、收缩。龙年伊始，更有团宝网传出因资金告急、出现倒闭的传闻。

更有消息传称，团购鼻祖Groupon在华与腾讯合作运营的高朋网出现重大变化，腾讯已经将所持的高朋股权转让给了F团，高朋将交由F团来运营，所有进行中的团购产品也即将下架。

“团购已经出现问题。团购是电子商务的一个细分市场，是代表本地生活服务的电子商务”，易观国际分析师陈寿送此前接受《华夏时报》记者采访时分析称，“团购出现泡沫的原因在于投机心理的推动，投资方试图把握新的投资热点，创业者希望通过团购上市圈钱”。

团800认为，在整体规模进一步扩大的同时，团购行业仍继续“瘦身消肿”，本月又有357家团购网站关闭或转型。值得关注的是，整合洗牌的趋势终于蔓延至前十名大站身上，十强内的差距进一步拉大，曾为“两亿元俱乐部”的美团网、拉手网和窝窝团均迈过月销售额2.5亿元的基线，三家加总约占整体成交额的49%。而十强中58团购、F团、糯米的月成交额均超越亿元，大众点评团月成交额则超越2亿元。

市场普遍认为，团购行业正在呈现极强的“马太效应”，即强者越强，弱者越弱的格局。

本章小结

目前，电子商务领域的技术进步速度已经大大超过了一个国家适时地调整其法案框架的能力，使得适时的法律调整总跟不上电子商务高速发展的步伐。电子商务掀起了一场在数字化市场中对法律框架的根本性反思，一方面，电子商务的各个环节与问题都直接影响着相关法律法规的制定；另一方面，法律环境的每一个细节与措施也都左右着电子商务的前程。本章就电子商务环境下的法律问题进行了分析，重点讨论了电子合同法规、知识产权保护法规、消费者权益保护法规等相关电子商务法律规范。目前我国在电子商务领域的正式法律仅有一部《电子签名法》，可以看出，及时制定与电子商务相关的法律法规、完善我国的电子商务政策法律环境，是促进我国电子商务与网络经济健康、稳定发展的首要任务。

习题

一、填空题

1. 电子商务法，是指调整电子商务活动中所产生的________法律规范的总称。

2. 电子商务活动中的法律主体包括________、________、________、________、________。

3. 我国电子商务领域的第一部法律是2005年4月1日正式开始实施的________。

4. 域名的申请注册遵循________的原则，恶意抢注是指________________。

二、简答题

1. 简述我国《电子签名法》的主要内容。

2. 简述电子合同的特点及生效要件。

3. 简述网络著作权的主要内容。

4. 简述网上个人隐私保护的主要内容。

三、案例分析题

试结合网络著作权保护，分析王蒙等作家起诉世纪互联通讯技术有限公司著作权侵权一案中，作为网络服务提供商的世纪互联公司侵犯了王蒙等作家哪些合法权益。

第 10 章 电子商务典型应用

目前我国正积极发展电子商务，电子商务已直接深入国家法律、贸易、金融、物资、流通、信息交流、基础设施各个方面。本章将列举电子商务的一些典型应用，主要包括网上交易市场、网络娱乐、旅游电子商务、网上证券交易、电子政务、大型企业电子商务和其他应用。

10.1 网上交易市场

电子商务的交易经营模式有很多种，其中综合性交易平台和专业性交易平台在电子商务交易中占据绝对优势。

10.1.1 网上交易市场概述

网上交易市场，又称网上交易平台、网络商场、电子商务中介等，是指建立在第三方提供的电子商务平台上的、由商家自行开展电子商务的一种形式，正如在大型商场中租用场地开设商家的专卖店一样。

建设一个功能完善的电子商务网站需要投入大量资金，还要涉及网上支付、网络安全、商品配送等一系列复杂的问题，对于许多中小企业来说，不仅准入门槛很高，同时由于网上销售还没有成为产品销售的主流渠道，建立一个具备网上交易功能的网站并不合算。因此，网上交易市场作为一种网络营销和网上销售方式，有其独特的作用。网上交易市场在网络营销中的主要作用表现在：缩短了企业开展电子商务的投入周期；简化了开展电子商务的复杂过程；增加了网上展示产品的窗口；直接获得网上销售收入；不需要太多的专业知识，便于管理。

10.1.2 综合性网上交易市场——阿里巴巴

现在有许多大型门户网站和专业电子商务公司提供网上交易平台服务，一类是综合性交易平台，如阿里巴巴、环球资源网、ebay、拍拍网等网站定位在整个产业，覆盖面广；另一类是专业电子商务平台，如中国化工网、我的钢铁网、中国水泥网、全球五金网等关注本行业内部动态的电子商务活动。下面主要分别介绍具有代表性的阿里巴巴和中国化工网。

1．综合性电子商务交易市场

阿里巴巴主营 B2B 国际贸易、B2B 国内贸易、国内 C2C 等，是我国最好的综合类电子商务服务提供商。阿里巴巴，于 1998 年年底成立，公司总部位于我国香港，并在海外设立美国硅谷、伦敦等分支机构，同时拥有 3 家合资企业，在北京、上海、浙江、山东、江苏、福建、广东等地区设立了十多家分公司、办事处，由阿里巴巴（B2B）、淘宝（C2C）和雅虎（搜索引擎）和支付宝（电子支付）四大业务群组成，其结构如图 10.1 所示。

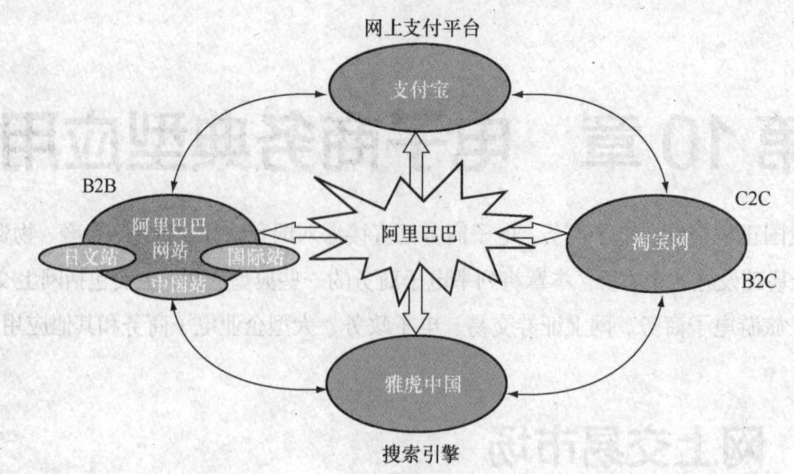

图 10.1　阿里巴巴的业务结构图

（1）阿里巴巴网站是全球企业间（B2B）电子商务的著名品牌，是全球最大的网上贸易市场和商人社区，为来自各个国家和地区的企业和商人提供网上商务服务，共有来自 240 多个国家和地区的超过 6500 万用户通过中英文网站获得商务服务。阿里巴巴网站由以下三个相连网站组成：中国站（China. alibaba.com），主要为国内市场服务；国际站（www.alibaba.com），面向全球商人提供专业服务；日文站（Japan.alibaba.com），主要为日本当地市场服务，如图 10.2 所示。

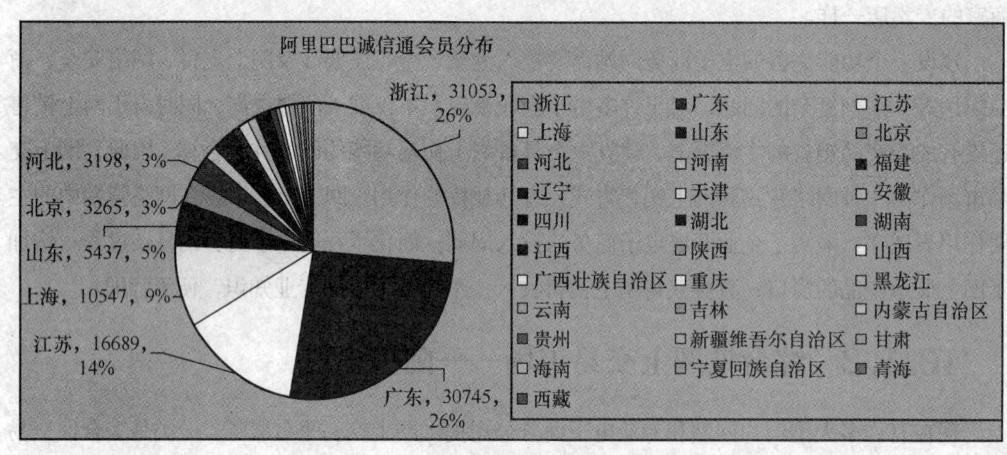

图 10.2　阿里巴巴诚信通会员分布

1）主要栏目

阿里巴巴将企业登录汇聚的信息整合分类，形成网站独具特色的栏目，使企业用户获得有效的信息和服务。阿里巴巴主要信息服务栏目包括：①商业机会。有 20 多个行业 700 多个产品分类的商业机会供查阅，通常提供大约 50 万供求信息；②产品展示。按产品分类陈列展示阿里巴巴会员的各类图文并茂的产品信息库；③公司全库。公司网站大全，目前已经汇聚了 5 万多家公司网页，用户可以通过搜索寻找贸易伙伴，了解公司详细资讯，会员也可以免费申请自己的公司加入阿里巴巴“公司全库”中，并链接到公司全库的相关类目中方便会员有机会了解公司全貌；④行业资讯。按各类行业分类发布最新动态信息，会员还可以分类订阅最新信息，直接通过电子邮件接收；⑤价格行情。按行业提供企业最新报价和市场价格动态信息；⑥以商会友。商人俱乐部；⑦商业服务。航运、外币转换、信用调查、保险、税务、贸易代理等咨询和服务。这些栏目为用户提供了充满现代商业气息，丰富实用的信息，构成了网上交易市场的主体。

2）盈利模式

阿里巴巴主要盈利项目为中国供应商会员服务和诚信通会员服务，分别针对外贸与内销，这两项服务收入分别占到了总收入的 70% 和 30%。中国供应商是通过 ALIBABA 的国际交易信息平台，给中国的商家提供在全球市场的专业推广服务，为国内出口企业开拓海外市场。仅 2006 年加盟企业就已超过 2 万，70% 的被推荐企业可在网上获得国际订单；诚信通服务是与 ACP、华夏、杰胜等著名企业资信调查机构合作推出的，进行权威资信机构的认证，帮助企业建立网上诚信档案，打造“安全、可信、有保障”的网上商铺，同时也帮助用户了解潜在客户的资信状况，找到真正的网上贸易伙伴。目前，阿里巴巴总共有 6500 万名注册用户，付费会员总数增加至 61.5 万名，国际交易市场及中国交易市场分别拥有注册用户 1158 万和 3615 万，网上商铺总数达到 640 万，国际交易市场及中国交易市场分别拥有 180.4 万和 420 万个商铺。阿里巴巴积极倡导诚信电子商务，2009 年拥有“诚信通”会员 49 万人。

（2）淘宝网（Taobao.com）于 2003 年成立，是我国最大的个人交易网站（C2C），目前，淘宝网拥有 8 亿多条商品信息，注册会员数达 3.7 亿，2012 年淘宝交易总额（GMV）突破 1 万亿元，C2C 市场占有率约为 95.1%。2006 年 5 月，依托淘宝网的 C2C 平台，阿里巴巴推出了 B2C 频道“淘宝商城”，2012 年 1 月 11 日上午，淘宝商城正式宣布更名为“天猫”帮助商家直接充当卖方角色，与消费者面对面，让生产商获得更多的利润，将更多的资金投入到技术和产品创新上，最终让最广大的消费者获益。专家指出，阿里巴巴（淘宝）重新布局 B2C，很可能带动 6.7 万亿零售产业链重新调整。互联网与零售业的融合，意味着中国产业流程、格局再造的开始。

（3）支付宝是阿里巴巴建立的独立的第三方支付平台，2003 年 10 月投入使用，目前，支付宝已经和国内的工商银行、建设银行、农业银行和招商银行等，国际的 VISA 国际组织等各大金融机构建立战略合作，共同打造一个独立的第三方支付平台。截至 2012 年 6 月，支付宝的注册用户已经超过 7 亿，日交易额突破 45 亿元，日交易笔数突破 3369 万笔，站外合作商家超过 50 万家。

（4）雅虎中国（www.yahoo.com.cn）是中文的门户网站，提供邮箱、财经、体育、生活方式、娱乐和搜索服务，用户群主要为中国的个人互联网用户。雅虎的付费用户包括购买网站标语广告的广告主，购买文字链广告和竞价排名服务的用户。2005 年 10 月，阿里巴巴在与雅虎美国交易，并购雅虎中国，同时雅虎美国成为阿里巴巴集团的股东。在这次交易中，雅虎美国授权阿里巴巴集团为中国“Yahoo!”名称的唯一使用者，并且可以使用雅虎美国拥有的技术，同时，允许阿里巴巴集团的其他子公司拥有这些权益。雅虎中国总部位于北京。

阿里巴巴集团于 2007 年又成立阿里妈妈和阿里软件两个全资子公司。

（5）阿里软件（www.alisoft.com）于 2007 年 1 月在杭州和上海创立，是研发、销售和为中国的中小企业者提供在线商务管理软件服务的公司。阿里软件为其客户提供各种管理软件产品，包括企业管理工具（如邮件），客户询价和信息管理工具及基本的财务管理工具（如货品计价和账簿服务）。阿里软件是“阿里旺旺”版权的拥有者。“阿里旺旺”是专为淘宝用户及国内外使用贸易通进行即时沟通的电子商务使用者设计的即时通信软件。

（6）阿里妈妈（www.alimama.com）成立于2007年8月，是中国领先的网上广告交易平台，为广大中小网站和广告主提供在线交易服务。阿里妈妈是阿里巴巴集团的全资子公司，它的诞生是为了服务于覆盖中国互联网流量80%的中小网站。阿里妈妈为网站发布者和广告主搭建沟通和交易的平台，在为广告主吸引目标客户的同时，将网站的流量转化为实际收益。

2．专业性电子商务交易市场

近年来，我国的电子商务飞速发展，取得了长足进步，专业性电子商务交易平台是其中的亮点。最早的专业性电子商务交易平台出现在1998年，投资高峰在2000年到2001年，到目前为止，大大小小具有一定规模的投资总共有1000个左右，存在过度投资现象。专业性电子商务交易平台总体可分为20几大类，大部分的网站都分布在浙江，其中有一半以上分布在杭州，另外还有一些分布在北京、上海、成都、大连等地。其中中国化工网、我的钢铁网、中国水泥网、中国服装网、中国食品产业网、全球纺织网、全球五金网、建材第一网、锦程物流网等电子商务企业在每一个行业和领域逐渐成为主导行业态势的电子商务平台，其年纯利润达到几千万元人民币，仅次于阿里巴巴与环球资源网，远远超越其他综合类电子商务交易平台（其他综合类电子商务交易平台大多亏损）。这表明行业电子商务的发展模式是电子商务发展的主导模式之一。行业化的、精细化的电子商务平台是直接实现行业用户价值的合作伙伴。

1998年5月，中国化工网（www.chemnet.com.cn）推向市场，其后的发展中，中国化工网成功兼并了中国纺织网、国际纺织网、中国医药网和中国农业网等多个国内外知名的行业垂直类电子商务网站，公司也先后在北京、上海、广州、南京、济南等地设立了分支机构，形成遍布全国的市场及服务体系。

中国化工网是国内第一家专业化工网站，也是目前国内客户量最大、数据最丰富、访问量最高的化工网站，处于行业垂直类网站的领先地位，其定位为倡导专业化发展方向。中国化工网建有国内最大的化工专业数据库，内含40多个国家和地区的2万多个化工站点，含25000多家化工企业，20多万条化工产品记录，建有包含行业内上百位权威专家的专家数据库，每天新闻资讯更新量上千条，日访问量突破1000000人次，是行业人士进行网络贸易、技术研发的首选平台。其兄弟网站“全球化工网”集一流的信息提供、超强专业引擎、新一代B2B交易系统于一体，享有很高的国际声誉。其主要服务项目有化工企业网站建设、化工企业网上推广、产品信息发布、网上化工贸易信息撮合、化工资讯电子杂志订阅、化工市场行情信息服务、化工企业电子商务解决方案、享受《网上化工资源》的强力推广等。

（1）中国化工网的优势

中国化工网专注于行业的B2B电子商务，通过先入为主抢占市场，获得原始的客户积累。其为会员提供的业务范围不但着眼于国内，并涉足国际市场，甚至为特别地区开发本地版本，以获取资源。中国化工网是基于产业背景发展起来，有产业实体做支撑。化工行业对电子商务的适应性有无可比拟的先天优势：①产业链长，产品种类多，整个行业产品的关联性大；②产品类别清晰，标准化程度高，容易描述，不需试用；③产业比较成熟，企业可以保持合理的利润；④化工交易往往集中于企业之间，中间的过程比较简单。中国化工网的发展与当地政府部门的合作也是其成功的因素之一。在整个发展过程中，非常注重与外界其他媒体的合作交流，并善于利用媒体传播来提升影响力。

（2）中国化工网的盈利模式

中国化工网的盈利模式是向中国化工网的企业收取会员费，并出卖广告。现在中国化工网上有上万家会员，虽然绝对数量不多，但由于其强势地位，在网站上两个指甲大小的广告位，一年能卖 40 万元。许多客户怕广告涨价，一订就是几年。现在的中国化工网拥有自己庞大的化工产品数据库，全部的 50 万种化工产品中，他们有近 30 万种产品的信息，而这其中绝大部分是通过自己的客户自己建立的，庞大的数据库和真实的客户市场成为中国化工网重要的卖点。

3．分析比较

阿里巴巴是我国最好的综合类电子商务服务提供商，在内贸与外贸方面都有不错的表现。在内贸方面主要的竞争对手是慧聪，在外贸方面，阿里巴巴也有不俗的表现，但是相对其主要的竞争对手——环球资源网还有一定的差距。但是阿里巴巴的发展速度很快，如果不出意外，超越环球资源网应该只是时间上的问题。在具体的行业，阿里巴巴还有许多竞争对手，比较典型的就有我的钢铁网、中国化工网、中国水泥网等行业垂直类 B2B 网站。阿里巴巴与此类网站的差距还很大，阿里巴巴在这些方面被超越的最主要原因是因为对行业研究不够深入。

10.2 网络娱乐

随着网络宽带服务的纵深发展，网上娱乐节目如网络游戏、网络聊天、视频点播、影视欣赏、音乐下载等，受到了越来越多用户的喜爱，成为宽带互联网应用的热点。

10.2.1 网络娱乐概述

网络娱乐，是指利用 TCP/IP 协议，以互联网为依托，可以多人同时参与的娱乐项目，如通过计算机网络进行聊天、游戏、看电影、听音乐等娱乐休闲活动等。与传统娱乐相比，网络娱乐不再需要特定的工具，例如，在网上看电视不再需要电视机，打牌不再需要扑克，网络娱乐只有一种道具，那便是计算机。网络娱乐产品除棋牌类外，海外产品占绝对统治地位，而海外产品又主要集中在美、韩两国。

10.2.2 网络娱乐——网络聊天、网络游戏

网络娱乐多种多样，类型更是纷繁复杂，目前应用得最普遍的有网络聊天和网络游戏。

1．网络聊天

即时通（Instant Message）是实现网络实时交谈和互传信息的软件，一般还集成了数据交换、语音聊天、网络会议、电子邮件的功能。我们常用的 QQ、MSN、AOL、IRC、Yahoo Messenger、网易泡泡等都属于 IM 软件。经过近十年的发展，我国互联网用户已经习惯于在网上使用即时

通信软件进行交流，据CCNIC中国互联网统计报告表明，截至2013年12月，我国即时通信软件用户规模达到4.31亿人，较2012年年底增长了7864万，年增长率达22.3%，手机即时通信软件使用率达86.1%，较2012年增长了2.2个百分点。即时通信作为第一大上网应用，网民规模继续上升，在最常使用的即时通讯软件中，青年用户占总体用户的70.94%，其中ICQ在这些用户当中占据72.4%的使用率，MSN为72.05%，新浪寻呼71.84%，QQ为70.6%，即时通信不仅用于朋友、同事之间聊天，一些企业也已开始将它用于客户服务。根据IDC的研究数据发现，仅2006年，平均每天有170亿条个人即时通信信息在互联网上被发送，14亿条信息在企业内部的即时通信系统中被发送。在北美地区已经有85%的企业将即时通信软件应用到企业的日常工作中。全球即时通讯日均发送数量如图10.3所示。

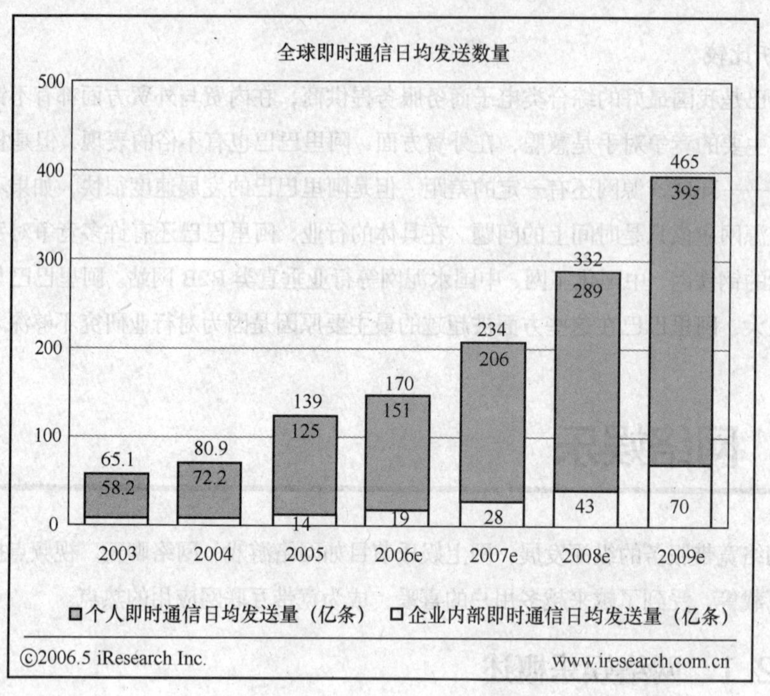

图10.3　全球即时通信日均发送量

（1）腾讯QQ

1999年2月，腾讯推出基于互联网的即时通信工具——腾讯QQ，支持在线消息收发、即时语音、视频和文件传送，并且通过整和移动通信手段，客户端可以发送信息给手机用户。目前QQ已开发出穿越防火墙、动态表情、给好友放录像、捕捉荧屏、共享文件夹、提供聊天场景、聊天时可显示图片等强大的使用功能。同时，腾讯QQ也整合了QQ邮箱、QQ宠物、QQ音乐、QQ Live和拍拍网等功能，是集通信、娱乐、商务于一体的多功能平台。腾讯QQ是国内最为流行的、功能最强的即时通信软件，2013年全年总营业收入为604亿，比同期增长了38%，净利润为170亿，同比增长19%，2013年腾讯QQ月活跃用户数为8亿，同比增长1%，2014年4月11日晚间，腾讯QQ同时在线用户数突破两亿。

企业QQ系统是基于QQ聊天软件强大的用户平台，致力于搭建用户与企业客服人员之间的愉快沟通桥梁，更好地提升客服体验，进一步满足企业客服稳定、安全、快捷的工作需求，为企业真正实现高效率客户服务和有效客户关系管理提供完整的解决方案，是一种专门为中小企业开发的在线客服与营销工具。企业 QQ 系统囊括企业 QQ\CRM 企业和海量客户沟通的工具、电子商务工具、网络营销助手，具有消息群发功能，可发送商业信息及问卷调查，是企业身份的象征，适用于企业线上、电视、广播、平面宣传推广。

企业 QQ 不能从 QQ 上登录或收发消息，只能从企业 QQ 网页首页或企业 QQ 客户端登录，也不能点亮任何业务标志位，客户端也没有普通个人 QQ 号的业务图标，企业 QQ 只面向企业，完全没有个人娱乐化的功能。

企业 QQ 和普通 QQ 的区别主要如表 10.1 所示。

表 10.1 企业 QQ 和普通 QQ 比较

	企业 QQ	个人 QQ	益处
好友数	可加好友高达 25 万	普通 QQ 最多加 500 个	不用担心好友加满要删除部分客户，损失商机
同一号多人登录	一个号码可多个人不限地域同时登录	只能一个人登录	不用留了多个 QQ 号，客户不知到底要加那个号，而错过了很多客户
群发消息，主动营销	快捷向海量客户发送 QQ 消息，向您的海量客户发送通知、促销消息，逢年过节给客户或者特定群组发送温馨问候	不支持，会被封号	用最少的投资、最快的方式，得到最大的收益
娱乐功能	无	有游戏等娱乐功能	可以提高员工工作效率
号码被盗	应用了更安全的密码保护技术，告别盗号	易被盗号	不必担忧号码被盗，丢失客户资料
聊天记录，监控方便	所有记录保存在腾讯服务器	本地个人电脑	与客户的聊天记录可随时随地查看，提升客户服务。即使电脑系统重装或者中毒也不受任何影响
企业空间	客户与您的聊天窗口右侧可以上传公司 LOGO、公司简介等	显示个人 QQ 秀	免费为公司做广告宣传，展示公司形象

（2）MSN

2005 年年初，MSN 进入中国，大批社会白领办公人士开始转移平台，不少 QQ 老用户开始在电脑中预装 QQ 和 MSN 两种即时通信工具。MSN Messenger 风格简洁，有近 30 种语言的不同版本，可以查看朋友谁在联机并交换即时消息，在同一个对话窗口中可同时与多个联系人进行聊天。您还可以使用此免费程序拨打电话、用交谈取代输入、向呼机发送消息、监视新的电子邮件、共享图片或其他任何文件、邀请朋友玩 DirectPlay 兼容游戏等。目前，MSN 正逐渐向 QQ 靠拢，功能的增加使 MSN 略显笨拙，作为 MSN 主要用户群的白领人士发出抱怨，MSN 用户急剧缩水。

（3）其他即时通工具

iResearch 艾瑞市场咨询根据最新用户调研的数据表明，腾讯 QQ、MSN、淘宝旺旺、网易泡泡和新浪 UC 等已成为受广大即时通信用户关注的即时通信品牌。

2．网络游戏

（1）网络游戏分类

网络游戏有较长的发展历史。第一款真正意义上的网络游戏可追溯到 1969 年，当时瑞克·布罗米为 PLATO（Programmed Logic for Automatic Teaching Operations）系统编写了一款名为《太空大战》（Space War）的游戏，它可支持两人远程连线。中国网络游戏产品按照不同维度分类也有所不同。CNNIC 按照中国网络游戏市场特点，参考网络游戏产品的“使用方式”以及“产品形式”，采取复合分类的方法，将网络游戏划分为三类：网页游戏（Browser Game）、大型多人在线角色扮演游戏（MMORPG）、在线休闲游戏（Online Casual Game），详见图 10.4，本次产品研究范畴限定为网页游戏（Web Game、Browser Game）类型。

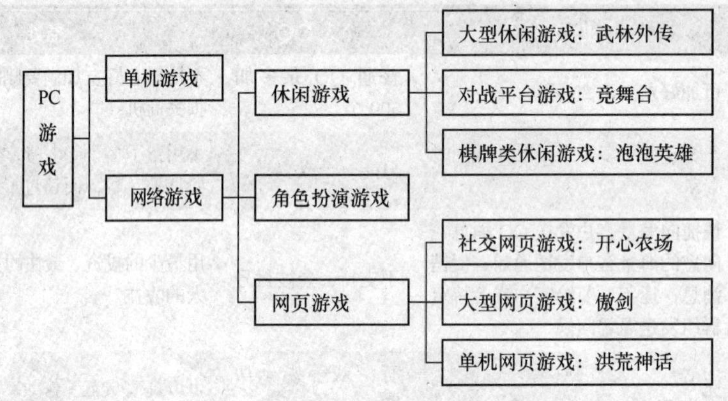

图 10.4　PC 游戏分类

1）休闲游戏又分为大型休闲游戏、对战平台游戏和棋牌类休闲游戏三种。

① 对战平台游戏，是通过社区的特性，将一些线下或者单机类别的游戏整合到一起，为玩家在网络上寻找其他玩家共同玩游戏的平台。单机类的对战性大型游戏，受诸多因素影响，此类游戏的网络连线功能有局限性，通过平台，玩家也可自己选择玩家共同进行对战游戏。此类游戏本身平台不提供安装，平台提供一个插件，供游戏网络连接所用。如 CS、星际争霸、帝国时代。相应平台如浩方对战。

② 棋牌游戏在线下的普及度非常广，但棋牌游戏一个人基本上无法去玩，于是通过游戏平台，玩家自己寻找玩家共同进行游戏，不仅是棋牌游戏，益智游戏也在平台上得以推广。此类游戏由平台提供下载安装。如四国大战、斗地主、麻将、连连看、唐人游。相应平台如联众世界。

③ 大型休闲游戏，如体育比赛、音乐舞蹈及动作对战，每一款游戏都是独立运营的，不需要另外的游戏平台作依托，休闲运作类游戏基本上没有故事背景，或者只有很简单的故事背景，游戏更加注重操作性，如武林外传。

2）MORPGMM，即大型多人在线角色扮演游戏（Massively Multiplayer Online Role-Playing Game）。在 MMORPG 中，数以千计的玩家同时存在于同一个游戏中，这使得游戏变得生动有趣、极具互动性。MMORPG 可以不断地玩，并几乎不会结束——总有数不尽的任务在广袤的游戏世界里等待你去完成，会不断提供新的冒险、新的区域、新的生物和新的物品以供玩家探索，如魔兽世界、传奇、天堂等大多数网游都属于 MMORPG。

3）网页游戏并没有统一的定义，CNNIC 根据网页游戏的使用以及盈利特性将网页游戏分为三类：社交网页游戏，该类游戏主要以社交网站为基础使用，最典型的社交类游戏包括农牧场、抢车位、厨房等；第二类是大型网页游戏，游戏形式和盈利模式与传统客户端网络游戏类似，可以认为是传统网络游戏的网页移植；第三类是单机网页游戏，这类游戏多以 Flash 技术为表现基础，它不需要与别人进行交流，登录游戏网站后打开游戏即可使用，这类游戏自身并没有明确的盈利模式，多以广告为主。

（2）发展现状

近年来，随着计算机和通信技术网络的飞速发展，网络游戏集高科技性、娱乐性、竞技性、仿真性等诸多娱乐要素于一体，成为当今数字化娱乐行业的先锋。21 世纪，游戏将是数字娱乐领域最具潜力的增长点。如表 10.2 所示，2005 年全球网络游戏产业快速发展，根据艾瑞的研究分析，产业规模达到 48 亿美元，比 2004 年增长 33%。其中，在美国、韩国等地区的网络游戏市场，由于网民消费水平的增加，加之对盗版软件的严厉打击，使其占据了全球电子游戏市场的主体。

表 10.2　2003 年—2010 年全球主要网络游戏产业规模

	2003	2004	2005	2006e	2007e	2008e	2009e	2010e
美国	4.2	8	129	18	23.5	26.7	28.5	30.6
增长率		90%	61%	40%	31%	14%	7%	7%
韩国	5.1	6.7	8.1	9.6	11.3	12	125	129
增长率		31%	21%	19%	18%	6%	4%	3%
中国	3.5	5.1	7.6	9.7	122	14.3	16.2	17.9
增长率		45%	51%	28%	25%	18%	13%	10%
全球	24	36	48	62	79	92	150	120
增长率		50%	33%	29%	27%	16%	14%	14%

注：产业规模单位为亿美元

@2006.1 iresearch Inc.　　www.iresearch.com.cn

中国网络游戏市场继续保持了快速增长的态势，互联网游戏业是我国数字娱乐业增长最快的领域。截至 2013 年 12 月，根据《第 33 次中国互联网络发展状况统计报告》表明，网络游戏用户规模继续增长，达到 3.38 亿，新增 234 万，使用率从 2012 年的 59.5%降至 54.7%。手机网络游戏用户呈现快速增长趋势，中国已被业界公认为全球最具发展前景的游戏市场。专业游戏网站的形势日渐看好，门户网站更是把网络游戏当成了“救命稻草”，在整个网络游戏产业链上，软件开发商、终端用户服务供应商、硬件制造商、电信运营商，每个环节都可以掘到属于自己的金子。网络游戏已被公认是网络业最成功的盈利模式。中国网络游戏产业的发展规模已经超过传统娱乐产业。2013 年，中国网络游戏行业总营收 891.6 亿元，同比增长 32.9%，网络游戏产业促动高科技技术不断升级，作为经济增长的一大支撑点，已经成为经济腾飞的“第四产业”，如图 10.5 所示。

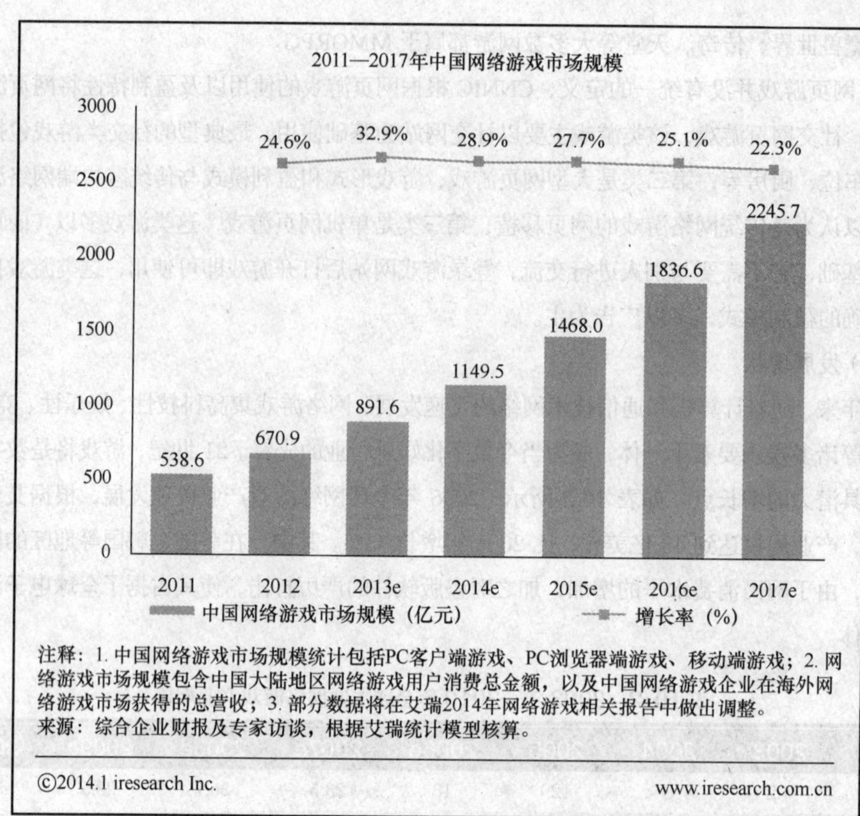

图 10.5　2011 年—2017 年中国网络游戏市场规模

10.3　旅游电子商务

信息技术的飞速发展给传统的旅游业带来了极大的冲击，现代旅游业呈现出信息密集和信息依托性的特点，旅游电子商务作为信息技术与旅游业结合的产物，显现出充分的活力和广阔的发展空间。本节主要介绍国内旅游电子商务的现状，旅游电子商务系统的构成，并对携程旅游网做了简介。

10.3.1　旅游电子商务概述

1．概念

旅游电子商务是指通过现代网络信息技术手段实现旅游商务活动各环节的电子化，包括通过网络发布、交流旅游信息，以电子手段进行旅游宣传促销、开展旅游售前、售后服务、进行电子旅游交易，也包括旅游企业内部流程的电子化及管理信息系统的应用等。这是一种基于信息网络综合技术的信息流程与商务运作程序的结合形式。

旅游电子商务是应用现代网络信息技术手段进行的，主要开展商业目的的发布，传递、交流旅游信息等活动。旅游信息服务是旅游电子商务的重要内容。如今许多旅游者在网上查询旅游信息，据此规划行程，做出旅游决策。旅游电子商务全面反映出现代信息技术服务于旅游商务活动的丰富内涵和巨大影响。

2．运行状况

随着社会的发展，旅游业已成为全球经济发展中势头最强劲和规模最大的产业之一，但传统旅游业经营管理水平低下、信息传递不畅、信息共享水平低，越来越不能满足旅游者个性化、综合化的需求。一方面人们希望在出门之前就能对旅游相关的各种信息有一个全面的了解，并且可以享受到各种方便快捷的服务；另一方面，旅游企业需要及时向潜在的旅客群体提供丰富的旅游景点信息，及时了解国际、国内客源市场信息，了解客户需求，根据客户的需求提供各种相关服务。在激烈的旅游业竞争中，旅游电子商务作为信息技术与旅游业相结合的产物，显现出充分的活力和广阔的发展空间。

（1）国外现状

从全球范围来看，旅游电子商务的便捷性、低成本、覆盖面广等优势使其已经成了旅游业发展不可逆转的趋势。发达国家和地区正在大力发展低成本、高效益的旅游电子商务。目前已经建成了集食、住、行、游、购、娱六要素于一体的综合信息应用系统，并运用 3D 互动视觉、地理信息系统、虚拟现实、3G 移动、数据库挖掘等技术，实施旅游体验、度假决策、分销渠道选择等营销方式，实现对旅游者的个性化关注。全球旅游电子商务连续 5 年以 350%以上的速度增长，一度占到全球电子商务总额的 20%。全美在线旅游销售收入占旅游市场总收入 2005 年为 30%，2006 年为 34%。2007 美国在线旅游市场总值达到 910 亿美元，2009 年由于金融危机美国在线旅游销售规模较 2008 年下降 6.7%。世界旅游组织商务理事会（WTOBC）预计，今后几年间世界主要旅游客源地约 1/4 的旅游产品订购都将通过互联网进行。

（2）国内现状

我国从 1999 年开始发展旅游电子商务，2001 年全面启动“三网一库”的金旅工程，用户规模和市场规模都快速发展，涌现出携程旅游网、华夏旅游网、青旅在线等一批知名旅游网站，2005 年一年我国就增加了近百家旅游电子商务服务公司，2006 年我国约有 5000 多家旅游网站。我国部分旅游网站建立了内外部信息管理系统、实时预订系统，提供电话、网络、短信息、代理店等服务，建立了包括客户关系管理（CRM）系统、后台服务在内的完整的服务链。根据艾瑞咨询统计，截至 2013 年，中国在线旅行预订市场用户规模达到 3470 亿元，增长率为 37.2%，如图 10.6 所示。

在旅游市场持续扩容和信息技术广泛应用的双重推动下，不同类型、不同模式的旅游电子商务主体得以快速发展。从目前走势看，尽管旅游电子商务在局部领域显示了垄断竞争的迹象，但是总体而言，这一市场还未进入分层竞争与分类竞争的成熟阶段，而且更多地体现为对传统旅游市场份额的渗透。

3．旅游电子商务系统

目前，电子商务在旅游业务中的主要应用包括信息查询服务、在线预订服务、客户服务、代理人服务、网上促销、旅游线路设计、消费指南、导游预订服务、旅游广告服务、游客社区服务。

旅游电子商务包含了两层含义，对旅游目的地管理机构和旅游企业而言，就是通过先进的信息技术手段改进内部网和互联网的连通性；从外部来说，就是通过 Internet 改进旅游企业之间、旅游企业与上游供应商之间、旅游企业与旅游者之间的交流与交易。旅游电子商务系统主要包含的功能如图 10.7 所示。

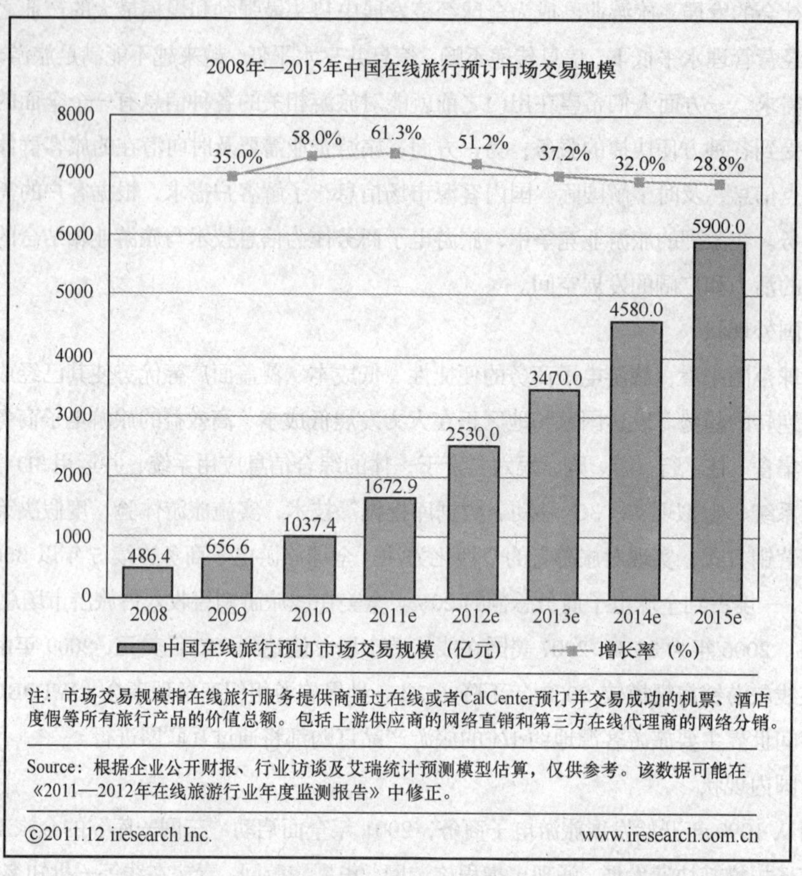

图 10.6　中国在线旅行预订市场交易规模

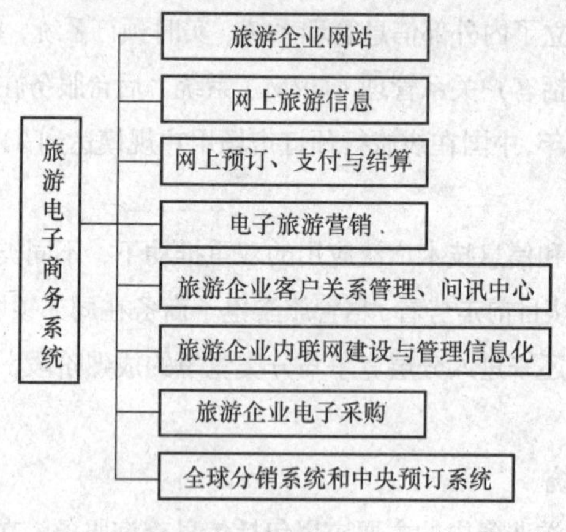

图 10.7　旅游电子商务

1）旅游企业网站建设。旅游网站是游客对旅游感知的载体之一，通过网站，可以全方位展示企业的形象、产品和服务，并与顾客实现 24 小时的沟通。

2）网上旅游信息服务。通过网络提供丰富的旅游信息内容，如景点、饭店、旅游线路信息、旅游常识、注意事项、旅游新闻、货币兑换、目的地天气、人文环境信息以及各种优惠、折扣、饭店、服务的检索和预订等，同时还提供高实用性的服务功能，如旅游信息的汇集、传播与交流、旅游信息的检索和导航、旅游产品和服务的在线销售、个性化定制服务等。

3）网上预订、支付与结算。通过网络，预订旅游景点宾馆、饭店、航空票务和汽车租赁等，安排旅行计划非常便利。通过网上支付与结算，可调节信用额度、资金运营，加速了资金周转，加快了现金流速。

4）电子旅游营销。通过网络信息手段，增进与目标市场之间的信息传递与交流，同时增进营销机构之间的合作。

5）旅游企业客户关系管理、问讯中心。通过 CRM 的建设，可实现客户细分策略，为旅游顾客提供人性化、个性化的服务。智能化的问讯中心为客户提供全天 24 小时的网上和网下预订服务，包括短信、E-mail、语音、传真、网络等接入，可实现实时预定、服务监控。

6）旅游企业内联网建设与管理信息化。通过计算机技术应用，改进企业内部的业务流程，增进内部协调配合，促进与外部沟通，实现产品信息与客户信息共享。

7）旅游企业电子采购。企业将其库存和采购系统与其供应商的销售和报价系统相连，通过自动流程简化采购操作，并便于企业选择供应商，从而提高旅游企业采购过程的效率。

8）全球分销系统（GDS）和中央预订系统（CRS）。目前，美国几乎所有的旅行社都在使用 GDS，在法国已有 85%的旅行社拥有 GDS，在整个欧洲有 40%左右的旅行社拥有 GDS。在国内，约 17%的三星级以上的饭店拥有 GDS 系统，而 4、5 星级酒店由于与国际联网，普遍建立了 CRS 系统。

10.3.2 综合性旅游网站——携程旅行网

图 10.8 携程旅行网

1．运行状况

携程旅行网是我国领先的在线旅行服务公司。携程旅行网（简称“携程”）总部位于上海，是一家吸纳海外风险投资组建的旅行服务公司，创立于 1999 年年初，目前已在北京、广州、深圳、成都、杭州、厦门、青岛、南京、武汉、沈阳等 10 个城市设立了分公司，员工近 9000 人。2003 年 12 月 9 日，携程已在美国纳斯达克证券交易市场成功上市。携程旅行网（www.ctrip.com）于 1999 年 10 月正式开通。向超过 1400 万用户提供宾馆预订、机票预订、度假产品预订、旅游信息查询及打折商户服务为一体的综合性旅行服务。经过十年多的发展，携程已拥有 2000 余万会员，网站日浏览量达 3000 余万次。2013 年，携程净收入 54 亿美元，同比增长 30%，利润为 8 亿 3800 万元人民币，同比增长 28%。营业利润率为 16%，携程旅行网建有我国最大的酒店预订服务中心和领先的机票预订服务平台，度假超市提供近千条度假线路，覆盖海内外众多目的地，除了在自身网站上提供丰富的旅游资讯外，还委托出版了旅游丛书《携程走中国》，并委托发行旅游月刊杂志《携程自由行》。

2．功能结构

携程网为客户提供全方位的商务及休闲旅行服务，包括酒店预订、机票预订、商旅管理、休闲度假、旅游信息和打折商户，其网站的功能结构如图 10.9 所示。

（1）酒店预订。携程的签约酒店已超过 5000 家，遍布全球 34 个国家和地区的 350 多个城市。会员酒店的优惠价格是门市价的 2～7 折。携程每月的酒店预订量在同类企业中表现突出，达到总量的 50%以上。无论是从合作酒店数量、分布地区、合作情况还是从每月的订房业务量等来看，携程都无疑成为国内领先的酒店预订服务中心。

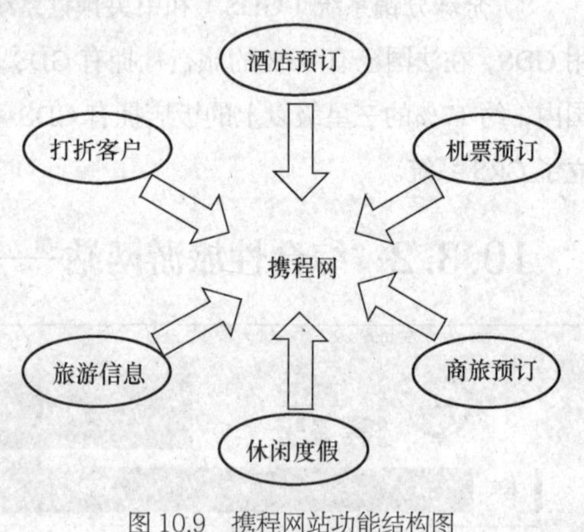

图 10.9　携程网站功能结构图

（2）机票预订。携程和国内外各大航空公司建立了良好的合作，建有我国最大的、统一的机票预订系统，并提供国际国内航线的机票预订服务，可以实现“异地出发，本地订票、取票”，已在全国 43 个主要商旅城市提供市内免费送票上门服务。携程还开通了电子客票，目前，携程国内电子客票预订量名列全国前列，机票直客预订销售量也全国领先，是国内知名的机票预订服务平台。

（3）度假预订。携程的“度假产品超市”里拥有多达近千条度假线路，涉及海内外 200 余个最热门的度假目的地，是中国最丰富、最权威的休闲度假产品大全。充足的 3 星级～5 星级房型资源与灵活的航班、火车、轮船、专线巴士与自驾车等交通工具的搭配可以充分满足会员的自由选择。

（4）商旅管理。携程面向国内外各大企业与集团公司，以提升企业整体商旅管理水平与资源整合能力为服务宗旨，依托遍及全国范围的行业资源网络，以及与酒店、航空公司、旅行社等各大供应商建立的长期良好稳定的合作关系，为公司客户全力提供商旅资源的选择、整合与优化，目前已有可口可乐、松下电器、平安保险、宝钢、UT 斯达康及施奈德电气等多家国内外知名企业与携程签订了商旅管理协议。

（5）旅游信息。携程网站可查询国内外 5000 多家酒店的详细内容，目的地指南涵盖全球近 400 个景区、6000 多个景点的交通、餐饮、住宿、购物、娱乐、出游佳季、推荐线路、注意事项等实用信息，提供出行情报、火车查询、热点推荐、域外采风、自驾线路等资讯信息，是旅游者出行前必备的“电子导游”。

（6）社区。携程网络社区拥有数十万篇网友游记，上百万张网友发的旅游图片，还拥有大量最新的自助线路攻略，“结伴同游”、“有问必答”、“七嘴八舌”等交互性栏目，为网友提供了丰富的交流空间。

（7）《携程走中国》和《携程自由行》。携程网还根据网友们的需要出版了专业的旅游书籍《携程走中国》，共有十本。书中内容涵盖了全国所有的省市自治区（港澳台除外）的知名景区、景点，资料全面系统，信息及时准确。《携程自由行》是携程推出的大型旅游月刊，荟萃了实力派记者、国内外网友与编辑精心撰写的稿件，以大中城市高端消费群为目标读者，通过大量的旅游资讯、精美的文字信息、多角度的感官体验，为读者提供周到体贴的出行服务，打造独具个性的旅游方案。

（8）特约商户。持有携程 VIP 卡的客户可享受北京、上海、广州、南京等全国 12 个知名旅游城市近 3000 家特约商户 6～9 折的优惠，内容覆盖特色餐饮、酒吧、娱乐、健身、购物、生活等方方面面。

携程以高科技的运作手段、精细化的管理模式和先进的服务理念为旅游服务企业的超常规发展拓展了新路。携程利用互联网和电话呼叫中心系统等先进技术平台及各类软硬件，给客户提供全天候 24 小时的网上、网下预订服务，并结合业务的性质、客户的需求以及强大的技术及软件开发力量，建成了我国旅游业最为完善的服务体系。由此可见，旅游电子商务将成为一种日益重要的业务实现方式。

10.4 网上证券交易

网上证券交易是国际证券市场已经发展起来并日益成熟的业务，本节主要介绍我国的网上证券交易模式和美国的证券交易模式。

10.4.1 网上证券概述

1. 概念

所谓网上证券交易，就是指券商将证券交易所的股市行情和信息资料实时发送到互联网（Internet）上，投资者借助互联网来获得证券市场的及时报价，分析市场行情，进行投资咨询，并通过互联网委托下单，查询成交、资金等情况的电子交易方式。网上证券交易是继电话委托、可视委托后证券市场推出的又一先进的远程委托方式。网上证券交易可以极大地节约券商运营成本，方便客户交易，是证券交易发展的主流。

2．运行状况

随着互联网技术的发展和电子商务浪潮的兴起，证券电子商务和网上证券交易逐渐成为证券经纪业务的热门话题。证券经纪业务网络是一个集交易委托、投资咨询、业务宣传等为一体的全方位、全功能的综合系统。网上交易及其相关业务主要包括查询上市公司历史资料、查询证券公司提供的咨询信息、查询证券交易所公告、进行资金划转、网上实时委托下单、电子邮件委托下单、电子邮件对账单、公告板、电子讨论、双向交流等。目前，投资者可以使用电脑、手机、双向寻呼机、机顶盒、手提式电子设备等种种信息终端进行网上证券交易。传统证券经纪业务由于受到营业部地理位置和投资咨询手段的限制，只有根据客户的资金量、交易量的大小而提供不同层次的服务。网上交易取得了快速发展，成为券商经纪业务发展的新热点，一方面是因为近年来互联网业务的强劲增长及其与证券经纪业务的有机融合；另一方面是因为与传统的证券经纪业务相比，网上交易独特的优势更好地满足了投资者和券商双方面的需求。

（1）国外现状

网上证券交易始于20世纪90年代初的美国，伴随着互联网技术的发展而发展并向世界其他国家和地区迅速蔓延。到目前为止，美国是网上交易最为发达的国家，网上交易规模也以每季度30%~35%的速度增长，居全球之冠。网上证券交易，除美国之外，英国、瑞典以及亚洲的日本、韩国等国家和地区的网上证券交易发展也相当迅猛，证券交易的网络化正成为世界潮流。根据艾瑞市场咨询数据显示，对比2004年，2005年全球网上证券交易量实现了52.8%的增长，全年网上证券交易量从2004年的26849亿美元增长到41025亿美元。2006年，为64040亿美元，到2007年全球网上证券资金交易量增长到102209亿美元，年均增长率达到56.1%。全球网上证券交易用户保持了年均33.1%的增长速度，2005年9211万户，2006年12288万户，到2007年，全球网上证券交易用户将达到1.6亿以上。目前美国已有60%以上、在韩国超过70%的证券交易是在网上进行的。

（2）国内现状

中国的网上证券交易业务的发展迅猛，比电子商务在其他方面的应用更为火爆。1997年，中国华融信托和闽发证券首次开通网上证券交易业务。通过几年的成长，2002年统计，网上证券交易额已占我国电子商务交易额的51%。网上证券交易用户由2001年的332万增长到2004年的5410.2万，增长率达到了65.4%。网上证券交易量较2003年实现了61.7%的增长。2007年中国网上证券交易用户达到635.8万户，网上证券资金交易量为36278.5亿元。目前中国现有的116家证券公司均开通、建立了网站，并开展网上证券交易活动。

我国网上证券交易的起步并不算太晚，与美国网上证券交易发展历程相似的是，积极推动这一新兴交易方式得以发展的机构是IT技术厂商和中小型券商营业部。他们介入的动机不尽相同，IT技术厂商希望以技术参与网上证券经纪业务，在经纪业务这一具有巨大潜力的市场中分得一杯羹；而中小型券商营业部推出网上交易则是将其视为增强竞争力的有效手段，因为通过拓展网上交易，中小型券商可以克服网点少、知名度小的不足，进而在争取客户方面与大型券商叫板。因此，我国网上证券交易的最大特点是中小型券商营业部推动并引导其迅猛发展。

10.4.2 美国网络证券交易

美国是网络证券交易的开创者，而且发展速度快、规模大，在全球影响较大。美国网络证券交易主要分为三种类型（见图 10.10）：提供纯虚拟服务的 E-TRADE 在线型，以嘉信理财为代表的“鼠标+水泥”模式的网上网下并行的券商，以美林证券为代表的将网上业务作为一种补充业务的传统券商。目前，这三种类型各自占据美国证券市场交易量的 1/3，如图 10.10 所示。

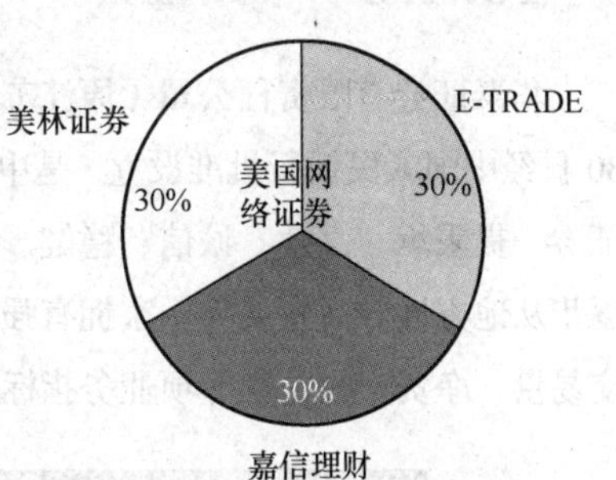

图 10.10 美国网络证券交易模式

1. E-Trade 模式

该模式没有实体营业网点存在，交易完全在网上进行，属在线型券商，以 Web 方式向投资者提供纯虚拟的服务。其特点是以尽可能低的折扣吸引对价格在意而对服务要求不高的自助投资者。E-TRADE 是第一家建立全世界在线交易系统的公司，定位于世界范围内的网上证券经纪和金融服务客户，其分支机构遍及韩国、日本、英国、瑞典、法国、澳大利亚、新西兰以及加拿大等国家和地区，拥有 24 家国际分公司，是目前世界上访问量最大的投资类站点，未来 3～5 年内的国际市场营业额可望增长 30%。

2. 嘉信理财（Charles Schwab）模式

该模式以店面、电话、Web 同时向投资者提供服务，客户可自己选择需要的服务方式。同时在其网站上，投资者不仅可以对证券投资账户进行智能化管理，还能根据自己的资产状况和资金需求状况完成投资和负债两方面的管理，形成一种“金融超市”式的个人理财服务。券商还通过创新技术手段有效地降低成本，如改中文输入法，在保证服务质量的前提下降低服务价格。大多数成功的证券经纪商均采取了此种经营模式。嘉信公司 1996 年推出了网上经纪服务系统，到 1998 年年底，互联网经纪额达到全美互联网日经纪量的 30%，超过了美林证券，跻身全美十大证券商之列。嘉信理财的计划被称为 Pocket Broker，顾客通过装有数据机的 PalmIIIx 和 PalmVx 两款产品，以及呼叫器和手机，可以进行股票交易，同时可以接收买卖股票的资讯。统计表明，嘉信理财在我国占市场份额最大，但嘉信理财的弱点是缺乏强大的市场数据库，如纳斯达克市场二级报价、在线成图、技术分析等。此外，嘉信理财的总体成本较高，居各网上券商的前列。嘉信理财网站的主要栏目有新闻资讯、行情图表、交易、理财、共同基金、个性化功能和个人主页等。嘉信理财的特色体现在网上和网下 CALL CENTER 与营业点的紧密结合以及做客户理财专家的经营理念。嘉信理财在全美最大的网络服务企业收入排名中位居第三，仅次于 AOL。正是凭借良好的服务，低廉的服务价格吸引了大批客户，嘉信理财获得了极大的成功。

3. 美林（MERRILL LYNCH）模式

是将网上业务作为一种补充的传统型模式。传统型券商的特点是多年积累下来公司专业化的经纪队伍与庞大的市场研究力量，为客户提供全面、个性化的金融服务。它们最迫切的任务是利用信息技术再造原有业务,以适应客户的新需求。这些老牌券商在网上券商竞争的压力下被迫壮大网上证券交易规模。美林公司是世界上著名的证券业跨国集团，公司有一个庞大的客户群。该公司认为投资领域是一项专家从事的行业，因而对 20 世纪 90 年代兴起的网上证券交易反应迟钝，在流失大量的客户后，该公司才匆匆推出网上证券交易，而此时的网上证券行业在美国已经发展成熟。美国的老牌证券公司虽然规模庞大，但都不愿发展网上交易，故而目前陷入了被动的境地。

10.4.3 华泰证券

华泰证券有限责任公司（原江苏证券有限责任公司，简称“华泰证券”）于 1990 年 12 月 30 日经中国人民银行批准设立，是中国证监会首批批准的综合类券商之一。自成立以来，华泰证券一贯秉承“高效、诚信、稳健、创新”的核心价值观，严格管理、谨慎经营、规范运作，逐步从地方性券商发展为一家拥有强有力的业务支持体系的全国较大规模的综合类券商，证券交易量、净资产收益率等项业务指标连续多年居全国券商前列，如图 10.11 所示。

图 10.11 华泰证券首页

（1）提供超大容量的证券信息资讯服务（见图 10.12）

图 10.12 华泰证券“资讯中心”首页

（2）方便、便捷的网上交易（见图 10.13）

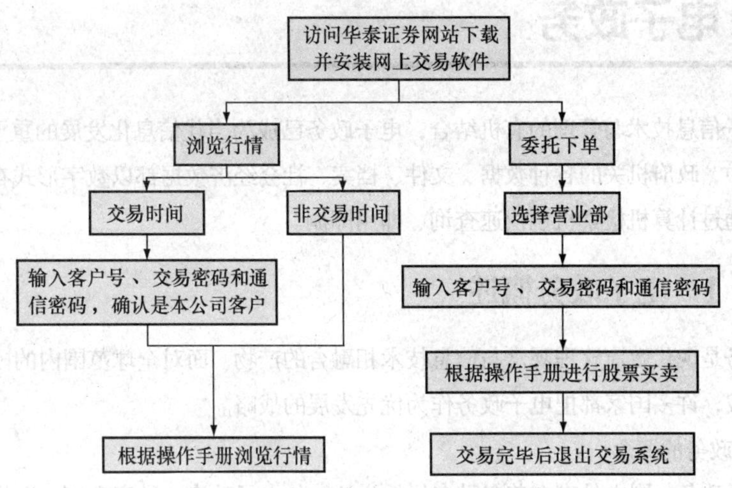

图 10.13　华泰证券网上交易流程图

（3）稳定、可靠的安全保障

1）采用串、并口隔离技术，保证公司局域网的安全。串、并口通信使用的是专用协议，而不是通用的 TCP/IP 协议，外界无法访问券商的局域网，这是华泰证券安全策略中最有效的措施之一。

2）使用 SSL128 位强加密算法，确保委托数据的安全，防止数据在传输过程中被截获、修改。目前，该算法已通过国家安全权威机构的认证。

3）所有和委托有关的程序全部在华泰证券的营业场所内运行，电信局方面只运行与行情有关的程序。

4）采用身份认证和数字签名支持第三方 CA 认证体系，确保网上委托身份识别的安全性。

5）网上交易系统和公司交易系统相互独立，有明确的接口，访问华泰证券交易系统的接口转换程序由公司编制，源代码由公司保管。

华泰证券面临收入减少、效益滑坡、股民流失、市场前景悲观等一系列难题时，积极利用先进的互联网技术，实实在在地应用，一步一个脚印地发展，逐步建立起了国内一流、国际先进的证券电子商务业务系统，并以卓越的服务、超大容量的资讯、可靠的安全保障等优势，取得了理想的经济效益和全面的社会效益。它的发展经验可进一步概括为：

（1）公司上下高度重视，积极行动，强占市场制高点，做到领先一步。

（2）先进的技术保障，保证了网上交易的安全性、可靠性和有效性。

（3）强大的服务，为投资者提供及时、丰富和个性化的资讯服务。

（4）积极的、全方位的推介让投资者充分了解网上证券交易的优越性。

（5）积极与银行、电信及数据服务商进行全方位的战略合作。

10.5 电子政务

作为电子信息技术与管理的有机结合，电子政务已成为当代信息化发展的重要领域之一。在电子政务中，政府机关的各种数据、文件、档案、社会经济数据都以数字形式存贮于网络服务器中，可通过计算机检索机制快速查询、即用即调。

10.5.1 电子政务概述

电子政务是现代政府管理观念与信息技术相融合的产物。面对全球范围内的国际竞争和知识经济的挑战，许多国家都把电子政务作为优先发展的战略。

1. 电子政务的概念

关于电子政务，国内外存在着多种多样的说法，如电子政府、数字政府、网络政府、政府信息化等。这些提法都只是从某个角度说明了电子政务的概念与特征。严格来说，所谓电子政务，就是政府机构应用现代信息和通信技术，将管理和服务通过网络技术进行集成，在互联网上实现政府组织结构和工作流程的优化重组，超越时间、空间与部门分隔的限制，全方位地向社会提供优质、规范、透明、符合国际水准的管理和服务。

电子政务的定义包含三个方面的信息：第一，电子政务必须借助于电子信息和数字网络技术，离不开信息基础设施和相关软件技术的发展；第二，电子政务处理的是与政权有关的公开事务，除了包括政府机关的行政事务以外，还包括立法、司法部门以及其他一些公共组织的管理事务，如检务、审务、社区事务等；第三，电子政务并不是简单地将传统的政府管理事务原封不动地搬到互联网上，而是要对其进行组织结构的重组和业务流程的再造，电子政府不是现实与政府的一一对应，电子政府与传统政府之间有着显著的区别。电子政务的内容非常广泛，从服务对象来看，电子政务主要包括政府间的电子政务（G2G）、政府对企业的电子政务（G2B）、政府对公民的电子政务（G2C）。

（1）G2G

G2G是上下级政府、不同地方政府、不同政府部门之间的电子政务。G2G主要包括以下内容：

① 电子法规政策系统。对所有政府部门和工作人员提供相关的现行有效的各项法律、法规、规章、行政命令和政策规范，使政府机关和工作人员真正做到有法可依，有法必依。

② 电子公文系统。保证信息安全的前提下在政府上下级、部门之间传送有关政府公文，如报告、请示、批复、公告、通知、通报等，使政务信息十分快捷地在政府间和政府内流转，提高政府公文处理速度。

③ 电子司法档案系统。在政府司法机关之间共享司法信息，如公安机关的刑事犯罪记录、审判机关的审判案例、检察机关检察案例等，通过共享信息提高司法工作效率和司法人员的综合能力。

④ 电子财政管理系统。向各级国家权力机关、审计部门和相关机构提供分级、分部门历

年的政府财政预算及执行情况，包括从明细到汇总的财政收入、开支、拨付款数据以及相关文字说明和图表，便于有关领导和部门及时掌握和监控财政状况。

⑤ 电子办公系统。通过电子网络完成机关工作人员的许多事物性的工作，节约时间和费用，提高工作效率，如工作人员通过网络申请出差、请假、文件复制、使用办公设施和设备、下载政府机关经常使用的各种表格、报销出差费用等。

⑥ 电子培训系统。为政府工作人员提供各种综合性和专业性的网络教育课程，特别是适应信息时代对政府的要求，对员工进行与信息技术有关的专业培训，员工可以通过网络随时随地注册参加培训课程、接受培训，参加考试等。

⑦ 业绩评价系统。按照设定的任务目标、工作标准和完成情况对政府各部门业绩进行科学地测量和评估等。

（2）G2B

G2B 是指政府通过电子网络系统进行电子采购与招标，精简管理业务流程，快捷、迅速地为企业提供各种信息服务。G2B 主要包括以下方面的内容。

① 电子采购与招标。通过网络公布政府采购与招标信息，为企业特别是中小企业参与政府采购提供必要的帮助，通过网络公布政府采购的有关政策和程序，使政府采购成为阳光作业，减少徇私舞弊和暗箱操作，降低企业的交易成本，节约政府采购支出。

② 电子税务。使企业通过政府税务网络系统，在家里或企业办公室就能完成税务登记、税务申报、税款划拨、查询税收公报、了解税收政策等业务，既方便了企业，也减少了政府的开支。

③ 电子证照办理。让企业通过因特网申请办理各种证件和执照，缩短办证周期，减轻企业负担，如企业营业执照的申请、受理、审核、发放、年检、登记项目变更、核销，办理统计证、土地和房产证、建筑许可证、环境评估报告等证件，办理执照和审批事项等。

④ 信息咨询服务。政府将拥有的各种数据库信息对企业开放，方便企业利用。如法律法规规章政策数据库、政府经济白皮书、国际贸易统计资料等信息。

⑤ 中小企业电子服务。政府利用宏观管理优势和集合优势，为提高中小企业国际竞争力和知名度提供各种帮助。包括为中小企业提供统一的政府网站入口，帮助中小企业同电子商务供应商争取有利的能够负担的电子商务应用解决方案等。

（3）G2C

G2C 是指政府通过电子网络系统为公民提供的各种服务。G2C 主要包括：

① 教育培训服务。建立全国性的教育平台，并资助所有的学校和图书馆接入互联网和政府教育平台；政府出资购买教育资源，然后提供给学校和学生；重点加强对信息技术能力的教育和培训，以适应信息时代的挑战。

② 就业服务。通过电话、互联网或其他媒体向公民提供工作机会和就业培训，促进就业，如开设网上人才市场或劳动市场，提供与就业有关的工作职位缺口数据库和求职数据库信息；在就业管理劳动部门所在地或其他公共场所建立网站入口，为没有计算机的公民提供接入互联网寻找工作职位的机会；为求职者提供网上就业培训、就业形势分析，指导就业方向。

③ 电子医疗服务。通过政府网站提供医疗保险政策信息、医药信息，执业医生信息，

为公民提供全面的医疗服务，公民可通过网络查询自己的医疗保险个人账户余额和当地公共医疗账户的情况；查询国家新审批的药品的成分、功效、试验数据、使用方法及其他详细数据，提高自我保健的能力；查询当地医院的级别和执业医生的资质，选择合适的医生和医院。

④ 社会保险网络服务。通过电子网络建立覆盖地区甚至国家的社会保险网络，使公民通过网络及时全面地了解自己的养老、失业、工伤、医疗等社会保险账户的明细情况，有利于加快社会保障体系的建立和普及；通过网络公布最低收入家庭补助，增加透明度；还可以通过网络直接办理有关的社会保险理赔手续。

⑤ 公民信息服务。使公民得以方便、低价接入政府法律法规数据库；通过网络提供被选举人背景资料，促进公民对被选举人的了解；通过在线评论和意见反馈了解公民对政府工作的意见，改进政府工作。

⑥ 交通管理服务。通过建立电子交通网站提供对交通工具和司机的管理与服务。

⑦ 公民电子税务。允许公民个人通过电子报税系统申报个人所得税、财产税等个人税务。

⑧ 电子证件服务。允许居民通过网络办理结婚证、离婚证、出生证、死亡证明等有关证书。

2．电子政务建设状况

（1）国外现状

从世界范围来看，推进政府部门办公自动化、网络化、电子化，实现信息共享已是大势所趋。在联合国积极倡导的“信息高速公路”的五个应用领域中，“电子政务”被列为第一位。

美国是较早发展电子政府的国家，也是电子政府最发达的国家。美国签署了《2002 电子政府法案》，建立了电子政府基金，2006 年该基金增长到 1.5 亿美元；欧盟制定了《信息社会行动纲领》，各成员国也分别制定了本国的信息社会行动计划和电子政府规划，并积极付诸行动。以英国为例，英国政府先后发布了《政府现代化白皮书》、《21 世纪政府电子服务》、《电子政府协同框架》等政策规划；日本政府于 2000 年 3 月正式启动了“电子政府工程”，主要内容是通过因特网等网络系统办理各种申请、申报、审批等手续，实施政府网上采购计划。

概而言之，20 世纪 90 年代以来，欧美等主要国家电子政府建设在政府与民众（G–C）之间，致力于网络系统、信息渠道以及在线服务的建设，为民众提供更便捷、质量更佳、内容更多元化的服务；在政府与企业（G–B）之间，致力于电子商务实践，营造安全、有序、合理的电子商务环境，引进和促进电子商务发展；在政府与政府（G–G）之间，致力于政府办公系统自动化建设，促进信息互动、信息共享以及资源整合，提高行政效率。到 2005 年，全球有 179 个国家启动了电子政务建设工程，占联合国成员国总数的 94%。世界各国政府都在大力加强电子政务建设。发达国家和地区以政府网站建设为龙头，构建“电子化政府”或“连线政府”，为企业和社会公众提供“一站式”电子政务公共服务，以此提升政府效率、加强便民服务。各国政府网站的服务与内容如表 10.3 所示。联合国经济和社会事务部发布的 2008 年度全球电子政务调查报告显示，在全球电子政务发展水平排名中，北欧国家包揽前三名，中国排名第 65，如图 10.14 所示。

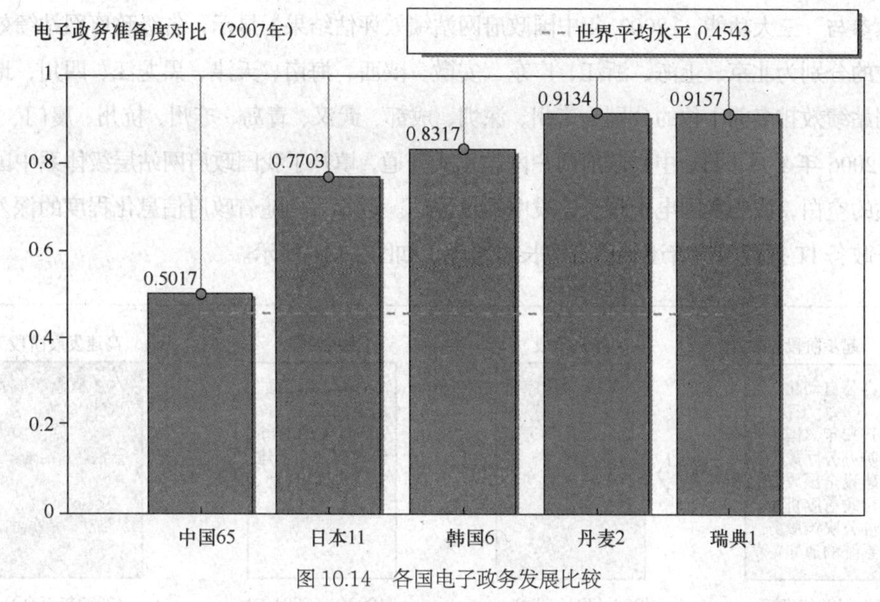

图 10.14　各国电子政务发展比较

表 10.3　各国政府网站的服务与内容比较表

国家	服务对象与特点	服务内容选登
美国	以 FIRSTGOV 首页为门户，对企业、公众和政府提供全面详细的服务栏目	下载政府表格（占 32%）、向政府部门提意见（占 34%）、查找选取投票相关信息（占 22%）、更新驾照（占 12%）
欧盟	公众服务网：Public-Services. eu 企业服务最好，公众次之	网络提供政府服务约占 55%，包括医保、驾照、教育、养老、金融和就业在线；向企业和市民提供的网上服务比例分别为 68% 和 47%；提供跨国电子政务服务，如欧洲所有国家生活所需信息
韩国	公众为主，企业次之，每年节约 1.8 兆亿韩元	网上办理申请居民登记证等 393 种行政手续，通过邮件接受批复，办理申请所需费用可用电子货币支付
中国	重信息、轻服务	地级市政府网站中通过网络提供的服务功能不到 10%，主要集中在投资审判、企业年检方面；全部政务功能网上实现率为零；个别运用“一站式整合”电子政务

（2）国内现状

电子政务旨在改善政府工作流程，我们把电子政务作为今后相当长时间内的一个重点推广领域，目标就是改善政府工作流程，提高政府工作的透明度，实现政府工作的规范化、实时性和全天候运作，使政府机构在高效、互动和廉洁的状态下运行。据不完全统计，我国政府拥有网站 6000 个以上。我国从 20 世纪 90 年代开始逐步实行电子政务计划，其建设步骤大概分为如下四个阶段，如图 10.15 所示。

当前，我国电子政务总体框架已经初步形成。2007 年电子政务蓝皮书《中国电子政务发展报告 No.4》指出，到 2006 年年底，部委、省级、地市级政府网站拥有率超过 90%，县级政府网站拥有率超过 80%，各级政府网站平均拥有率达到 85.6%，比 2005 年上升了 4.5 个百分点。各级政府网站信息发布的及时性、准确性进一步提高，在线服务数量快速增长，政府内部通过网络化沟通和信息共享，办公效率大有提高。我国政府网站主要定位为“信息公开、在线办事和公众参与”三大功能，《2007 年中国政府网站绩效评估结果》显示，省级政府网站绩效排名前十位的分别为北京、上海、浙江、广东、安徽、陕西、海南、天津、黑龙江、四川，地市级政府网站绩效排名前十位的分别为广州、深圳、成都、武汉、青岛、苏州、杭州、厦门、无锡、大连。2006 年 1 月 1 日，中央政府门户网站正式开通，填补了我国政府网站层级体系中国家门户网站的空白，成为我国电子政务建设中的里程碑。近年来，随着政府信息化程度的深入，中国电子政务 IT 投资保持着逐年稳定增长的趋势，如图 10.16 所示。

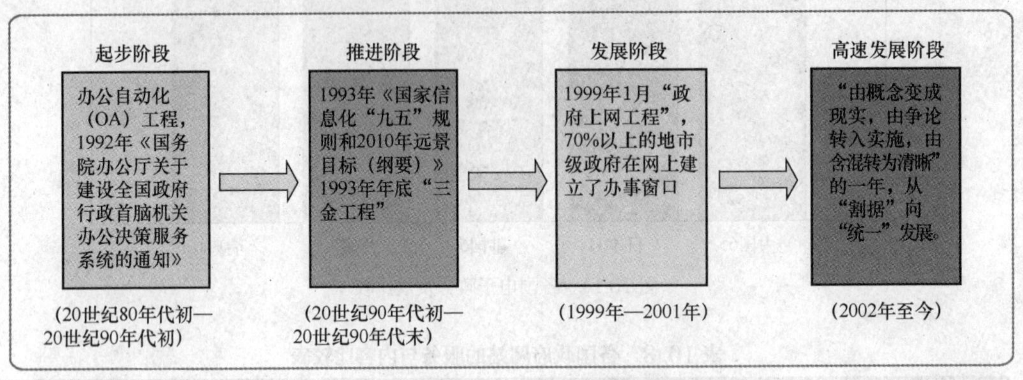

图 10.15　国内电子政务发展阶段

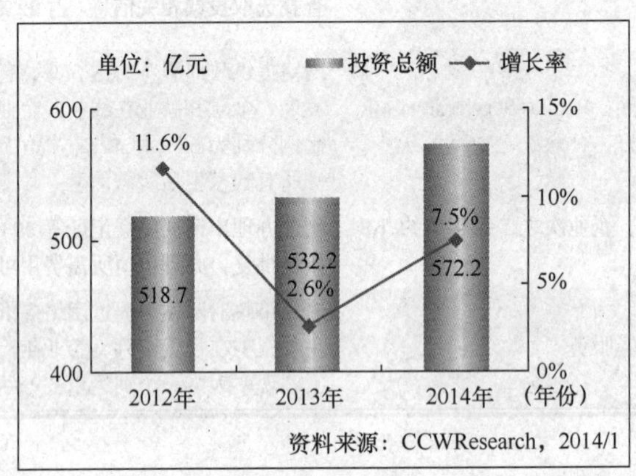

图 10.16　2013 年中国政府行业信息化投资总体状况

3．电子政务：为经济提供新的盈利点

“中国建设信息化，要政府先行”，这是国家信息化领导小组在会议上做出的重要决策，作为政府信息化建设的核心，电子政务毋庸置疑地成为我国信息化工作的龙头和重点。

“十一五”发展规划的关口年，各级政府部门在完善基础网络设施和政府门户网站建设，加快信息资源共享的同时，更加重视电子政务的实际应用，电子政务和行政改革结合得更加紧密；政府行政能力进一步提高，利用门户网站提供更多的网上办事服务，进一步推动了服务型政府的建设。在这个大背景下，未来数年内，电子政务市场空间非常乐观，必将创造出持续、稳定而巨大的利润空间。

第一，随着国家级电子政务二期、三期工程的启动，中央电子政务专项基金投入不断增长，

"一站二网四库十三金"建设，仍然是国家专项资金投入的重点，同时，有可能会启动新的国家电子政务工程项目。基础网络设施是电子政务建设的基础内容，将为电信运营商带来巨大的利润增长点。

第二，在电子政务建设中深入应用市场机制。电子政务建设规模巨大，单靠政府资金远远不够。电子政务市场化机制的深入推行和政府公共服务的不断创新，将给企业带来现实的利润增长点。

第三，政府门户网站服务功能的发展，将推动专业电子政务网络终端的形成。未来几年，电子政务服务功能将会得到充分的发挥，政府外网和门户网站建设将是建设的重点。即便目前我国已有6.18亿网民，互联网普及率为45.8%，但是信息鸿沟仍然会长期存在。电子政务网络终端就是政府跨越鸿沟，全面整合农业时代、工业时代、信息时代特征的现实手段。电子政务网络终端，与政务外网和政府门户网站相连接，为那些不方便上网或者不习惯通过互联网办事的公民或者企业提供便利的公共服务。电子政务网络终端设备创新和服务增值方面的空间巨大，成为新的增长点。

第四，电子政务发展环境尤其是法律环境的完善，将为电子政务的发展保驾护航。电子签名法、行政许可法的实施，将强化电子政务的法律环境，稳步推进网上审批项目的发展。今后一段时间，我国在电子政务方面将会出台更多的法律规章，用法规形式保证电子政务的市场空间。

4．Saas模式在电子政务中的应用

（1）电子政务面临新的挑战

与众多企业一样，多数政府部门都有自己的IT部门或专职IT维护人员，他们主要服务于业务部门对于信息化的需求以及日常的维护。经过多年的建设，电子政务已经经历了硬件及基础设施大投资的时期，应用系统建设也取得长足进步。多数单位都拥有自己的机房，配置了服务器和网络设备，拥有良好的基础设施。但在长期的发展过程中，电子政务建设仍面临诸多严峻挑战。

① 政府IT部门逐渐被边缘化。

② 信息化进程缺乏系统、科学的规划，不能与时俱进，对于规划的执行和贯彻同样缺乏力度和延续性。

③ 作为电子政务建设中的主体，政府的IT部门多是疲于应付大量的事务性工作，很难真正关注核心业务。

④ 各部门都在不遗余力地进行着应用系统的重复建设，信息孤岛不断形成，资源利用效率不高，投资回报率不高。而从总体来看，我国电子政务的投资回报率也不是很高。

⑤ 需要适应管理型政府向服务型政府的转变，需要满足众多业务部门不断发展变化的业务需求。

⑥ 政府部门由粗放型的运作模式向集约型的管理模式转变，还要面临维护和管理成本增高的严峻挑战。

幸运的是，企业信息化的成功经验为电子政务的发展带来了希望，即外包和SaaS模式为电子政务的发展带来了新的发展机遇。将重复性较强、非关键的维护工作外包出去已经成为许

多政府 IT 部门常用的工作方法，通过这种方法，既降低了成本，又保证了具有核心竞争力业务的持续发展。电子政务建设中引入 SaaS 模式的原因有以下两个方面。

1）电子政务中需要 SaaS 模式，SaaS 模式将对电子政务产生深远影响

电子政务中需要引入先进的 SaaS 模式。在实施时间、对组织的影响程度、使用成本以及主要流程变化、最终用户体验等方面，SaaS 模式具有更大的优势。传统软件（许可证方式）大多经历“产品开发—市场开发—产品衰落”的阶段，在此过程中，软件功能随着市场开拓的进展，会得到提升和扩展，但随着产品的衰落，功能也逐渐难以满足市场和客户的需求，软件成本也呈现出“峰—谷—峰”的规律；而采用 SaaS 模式的软件则是经历“产品开发—市场开发—产品升级”等阶段，软件功能随着阶段的发展不断增加，软件的成本也会呈现出初期上升、随后下降并趋于稳定、平滑的规律。

① SaaS 模式是集约型管理的需要。虽然政府部门的许多应用系统并非关键业务系统，但这些系统耗费了大量的成本和人力。因此，从集中资源、避免浪费的角度，引入 SaaS 模式，也是电子政务建设深化发展的必由之路，用更少的代价做更多的事情，已经成为解决问题所需遵循的基本原则。

② 电子政务中引入 SaaS 模式也是创新的需求。基于 SaaS 模式的应用软件加快了创新，由于 SaaS 模式的应用，带动了结构化框架的建设，这些框架将是标准的、可测量的、经过测试的并支持快速迭代的部署，订阅者可分享到新技术的惠利；运营商可集中精力处理关键的内部/组织范围的挑战，如身份认证、安全机制、变更管理、资源管理以及性能管理等。

2）SaaS 模式会在电子政务建设发展过程中取得迅速成功

① 多数政府的 IT 部门已经具备了较为先进的基础设施，非一般企业所能及，具备了 SaaS 应用所必需的基础设施。

② 在多年的电子政务建设中培养出一批专业队伍，具备了 SaaS 服务所需的运营队伍。

③ 通过政务专网等安全网络的建设以及电子公章、数字签名的应用，建立起立体的安全体系，具备了 SaaS 模式对平台安全性的要求。

④ 政府的 IT 部门与电信运营商的良好关系，使得 SaaS 模式平台具备了访问优质网络带宽的先决条件。

⑤ 与通信运营商、设备厂商以及软件供应商等建立起的良好关系使政府更加适合和有可能将 SaaS 模式成功地应用到信息化建设中。

（2）SaaS 模式在电子政务中应用的特点

与企业信息化和电子商务领域中应用不同的是，SaaS 在电子政务中的应用具有以下特点。

① 轻计费，重服务

SaaS 模式通过按月付费、按需付费的方式来降低用户 IT 系统的建设成本和维护成本，其主要客户是那些 IT 基础设施较差、对价格比较敏感的中小企业用户。而对于政府各级部门来说，由于平台是由级别更高、具有优良 IT 基础设施的 IT 部门来运营，而目前政府的 IT 部门并不需要与其他业务部门进行服务的计费和结算。因此，在目前阶段电子政务的应用中，计费不应成为 SaaS 模式的主要特征和商业目标，但服务质量必须得到更多的强调和保证，SLA 机制的建立和引入是切实提高服务质量的必须手段。

② 业务非关键性

由于 SaaS 模式的特点，使得目前 SaaS 在电子政务中的应用只能集中在政府部门的非关键业务上，而对于核心业务和专有业务，不建议采用 SaaS 模式。因此，SaaS 在电子政务中的应用具有业务非关键性的特征。

③ 安全性的重视

由于电子政务的用户特点以及其中可能涉及的核心数据，对安全性同样需要给予高度重视，需要从基础设施架构、网络架构以及应用架构等三个方面构建全方位的立体安全体系，以确保政务数据能被安全访问。SaaS 模式在电子政务中应用的安全性特别关注站点的安全、基础设施的安全、应用的安全以及人员操作的安全。

④ 政府 IT 部门人员面临挑战和机遇

与企业的 IT 部门相似的是，政府 IT 部门处于后端服务部门的弱势角色，长期从事着繁重的软件和硬件设备的维护任务，伴随着大量边缘维护工作的外包，IT 人员得到了第一次解放，而随着 SaaS 模式的应用，IT 人员得到了第二次解放，使得处于边缘化境地的 IT 人员真正意义上看到了发展方向，那就是转变思路，逐渐成为业务部门与技术厂商之间的接口人。这也是所有 IT 人员面临的一次严峻挑战，不进则退，因此，IT 部门的人员作为 SaaS 平台的运营者，同时也是平台的建设者，他们需要不断学习，提高自身业务能力，熟悉业务流程，掌握行业发展方向，逐渐成为拥有技术背景的业务专家，成为业务部门与技术厂商之间的协调者和咨询顾问。对于新的应用，他们要及时与业务部门保持联络，在认真分析业务需求后，基于 SaaS 标准的平台和框架，对其进行适度开发和引入，以降低建设和维护成本，提高服务效率。

10.5.2 中央政府门户网站

1．运行状况

2006 年 1 月 1 日，被称为“中国国网”的“中央政府门户网站”（www.gov.cn，首页如图 10.17 所示）正式开通，填补了我国政府网站层级体系中国家门户网站的空白，是我国电子政务建设中的里程碑。开通当日，在国家级网站中其访问量排名一跃升至全球人气指数第二。央网的开通标志着各级政府部门电子政务建设取得了丰硕的成果，信息化建设水平又向前迈进了一大步，充分体现了我国政府以人为本、全心全意为人民服务的根本宗旨。同时，对于充分利用互联网高科技平台，提高政府部门工作效率，加强各级政府部门之间、政府与企业之间、政府与公众之间的沟通交流，促进我国电子政务的发展和实现经济社会信息化将产生巨大的推动作用。

中央政府门户网站主要职能是向全社会甚至全世界宣传和展示中国政府的形象，让人们能够对中央政府的基本情况有切实的理解和认识；通过向公众提供全面、系统、权威、翔实的法律、法规、部门规章、规范性政府文件及准确的解读和分析等，让社会有法可依。作为中央门户，提供接入所有中央政府机构和省级地方政府的平台和通道；根据特定内容，向公众提供专门的服务。建设中国政府网，是推进政府管理方式创新，建设服务型政府的重要举措，对于促进政务公开，改进公共服务，提高行政效能，便于公众知情、参与和监督，具有重要意义。

图 10.17　中央政府门户网站

2．功能结构

中央政府门户网站是中国各级政府在互联网上发布政务信息和提供在线服务的综合平台。中国政府网现开通“今日中国、中国概况、国家机构、政府机构、法律法规、政务公开、工作动态、政务互动、政府建设、人事任免、新闻发布、网上服务”等栏目，面向社会提供政务信息和与政府业务相关的服务，逐步实现政府与企业、公民的互动交流。其网站总体结构如图 10.18 所示。

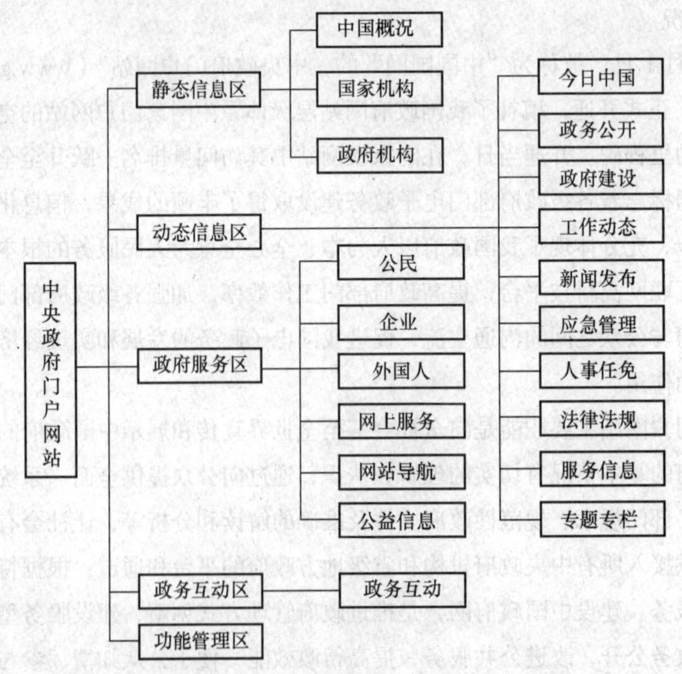

图 10.18　中央政府门户网站结构图

（1）5个功能区

网站从总体结构上设置了静态信息区、动态信息区、政府服务区、政务互动区和功能管理区等5个区域。政务信息区公布政府重大决策部署、行政法规、规范性公文以及工作动态；办事服务区整合了各地区、各部门网上办事服务项目，面向公民、企业和外籍人士提供网上办事服务；互动交流区建立了方便的政府与公众交流的渠道，方便公众建言献策，便于政府直接了解社情民意；应用功能区包括检索、导航等网站辅助功能。

（2）12个栏目

网站中文版开设了“今日中国、中国概况、国家机构、政府机构、法律法规、政务公开、政务互动、工作动态、政府建设、人事任免、新闻发布、网上服务”等 12 个一级栏目。英文版开设了“今日中国、中国概况、外籍人士服务、商务中国、政府出版物、法律法规、专题专栏”等7个栏目，详尽介绍了中国政治体制结构，在介绍各省、自治区、直辖市时还配备了清晰的地图和详细的资料，方便外国友人了解中国。

① “网上服务”栏目链接了48个政府部门，整合了各大政府部门网站的信息资源为网站“导航”，打开栏目首页犹如站在各大政府部门的入口处，网民可以找到每个部门的地址、电话、网址，并即刻办理部分“网上业务”。

② “应急管理”栏目，包括突发事件、典型事故案例、应急预案和应急演练等子栏目。“信访之窗”栏目也位于首页主要位置，包括“信访法规”、“信访指南”及国家信访局的链接，公民可以清晰地看到信访人拥有哪些具体权利。

③ 在“政务互动”栏目中，“政策解读”、“权威访谈”、“建言议政”、“意见征集”四个子栏目配合国家政策的颁布，利用政府网站的政府文件、公报首发优势，当重大决策、国务院公报和政府白皮书出台时，立即与其他媒体合作，及时发布解读性报道。

在首页上的“主题服务”栏目中，公民可以享受生育、户籍、教育、就业、婚姻咨询等各种便民服务。不论办理护照还是新生儿登记，只要登录中央政府门户网站，按照服务主题，单击三四次就能找到办事指南或在线服务“站点”。市民若办理婚姻登记，只要按提示，单击三次就能找到户籍所在地婚姻登记处介绍，包括办公时间、地点、联系电话、监督电话等。商人办企业、搞投资、外国人在华生活、旅游都可以在此网站上寻求咨询。

10.6 企业电子商务

企业作为电子商务的主体，其信息化程度是电子商务运行的基础。本节主要介绍企业电子商务的内涵、国内外企业电子商务现状和我国大型骨干企业电子商务的实施模式。

10.6.1 企业电子商务概述

1．定义

企业电子商务是指如何利用 Internet 来组建企业内部经营管理的活动，与企业开展的电子商贸活动保持协调一致。最典型的是供应链管理，它从市场需求出发，利用网络将企业的销、产、供、研等活动串在一起，实现了企业的网络化、数字化管理，最大限度地适应网络时代市场需求的变化，也就是企业内部的电子商务实现。

目前，许多网站建立了电子商务平台，为企业之间以及企业与用户之间提供了各种交易的途径。企业只要具备一定的信息化手段（如企业内联网、管理信息系统、后台数据库等），就可以利用这些平台进行电子商务运作。企业电子商务注重在三个方面的发展：电子商务系统、增值服务及 ASP、内部管理系统，如图 10.19 所示。

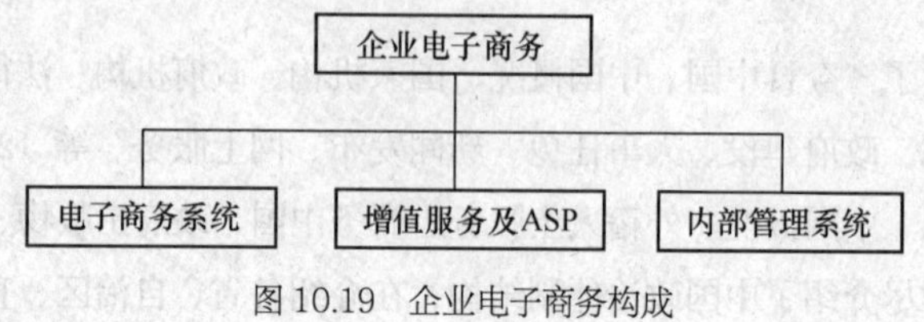

图 10.19　企业电子商务构成

（1）电子商务系统，是指通过提供有效、多样的交易模式，扩大用户群、增加交易量。主要包含以下功能：

① B2B 电子商务系统。在 B2B 系统中，最终应实现目录式交易系统、拍卖式交易系统以及交换式交易系统，业务范围覆盖相关产品的采购及销售。

② B2C 电子商务系统。B2C 系统包括在线交易、在线支付、配送及个性化客户服务等功能。

③ 电子商务门户网站。通过商业联盟等形式，采用先进的电子化服务技术建立行业的电子商务门户网站，为用户提供一站式、全方位服务。

④ CRM 系统。CRM 系统是将以客户为中心的各种工作流程，同后台内部系统相互配合，实现以客户为中心的个性化电子商务及信息系统。

（2）增值服务及 ASP。可有效提高用户的忠诚度，同时增加网站的收入，包含以下服务。

① 主服务（Hosting）。为用户提供各种宿主服务，宿主服务的内容包括 Web Hosting 及 Application Hosting。

② B2E 服务。B2E 是指 Business To Employee。将企业的内部流程通过 Internet/Intranet 加以实现，通过 B2E 实现企业内部的办公自动化流程，可以缩短系统建设过程，降低维护难度，并有利于内部不同工作系统的有机集成。

③ 在线支付网关。实现会员间的结算服务，实现会员及用户的在线支付服务。

④ 银行贷款信用担保。为银行和为会员提供的金融服务，如与 B2B 定单系统结合，为银行和会员提供就 B2B 交易的贷款担保。

⑤ ERP/Supply Chain。ERP 系统、Supply Chain 系统是企业必不可少的生产管理工具，供应链应用软件（Supply Chain Planning Software）能够智能地管理供应链的各种行为。

⑥ 行业分析报告。通过 B2B、B2C 及其他 ASP 系统，积累大量有价值的行业信息数据，用以提供行业咨询服务，发展中立的行业评估机构。

（3）内部管理系统。内部管理系统包括商流管理系统、物流管理系统、资金流管理系统、信息管理系统及办公自动化系统，其目的是规范内部流程，提高工作效率。

① 财务系统。财务系统包括公司本身的财务系统及与会员和用户之间的资金往来信息系统。

② OA 办公自动化系统。完成内部管理流程的自动化处理，采用 B2E 的方式。

③ 配送物流信息系统。配送系统作为物流管理的一部分，采用 ERP 的解决方案。

④ 库存管理系统。与配送管理信息系统一样，采用 ERP 解决方案。

⑤ 数据中心。记录企业内的各种信息及历史记录，这些数据是系统分析和决策的基础。

⑥ 决策支持系统。建立在数据仓库系统之上的数据分析系统，通过不同角度、为不同对象提供基于数据仓库的历史数据分析，并根据事先定义的规则和条件，给出对业务的预测。

企业内部网是企业全面实现电子商务的重要基础，是实现企业现代化管理、产品供应链管理和企业走向全球化的重要步骤。将企业管理系统和供应链管理系统整合在企业的内部网之中，采用不同的安全管理，推动企业无纸化和高效能、低成本运转，是使企业保持最佳竞争力的重要途径。

2．国内外现状

在经济全球化、信息化的推动下，全球电子商务高速发展，2013 年 7 月 23 日尼尔森今日公布的一份研究报告显示，随着越来越多的消费者在网上购物，全球电子商务交易总额将在 5 年内增长近 3 倍，达到 3070 亿美元。这项研究由 eBay 旗下在线支付业务 PayPal 委托尼尔森实施。结果显示，中国、澳大利亚、巴西、德国、美国和英国等国的跨境互联网电子商务规模在 2018 年将增至 3070 亿美元，远远超过 2013 年的 1050 亿美元。销售额最高的商品类别将包括服装、鞋类、饰品、健康美容产品和个人电子产品等。

美国有 60%的小企业、80%的中型企业、90%以上的大型企业已经借助互联网广泛地开展了商务活动。90 年代后期，电子商务在我国企业界特别是商贸领域开始了深入地探索和实践。一些大中型企业纷纷加快了信息化建设的步伐，不同程度地引入了 ERP（企业资源规划）、SCM（供应链管理）、CRM（客户关系管理）等先进的管理软件系统，优化了内部管理，提升了企业的敏捷性和竞争力。中石化、中石油、中化、中粮、中国五矿等大型企业都开展了形式不同的电子商务，有效地拓展了业务，普遍提高了商务活动效率，延伸了商务活动范围，降低了交易成本。中国石油“能源一号”电子商务网站自 2001 年 7 月投入运营以来，截至 2009 年年底，累计实现网上交易量近 2100 亿元人民币，其中通过电子采购、电子市场系统实现采购交易量达 840 亿元人民币。我国中小企业电子商务应用环境进一步改善、应用规模扩大、应用质量提高、应用模式创新、服务体系进一步完善。2005 年 2 月国务院办公厅发布的《关于加快电子商务发展的若干意见》，对中小企业电子商务予以高度重视，要求“支持中小企业电子商务应用。提高中小企业对电子商务重要性的认识，扶持、服务中小企业的第三方电子商务服务平台建设，解决中小企业在投资、人才等方面存在的问题，促进中小企业应用电子商务提高商务效率，降低交易成本，推进中小企业信息化。”据统计，截至 2013 年 12 月，全国使用计算机办公的企业比例为 93.1%。从从业人员规模来看，7 人及以下的微型企业计算机使用率最低，仅为 83.5%，与其他规模企业间仍然存在较大差距；100 人以上规模的企业，计算机使用率接近 98%。经常性应用电子商务的中小企业达到中小企业总数的 60%以上。到 2015 年，企业间电子商务交易规模将超过 15 万亿元，在中国电子商务市场细分领域中，中小企业 B2B 电子商务仍然是规模最大的领域，据艾瑞网预计，2017 年规模将达到 12.4 万亿元，复合增长率 25%；电子商务的服务水平显著提升，涌现出一批具有国际影响力的电子商务企业和服务品牌。

10.6.2 大型骨干企业电子商务

以中石化、中石油等为代表的大型骨干企业掌握着我国经济的命脉，这些企业都非常重视利用电子商务及相关信息技术提升企业的竞争能力与管理水平，在电子商务实施方面动手早、投资力度大、效果显著，大型骨干企业的电子商务发展水平代表着当前中国电子商务的最高水平。

1. 骨干企业电子商务模式

大型企业的电子商务都是与传统的产业基础紧密结合在一起的，随着网络经济泡沫的消退，信息化带动传统行业飞跃的模式逐渐成为世界电子商务发展的主流，传统行业大型企业的产业基础开始成为电子商务新一轮飞速发展的平台。当前，中小企业电子商务应用除了提升内部管理外，对外的主要应用就是开拓网上市场、寻找商机；而大型企业则根据战略需求，全方位地实施网上采购、供应链管理、分销管理等，很多中小企业也会被动地加入大型企业的电子商务体系中来，参与更广泛的电子商务活动。当前超大型企业在电子商务方面的典型模式主要包括以下几种，如表 10.4 所示。

表 10.4　骨干企业电子商务的典型模式

类别	代表企业	物资采购	供应链	内部管理控制	分销/销售系统
网上交易平台	中石油	★★★		★	★★
内部管理与分销管理	神州数码		★★	★★★	★★★
制造企业协同商务	华为	★★	★★★	★★★	★★
对照	中小企业	跟随参与	跟随参与	★	★（以网上营销为主）

（1）网上交易平台

以中石油、中石化、中粮、上汽集团等企业为代表的大型企业建立了网上交易平台。一般而言，平台的采购职能要领先于销售职能，采购作为企业中一个比较敏感的部门容易滋生各种“暗箱”因素，而可以在制度上破除这些因素的网上采购自然会被大力推广。网上采购通过规范过程可以实现保障生产（运营）、节约成本的目的。

（2）内部管理与分销管理体系

以中化化肥、神州数码等为代表的企业，面临的共同特点是产业链上游企业较少，下游企业很多，因此其电子商务的重要内容是做好自身资源管理和分销管理。中化化肥、神州数码这两家企业的共同之处是分销系统都是建立在完善的内部系统的基础之上，不同之处在于中化化肥的分销体系是中化自己的体系，几乎延伸到了销售的末端，作为一个垄断性比较强的行业和企业，这种分销体系的架构非常有利于集中控制市场；神州数码的分销系统的参与者则是与之没有资本联系的代理商，IT 分销是一个竞争性相对较强的行业，神州数码通过分销系统快速的反应和良好的服务支持建立了自己的竞争优势。

（3）制造企业协同商务

以海尔、宝钢、联想、华为、摩托罗拉、上汽通用等企业为代表的制造业企业已经开始了不同程度的协同商务实践。作为更高发展阶段的电子商务形式，协同商务建立在各方相互信任、互惠共赢、信息共享、战略合作的基础上，在库存、研发、市场等多个领域进行长期深入的协同。这类企业的电子商务水平相对较高，其应用的范围也是最广的。以库存管理为例，上汽通用实现了零仓库运营，由宝钢等上游企业作为原料的配送供应商，华为也在一些重要原材料供应上与上游厂商实现了系统对接层面的 VMI（供应商管理库存）。协同商务必然会对企业在电子商务方面的发展甚至对整个企业发展战略的走向产生巨大的影响。

电子商务不仅改变了企业营销方式，而且推动了企业对管理理念、决策方式、业务过程组合后销方式的战略性思考和变革。尤其在今天，信息化大潮已经不可逆转，葛罗夫在华盛顿经济战略管理学院发表演讲时宣称：“五年后将不再有互联网公司，因为（届时）所有的公司都将是互联网公司。”

2．大型骨干企业

中国石油天然气集团公司（简称“中石油”，英文缩写：CNPC）是 1998 年 7 月在原中国石油天然气总公司的基础上组建起来的特大型石油石化企业集团，系国家授权投资的机构和国家控股公司，是实行上下游、内外贸、产销一体化，按照现代企业制度运作，跨地区、跨行业、跨国经营的综合性石油公司。“能源一号网”（http://www.energyahead.com/）是由多方共同投资组建的石油、石化行业的电子商务公司，公司的主要业务是为石油、石化工业的用户提供广泛的电子商务功能与服务，实现网上的实时交易，使用户通过电子商务手段革新传统的交易方式且获得显著的经济效益。能源一号网针对全球石油石化工业的特点提供了包括电子采购方案、电子销售方案及电子市场方案在内的一整套优秀的电子商务解决方案，并向客户提供各种功能强大的增值服务，如图 10.20 所示。

图 10.20　能源一号网

面临着入世以后日益激烈的国际、国内的市场竞争，中国石油行业的核心企业，中石油的管理层深刻认识到加快企业信息化发展步伐、推进电子商务发展的紧迫性。

中石油开展电子商务的总体思路就是要采用世界上先进的技术、管理和机制，统一规划、分步实施、搭建 B2B 电子平台，从物资采购起步，逐步转变产品销售和经营机制，促进公司效益的提高。总体目标就是要创立和运营国际一流的、以中国石油天然气行业为主要服务对象的企业对企业的电子交易平台，以进一步促进中国石油业务流程的优化。

能源一号网的先天行业资源优势为电子商务的发展提供了坚实的业务基础。目前，能源一号电子商务平台已正式开通运行，具有电子采购、电子销售、电子市场等三大功能和高安全性、高可用性、高灵活性和可扩展性等四大特征，是国内大型电子商务平台的典型代表，它包括以下几个功能模块。

（1）电子采购子系统

根据物资的不同分类和市场特性，能源一号的电子采购系统分为目录式采购、谈价议价采购、网上招标采购和反向拍卖采购四种功能模块，如图 10.21 所示。

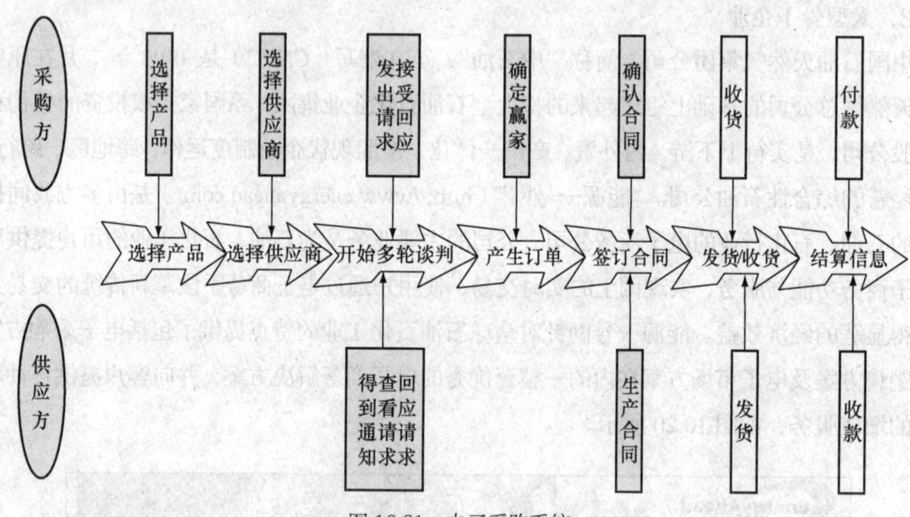

图 10.21　电子采购系统

（2）电子销售子系统

电子销售子系统分为目录式销售、协商式销售、竞价式销售和拍卖式销售等四种功能模块，如图 10.22 所示。

（3）电子市场子系统

能源一号网的电子市场子系统主要为买卖双方提供准确、齐全、及时的产品信息，并提供便捷、安全、可靠的网上交易。能源一号网电子市场采取会员制管理模式，提供固定目录式交易和动态交易两大交易模式，动态交易包括拍卖、反向拍卖询价、撮合等交易机制，如图 10.23 所示。

能源一号网正式开通以来，取得的成效是十分明显的，已成为国内 B2B 电子商务交易当之无愧的“领头羊”。它的发展实践表明，电子采购不但极大地提高了谈价、议价的效率，还最大限度地避免了商业谈判中影响最终结果的人为因素，在给供应商施加无形压力的同时，使采购方完全占据了谈判的主动。同样的效果在电子销售和电子市场的业务运作中也得到了充分的体现。能源一号网的成功运营对推动中国石油这一特大型企业改革与发展所起的作用也是不可低估的。中石油开展电子商务，对供应链系统进行业务整合，不仅仅是为了节省成本，更重要的是要将其纳入新的体制，这是股份公司建立和完善新体制的一个非常重要的方面。

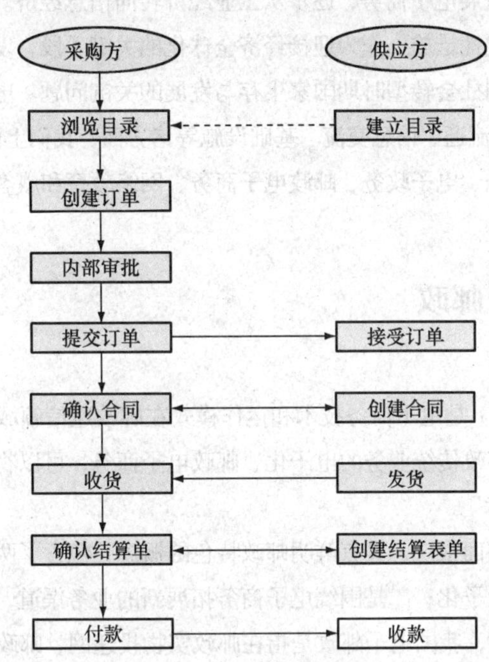

图 10.22　电子销售子系统

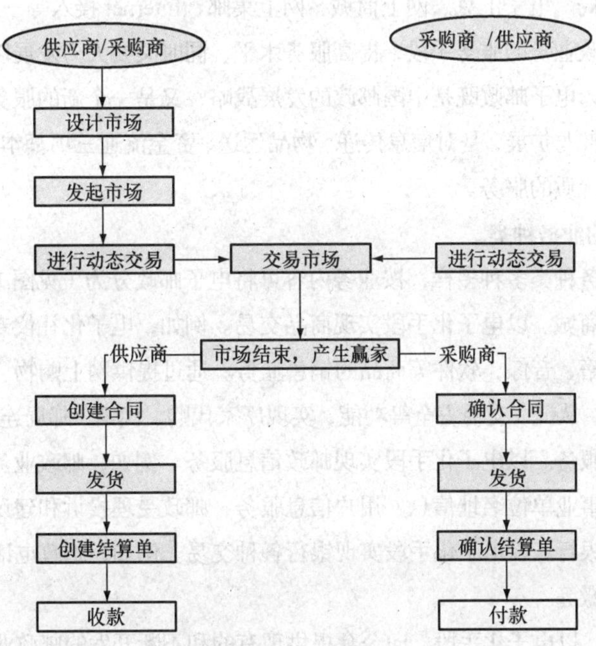

图 10.23　电子市场子系统

10.7 电子商务的其他应用

现在各国都在积极发展电子商务，逐步从工业经济转向信息经济。电子商务已成为从工业社会转向信息社会的决定性措施，作为迎接经济全球化的关键手段，发展电子商务已经不仅仅是经济问题，而是关系到社会转型时期国家生存与发展的关键问题。电子商务直接涉及国家法律、贸易、金融、物资、流通、信息交流、基础设施等诸方面，我们上面列举的网络交易平台、旅游电子商务、网络娱乐、电子政务、邮政电子商务、网络教育和威客等，电子商务已经深入我们生活的方方面面。

10.7.1 电子邮政

1．电子邮政的含义

电子邮政（E–POST）是电子商务技术和运作模式在邮政通信领域的应用，它包含了邮政信息化的全部内容，即邮政传统业务的电子化、邮政电子商务，可以将电子邮政概括为“传统邮政+网络技术+信息技术”。

电子邮政是一个涵盖面很广，具有鲜明邮政特色的概念，包含了两层含义：一是要实现传统邮政业务的信息化和电子化；二是围绕电子商务拓展新的业务渠道，寻找新的业务增长点，提供新的服务。具体地讲，我国电子邮政是指在邮政实物投递网、邮政综合计算机网和邮政储汇网“三网”的基础上，采用先进的计算机技术和通信技术，通过建立183互联网接入平台、185电话接入平台、综合业务平台、电子支付平台、CA认证体系等，逐步向社会提供CA认证、电子邮戳、电子邮局、电子汇兑、网上商城、网上集邮、Internet接入等一系列新型邮政服务。这既要改善传统邮政业务的服务手段，提高服务水平，同时又要大力发展以邮政电子商务为核心的新业务。因此，电子邮政既是中国邮政的发展战略，又是一个新的服务品牌。电子邮政是传统邮政业务的延伸与扩展，是对信息传递、物品运送、资金流通三项基本功能的丰富和拓展，是向社会提供的更优质的服务。

2．电子邮政的业务种类

电子邮政的业务种类多种多样，按业务内容可将电子邮政分为（见图10.24）：

（1）邮政电子商城。以电子化手段实现商品交易。例如，电子化礼仪专送、报刊征订、邮资、票品市场，书籍、音像，软件等商品的销售业务。通过提供网上购物、实物递送，不断发展和完善网上支付、认证、交易安全等功能，实现厂家代购、代销，邮局连锁代售、投递到户。

（2）邮政信息服务。以电子化手段实现邮政信息服务。例如，邮政业务查询、编码查询、邮政业务咨询、企事业单位名址信息、用户信息服务、邮政受理投诉和建议、广告业务等。

（3）邮政电子银行。以电子化手段实现银行各种交易。例如，邮政电话银行、邮政网上银行，邮政代收、代缴等。

（4）电子邮局。以电子化手段，向公众提供现有的和不断开发的邮政业务。例如，安全电子邮件、混合邮件、电子邮戳、电子邮票、电子账单、电子广告等。

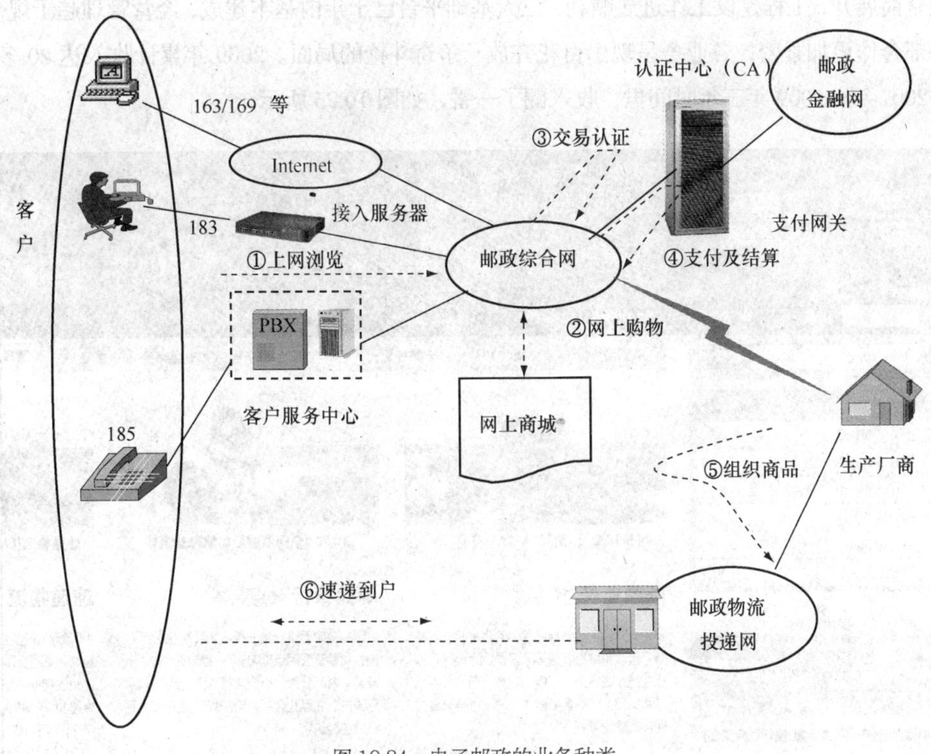

图 10.24　电子邮政的业务种类

（5）网上集邮。以电子化手段，在网上向用户提供邮票信息查询、邮市行情、邮票导购、邮票柏实、集邮者论坛等。

（6）其他业务。为公众提供邮政 ISP 的各类服务功能。如利用邮政综合网为中小企业建立电子商务网站，提供外购整体网络的服务等。

3．电子邮政的基本框架

电子邮政的基本框架包括接入平台、基础网络、安全认证体系、支付体系、业务平台和业务应用系统以及相应的法律法规、标准和规范。整个 E-post 的建设分为以下几个发展阶段：第一阶段，实现现有邮政业务的电子化、信息化，促进邮政服务质量、生产和管理水平的优化与提高。第二个阶段，通过逐步建立 E-post 接入平台、业务平台、电子支付、实物递送系统，初步实现邮政电子商务系统，促进邮政新业务的拓展。第三个阶段，实现邮政服务、生产、管理的在线服务、网络化和全球化，真正实现高效率低成本。随着邮政综合计算机网、绿卡网以及其他业务应用子系统的逐步建成与运行，邮政业务的电子化取得了进一步发展，为邮政电子业务的开展打下了坚实的基础。

4．典型企业分析——中国邮政

中国邮政主要经营国内和国际邮件寄递、报刊等出版物的发行、邮政汇兑、邮政储蓄、邮政物流、邮票发行等业务。中国邮政集团公司是国内唯一一家同时拥有实物流、资金流、信息流的企业。中国邮政具备信息流、资金流、实物流“三流合一”的发展电子商务的天然优势。2008 年，中国邮政集团公司确立了电子商务在邮政改革和发展中的战略地位，要求通过整合资源，以“支撑、服务、运营”为宗旨，加快邮政电子商务的发展速度。2009 年，邮政电子商务发展全面展开，工程建设工作进展顺利，三大基础平台已于年内基本建成，经营管理趋于规范，内外部合作更加紧密，各业务呈现出百花齐放、争奇斗艳的局面。2009 年累计收入达 20 多亿元，2007 年—2009 年三年时间里，收入翻了一番，如图 10.25 所示。

图 10.25　中国邮政

2009 年，邮政电子商务工程建设进展顺利。短信平台功能不断完善，实现了与储蓄、汇兑、速递、集邮、电子商务等多个系统的互联互通，极大丰富了业务品种，如图 10.26 所示。电子商务信息平台已经覆盖全国 31 个省（自治区、直辖市）的近 5 万个邮政网点，8 万个台席、14 万名员工，日平均业务交易笔数达 460 万笔，日峰期交易笔数超过 1500 万笔，平台目前开办了航空客票、世博会门票、航意险、“爱心包裹”、“邮乐购”等 10 余种全国性业务和上百种代收、代缴等特色业务。截至 2011 年年底，支付网关交易额逾 60 亿元，有效地促进了业务的发展。中国邮政与 TOM 集团联合打造的“邮乐中国”精品购物网站于 2009 年 10 月底对外试营业，标志着中国邮政开始全面参与 BtoC 购物领域，该 B2C 平台提供全方位的订购服务，线上服务包括互联网和手机下单，线下服务包括目录直邮销售、网点和 11185 呼叫中心下单以及客户经理主动上门服务等方式；短信系统的三期工程和电子商务网站的建设工作也全面启动，建成后将成为传统营业网点以外，客户办理邮政业务的新渠道。

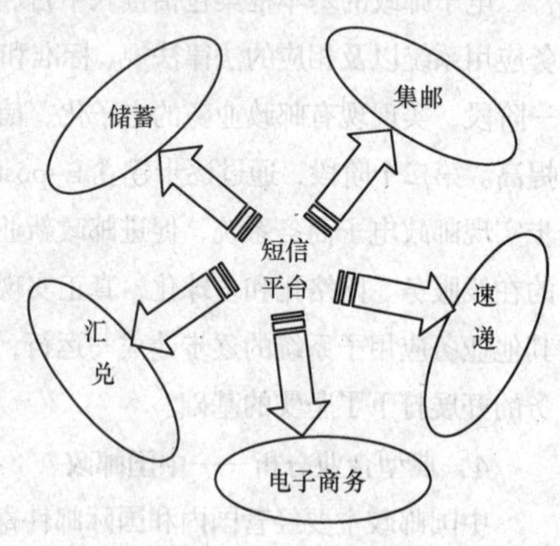

图 10.26　中国邮政系统结构

中国邮政充分发挥电子商务各信息系统的作用，进一步整合资源、优化流程，一方面做好对其他业务的支撑和服务，全面推进邮政业务的电子商务化；另一方面强力推进航空机票、缴费一站通等重点业务，积极探索互联网购物等电子商务新领域，为邮政电子商务培育出更加炫目的邮政票务、缴费一站通、“自邮一族”、“邮乐中国”等品牌之花。

10.7.2 网络教育

1．含义

网络教育是一种基于互联网传播手段而进行学习与教育的新型教育培训方式，通常也称作在线学习，E-learning 等。它是在网络环境下，以现代教育思想和学习理论为指导，充分发挥网络的各种教育功能和丰富的网络教育资源优势，向受教育者和学习者提供一种网络教和学的环境，传递数字化内容，开展以学习者为中心的非面授教育活动。

2．现状

网络教育作为一种全新的现代教育方式在全球发展十分迅速，1999 年全球网络教育市场收入为 17 亿美元，而到 2005 年为 314 亿美元，年平均增长率为 65%，呈现出高速的增长态势。2007 年达到了 600 亿美元。美国政府十分重视网络教育，美国每年用于网络教育的开支达 100 亿~200 亿美元，其中投资 7800 万美元用以建立网上课程，20 亿美元用以推动所有中小学生使用电脑。美国视网上文凭或学位同传统学校颁发的文凭或学位一样，越来越多的大学通过互联网招收学生并颁文凭。

中国的网络教育市场总体处于起步阶段。中国网络教育用户数已经从 2001 年的 371 万人发展到 2007 年的 1220 万人，2013 年网络教育投资规模高达 583 亿元人民币，相关数据显示，未来几年在线教育市场增速将在 20%以上。我国教育网站如图 10.27 所示，主要有三大类。

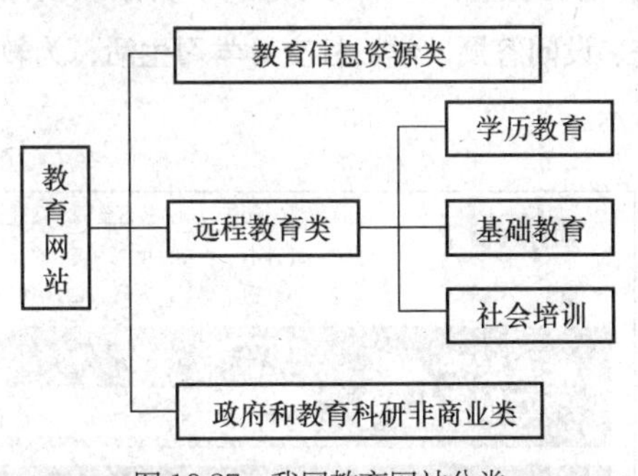

图 10.27 我国教育网站分类

（1）教育信息资源类网站，以提供各种各样的教育、教学信息和教育资源为主。这些网站独立运作，运作模式各异，目前均是免费浏览内容。

（2）远程教育类网站，主要提供远程的学历教育或非学历教育。学历教育以高等院校的网上大学为主，非学历教育主要是继续教育和职业技术教育等。我国网络远程教育主要有以下三类。

① 以学历教育为主的网络教育学院。1998 年 9 月，教育部正式批准清华大学、北京邮电大学、浙江大学和湖南大学，4 所大学为国家网络远程教育第一批试点院校，目前已经获得正式批准的大学已达 68 所。教育范围涵盖普通专科、专科起点本科和研究生课程、二学位等上百个专业。

② 以基础教育为主的网络教育。在教育部注册的全国从事基础教育的中小学校共有 70 多万所，2 亿多名中小学在校生。今后 10 年还要有 2 亿多适龄儿童要陆续进入中小学接受基础教育，为开展中小学远程教育提供了巨大的用户基础。2003 年 9 月，国务院召开了全国农村教育工作会议，下发了《国务院关于进一步加强农村教育工作的决定》。《决定》明确提出“实施农村中小学现代远程教育工程，促进城乡优质教育资源共享，提高农村教育质量和效益。

③ 以社会培训为主的网络机构。为了适应社会对人才多样化的需求，以提供各类培训、

技能认证为主要内容的社会网络培训机构应运而生，目前已达数千个，如 21 世纪中国电子商务网校、新东方教育在线、环球职业教育在线等。

（3）政府和教育科研类的非商业网站，包括各级教育机构所建的各地教育信息网、各类教育报刊杂志所办的网络版、各级大中小学校所建的学校网站以及教师个人所建的学科类网站等。

目前我国网络教育市场总体仍处于起步阶段，随着中国的信息化程度的提高以及网民对网络教育认知程度的深入，网络教育市场规模将不断扩大。从产业链角度来看，由网络教育课程提供商，系统开发商，服务运营商组成的产业链已经形成。厂商之间的分工进一步明确和细化。目前中国的网络教育学历教育市场规模最大，在一定程度上成为网络教育的代名词，服务的规范化将是网络教育市场下一步发展的重点；基础教育市场目前发展速度减缓，认知度尚待提高，需要加大网络教育教育市场的投入力度；职业培训与认证市场竞争激烈，只有建立良好的品牌，提供实在的提高能力的培训才能求得发展。国内企业也已经开始关注 E-learning 的应用，但目前仍处于培育期，认知度有待提高；从用户角度来看，网民对网络教育的认知尚待提高，对网络教育总体满意度不高，存在的最大问题是学生与任课老师缺乏沟通以及收费过高，同时客户服务质量也不容忽视。

3．典型企业分析——新东方在线

网络教育平台旨在通过开放整合的商务模式，为教育的三方——教育者、受教育者、教育内容供应商——提供简单、实用的创新性智能式教育软件产品。目前全国网络教育平台已拥有 2.6 亿名学生、2000 万名教师，开放式教育平台围绕学习诊断、课堂教学、课后作业、培优补差、设问答疑、学习社交等学习生活，为教师和学生提供线上面对面的教育模式，如图 10.28 所示。

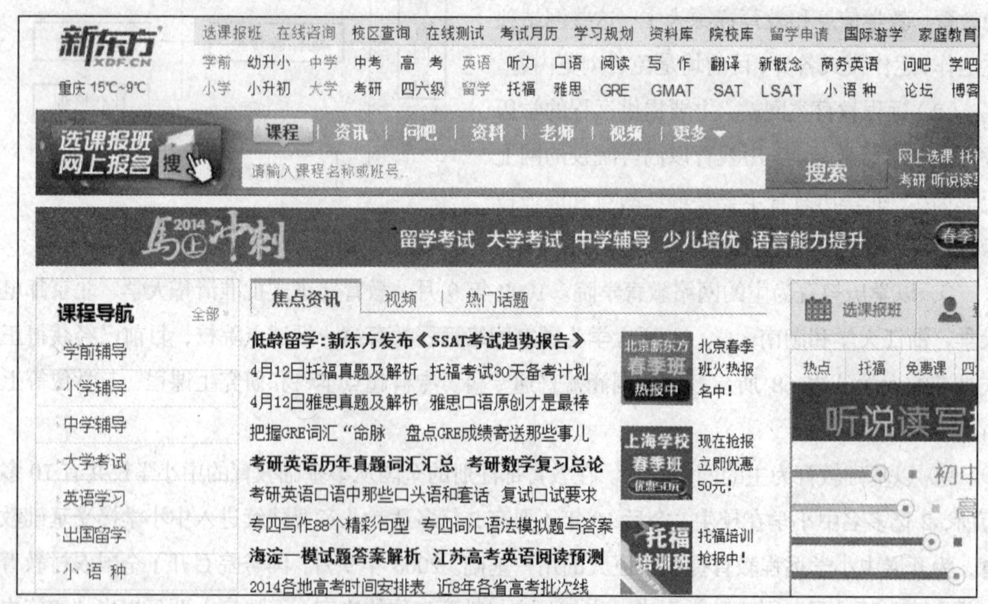

图 10.28　新东方在线

新东方在线是由新东方集团全资创办，为学员提供出国留学、考研培训、英语培训和职业教育培训的综合网络教育培训机构，依托强大的新东方师资力量与教学资源，拥有最先进的教学内容开发与制作团队，致力于为广大用户提供个性化、互动化、智能化的卓越在线学习体验。自 2000 年上线以来，经过快十年的发展，新东方在线已经成为中国最强大的网络教育服务平台和最领先的外语培训类网络教育品牌。

新东方在线的网络课程服务横跨留学考试、学历考试、职业教育、英语充电、多种语言、中学教育 6 大类，共计 2000 多门课程，为各类用户提供全面的在线教育服务，截至 2013 年 6 月，新东方在线网站个人注册用户已逾 1000 万人，移动学习用户超过 250 万人。

10.7.3 威客

1. 威客概念

威客的英文是 Witkey，是 The kye of wisdom 的缩写，是指通过互联网把自己的智慧、产品、能力、经验转换成实际收益的人，他们在互联网上通过解决科学、技术、工作、生活、学习中的问题从而让产品、智慧、经验、技能体现经济价值。威客的类型有很多种，包括悬赏招标型威客、积分型威客、出售知识、能力式威客、地图型威客。目前悬赏招标威客是主要的威客形式，是指对某个项目进行招标，争取中标并获得项目开发机会，最终产生价值的人。

2. 威客行业发展状况

（1）国外发展状况

2001 年，第一个以悬赏招标为威客模式的现金交易型网站 www.innocentive.com 在美国问世，innocentive 是一个位于马萨诸塞州的网络社区，致力于为大公司提供技术攻关或解决科学难题，现在主要为化学和生物领域的重要研发提供网络平台。国外，这样类似威客的模式被人们称为“众包”，是指企事业单位、机构乃至个人把过去由员工执行的工作任务，以自由、自愿的形式外包给非特定的社会大众群体解决或承担的做法。实际上，企业原本需要花钱雇人去做，现在利用大众的创意智慧来解决公司面临的各种商业难题就是“众包”。众包不仅是提高经济效率的一种商业可能，它更是一种商业发展的未来模式。

Freelancer.com、Elance.ocm、Odesk.com、Guru.com、Peopleperhour.com 等各有特色的国外众包网站也相继出现。其中 Freelancer.com、Cglance.com、Getacoder.com 等全球性威客网站已经充当了海外外包项目最快捷的通道。巨大的人力成本差异让海外外包项目成为一个庞大的市场。据中国电子信息行业研究院（CCD）预测，到 2010 年中国外包市场规模将达到 70.82 亿美元，占全球外包市场总额的 8.4%，年均复合增长率为 50.2%。

（2）国内发展状况

威客并不是一个舶来品，而是在中国生长和发展的新一代互联网应用。威客模式诞生于 20 世纪 70 年代末的 BBS（电子公告板系统），是人们最初通过互联网查找信息的工具。从 2000 年，一批威客类型网站已开始了招标任务的流程。2000 年中国深圳的“设计者之窗”开始用招标任务的方式为世界著名企业服务，将这些企业的设计任务通过互联网发包给高水平的设计师，目前国内的大多数网站都在对威客这个领域进行着卓有成效的探索。

2003 年 11 月，“K68 创意产业平台”创办，创立之初的名字是“K68 在线工作平台”，2004 年 4 月正式发布第 1 号任务。“K68 创意产业平台”是我国最早的商业威客网站，但由于“威客”的概念尚未提出，“K68 创意产业平台”只是定位于 Web2.0 的一种应用形式，没有形成明确的“威客”概念。直至 2005 年，中科院研究生院工商管理专业硕士研究生刘锋开始建立威客网 witkey.com 试图将中国科学院的专家资源，科技成果与企业的科技难题对接起来。在建设网站的过程中，刘锋发现通过互联网解决问题并让解决者获取报酬是互联网发展的一个全新领域，第一次明确提出了威客的概念。2007 年，witkey 的概念进入中国高考试题，数百万考生因此了解了威客模式。2007 年 8 月，中国教育部将威客列入中国 2007 年 171 个新出现的汉语词汇。2007 年 11 月 18 日，首届威客大会在中国北京召开，这次会议由中国科学院虚拟经济与数据科学研究中心主办。

目前国内有超过 100 家威客网站，注册会员超过两千万人，整体交易金额超过三亿元，其中累积交易金额超过千万元的威客网站超过 5 家，竞争相当激烈，猪八戒网累积交易金额以 1.7 亿元领先。目前国内主要的威客网站如图 10.29 所示。

1	威博威客网
2	网络保姆
3	威客返利网
4	万能威客网
5	牛魔王威客网
6	时间财富网
7	一品威客网
8	创易网
9	K68威客网
10	威客天空
11	威客管家
12	威客任务网
13	猪八戒威客网
14	中华威客网
15	联客网
16	八客网

图 10.29　国内威客网

3．威客商业模式分析

威客模式是互联网上一股新生的力量，其势头方兴未艾，正扮演着一个将知识转化为经济效益的知识市场角色。知识流和资金流是保持其旺盛生命力的源泉，源源不断的知识流和资金流使威客模式保持着强劲的发展势头。

作为新的商务模式，威客商务模式也属于互联网商务模式的一种。下面我们主要根据美国密歇根大学商学院教授 Allan Afuah 和纽约大学 Stern 商学院教授 Christopher L, Tucci 对互联网商务模式组成部分的分析方法来对威客网站商务模式进行分析。

互联网商务模式的组成部分主要包括利润点、客户价值、范围、定价、收入来源、关联活动、实施、能力、持久性及成本结构等。根据威客商务模式的特点，我们选择客户价值、定价、收入来源、实施、能力及持久性等来分析威客网站商务模式的组成结构。

威客网站的收入来源、定价策略及自身的能力会影响到战略的实施和竞争实力的持久性，而实施的效果好坏及竞争优势的持久性最终会影响到客户价值的实现，进而决定公司的经营业绩。

4．典型企业分析——猪八戒网

重庆猪八戒网络有限公司是重庆市重点软件企业，是中国威客行业的领军企业，旗下营运的猪八戒网（www.zhubajie.com）是中国最大的创意服务交易平台，也是全球最大的威客模式网站。自 2005 年建站以来，猪八戒网年任务总数量持续攀升，从建站之初的 587 个任务上升至 2013 年的 104 万个。可以看出，猪八戒网通过多样化的服务、优秀的市场推广策略，突破了时空限制，通过多种形式的合作，吸引了全国乃至世界范围内各行各业的任务，通过不断拓展任务的范围及领域，大大提高了通过威客平台发布外包任务的数量，如图 10.30 所示。

图 10.30　猪八戒网

猪八戒网的收入和利润主要来自以下三个方面。

（1）威客的劳动成果分成。向用户收取提供平台的服务费，这种费用的收取是双向的，有人曾对此有过异议。但目前威客的运营方式也都大同小异。收费原则是绝不退费。

（2）广告收入。猪八戒依托其强大的影响力，组织开展了很多慈善活动、文化活动。

（3）接手公司业务。猪八戒威客网不仅仅是被动让客户寻找自己，而且也在主动联系客户。接手大量的公司业务之后，发布任务，由威客们完成。

艾瑞咨询通过对威客平台累计任务发布总量的分析，2005 年年底才建立的猪八戒网，其发展水平超过了较早建立的同类平台。通过多种合作、推广，完善管理，创新模式等方式，猪八戒网已经成为威客网站的领先者。

如今，猪八戒网在行业竞争中占有领先地位，并且仍在努力探求持续创新的发展之路，以开拓更为广阔的威客市场。

本章小结

本章介绍了电子商务的典型应用，主要包括网上交易市场、网络娱乐、旅游电子商务、网上证券交易、电子政务、大型企业电子商务和其他应用等。不同的应用有着其独特的运营特点。但总体来说，电子商务正在改变着商业和社会活动方式，并大力推动了其长远的发展。网上交易市场、旅游电子商务、网上证券交易正在改变传统的营销、旅游、金融等领域的业务，促使其向现代化、人性化的方向发展；网络娱乐正在改变人们的社会生活方式，从而增添了现代生活的休闲元素；电子政务正在创造一个开放、透明的政府平台，实现政府职能健康、高效的转变；大型企业电子商务正在全面强化国家的经济命脉，提高社会生产力；而其他方面的应用，如网上教育，更是有利于全社会不同阶层的文化素质的提高。归根到底，电子商务将成为二十一世纪人类信息世界的核心，具有无法预测的增长前景。是构筑二十一世纪新型社会经济、文明框架的主要武器。大力发展电子商务，对于国家实现以信息化带动工业化的战略，实现跨越式发展，增强国家竞争力，具有十分重要的战略意义。

习题

一、填空题

1. 网上交易平台服务，一类是__________，如________、________、________等；另一类是__________，如________、________、________等。

2. 旅游电子商务系统主要功能包含：________、________、________、________、________、________、________、________。

3. 从服务对象来看，电子政务主要分为：________、________、________。

4. 企业电子商务主要包括：________、________、________。

5. 电子邮政的基本框架包括：________、________、________、________、________、________。

二、简答题

1. 简述网上交易平台的主要类型及各自的特点。

2. 简述我国网络娱乐的市场发展前景，并取1～2个具体实例进行分析。结合实例，说明旅游电子商务的主要特征。

3. 结合我国现有的网站情况，对Internet网上股票交易的方法进行简单的分析。

4. 简述电子政务的定义和我国电子政务的发展趋势。

5. 分析我国中小型企业现状，简述中小型企业电子商务的发展策略。

6. 简述我国电子商务的新发展和新应用。

附录1 电子商务网站策划书模板

1．建设网站前的市场分析

（1）目前行业的市场分析：对目前市场情况的调查分析，市场有什么样的特点和变化、目前是否能够并适合在因特网上开展业务。

（2）市场的主要竞争者分析：对竞争对手上网情况及其网站规划、功能、作用等的分析。

（3）公司自身条件分析：包括对公司概况、市场优势，可以利用网站提升哪些竞争力，建设网站的能力——费用、技术、人力等的分析。

2．建设网站的目的

（1）建立网站的原因。

企业的需要还是市场开拓的延伸。

（2）网站的功能

根据公司的需要，确定网站的功能。

（3）网站的目标

确定网站应达到的目标和作用。

3．网站技术解决方案

根据网站的功能确定网站技术解决方案

（1）服务器——自建、租用虚拟主机或主机托管。

（2）操作系统——UNIX、Linux 还是 Window 2000 Server / NT。分析投入成本、功能开发、稳定性和安全性等。

（3）网站安全措施，防黑、防病毒方案。

（4）相关程序开发——网页程序 ASP，JSP，CGI，数据库程序等。

4．网站内容规划

公司简介、产品介绍、服务内容、价格信息、联系方式、网上订单、会员注册、详细的商品服务信息、信息搜索查询、订单确认、付款、个人信息保密措施、相关帮助等。

5．网页设计

（1）网页美术设计要求——色彩、图片应用、版面规划等。

（2）制订网页更新和改版计划。

6．网站维护

（1）服务器及相关软硬件的维护——对可能出现的问题进行评估，制定响应时间。

（2）数据库维护——数据管理、备份、灾难恢复等。

（3）内容维护——内容的更新、调整等。

7．网站测试

在网站发布前要进行周密的测试，以保证正常浏览和使用。

（1）服务器——稳定性、安全性等。

（2）程序、数据库测试。

（3）网页兼容性测试——浏览器、分辨率等。

（4）其他测试。

8．网站的发布与推广

（1）发布的公关、广告活动。

（2）搜索引擎登记。

（3）其他推广活动。

9．网站建设日程表

各项规划任务的开始、完成时间、负责人等。

10．费用明细

各项事宜所需费用清单。

附录2 电子商务专业嵌入式课程教学设计表

笔者所在高校创新性地开展了对嵌入式电子商务人才培养模式的探索与实践。一方面，通过优化课程结构体系，开发电子商务专业嵌入式课程，从企业聘请老师教授网上创业教育类嵌入式课程，既增加了特色课程的学分，又将社会应用热点及发展趋势嵌入培养方案中去；另一方面，组织精英团队（包括电子商务专业和非电子商务专业的学生）以项目为载体嵌入网商企业进行实战操作。

我校依托实践基地，以运营推广为主线，开发了一系列电子商务专业嵌入式课程，下表为《电子商务创业与实战》课程的教学设计表。

电子商务专业嵌入式课程教学设计表					
课程名称	总实验学时	对接网上授课内容	嵌入学时	授课重点	开课学期
电子商务创业与实战	32	网络零售平台：网络零售平台、开店基础操作、网络零售平台规则	3	使学生掌握开店的实际操作流程和平台规则	第5学期
电子商务创业与实战	32	物流与配送：仓储管理、货物打包、物流配送、推荐物流	2	演示仓储管理和商品配送，对物流的优、劣势比较	第5学期
		网店日常运营管理：包括商品资料学习方法、商品发布、店铺设置、店铺日常管理、账户安全	8	使学生掌握发布商品的操作以及对店铺进行日常管理的方式	
		商品拍摄与网店美化：数码相机的基础、通用拍摄技术、小件商品的拍摄、大件商品的拍摄、图片处理基础、旺铺版本及使用	9	相机拍摄实战，基本修图技术，懂得鉴赏图片	
		网店推广与营销：信息传播要素、店内推广与营销、站内推广与营销、外部推广与营销	10	使学生掌握店铺自身的推广活动设计以及淘宝站内各推广活动的特点	

参考文献

[1] CNNIC. 第33次中国互联网络发展状况统计报告，2014.

[2] 艾瑞咨询集团. 2012年—2013年中国中小企业B2B电子商务行业年度监测报告，2013.

[3] 商务部. 中国电子商务报告（2013），2013.

[4] 张宝明. 电子商务技术基础. 北京：清华大学出版社，2008.

[5] 邵兵家. 电子商务概论. 北京：高等教育出版社，2011.

[6] 蹇洁. 社区信息化建设与发展案例. 北京：人民邮电出版社，2008.

[7] 吴朝文，蹇洁. 3G关键技术在移动电子商务中的应用. 中国管理信息，2008.

[8] 陈德人. 电子商务案例及分析. 北京：高等教育出版社，2010.

[9] 张铎. 电子商务与现代物流. 北京：北京大学出版社，2010.

[10] 国家发展和改革委员会，国务院信息化工作办公室. 电子商务发展"十二五"规划，2012.

[11] 国家电子商务标准化总体组秘书处. 国家电子商务标准体系（草案），2007.

[12] 代春艳. 电子商务信息安全技术. 武汉：武汉大学出版社，2007.

[13] 陆川. 电子商务概论. 北京：对外经济贸易大学出版社，2007.

[14] 蹇洁. 电子商务概论. 成都：西南财经大学出版社，2006.

[15] 汝宜红. 物流学导论. 北京：北京交通大学出版社，2006.

[16] 宋文官. 电子商务概论. 北京：清华大学出版社，2006.

[17] 宋沛军. 电子商务概论. 西安：西安电子科技大学出版社，2006.

[18] 石道元. 电子商务概论. 北京：北京大学出版社，2005.

[19] 张润彤. 电子商务概论. 北京：电子工业出版社，2004.

[20] 彭勇. 计算机网络基础与INTERNET应用. 北京：电子工业出版社，2004.

[21] 李琪. 电子商务概论. 北京：高等教育出版社，2009.

[22] 阿里巴巴网 www.alibaba.com.cncn.

[23] 淘宝网 www.taobao.com.

[24] 支付宝网 www.alipay.com、中国银联电子支付平台 www.chinapay.com、财付通 www.tenpay.com、快钱 www.ppbill.com.

[25] 环球资源网 www.globalsources.com.cn.

[26] 中国化工网 www.china.chemnet.com.

[27] 当当网 www.dangdang.com.

[28] 中国政府采购网 www.ccgp.gov.cn.

[29] 中国电子商务法律网 www.chinaeclaw.com.